Peter Bründl | Sebastian Kudritzki |
Catharina Salamander | Karin Trübel (Hrsg.)

Wege zur inneren Landschaft von Kindern und Jugendlichen

Jahrbuch der Kinder- und Jugendlichen-Psychoanalyse
Band 14

BA
V

Jahrbuch der Kinder- und Jugendlichen-Psychoanalyse

Reihenherausgeber:
Peter Bründl, Manfred Endres, Susanne Hauser (alle München)

Die Reihe *Jahrbuch für Kinder- und Jugendlichen-Psychoanalyse* möchte der Anwendung psychoanalytischer Theorie, Forschung und klinischer Erfahrung in der Arbeit mit Kindern, Jugendlichen und jungen Erwachsenen zwischen 0 und 25 Jahren einen besonderen Raum geben, von dem neue Impulse ausgehen sollen.

Historisch angewachsenes psychoanalytisches Wissen prägt in vielen Schattierungen Theorie und Praxis der psychoanalytischen und tiefenpsychologisch fundierten Einzelpsychotherapie von Kleinkindern, Kindern, Jugendlichen und jungen Erwachsenen samt begleitender Elternarbeit, ist häufig der Bezugsrahmen von Säuglings-Eltern-Psychotherapien, Gruppenpsychotherapien und Erziehungsberatung.

Die Kinder- und Jugendlichen-Psychoanalyse treibt die Psychoanalyse als Wissenschaft und Kunst mit voran, wirkt als kritisches Regulativ für die Psychoanalyse des Erwachsenenalters und trägt interdisziplinär zur Weiterentwicklung und zu neuen Konzeptbildungen in der Entwicklungspsychologie, in der Erziehungswissenschaft, in Pädiatrie, Kinder- und Jugendpsychiatrie, in der Soziologie, in den Neuro-, Rechts- und Kulturwissenschaften bei.

Das *Jahrbuch* soll deshalb als Forum KlinikerInnen, ForscherInnen und am Wissenszuwachs Beteiligten und Interessierten behilflich sein, die Zukunft einer lebendigen, effektiven, kulturkritischen und übernationalen Psychoanalyse offen zu halten.

Das Jahrbuch der Kinder- und Jugendlichen-Psychoanalyse ist eine Buchreihe der Münchner Arbeitsgemeinschaft für Psychoanalyse e. V. (MAP).

Peter Bründl | Sebastian Kudritzki |
Catharina Salamander | Karin Trübel (Hrsg.)

Wege zur inneren Landschaft von Kindern und Jugendlichen

Jahrbuch der Kinder- und Jugendlichen-Psychoanalyse
Bd. 14

Beiträge von
Sydney F. Anderson, Peter Bründel, Yecheskiel Cohen,
Joshua Durban, Kathrin Hörter, Sebastian Kudritzki,
Ellen Lang-Langer, Doris Mauthe-Schonig,
Ana Belchior Melicias, Graham Music,
Sabine Prentl, Merav Roth,
Barbara Saegesser, Christian Thienel, Alfred Walter,
Carla Maria Weber

Brandes & Apsel

Auf Wunsch informieren wir Sie regelmäßig mit unseren Katalogen »Frische Bücher« und »Psychoanalyse-Katalog«. Wir verwenden Ihre Daten ausschließlich für die Zusendung unserer beiden Kataloge laut der EU-Datenschutzrichtlinie und dem BDS-Gesetz. Bitte senden Sie uns dafür eine E-Mail an info@brandes-apsel.de mit Ihrer Postadresse. Außerdem finden Sie unser Gesamtverzeichnis mit aktuellen Informationen im Internet unter: www.brandes-apsel.de

1. Auflage 2025

Umschlag: Brandes & Apsel Verlag, Frankfurt a. M. unter Verwendung eines Bildes von pixabay
DTP: Brandes & Apsel Verlag, Frankfurt a. M.
Druck: STEGA TISAK d. o. o., Heinzelova 60/1, 10000 Zagreb, Kroatien
Kontakt: upit@stega-tisak.hr
Printed in Croatia, gedruckt auf säurefreiem, alterungsbeständigem und chlorfrei gebleichtem Papier, FSC CO15522

Bibliografische Information Der Deutschen Nationalbibliothek:
Die Deutsche Nationalbibliothek verzeichnet diese Publikation in der Deutschen Nationalbibliografie; detaillierte bibliografische Daten sind im Internet über www.ddb.de abrufbar.

ISBN 978-3-95558-408-5

Inhalt

Peter Bründl / Sebastian Kudritzki /
Catharina Salamander / Karin Trübel

Vorwort

Die Autorinnen und Autoren unterschiedlicher psychoanalytischer Schulen aus Deutschland, Portugal, Israel, Großbritannien, der Schweiz und den USA setzen sich mit ihren klinischen Theorien und mit ihren Behandlungsformen auseinander, die es ihnen ermöglichen, einen entwicklungsförderlichen Zugang zur unbewussten Innenwelt von jeweils in ihrer Subjektivität einmaligen Kindern und Jugendlichen zu finden.

In der gemeinsamen Arbeit des therapeutischen Paares an – in jeweils unterschiedlicher Gewichtung verstandenen – Triebstrebungen, Abwehrstrategien, äußeren und inneren Objektbeziehungen und Selbstempfinden öffnen sich für die Patientinnen und Patienten und ihr therapeutisches Gegenüber Zugänge zu den seelischen Räumen und Landschaften des Kindes oder Jugendlichen. Die daraus erwachsende Entwicklung der inneren Strukturen sowie des Selbst- und Welterlebens, die sich daraus ergibt, ermöglicht es, sich die eigene Lebensgeschichte phasenspezifisch anzueignen und dadurch gesicherter und flexibler mit den lebenslangen Herausforderungen durch den ständigen Wandel des individuellen und gesamtgesellschaftlichen Lebens umgehen zu können.

Aber wie bekommen wir einen therapeutischen Zugang zu diesen seelischen Landschaften, um in der psychoanalytischen Behandlung schwer beeinträchtigter Kinder auch mit den tiefsten Schichten arbeiten zu können? Über diese Frage entstand in der Zeit des Zweiten Weltkriegs eine der heftigsten, aber auch fruchtbarsten Debatten in der Geschichte der Psychoanalyse, die sogenannte Freud-Klein-Kontroverse (King & Steiner 1993). Daraus resultierten zwei nebeneinander bestehende Einrichtungen für Kinderanalyse in London, die Tavistock Clinic und die Hampstead Clinic, die spätere Anna Freud Clinic. In der Folgezeit entwickelte D. W. Winnicott sein ganz eigenes analytisches Denken und seine innovative Behandlungstechnik, die sich auch produktiv auf die anderen Schulen auswirkte. Zusammen mit M. Balint führte D. W. Winnicott die sogenannte Middle Group in London an.

Gerade die Arbeit mit Kindern und Jugendlichen erfordert eine in der Regel flexiblere Behandlungstechnik, da die Kinder und Jugendlichen in ihrer Ich-Entwicklung noch »unreifer« sind, d. h. ihre psychischen Strukturen, ihre Affektregulation, ihr Denken etc. sich noch in der Entwicklung befinden. Daher kommen viele Innovationen theoretischer oder behandlungstechnischer Natur aus der Kinderanalyse und haben einen maßgeblichen Einfluss auf die Weiterentwicklung der gesamten Psychoanalyse (Fellner & Zorn 2019). Schon Freud führte im Fall mit dem kleinen Hans eine Kindertherapie über den Vater durch. Die Mutter des kleinen Hans war Patientin von Freud. Von Freuds chirurgisch-steriler Spiegelplatten-Metapher (Freud 1912) hat sich die Behandlungstechnik zu einem Hilfs-Ich-stützenden »Entwicklungsobjekt« (Hurry 2005) bzw. neuen Objekt (A. Freud 1965; Loewald 2000) weiterentwickelt.

Die Aufgabe der Kandidaten wie der Lehrenden in der Vermittlung ist es, jenseits des therapeutischen Über-Ichs eine individuelle Behandlungstechnik, in der sich das Unbewusste des Patienten mit dem Unbewussten des Analytikers auseinandersetzt, zu entwickeln. Unter Einhaltung der Grundprinzipien Übertragung, Widerstand und Wahrhaftigkeit kann es, insbesondere in der Behandlung von Kindern und Jugendlichen, eine flexiblere Handhabung des Rahmens und der Behandlungstechnik benötigen, die den individuellen Entwicklungsbedürfnissen der Patienten entgegenkommt und entsprechend entwicklungsförderlich ist (vgl. u. a. Gabbard 2007; Stadler 2025; Walter 2025).

Der Band wird in dankbarer Erinnerung eingeleitet durch das vor mehr als 10 Jahren stattgefundene Interview von **Yecheskiel (Chezzi) Cohen** durch **Peter Bründl**.

Cezzi hatte einen tiefen Zugang zu den anfänglich verwüsteten inneren Landschaften der schwer traumatisierten und deprivierten Kinder in seiner Institution (jetzt Jerusalem Hills Therapeutic Centres). Er behielt sie bedingungslos für 5 Jahre. Genauso lange blieb all das Betreuungspersonal, akademisch und unakademisch bei diesen jüdischen und arabischen Kindern, die in dieser umfassend haltenden analytischen Welt der Einrichtung einen Neuanfang und eine Kultivierung ihrer Innenwelt meist wirklich schaffen konnten.

Chezzi Cohen hatte auch wegweisenden Einfluss auf viele Psychoanalytiker und Psychotherapeuten, die mit Kindern, Jugendlichen, aber auch mit Erwachsenen arbeiten und seine Ansätze weitertragen.

Die Herausgeber dieser Jahrbuchreihe, Susanne Hauser, Manfred Endres und Peter Bründl, verdanken Chezzi Cohen in ihrer therapeutischen Arbeit und in der Weiterentwicklung des *Jahrbuch* für Kinder- *und Jugendlichen-Psychoanalyse* seine unschätzbare freundschaftliche und kollegiale Unterstützung.

Sydney F. Anderson reflektiert anhand von Vignetten aus ihren 3–4-stündig durchgeführten psychoanalytischen Behandlungen von Kindern und Jugendlichen die Interdependenz von vom Therapeuten verinnerlichten Theorien als Grundlage ihres Zuhörens und ihrer einfachen, theoriefreien sprachlichen Interventionen. Ziel der Behandlung ist es, den Kindern und Jugendlichen einen mentalisierten Zugang zu ihren seelischen Verfassungen samt ihrer meist im Dunklen liegenden Hass, Neid- und Wutgefühlen sowie ihrer Sexualität, ihren mörderischen Strebungen zu ermöglichen.

Graham Music verdeutlicht an drei einstündig geführten psychoanalytischen Behandlungen von drei früh traumatisierten Jugendlichen, wie diese sich nicht auf verinnerlichte tragende Objekte verlassen können, sondern stattdessen auf einen hoch entwickelten Verstand oder auf ihre körperlichen Aktivitäten, und sie keine Fähigkeit haben, sich zu entspannen und einfach da zu sein. Bezugnehmend vornehmlich auf Winnicott und Psychoanalytiker der *middle group* zeigt er an seinen Vignetten auf und diskutiert, wie die psychoanalytische Therapie die Arbeit an verkörperten Prozessen integrieren kann.

Alfred Walter reflektiert in Nähe zu Ferro und Ogden, wie in seinen höher frequenten Behandlungsprozessen mit zwei jungen Patienten ganz und gar dialogisch ohne durch Deutungen sich einstellende Sprünge gemeinsam zwischen Behandler und Patient ein inneres Drehbuch explorierend sich sehr allmählich entfaltet, durch das die Erkundung der inneren Landschaft der Heranwachsenden voranschreitet. Beeindruckend entfaltet der Verfasser zwischen den Szenen themenbezogen die psychoanalytische Geschichte seit Freud und seiner theoretischen und behandlungstechnischen psychoanalytischen Leitlinien.

Nach **Ellen Lang-Langer** zeichnet sich der Autismus durch die Abwendung vom Objekt aus, das psychodynamisch begreifbar werden kann. Lange dominierte trotz Bettelheim, Magret Mahler, Winnicott und Melanie Klein, die sich früh nach Entdeckung des Syndroms durch Kanner für die Behandlung des kindlichen Autismus interessierten, die Sicht der Psychiatrie, die von neurologischen und genetischen Ursachen ausging. Dies führte zu einer langanhaltenden Tabuisierung der psychodynamischen Sichtweise auf den Autismus, zumal viele Eltern autistischer Kinder sich dadurch fälschlicherweise diskriminiert fühlten. Erst in den 90er-Jahren des vorigen Jahrhunderts wurde durch die Veröffentlichungen von Francis Tustin, Maria Rohde, Jochen Stork und Anne Alvarez die psychodynamische Behandlung autistischer Kinder samt begleitender Elternarbeit wieder stärker aufgenommen. Die Autorin zeigt in ihrer beeindruckenden Fallvignette, wie sehr die Säuglinge und Kleinkinder sich schmerzhaft von ihren primären Objekten in den Autismus zurückziehen, weil über oft mehrere Generationen hinweg die primären Objekte außerhalb ihres Bewusstseins transgenerational vermittelte Verletzungen und Traumata in ihre Kinder erschreckend einfließen lassen, die ohne Behandlung unvergessen, aber nicht erinnerbar geblieben wären.

Joshua Durban stellt in seinem Beitrag »Eine Person machen« die psychoanalytische Arbeit mit einer Untergruppe von Kindern dar, die sich auf dem autistisch-psychotischen Spektrum befinden und deren Entwicklung durch eine oft überwältigende Mischung aus paranoid-schizoiden Ängsten und weniger differenzierten autistischen Seins-Ängsten erheblich beeinträchtigt ist. Er zeigt sowohl theoretisch als auch klinisch (anhand einer hochfrequenten 5-stündigen Analyse mit einem zu Beginn 9-jährigen Jungen) einfühlsam und anschaulich auf, dass es im Verständnis der inneren Dynamik des Kindes zentral darum geht, im Sinne Melanie Kleins die dominante, vordringlichste Angst aufzuspüren und in ihrer eigenen »Sprache« zu deuten, was eine große Herausforderung darstellt. Er erörtert auch verschiedene weitere behandlungstechnische Überlegungen und Wege, besonders wenn die Art der Angst mit desintegrierten oder unintegrierten Zuständen des Körpers verbunden ist.

Merav Roth beschäftigt sich mit dem Zusammenhang der frühesten Beziehungserfahrungen und reifer Liebe. Erstere lassen uns mit einer ganz individuellen Mischung aus paradiesischen Phantasien, die durch gelungene Begegnungen zwischen Kind und primärem Objekt genährt werden, und der Last der Ängste, die durch negativ gefärbte Erfahrungen lebenslang wirken, ins Leben treten. Ein klinisches Fallbeispiel aus Stephen A. Mitchells Buch *Kann denn Liebe ewig sein?* träumt die Autorin in eine Analyse hinein und lässt uns teilhaben an ihren bereichernden psychoanalytischen Erkundungen rund um die Erkenntnis, dass die Liebe zur Wahrheit das wesentliche Fundament für wahre Liebe ist.

Carla Weber schreibt in »Das Unsagbare berühren« anhand von drei Behandlungsausschnitten den langen therapeutisch begleiteten Weg in die Organisation des Psychischen ihrer früh entwicklungstraumatisierten Patienten. Angelehnt an D. W. Winnicott, D. Meltzer und J. Recamier betont sie als wesentlichen Zugang zu den Kindern / Jugendlichen das Verstehen und Mitfühlen der Körpersprache, wenn Verbales invasiv erscheint. Die durch den fehlenden Reizschutz nicht entwickelte Subjektivierung wird als Prozess beschrieben in der Entfaltung des gemeinsamen analytischen Feldes.

Im Fallbericht »Der Skorpion! Der bin ich!« nimmt **Sabine Prentl** uns mit in ihre Praxis. Wir begleiten sie durch die 3 Jahre dauernde analytische Behandlung eines zu Beginn knapp 6-jährigen Jungen mit einer ausgeprägten Entwicklungsstörung. Diese zeigt sich besonders in der Unfähigkeit des Jungen, seine aggressiven Affekte zu verstehen, zu halten, zu regulieren, angemessen zum Ausdruck zu bringen, was auch für seine Therapeutin über lange Strecken der Behandlung im direkten Kontakt, v. a. aber auch in der Gegenübertragung, zu einer großen Herausforderung wird. Einfühlsam beschreibt Frau Prentl den eindrucksvollen therapeutischen Prozess, in dem ihr Halten und Aushalten von Nicht-Wissen eine wesentliche Rolle zukommt und in dem der Junge sich selbst und seine innere Welt allmählich entfalten kann.

Doris Mauthe Schonig setzt sich in ihrem Artikel »Die Behandlungspraxis in der Kinder- und Jugendlichenpsychoanalyse« mit der traumatisierenden Erfahrung des sehr frühen Verlusts auseinander. Sie skizziert und reflektiert die Behandlung ihrer 8-jährigen Patientin, die gleich nach ihrer Geburt in eine Pflegefamilie kam. Die Therapeutin sieht sowohl im aktuellen Behandlungsverlauf als auch im Rückblick deutlich die Rupturen, die ihre kleine Patientin ertragen musste, die Unterbrechungen in der »Kontinuität des Seins« (D. W. Winnicott). Den unwiederbringlichen frühen Mutterverlust, den das Kind in der Latenz im Schwanken zwischen ängstlicher Anklammerung und vernichtender Wut ausdrückt und die Bedeutung des in Beziehung erfahrenen »Nein« könne in der Therapie auftauchen. Intensiv können die Pflegeeltern in den begleitenden Gesprächen sich mit ihrer besonderen familiären Situation auseinandersetzen.

In seinem Beitrag »Reflexe der frühkindlichen Störung in der Adoleszenz und einige behandlungstechnische Implikationen« bettet **Christian Thienel** seine Reflexionen zum Umgang mit dem Therapieraum und

Rahmen ein in die Anknüpfung an kollektive und kulturelle Mythen und Muster. In Anlehnung an Bürgin zeigt er auf, dass die Unmöglichkeit der Rekonstruktion von frühen traumatischen Beziehungserfahrungen, deren Folge meist eine »Entfremdung und Zerstörung von Erfahrung in der frühen Zeit« (Ogden) ist, andere psychische Formen des Erschaffens notwendig macht, wobei die Entstellung (Ludin/Green) eine bedeutende Rolle spielt. So entstehen externalisierte Mikrowelten verbunden mit »kohäsiven Reflexen« zwischen Vergangenheit und Zukunft als Ausdruck der psychischen Reinkarnation des frühen Unrepräsentierten. Thienel zeigt anschaulich an Fallbeispielen auf, dass und wie sich diese kohäsiven Reflexe im Übergangsraum der therapeutischen Beziehung manifestieren und wie wichtig es ist, angesichts deren transformativer Bedeutung auch flexibel und kreativ mit dem therapeutischen Rahmen umzugehen.

Im Beitrag von **Kathrin Hörter** und **Sebastian Kudritzki** wird der Zugang zu den inneren Landschaften von Kindern, Jugendlichen und Erwachsenen erweitert über die Anwesenheit eines Hundes im psychoanalytischen Behandlungszimmers. Der Artikel beginnt mit einer kurzweiligen Einführung der Familie Freud und ihren vielschichtigen Beziehungen zu Hunden, um sich dann mit der allgemeinen Beziehung zwischen Mensch und Hund, insbesondere im therapeutischen Feld, zu beschäftigen. Dabei werden ebenso neueste wissenschaftliche Erkenntnisse dieser artübergreifenden Beziehung berücksichtigt, wie die konkrete Behandlungstechnik mit Hund in berührenden Fallbeispielen aufgezeigt.

Ana Belchior Melicias erläutert paradigmatisch am Beispiel des Films *Into the Wild* die Adoleszenz. Dabei werden die mythischen Dimensionen der Adoleszenz als Durchgang durch das Labyrinth mit den Metaphern des Mythos von *Theseus* und *Minotaurus* erläutert. Damit verwoben wird die phantasmatische Dimension der Adoleszenz, in der das Es durchbricht. In diesem Ausbruch findet die Integration der Sexualtriebe nun in Wiederauffrischung statt, wobei der Heranwachsende nun über eine körperliche Ausstattung verfügt, mit der er seine kindlichen Inzest- und Elternmordphantasien verwirklichen könnte. Dies führt ihn später zur nachträglichen neuen Bedeutung der reaktivierten narzisstischen und ödipalen Strebungen sowie der transgenerational vermittelten Traumata. Dem Verlauf des Films folgend zeigt dieser Beitrag an drei Schlüsselmomenten den Mythos und die Adoleszenz auf: der Eintritt in die Adoleszenz an der Neubestimmung der Herkunft, das Labyrinth und der Kampf mit dem Minotaurus-Trieb, und schließlich der Ausgang aus dem Labyrinth und aus der Adoleszenz mittels der emotionalen Integration des Fadens der Ariadne.

Barbara Saegesser beschreibt in ihrem Artikel »Wege zur inneren Landschaft des Babys, des Kindes und des angehenden Erwachsenen« ihre humanitäre Arbeit in Ostafrika. Dabei betont sie die Wichtigkeit eines *inneren psychoanalytischen Rahmens*, da der äußere Rahmen (Misstrauen auf dem Hintergrund der kolonialen Geschichte, Sprachbarriere, Unbeständigkeit des Raumes) oft fehlt. In eindrücklichen Fallvignetten beschreibt Saegesser ihre psychoanalytische Arbeit und ihre Versuche, den Patienten einen Raum zu geben bzw. zu lassen, damit diese die Möglichkeit haben, einen neuen Weg für sich selbst zu finden.

München, im August 2025
Das Team der Herausgeber

Literatur

Fellner M., Zorn W. (2019): Ein Motor der Psychoanalyse – Zur Geschichte der psychodynamischen Kinder- und Jugendlichen-Psychotherapie. In: Kudritzki, S., Salamander, C. (Hrsg.) (2019): *Psychodynamische Behandlungstechnik von Kindern und Jugendlichen.* Frankfurt a. M.: Brandes & Apsel.

Freud, A. (1965): *Normality and Pathology in Childhood.* London: Routledge.

Freud, S. (1912): Ratschläge für den Arzt bei der psychoanalytischen Behandlung. *GW XII*, 181–194.

Gabbard, G. O. (2007): Die Rolle des Traumas des Analytikers bei der Pathogenese professioneller Grenzverletzungen. In: Müller, M., Wellendorf, F. (Hrsg.) (2007): *Zumutungen – Die unheimliche Wirklichkeit der Übertragung.* edition diskord, 301–313.

Hurry, A. (2005): Die Analytikerin als Entwicklungsobjekt. *Analytische Kinder- und Jugendlichen-Psychotherapie*, 36(125), 21–47.

King, P., Steiner, R. (1993): *The Freud-Klein Controversial Discussions.* London: Routledge.

Loewald, H. (2000): *The essential Loewald: Collected papers and monographs.* Hagerstown: University Publishing Group.

Stadler, T. (2025): »Wenn wir doch wenigstens rausgehen könnten.« Figurabilität, psychoanalytisches Feld und die Frage von Abstinenz und Selbstenthüllung. *Kinderanalyse*, H. 3 / 2025, 33. Jg., 212–232.

Walter, A. (2025): »Gemeinsam das innere Drehbuch des Patienten explorieren.« Co-Narrative in psychoanalytischen Psychotherapien als Erkundung der inneren Landschaft unserer Patienten. In: Bründl, P., Kudritzki, S., Salamander, C., Trübel, K. (Hrsg.) (2025): *Wege zur inneren Landschaft von Kindern und Jugendlichen. Jahrbuch der Kinder- und Jugendlichen-Psychoanalyse, Band 14.* Frankfurt a. M.: Brandes & Apsel.

YECHESKIEL COHEN ZUM GEDENKEN

Dr. Peter Bründl (München)
mit Dr. Yecheskiel (Chezzi) Cohen (Jerusalem / Israel)

Interview auf Schloss Elmau am 13. Mai 2012

Liebe Anwesende,

begrüßen Sie mit mir zusammen Yecheskiel Cohen, der den langen Weg aus Jerusalem zu uns gekommen ist. Yecheskiel wurde 1932 in Bernburg an der Saale geboren, 2010 ist in der Reihe *Psychoanalyse in Selbstdarstellungen, Band VIII, herausgegeben von Ludger M. Hermanns* (Brandes & Apsel) seine Biographie (S. 9–57) erschienen, und Du, Yecheskiel, hast es mit einem merkwürdigen Zitat überschrieben aus Gustav Mahlers *Lieder eines fahrenden Gesellen.* Gedruckt steht da: »Wie mir doch die Welt gefällt.« Jetzt weiß ich nicht, soll ich lesen »wie mir doch die Welt gefällt« oder »wie mir doch die Welt gefällt«?

Cohen: Wie mir doch die Welt gefällt.

Bründl: Das kann ich gut verstehen, wenn ich mir vorstelle, dass du als 6-Jähriger aus Bernburg aus Deutschland mit deinen Eltern und deinen Geschwistern nach Palästina entkommen konntest, aber deine Großeltern und der andere Teil der Verwandtschaft zurückbleiben wollten. Wie war die Zeit für dich, bis du nach Palästina fliehen konntest mit deinen Eltern und deiner Familie?

Cohen: Also, Bernburg, das war eine kleine Stadt von ungefähr 40.000 Einwohnern, und wir hatten eigentlich ein normales Leben dort geführt. Mein Vater hatte ein Kaufhaus, das einzige Warenhaus in Bernburg, und wir hatten eigentlich ein ganz normales Leben dort führen können. Anfang

1938 – ungefähr – kam jemand zu meinen Eltern und wollte das Geschäft übernehmen; damals noch mit Geld, aber mit ganz wenig Geld. So wollte mein Vater das nicht verkaufen, und dann hat man ihn ins Gefängnis für ungefähr acht Wochen geworfen. Währenddessen hat meine Mutter alles so geregelt, dass wir noch rauskommen konnten. Meine Eltern waren eigentlich schon vorher Mitglieder in einem zionistischen deutschen Verein, der hieß Blau-Weiß, geworden. Das Ziel war, eigentlich irgendwann nach Palästina zu gehen. Meine Eltern waren 1933, als es so anfing, nach Palästina gefahren, um das Land sich anzuschauen. Und wie viele Andere haben sie gesagt: Wir haben ja noch genug Zeit, und es ist nicht so schlimm und es wird sich schon ergeben, die Zeiten werden sicherlich wieder anders. Aber bis 1938 haben sie doch so weitergemacht. Und meine Mutter, als dann mein Vater im Gefängnis war, hat alle Papiere vorbereitet und auch das Geschäft aufgegeben und glücklicherweise haben die damals uns das ganze Geld bis auf 1.000 Englische Pfund abgenommen. Und warum haben sie uns die 1.000 Englische Pfund doch überlassen? Das war eigentlich der Zugang nach Palästina, die Engländer haben Juden nicht rein gelassen, wenn sie nicht beweisen konnten, dass sie 1.000 Englische Pfund haben. Und die Deutschen andererseits wollten uns raushaben. Also sie wollten die Juden nicht vernichten, sondern die Juden sollten raus; es gab auch solche großen Schilder »Juden raus nach Palästina«. Und da haben sie uns eigentlich ermöglicht, 1.000 Pfund mitzunehmen. Dadurch konnten wir nach Palästina, aber unsere Großeltern mussten dort zurückbleiben.

Bründl: Du hast ja als Jugendlicher und Heranwachsender eine sehr entscheidend wichtige Zeit der Transformation von Palästina in den Staat Israel miterlebt. Wie war das für eine aus Deutschland kommende Familie mit drei Kindern, diese bewegte Zeit durchzustehen?

Cohen: Also es ist eine große Geschichte über die Jeckes. Die Jeckes, das sind die Juden aus Deutschland; bis heutzutage weiß man nicht, warum sie Jeckes genannt werden. Eine Theorie ist, dass es wegen ihrer Jacken war. Aber man weiß bis heutzutage nicht wirklich, warum sie so genannt werden. Und wenn man heute über einen Menschen sagt, er ist ein Jecke, dann meint man eigentlich einen Menschen, der sehr ordentlich und sehr pünktlich ist, dann sagt man eben, der ist ein Jecke. Ich bin eigentlich sehr glücklich aufgewachsen, ich hatte Eltern, die sich sehr liebten bis zu ihrem

Tod, und eine große Liebe für ihre Kinder hatten. Und ich hatte eigentlich nichts erfahren und nichts erlebt, von dem, was sie erlebt hatten, um nach Palästina auszuwandern, in ein ganz schwieriges Land, war für sie schwere Arbeit. Wir haben ein Jahr in Tel Aviv in einer Wohnung gelebt, die wir nicht mehr bezahlen konnten. Deshalb sind wir wieder nach Bat Yam, das ist ein Vorort von Tel Aviv. Dort haben wir zehn Jahre lang gelebt, mein Vater hat in Tel Aviv gearbeitet, aber dieses Haus, das wir gemietet hatten in Bat Yam, das lag an der Grenze zwischen Bat Yam und Jaffa. Jaffa war eine arabische Stadt, sie lag eigentlich zwischen Tel Aviv und Bat Yam. Und in der Nacht mussten wir raus. Man hat uns rausgeholt in der Nacht, wir durften nicht mehr da wohnen. Ich hatte niemals das Gefühl, dass es für meine Eltern schwer war in den ersten Jahren in Palästina und dann später in Israel. Wieder weg und wieder in eine andere Wohnung. Wir drei Geschwistern und unsere Eltern führten ein ganz liebevolles Leben. Und was mich bis heute so sehr ärgert, ist, dass wir, und wenn ich sage wir, das ist auch mein ältester Bruder und meine jüngere Schwester, eigentlich keine Fragen gestellt haben; und jetzt haben wir niemanden, dem wir die Fragen stellen könnten, die wir nicht gestellt haben. Ich weiß von vielen Leuten, dass sie eigentlich Fragen haben stellen wollen und die Antworten fehlen jetzt sehr.

Bründl: In dem Zusammenhang fällt mir eine Stelle ein aus deiner Biographie ein. Du warst mit gut 19 Jahren nach deiner Ausbildung zum Funker in der Israelischen Armee selber überraschend zum Ausbilder gemacht worden für die jungen Funker, für die du dich sehr interessiert hast als Menschen. Und eines Tages – ich glaube, das ist das Thema über die Fragen nach der Liebe – sind zwei deiner Schüler auf dich zugekommen und haben gesagt, ich zitiere dich: »Chezzi, wissen Sie, sie sind so etwas wie ein Zauberer. Sie öffnen unsere Köpfe, geben alles, was wir wissen müssen hinein, und schließen die Köpfe wieder, und alles bleibt drin und für immer abrufbar.« Also, die durften alle Fragen stellen und du hast alles beantwortet und es in ihnen dringelassen. Du bist international ein ungewöhnlich geschätzter Psychoanalytiker auf einem Feld, auf dem wenige Analytiker tätig sind, nämlich in der institutionellen Erziehung von sehr schwer gestörten Kindern und Jugendlichen. Ich hab' mich gefragt, wie hast du es eigentlich gemacht und welchen Weg bist du schon gegangen, dass du mit 25 Jahren bereits Erzieher im B'nai B'rith Residential Treatment Centre

in Jerusalem geworden bist und bereits mit 30 Direktor, dass du 35 Jahren dieses Treatment Centre geleitet hast, ganz außergewöhnlich und wegweisend. Wie ist der Weg zum Adoleszenten-Spezialisten, Kinderspezialisten und Psychoanalytiker für dich in Israel gewesen?
Cohen: Also, ich weiß es nicht genau, aber es war mir klar, dass ich mit Menschen arbeiten möchte, das war mit klar von Anfang an. Menschen interessieren mich, ich hatte Interesse an Menschen und besonders an den Menschen, von denen ich wusste, dass sie nicht so ein liebevolles Elternhaus erlebt hatten. Und das war mir klar, wenn ich in die Erziehung gehe, dann gehe ich nicht in eine normale Schule und werde ein Lehrer, sondern ich gehe direkt zu den schweren Fällen, die in ihrer Kleinkindheit gelitten haben. Und darum fällt es mir immer so schwer, wenn überall auf der Welt diese Kinder stets diagnostiziert werden als Kinder mit Anpassungsstörungen – und ich sage immer, die Kinder haben keine Anpassungsstörungen, wir haben Anpassungsstörungen gegenüber diesen Kindern. Das war bei mir von Anfang an so, dass ich mich den Kindern erstmal angepasst habe, dem, was sie in ihrer Kindheit durchgemacht haben. Was sie durchgemacht haben, das wissen sie gar nicht. Sie können nicht erklären, was ich durchgemacht habe und sie haben viel durchgemacht, diese Kinder. Das war eigentlich der Weg. Erst habe ich eine Zeitlang in Tel Aviv gearbeitet in einem kleinen Heim und dann, als ich angefangen hab' zu studieren in Jerusalem, dann bin ich in dieses Heim gekommen, wo ich 40 Jahre gearbeitet habe, und bin bis heute mit diesem Heim eng verbunden.

Bründl: Du bist mit diesem Heim besonders eng verbunden, aber was ich wirklich bewundernswert finde, weil ich hab selber mal lange im Internat gearbeitet und eins geleitet habe: Wie hast du es geschafft, so intensiv zu arbeiten und gleichzeitig noch die Ausbildung zum Analytiker zu machen?

Cohen: Da muss man erst mal heiraten, eine Frau, wie ich sie geheiratet habe. Das geht nicht anders, weil das ist eine Arbeit, auf die ich nicht verzichten konnte. Abends war ich dabei, ich war am Freitagabend zum Schabess-Abendessen dabei, da war ich immer mit den Kindern zusammen, mich interessierte jedes Kind und jeder Mitarbeiter. Denn ein Mitarbeiter kann mit solchen Kindern nicht lange Zeit arbeiten, wenn er nicht ständige Unterstützung bekommt. Und ich habe auch immer gesagt, ein Betreuer kann nur ein guter Betreuer sein oder werden, wenn er mir sagen kann, am liebsten hätte er dieses Kind vom Dach runtergeschmissen. Wenn er mir das sagen kann, dann weiß ich, der ist schon irgendwie auf einem guten Weg, ein guter Betreuer zu werden, aber er muss gehalten werden und fühlen, dass er aufgehoben ist, sonst kann er nicht die Kinder tragend aushalten. Und also sie müssen mit diesen Kindern arbeiten, und ich habe auch immer von den Mitarbeiter verlangt, auch wenn sie das nicht unterschreiben mussten, ob Gärtner, Betreuer, Psychologe oder Sozialarbeiter, jeder muss sich für fünf Jahre verpflichten. Denn die Kinder bleiben bei uns fünf Jahre. Wenn die Kinder nicht das Gefühl haben, dass ständige Mitarbeiter im Team nicht fünf Jahre mit dieser Gruppe zusammen sind, dann lohnt es sich für die Kinder nicht. Gutes Essen ist nicht genug, und Schule ist nicht genug, es ist immer wieder so, dass das Kind das Gefühl bekommt, hier ist jemand, der sich um mich kümmert; und es ist ganz egal, was ich tue, ich kann Fenster einschmeißen und niemand wird zu mir sagen, wenn du nochmals dieses Fenster kaputt machst, dann wirst du rausgeschmissen. Sobald ich ein Kind angenommen habe, dann wusste ich, dass das Kind die ganzen fünf Jahre bei uns bleiben muss und kann, auch wenn es das schlimmste Kind auf der Welt ist.

Bründl: Du hast vorhin schon davon gesprochen, wie wichtig es ist, für die Kinder und die Mitarbeiter, sich aufgehoben zu fühlen, aber du hast vorsichtig angedeutet, so scheint mir, dass Talma, deine Frau, dich so gut umfassend unterstützt hat. Deshalb würde mich schon interessieren, welche Frau du geheiratet hast.

Cohen: Sie sitzt ja hier, du kannst sie mal fragen. Eine besondere Frau, die wirklich immer für mich da ist und immer unterstützt und immer weiß, das richtige Wort zu treffen, auch wenn ich Ärger habe oder Kummer habe, dann ist sie immer da und immer unterstützend und …

Bründl: Und sie weiß auch den richtigen Ton anzuschlagen?

Cohen: Als Musikerin weiß sie das.

Bründl: Ihr habt ja eine wirklich große Familie mit drei Söhnen und einer Tochter und vielen Enkeln. Wie ist es eigentlich für deine Kinder gewesen und für die Enkel, dass sie einen deutschen Vater haben, einen Vater, der aus Deutschland gekommen ist, oder einen Großvater, der aus Deutschland gekommen ist. Welche Bedeutung hat das in der Familie?

Cohen: Es hat, finde ich, keine besondere Bedeutung, denn wir sind Israeli, wir sind sehr identifiziert mit Israel, wir fühlen uns ganz israelisch, und man fragt nicht, wer aus Deutschland kommt, wer aus Marokko kommt, wer aus Russland kommt, wer aus Amerika kommt. Ja, die Kinder haben sich in den letzten Jahren gewünscht, sie möchte mit mir mal nach Bernburg fahren, möchten das Haus sehen, in dem ich aufgewachsen bin bis ich sechs war, aber sonst haben die keine gemischten Gefühle, dass ihr der Vater oder Großvater in Deutschland geboren ist. Im Gegenteil, heutzutage scheint mir, fragen sie mehr, als ich damals Fragen gestellt habe, sie haben viel mehr Interesse zu erfahren, was mit unseren Großeltern geschehen ist, wie wir hierhergekommen sind und so weiter, aber sonst ist klar, dass wir Juden sind, klar, dass wir Israelis sind und klar, dass wir Israeli bleiben werden. Ich bin auch sehr stolz, muss ich auch sagen, dass alle vier Kinder von uns in Israel leben, obwohl einer mehrere Jahre in Amerika studiert hat, alle vier leben in Israel in unserer Nähe.

Bründl: Ihr seid so tief israelisch identifiziert und verwurzelt, deshalb würde mich interessieren, welchen Stellenwert für dich der Staat Israel in der jüdischen Geschichte hat?

Cohen: Eine sehr wichtige Rolle. Ich glaube, dass Israel die Antwort auf den Holocaust ist. Obwohl man noch vor dem Holocaust von einer festen Heimat für uns Juden geträumt hat, haben nicht viele Leute mit einem Israel gerechnet. Aber mir wurde es klar, als der Staat gegründet wurde in ganz schlimmen Tagen. Ich erinnere den 29. November 1947, als in der UN beschlossen wurde, dass Palästina geteilt wird zwischen Juden und Arabern. Die Freude darüber habe ich bis heute noch im Kopf und gleich am nächsten Tag fing schon der Krieg an. Am 15. Mai 1948, als die Engländer rausgingen und der Staat gegründet wurde, das waren wir mitten im Krieg und wir hatten nichts. Wir waren 600.000 Juden im damaligen Palästina, und sieben arabische Staaten haben Israel angegriffen. Wenn man heute Kritik über Israel hört – und auch ich kritisiere viele Sachen sehr –, darf man nicht vergessen, in welcher Situation wir diesen Staat aufgebaut haben und was mit diesen Staat von 600.000 Leute im Krieg und wiederholt im Krieg, in späteren weiteren Kriegen, geschah, was wir doch erreicht haben. Und das muss man immer wieder und wieder betonen. Israel ist wirklich die Antwort auf den Holocaust und die Antwort auf den Antisemitismus, wie wir schon vorher von Herrn Degen gehört haben. Neulich habe ich diesen schlimmen Artikel gelesen von diesem weltberühmten norwegischen Soziologen, der meinte, dass Auschwitz nicht hätte sein dürfen, aber man kann es verstehen. Dieser Neid auf Juden erinnert mich ein bisschen an den Witz, dass zwei Juden in der Bar sitzen und Zeitung lesen. Ein Jude liest eine jüdische Zeitung, der andere liest eine antisemitische Zeitung. Fragt der eine: Was ist das für eine antisemitische Zeitung? Sagt der, hör mal zu: In deiner Zeitung steht, die Juden werden verfolgt, die Juden werden angegriffen und wie schlimm es uns geht. In meiner Zeitung, die antisemitisch ist, steht, die Juden sind klug, haben das und das erreicht, die sind so reich, denen gehört die ganze Industrie, die besitzen alle Banken und so weiter, es ist so viel angenehmer diese Zeitung zu lesen.

Bründl: In dem Zusammenhang frage ich mich natürlich, so wie du in Israel später wirklich eine wichtige, tragende Persönlichkeit geworden bist, die so mit dem Staat Israel identifiziert ist und du sehr viel für die israelische Jugend immer noch tust, wenn du an Deutschland denkst, ist dann auch immer emotional mit eingeschlossen, was Deutschland euch angetan hat und den europäischen Juden?

Cohen: Ja. Ich habe da ganz gemischte Gefühle und gegensätzliche Gefühle. Ich erinnere, als ich zum ersten Mal nach Deutschland zu Besuch kam, sobald ich in der S-Bahn saß oder in der Bahn oder in ein Geschäft ging und die Leute so anschaute , sobald ich ältere Leute sah, war ich immer damit beschäftigt: Was hat er denn damals gemacht? Das hat mich sehr beschäftigt. Und jetzt diese gemischten Gefühle. Einerseits hab ich ganz enge Freunde in Deutschland, du bist einer von denen. Ganz enge Freunde in Deutschland. Ich kann sie nie damit verbinden, was die Leute, die ich kenne, und die neue Generationen, die haben nichts zu tun mit der Vergangenheit. Menschen sind Menschen, und so ist es ich für mich ganz normal, nach Deutschland zu kommen, und sogar mit der Sprache gehe ich bequem um, auch mit den verschiedene Gepflogenheiten, mit denen ich aufgewachsen bin; meine Eltern haben wirklich sehr auf Höflichkeit geachtet, im täglichen Alltagsleben beim Essen, im Umgang mit Menschen oder bei anderen Gelegenheiten, damit bin ich aufgewachsen, treffe es wieder hier in Deutschland, das ist für mich angenehm. Aber das steht immer gegen ein anderes Gefühl, das ein bisschen geheimer ist. Da sag' ich mir, die Deutschen sind verantwortlich, Deutschland ist verantwortlich, aber das ist unausgesprochen. Sobald ich mit Leuten zusammenkomme, ist das völlig weg. Aber dann beschäftigt mich eine Frage mindestens schon 20 Jahre und ich habe keine Antwort darauf. Und werde nie eine Antwort dafür kriegen. Es beschäftigt mich immerzu die Frage: Wenn ich kein Jude, sondern ein Deutscher wäre, wie hätte ich mich damals benommen? Ich hätte zu gern gesagt, ich wäre so und so und so gewesen, aber das piesackt mich immerzu wieder und wieder, wenn ich nach Deutschland komme. Was hättest du gemacht, wenn du ein Deutscher wärst, vielleicht hättest du auch…? Also dieses Gefühl verlässt mich nie, das ist schon 20 Jahre so, sehr oft träum' ich davon, sehr oft denke ich daran, sehr selten spreche ich davon; meist überhaupt nicht, auch nicht bei engen Freunden und so, aber das..., dieses Gefühl lässt mich nicht los und wird mich auch nie loslassen.

Bründl: Wenn ich so jetzt über das nachdenke, was du gerade gesagt hast, und ich zurückgehe auf deine Anfangsbemerkung, wie viel Liebe deine Eltern dir selbstverständlich, nicht-redend entgegengebracht haben und wie viel du deinen wirklich schwer misshandelten und unglücklichen Kindern an Liebe gegeben hast, damit sie ins Leben zurückgehen können und sie erfolgreich teilweise ins Leben zurückgegangen sind, ist mir eingefallen, dass den ersten Aufsatz von dir in der deutschen *Zeitschrift für psychoanalytische Theorie und Praxis* gelesen habe, dein Vortag für die Sigmund-Freud-Vorlesung in Frankfurt war, mit dem Titel »Die Angst zu lieben«. Ist es nicht so: Diese Angst zwischen Deutschen und Juden zu lieben, zwischen Deutschen und Juden, die gegenseitige Angst vor der Liebe?

Cohen: Ich muss dir ehrlich sagen, als ich diese Einladung bekommen hatte nach Frankfurt zu dieser sehr ehrenhaften jährliche Vorlesung, sagte man mir, den Titel kannst du dir aussuchen wie du willst. Ich habe irgendwie dem Vortrag diesen Titel »Die Angst vor Liebe« gegeben. Es dauerte ungefähr zwei Jahre danach, bis ich mir Überlegungen gemacht hab', warum ich dieses Thema überhaupt gefunden habe. Und mir kam dann der Gedanke, anscheinend wollte ich sagen: Ihr hattet Angst mich zu lieben.

Bründl: Deine Funkerlehrlinge hatten keine Angst dich zu lieben, für die warst du ein Zauberer. Du bist ja jetzt sehr häufig in Deutschland, um jüngeren Analytikern weiterzuhelfen. Wie ist denn da deine Erfahrung? Haben die vielen deutschen Analytiker, mit denen du arbeitest, die du weiterbilden willst, gibt es da auch immer noch diese Angst dich zu lieben? Oder zumindest die Psychoanalyse zu lieben, die du vertrittst?

Cohen: Ich weiß nicht, was das ist, die Psychoanalyse zu lieben. Ich kenne nur Psychoanalytiker, die kann man lieben, und Psychoanalyse lieben, das ist so in der Literatur vielleicht schön, aber nicht im Alltagsleben. Ich hab' keine Probleme, keine Schwierigkeiten, keine Probleme. Ich komme so ungefähr viermal im Jahr nach München, manchmal bin ich auch woanders hin eingeladen in Deutschland, und ich habe immer das Gefühl, wir können wirklich zusammenarbeiten, denn Menschen sind Menschen und mit Menschen ist nicht so schwer umzugehen, wenn man nur ein bisschen empathisch ist zu den Anderen, dann ist das keine Schwierigkeit und es ist egal, was der Mensch eigentlich getan hat und tut. Sobald ich die Rolle habe, mit einem Menschen zu arbeiten, dann ist seine Vergangenheit egal und das. was er mit sich mitbringt. Ich muss erstmal empathisch zu dieser Person sein, und das ist nicht so kompliziert.

Bründl: In welcher Weise begegnet dir hier Deutschland, in welcher Weise wird es in Israel vermittelt oder diskutiert, der neue Zuwachs an Fremdenhass, der manifeste oder latente Antisemitismus in Deutschland und in Europa?

Cohen: Es beschäftigt uns sehr, aber zum Beispiel vorhin wurde Günter Grass erwähnt, ich nehme es ihm doch übel, weil immer diese Gefahr besteht, es nicht so ernst zu nehmen, der ist ein bisschen verrückt und der ist dies oder das – und das hat man auch irgendwie über Hitler gesagt. Also ich nehme es ganz ernst, aber ich nehme auch unseren eigenen Fremdenhass ganz ernst. Erstmal sollte ich meinen Fremdenhass auflösen, ehe ich die Anderen beschimpfe oder kritisiere. Und wir haben genug damit zu tun, unseren eigenen Fremdenhass aufzulösen, ehe wir die Anderen kritisieren. Es ist immer sehr leicht, die Anderen zu kritisieren, das ist das Schnellste, was man machen kann. Ich bin nicht schuld, der ist schuld, aber ich bin doch immer schuld: Erstmals muss ich meine, also unsere und meine so negative Seite kennen, damit ich auch dann die Anderen kritisieren darf. Aber erst muss ich meine Schuldgefühle, meinen Hass, irgendwie bearbeiten. Und das ist sehr wichtig, besonders in Israel; ich weiß, wir sind immer von Feinden umgeben, aber dennoch müssen wir uns anstrengen, mit uns selbst fertig zu werden.

Bründl: Du hast vorhin erwähnt, dass deine Kinder gerne mit dir nach Bernburg fahren würden, um die Stadt kennenzulernen, wo du geboren bist und von der ihr habt auswandern, besser gesagt, fliehen müssen. Wie war denn deine persönliche Rückkehr nach Bernburg?

Cohen: Also ich war zweimal dort nach die Wende. Das erste Mal mit einer Freundin aus Frankfurt. Es ist interessant, wie sie eine Freundin von mir geworden ist, aber ich weiß nicht, wie viel Zeit wir noch haben…

Bründl: Wir haben genügend Zeit.

Cohen: 1977 war der erste Internationale psychoanalytische Kongress in Jerusalem. Das war der erste Kongress außerhalb Europas, also der noch vor den psychoanalytischen Kongressen in US-Amerika und Südamerika war. Und ich hatte damals das Gefühl, hier kommen auch deutsche Leute. Ich war gerade am Ende meiner psychoanalytischen Ausbildung und ich wusste, da kommen auch Kandidaten und Kandidatinnen, die psychoanalytische Ausbildung machen in Deutschland. Und da habe ich mich entschlossen, diese Gruppe von Kandidaten aus Deutschland zu betreuen, denn ich wusste, dass es nicht einfach ist für sie, nach Jerusalem zu kommen. Ich habe mich dieser Gruppe angenommen und für sie gesorgt. Dadurch hat sich eine Freundschaft mit Sibylle Drews von Frankfurt ergeben. Und sie hat mich nach Bernburg mitgenommen. Zum zweiten Mal bin ich mit Talma, meiner Frau, hingefahren, und als ich da vor meinem Haus stand, zwar war das Haus unter einem Gerüst, aber ich stand dort, ich hatte nicht viel in Erinnerungen. Überhaupt nicht zu erinnern ist auch eines meiner Probleme, sozusagen in Klammern sag' ich nur, die Reise 1938, Oktober 1938, einen Monat vor der sogenannten Kristallnacht. Die Fahrt ging mit der Bahn von Bernburg, ich weiß nicht wie, aber mit der Bahn bis Italien, bis Triest und von Triest mit dem Schiff nach Palästina. Ich erinnere nix. Gar nichts, bis auf eine Sache. In der Bahn hab' ich meinen

Vater weinen gesehen. Das ist das einzige, was ich in Erinnerung habe von der ganzen Fahrt von einer Woche auf Schiff und so weiter. Aber zurück nach Bernburg: Ich hatte in Erinnerung noch irgendwie an die Straße und irgendwie an das Gebäude. Das Gebäude lag ganz nah an der Saale, das hatte ich auch noch so in Erinnerung, und als ich da mit Talma vor dem Gebäude stand, da ging es los…

Bründl: Hat in irgendeiner Weise die Stadt Bernburg oder der Bürgermeister von Bernburg dir eine Form der Ehre erwiesen?

Cohen: Das hat alles mein Bruder so gemacht, ich bekam eigentlich nichts, ich hatte nicht das Gefühl; ich hab' nichts da so richtig verloren und ich war nie da. Mein Bruder war ein paar Mal dort, man hat ihn geehrt und so weiter, aber ich war niemals da, ich hab niemanden getroffen in Bernburg in den beiden Malen, die ich da war. Wir standen vor dem Haus und sind weitergefahren und ich habe mir nichts daraus gemacht. Und jetzt wünschen sich meine Kinder, dass wir mal gemeinsam hinfahren. Ich hab' ihnen versprochen nächstes Jahr, denn in meinem Alter, wer weiß noch, wie lange es gehen wird.

Bründl: Aber Sibylle Drews hat dich nach Bernburg gebracht. Ich finde, wir dürfen Sibylle Drews auch sehr dankbar sein, dass sie es geschafft hat, die meistens auf Englisch erschienen Arbeiten von Chezzi Cohen ins Deutsche zu übersetzen und zusammen in einem sehr lesenswerten Sammelband *Das misshandelte Kind* (Brandes & Apsel; 2. Aufl. unter dem Titel *Das traumatisierte Kind*) zu veröffentlichen. Ohne Sibylle Drews wäre Chezzi nicht in dieser Weise wieder nach Deutschland zurückgekehrt.

Cohen: Das könnte schon sein.

Bründl: Wie groß ist inzwischen deine Familie, Chezzi?

Cohen: Wie groß? Vier Kinder, elf Enkelkinder, alle glücklich und führen ein ganz normales und angenehmes Leben. Wir sind sehr oft zusammen und sehr fröhlich und hoffen, dass es so lange weitergeht.

Bründl: Also das heißt schon, wie dir doch das Familienleben gefällt.

Cohen: Sehr. Ich hatte mich vorbereitet, und ich tue es gerne: Ich hab' so eine Pflicht, dies zu erwähnen, Während des Krieges durften wir nach Deutschland nur durch das Rote Kreuz Briefe schicken, immer nur mit zehn Worten. Und meine Eltern haben natürlich mit meinem Großvater von der Vaterseite und meiner Großmutter von der Mutterseite, die damals noch am Leben waren, mit diesen zehn Worten korrespondiert. Ich hatte immer das Gefühl, da ist irgendwas, aber viel haben davon die Eltern uns nicht erzählt. Aber ich habe diese Rot-Kreuz-Briefe, eigentlich habe ich nur diese Fotokopien hier, aber einen Brief möchte ich vorlesen. Hier steht nämlich vom Vater: »Hocherfreut über Nachricht, bin gesund. Die Sehnsucht nach euch groß. Herzlichste Glückwünsche zum Geburtstag. Willy, Eugen, Julchen, keine Nachricht.« Und in einem anderen Brief von diesen drei Verwandten, steht einfach so: »Willy, Eugen, Julchen verreist.« In einem anderen Brief steht »ich verreise«, nach Theresienstadt und da sind sie umgekommen. Ja, noch eine Geschichte: Meine Großmutter, von der Mutterseite, die war doch in Palästina gewesen. Da war schon ein Sohn von ihr, mein Onkel, sie ist nach Palästina gefahren und hat gesehen, wie schwer es dort ist. Sie ist zurück nach Deutschland und hat gesagt, mir passiert nichts. Denn mein erster Sohn ist im Ersten Weltkrieg für Deutschland gefallen.

Bründl: Diese Menschen, die in deiner Trauer und in deiner Erinnerung in dir so sehr präsent sind, wie wird in der Familie die Erinnerung an diese ermordeten deutschen Verwandten weitergegeben?

Cohen: Ich sag' dir, heute sind wir ganz anders als in der Zeit, als meine Eltern noch gelebt haben. Heute erzählen wir es von uns aus den Kindern. Auch von der Familie meiner Frau. Die Familie meiner Frau ist viel früher nach Palästina eingewandert, 1925 aus Russland, Ukraine, Polen kommend. Das war die erste Einwanderungswelle nach Palästina. Denn in Osteuropa waren die Juden viel mehr verfolgt als in Deutschland. In Deutschland wurden sie bis 1933 nicht verfolgt, aber in Osteuropa wurden sie tatsächlich verfolgt. Eine Minderheit von ihnen ist nach Palästina gegangen, die Mehrheit ist nach Amerika ausgewandert und Amerika war sehr daran interessiert, dass sie nach Amerika kommen. Und die Familie meiner Frau kam aus Osteuropa, meine Frau ist in Israel, also im damaligen Palästina geboren, und das war ein ganz anderes Leben als jetzt bei uns. Aber die Kinder möchten jetzt einen großen Band mit der Familiengeschichte der Familie meiner Frau, Ihr Vater hat vieles aufgeschrieben, und die Nachkommen wollen jetzt unbedingt alles lesen. Heute wird über das Thema Vergangenheit viel mehr gesprochen. Rückschauen, das hat doch die Frau von Lot gemacht. Das ist eine weibliche, wie sagt man, Einstellung. Aber Israel wurde von einer ganz männlichen Seite aufgebaut. Kämpfen, aufbauen, man schaut sich nicht um, man schaut nicht zurück, wir wollen gar nicht wissen, wie die umgekommen sind und warum die so schwach waren. Wir sind stark und wir schauen nicht zurück. Anders der weibliche Charakter. Ich glaube, inzwischen sind wir bereiter, auch unsere weiblichen Seiten zuzulassen, und mit denen schauen wir uns doch die Vergangenheit auch an.

Bründl: Wie das Weibliche und das Männliche zusammenkommen, ist ja die interessante Frage. Aber vielleicht ist es nicht nur ein mütterliches Gefühl, sondern auch ein väterliches Gefühl, was aus unseren Kindern wird. Und eines deiner großen Leistungen ist ja der Aufbau von B´nai B´rith Residential Treatment Centre. Wie kann die Arbeit, die du aufgebaut hast, in Zukunft weitergeführt werden? Ist die Zukunft für das B´nai B´rith Residential Treatment Centre wirklich gesichert mit ihrer Arbeit, die so ausstrahlt auch international, nicht nur bei den Kindern, sondern, wie kann diese Arbeit weitergehen und wie wird sie weitergeführt?

Cohen: Es ist sehr wichtig, dass es so ein Zentrum gibt, es sollten davon mehrere solche geben. Heutzutage herrscht eine schlimme Zeit in der Erziehung, in den Behandlungen und so weiter. Warum? Weil jetzt alles schnell gehen muss. So kann man nicht auf ein Telefongespräch warten, man hat alles gleich in der Tasche mit dem Smartphone, da geht alles ganz schnell. Ich sage mir immer: Gott sei Dank, eine Sache hat man nicht geändert und anscheinend wird es sich nie verändern, das ist die Schwangerschaft. Es braucht diese neun Monate, und die werden nicht verkürzt. Und die Behandlung dauert auch – wie ich schon gesagt habe – mit den Kindern fünf Jahre, das kann man nicht verkürzen. Leider will die Regierung und wollen alle diese Leute alles schnell: Es kann nicht sein, dass du ein Kind für fünf Jahre aufnimmst, es lernt nicht, es soll ganz schnell lernen. Es benimmt sich so schlimm, schon einen ganzen Monat ist es bei dir und immer noch flucht es hin und her. Schon ein halbes Jahr ist es da… Ich habe auch die Eltern immer gefragt, als sie das Kind zu mir gebracht haben: Warum kommt ihr Kind eigentlich hierher? Meist ist die Antwort: Na gut, es ist schon acht Jahre, es kann noch nicht zu lesen, nicht schreiben und so weiter. Daraufhin ich habe immer gesagt: Ihr Kind kommt nicht hierher, um zu lernen, zu lesen und zu schreiben und zu rechnen, deshalb kommt er nicht hierher. Wenn es, währenddessen es hier ist, auch lesen wird, würden wir uns sehr freuen, aber das ist nicht das Ziel. Die Behörden wollen immer gleich Resultate sehen, das Kind war so und wir möchten nach einem Jahr ein Kind haben, das wieder ganz schnell in eine normale Schule geht. Ich glaube, meine Hauptaufgabe gegenüber den Behörden ist es, Einfluss zu nehmen und Verständnis dafür aufzubauen, dass Kinder, die 2, 3, 4 Jahre am Anfang ihres Lebens nicht richtig sich entwickeln durften, eine ganz lange Zeit brauchen, weil ihre Persönlichkeit ganz zerbrochen ist. Und das kann man nicht mit irgendwelchen Benimmregeln oder so reparieren. Das braucht eine ganz lange Zeit und oft länger, bis das Kind nur das anfängliche Vertrauen fühlt, dann wird es schlimmer, immer noch schlimmer. Wenn die Leute dann sagen, ja, ich war doch so liebevoll mit dem Kind und hab' ihm alles gegeben, aber jetzt beschimpft es mich so. Dazu sage ich, wenn es anfängt, dir zu trauen, wird es noch schlimmer werden, aber das wird sich schlussendlich ändern, aber da muss man ganz lange geduldig sein und nicht immer denken, das Kind hat mich beleidigt, es nennt mich dies und das, ich bin nicht beleidigt, wenn mein Kind mich meinetwegen verflucht, ich bin nicht beleidigt, wenn mein Kind mir sagt, dass es nicht mag. Ich muss mich vielmehr fragen, was im Kind vorgeht. Mich zu beleidigen macht nicht sein inneres Wollen aus.

Bründl: Gerade weil diese Kinder so eine lange Zeit zur Neuentwicklung brauchen, glaube ich, ist es doch besonders wichtig, dass die Institution stabil ist, dass die Institution wirklich auch eine lange, sichere Zukunft hat, damit die Kinder in dieser Institution gut aufgehoben sind. Und wie du angedeutet hast, alle Staaten, nicht nur in Israel, sondern auch hier in Deutschland, wollen ganz schnelle Ergebnisse und machen die Finanzierung abhängig von bestimmten verkürzten Programmen. Wie konsolidiert und wie finanziell sicher ist das Internat jetzt?

Cohen: Ich glaube, wir haben doch bewiesen, dass es billiger ist, fünf Jahre in so einem Heim, als 20 Jahre im Gefängnis. Und das ist ganz einfach zu beschreiben. Diese Kinder sind immer in der Gefahr, entweder in einer psychiatrischen Klinik mehrere Jahre zu verbringen oder im Gefängnis, nicht zu reden davon, dass sie auf der Straße leben oder bitterarm, unendlich verzweifelt sind. Wir sind verantwortlich für diese Kinder, dass sie auch glücklich werden und nicht nur dass sie irgendwo ein Bett haben. Aber die Behörden muss man bezüglich der Finanzen besser beeinflussen: Das ist eine ganz einfache Rechnung. Wenn diese Kinder nicht in unserem Heim wären, kann ich fest zusichern, dass sie entweder in psychiatrische Einrichtungen oder im Gefängnis landen. Wenn man dort 20 Jahre, 30 Jahre, 40 Jahre verbringen muss, ist das alles viel teurer.

Bründl: Gibt es auch Erfahrungen, wie Genesung und lebendige Weiterentwicklung der Kinder rückwirkend Einfluss auf ihre Herkunftsfamilien hat? Wie wirkt der Heilungsprozess des Kindes auf die Eltern, die ja meistens dieses Kind nicht genügend gestützt, gehalten und geschützt haben? Welche Bedeutung haben die Eltern für dein Heim?

Cohen: Die Kinder kommen aus dem ganzen Land, wir sind ja ein winziges Land. Aber ich habe immer verlangt, dass die Eltern einmal in der Woche zu Besuch kommen, auch wenn ich gehört habe, dass die Sozialarbeiter meinen, ja die Mutter des Kindes ist so und so, aber mit dem Vater haben wir keine Verbindung. Ich habe das nie ernst genommen. Eine Verbindung würden wir schon finden. Der Vater wird schließlich kommen und ich habe immer das Gefühl gehabt, dass der Wendepunkt in der Situation vom Kind ausgeht, wenn die Eltern zu uns kommen und fühlen, dass sie nicht mehr als Vater und Mutter von einem schlechten Kind oder guten Kind kommen, sondern kommen, weil sie Menschen sind. Und sobald der Vater ins Heim kommt, fühlt er Respekt, vollen Respekt, weil er ein Mensch ist. Dann muss er auch weniger auf sein Kind projizieren und das Kind kann sich dann selber mehr entwickeln. Die Rolle der Eltern ist bestimmt sehr wichtig in so einem Heim. Wir nehmen nicht einfach die Kinder und sagen nicht, die Eltern sind so schlimm, sie ist eine Hure und er ist besoffen, nein, das sind auch Menschen.

Bründl: Chezzi, ganz herzlichen Dank für dieses Gespräch, und ich hoffe, dass du als Lehrer, Freund und geliebter Mensch oft noch zurückkommst.

Sydney F. Anderson
(Bloomington, Indiana/USA)

Der Blick auf die Sanduhr:

Die Bedeutung unserer Worte und Handlungen in der zeitgenössischen Kinderpsychoanalyse[1]

Bei unserem ersten Treffen erzählte mir Leila, ein 13-jähriges Mädchen, das sehr angespannt war, wie sie sich ihre Gedanken vorstellte. »Es ist ein riesiges Lagerhaus. Im vorderen Bereich werden viele Dinge hergestellt, aber im hinteren Bereich ist noch mehr los. Die Projekte werden ständig von vorne nach hinten und von hinten nach vorne verschoben. Die Entscheidungen werden von den Chefs getroffen, die in einer geheimen Abteilung versteckt sind. Es gibt jede Menge Arbeiter, die an den Projekten arbeiten und die Sachen umlagern. Es gibt zwar Müllcontainer, aber die werden nur in anderen Teilen des Lagers geleert, sie werden nicht woanders hingebracht – die Sachen können nicht weg, sondern nur umgestellt werden. Die Arbeiter arbeiten in langen Schichten und es gibt Reinigungsteams und Kantinenpersonal – die Arbeiter müssen versorgt und gut genährt werden, denn es ist eine sehr harte Arbeit. Es ist ein riesiges Lagerhaus, mit Schlaf- und Essensplätzen und ... ähm ... Toiletten. Es ist kein schlechter Arbeitsplatz, aber die Arbeiter würden sich mehr Pausen wünschen – es kann ziemlich anstrengend dort werden.«[2]

---

1 Anderson, S. F. (2024): Looking Through the Hoirglass: The Importance of Our Work and Actions in Contemporary Child Psychoanalysis. In: *Psychoanalytic Study of the Child.* Vol. 77; Barett, D., Miller, J. M, Knight, R., Osker, W. (Eds). Mit freundlicher Genehmigung der Autorin und des Verlags Taylor & Francis.

2 Dieser Vortrag wurde ursprünglich als Marianne-Kris-Vorlesung am 7. Mai 2023 während der jährlichen Konferenz der Association for Child Psychoanalysis gehalten. Ich möchte Susan Sherkow, der Präsidentin der ACP, dafür danken, dass sie mir die Ehre zuteilwerden ließ, den Marianne-Kris-Vortrag zu halten, was ein unerwartetes Privileg war. Während ich diese Arbeit schrieb, führte ich erneut Gespräche mit einer Reihe meiner psychoanalytischen Lehrer, darunter Sam Rubin, Walter Troffkin, Ed Kohn und Tom Barrett, und ich bin jedem von ihnen zu Dank verpflichtet. Ich möchte auch Brett Clarke danken, der mir bei einigen Aspekten des Denkens und Schreibens geholfen hat. Vor

Leila hatte ihre eigenen Ideen hinsichtlich der Ursachen ihrer Anspannung und Unruhe. Und jeder von uns hat wiederum seine eigenen Vorstellungen über die Funktionsweise der Psyche eines Kindes[3] und über die Ursachen seiner Ängste, Verhaltensweisen und Beziehungsmuster. Unsere Vorstellungen bestimmen, was wir zu einem Kind sagen und was wir auch nicht sagen. In diesem Beitrag möchte ich über die Wechselwirkung zwischen unseren inneren Welten und der Wahl unserer Theorien sprechen, darüber, wie wir miteinander über unsere Theorien sprechen und darüber, wie unsere Theorien und unsere Fachgespräche miteinander das beeinflussen, was wir den Kindern und Jugendlichen, die wir behandeln, letztendlich sagen.

Wir sprechen und diskutieren miteinander und beeinflussen uns gegenseitig auf Konferenzen, in Studiengruppen, Seminaren und Ausbildungsprogrammen sowie durch unsere psychoanalytische Literatur. Idealerweise wachsen wir, indem wir neue Ideen und Möglichkeiten in Betracht ziehen, aber wir können dies nur tun, wenn wir in einer begrenzten Anzahl von relativ kohärenten Organisationskonzepten ausreichend verankert sind. Nur dann können wir die wesentlichen Anpassungen an den Dreh- und Angelpunkt unseres professionellen Denkens vornehmen, welche Wachstum und klinische Flexibilität erfordern.

Wann werden Ideen zu Theorien? Das *Oxford Dictionary* definiert Theorie als »eine Idee, die dazu dient, eine Situation zu erklären oder eine Vorgehensweise zu rechtfertigen«. Der *NewScientist.com* merkt an: »Eine Theorie wird nie zu einer Tatsache. Sie ist eine Erklärung für einen oder mehrere Sachverhalte. Eine gut untermauerte, evidenzbasierte Theorie wird so lange akzeptiert, bis sie widerlegt wird. Sie entwickelt sich nie zu einer Tatsache, und das ist eine Tatsache.«

Damit soll nicht gesagt werden, dass nur Fakten wertvoll sind. Ironischerweise wird unser Fachgebiet oft dafür kritisiert, dass es keine modernen Beweisstandards für unsere Theorien gibt und dass dies die Operationalisierung unserer Arbeit einschränkt. Aber gerade das Wesen unserer

allem aber möchte ich erwähnen, dass diese Arbeit aus einer mehrjährigen Zusammenarbeit mit Lee Ascherman entstanden ist. Lee ist ein langjähriger und geschätzter Lehrer. Ich bin zutiefst dankbar dafür, dass er mein Denken und meine Entwicklung als Kinderpsychoanalytikerin weiterhin anleitet, und auch für die vielen Stunden, die er mir bei der Arbeit an diesem Artikel geholfen hat.

3 In dieser Abhandlung werde ich das Wort »Kinder« sowohl für Kinder als auch für Adoleszente verwenden.

Arbeit macht die einzigartigen Kompromisse jedes Einzelnen angesichts der universellen Entwicklungsherausforderungen so hochwertig.

Unsere Theorien sind entscheidend. Sie bilden die Grundlage für unser Zuhören, unsere Beobachtungen und unsere Formulierungen; sie sind die Landkarte, die wir brauchen, um uns auf dem Terrain der Worte, des Verhaltens und der Handlungen eines Kindes zurechtzufinden und die Brillengläser, die wir tragen, um die innere Welt des Kindes zu sehen. Was wir glauben, durch diese Linsen zu sehen, bestimmt die Sprache, die wir für unsere Interventionen verwenden, die wir aus unserem Bestreben herauswählen, ein Kind auf einer Ebene zu berühren, die tief genug ist, um echte Entwicklung zu ermöglichen.

Jedoch: alle Theorien haben ihre Grenzen. Die Welt auf eine bestimmte Art und Weise zu sehen, bedeutet notwendigerweise, sie nicht auf eine andere Art und Weise zu sehen, und sie somit nicht auf alle möglichen Arten sehen zu können. So etwas wie eine Sicht aus dem Nichts gibt es nicht. Unsere Vorliebe für bestimmte Theorien gegenüber anderen wird davon beeinflusst, wer wir innerlich und unbewusst sind und von den organisierenden Überzeugungen, Phantasien, Ängsten und Wünschen, die in uns existieren und deren Ursprünge aus einer Zeit stammen, die weit vor dem Beginn unserer psychoanalytischen Ausbildung liegt. Mit anderen Worten: Unsere Emotionen prägen unsere theoretischen Präferenzen ebenso wie unsere Bemühungen, diese oder jene Idee mit dem Verstand zu akzeptieren oder zu verwerfen.

Unsere Ideen sind kein Wissen, so wie ein Klempner weiß, was falsch gelaufen ist, wenn ein Leck auftritt, oder ein Automechaniker weiß, warum ein Auto nicht anspringt. Clara, ein zurückhaltendes, liebenswertes fünfjähriges Mädchen, zeichnete ein Bild von einem durchsichtigen Mädchen, dessen Inneres voller gruseliger, krabbelnder, hässlicher Käfer war. Das Bild blieb mir mehrere Tage lang im Gedächtnis, während ich über Claras gestörtes Selbstbild nachdachte und darüber, wie ich mit ihr darüber sprechen könnte. Als ich in der nächsten Woche mit Claras Mutter über eine Änderung des Stundenplans sprach, erzählte sie mir, dass Clara in letzter Zeit ängstlich geworden war, als sie Durchfall hatte und sich übergeben musste. Ihre Mutter versuchte, Clara zu beruhigen, indem sie ihr sagte, sie habe nur einen »Bug«.[4] Ich schlug ihr vor, Clara klarzumachen, dass man

4 Anmerkung des Übersetzers: Im Englischen kann »Bug« sowohl Käfer bedeuten wie auch Fehler oder Störung, bzw Bazillus.

von »Bugs« spricht, um eine Art von Krankheit zu bezeichnen, die nicht allzu ernst ist und nicht allzu lange dauert, und dass dieser Bug nicht wie die Krabbelkäfer ist, die wir draußen sehen. Die Tatsache, dass Clara vor Kurzem erkrankt war, schloss die unheilvolle Möglichkeit nicht völlig aus, dass sie sich in ihrem Innersten auch wurmig und wanzenartig fühlte, dass ihre Krankheit eher ein Anlass als eine Ursache war. Als ich das Mädchen auf Claras Zeichnung erneut betrachtete, schien es mir amnestisch zu sein, so dass ich wahrscheinlich nie erfahren werde, woran das lag und woran nicht. Wie dem auch sei, mein Eindruck von Claras innerer Welt änderte sich, als ich erkannte, dass eine weitere Bedeutungsmöglichkeit im Spiel war. Beide Erklärungen bleiben eher gut informierte Hypothesen als ein konkretes »Wissen« über die Bedeutung von Claras Zeichnung und ihre Implikationen.

Wir alle tun unser Bestes, um den Zeichnungen, dem Spiel, der Sprache und den Handlungen der Kinder, die wir diagnostisch beurteilen und behandeln, einen Sinn zu geben. Die Psychoanalyse ist nichts anderes als verwirrend, denn unser Gegenstand sind die komplexen inneren Welten der einzelnen Kinder. Wie oft kommt es vor, dass wir bei einem Kind verwirrt sind oder die Orientierung verlieren, oder dass wir Gegenübertragungsreaktionen zeigen, von denen wir meinen, dass wir sie besser nicht haben sollten und dass wir uns in unseren Bemühungen, diese Reaktionen konstruktiv zu nutzen, blockiert fühlen. Wenn wir uns selbst und anderen gegenüber, die Komplexität, die Ungewissheit und die Schwierigkeiten, die unseren kinderanalytischen Bemühungen innewohnen, ohne Entschuldigungen eingestehen können, werden wir in der Lage sein, das Innenleben des Kindes und den Behandlungsprozess vollständiger, ehrlicher und mit einer größeren Akzeptanz unserer eigenen Menschlichkeit zu erfassen.

Aus vielen therapeutischen Perspektiven abgeleitete Theorien berücksichtigen die Beziehung zwischen den Gedanken, Gefühlen und Handlungen von Kindern sowie die Verbindungen zwischen den Ereignissen oder Umständen in ihrem Leben und ihren Gefühlen. Diese Ansätze sind nicht einzigartig für unsere Sichtweise. Die Psychoanalyse unterscheidet sich dadurch, dass sie sich auf die innere Welt des Kindes konzentriert, insbesondere auf die tieferen Aspekte seiner inneren Welt, die teilweise oder ganz dem Bewusstsein entzogen sind. Mein Freund und Kollege Brett Clarke hat bemerkt, dass sich die psychoanalytische Sicht des Kindes »durch ihre Fähigkeit auszeichnet, die menschliche Dunkelheit zu erfassen. Wir erkennen, dass sich Kinder nicht nur nach Liebe und Zuwendung sehnen. Wir sehen die lustvollen, hasserfüllten, gierigen, rachsüchtigen und neidischen Aspekte des Innenlebens von Kindern und die Art und Weise, wie diese ihre Symptome, Verhaltensweisen und Beziehungen prägen. Davor schrecken wir nicht zurück. Kinderanalytiker gehen die Kellertreppe hinunter und gehen, auch wenn der Lichtschalter kaputt ist, in die Dunkelheit« (persönliche Mitteilung).

Wenn wir miteinander über die Theorien sprechen, die uns leiten, wenn wir diese Treppe hinuntergehen, oder wenn wir das unerbittliche Lagerhaus betreten, das Leila in ihrer Beschreibung ihrer Psyche beschrieben hat, verwenden wir oft Wörter, die sich aus unseren Theorien ableiten. Diese spezialisierten Wörter vermitteln uns ein Gefühl des Wissens oder der Beherrschung, sie können als nützliche Kurzschrift dienen, wenn wir uns miteinander unterhalten, und sie können uns helfen, unser Denken zu organisieren. Gleichzeitig können die Worte, die wir für unsere berufliche Kommunikation verwenden, aber auch zu einem Verlust an Klarheit oder, schlimmer noch, zu erheblichen Missverständnissen führen. In dem Maße, in dem sich unser Fachgebiet weiterentwickelt und neue Perspektiven zu zentralen Konzepten auftauchen, verwenden wir möglicherweise Begriffe, die für den Sprecher eine ganz andere Bedeutung haben als für den Zuhörer, oder die die Klarheit verschleiern, um Konflikte zwischen sehr unterschiedlichen Ansichten über die Psyche des Kindes oder den analytischen Prozess zu vermeiden.

Aus all diesen Gründen ist es am besten, wenn wir in der mündlichen oder schriftlichen Kommunikation die einfachste Sprache verwenden, die wir finden können und die so frei von Fachjargon wie möglich ist. Und wenn wir Begriffe verwenden, die für verschiedene Menschen unterschiedliche Bedeutungen haben können, ist es effektiver, wenn wir genau angeben, was wir mit diesem Begriff meinen. Auf diese Weise verringern wir das Risiko, dass wir glauben, etwas zu verstehen, obwohl wir es nicht tun. Ein Beispiel: Das Wort »Trauma« taucht häufig in Fachgesprächen und im Alltagsdiskurs auf. Das Wort wird oft als implizite Erklärung verwendet, indem es sich auf ein Ereignis oder eine Reihe von Umständen bezieht, von denen man annimmt, dass sie – oft auf nicht näher spezifizierte Weise – erhebliche bewusste und unbewusste Auswirkungen hatten. Für unsere Zwecke ist es sinnvoller, sich auf diese Ereignisse oder Umstände im Hinblick auf unsere Vorstellungen über die besonderen psychologischen

Auswirkungen zu konzentrieren, die sie auf das Kind hatten, basierend auf seinem Entwicklungsstand und seinen individuellen Anpassungen. Als Analytiker wissen wir, dass äußere Ereignisse für sich genommen nicht auf eine allgemeingültige Weise intrapsychische Auswirkungen haben. Wir wissen, dass es ein synergetisches Zusammenspiel zwischen der inneren Welt des Kindes und der Umwelt gibt, der es begegnet, in der es lebt und die es wahrnimmt. Wenn wir die schrecklichen Dinge, die geschehen sind, und die schädlichen intrapsychischen Auswirkungen, die wir für das Kind vermuten, in einer einfachen Sprache beschreiben, bringen wir unser einzigartiges psychoanalytisches Verständnis auf eine differenziertere Weise zum Tragen, als wenn wir auf eine reduktionistische Terminologie zurückgreifen.

Ein grundlegender Begriff, die »Objektkonstanz«, bietet ein weiteres Beispiel für das Potenzial für Unklarheit und Missverständnisse. Während viele davon ausgehen, dass seine Bedeutung offensichtlich und allgemein bekannt ist, stellte McDevitt bereits 1975 in seinem JAPA-Beitrag fest, dass »unter den Psychoanalytikern erhebliche Meinungsverschiedenheiten über die Definition, den Zeitpunkt und die Kriterien für die Bewertung dieses Entwicklungsstadiums bestanden haben« (713). Diese Uneinigkeit und die daraus resultierende Verwirrung halten an, und es scheint immer nützlicher zu werden, zu spezifizieren, was genau konstant bleibt und unter welchen Bedingungen. Insbesondere neigen wir dazu, den Begriff so zu verwenden, als beziehe er sich immer oder in erster Linie auf die Verinnerlichung eines Objekts, das »positiv genug« ist, während in Wirklichkeit viele der Kinder, die wir sehen, Bindungen an ein destruktives, verurteilendes Objekt verinnerlicht haben und beibehalten. Ähnlich unklar ist die Verwendung zahlloser anderer Begriffe, einschließlich, aber nicht beschränkt auf »Container« und »Containment«, »Widerstand«, »Übertragung« und »Affektabstimmung«.

Der Fachjargon kann dazu dienen, abzulenken und den Sprecher von der Spezifität zu distanzieren, insbesondere wenn es um unangenehme Affekte und deren z. T. enorme Intensität geht. Um zu erklären, was wir meinen, wenn wir die Fachterminologie verwenden, müssen wir den Jargon oder intellektualisierte Erklärungen durch intuitivere Beschreibungen unserer Erfahrungen ersetzen. Nur dann können wir unsere Worte verwenden, um über die verschiedenen Teile zu sprechen, die unser Verständnis des einzelnen Kindes ausmachen, und über unsere unbeantworteten Fragen, die das widerspiegeln, was nicht so richtig zusammenpasst. Noch wichtiger ist jedoch die Möglichkeit, mit unseren Worten zu beschreiben, was wir erleben, was wir denken und was wir fühlen, einschließlich dessen, was wir nicht verstehen und was uns zu schaffen macht.

Daphne war vier Jahre alt und befand sich in einer Pflegefamilie, als ich sie kennenlernte. Sie wurde von ihrer leiblichen Mutter weggenommen, nachdem diese sie geschlagen hatte, was zu leichten, aber bleibenden Verletzungen führte, die sie ins Krankenhaus brachten. Als die Behörden versuchten, mit ihrer leiblichen Mutter über Daphne und ihre Geschwister zu sprechen, entgegnete sie: »Nehmt sie mit – ich wollte sie nie haben.« Meine analytische Arbeit mit Daphne war langwierig, mühsam und nervenaufreibend. Ich bemühte mich, Wege zu finden, um sie einzubeziehen, und versuchte, ihr die Zusammenhänge zwischen ihrem aktuellen Verhalten in und außerhalb der Behandlung und ihrer schwierigen Vergangenheit zu erklären. Es überrascht nicht, dass ich in alle möglichen konfrontativen Momente stolperte. Wenn ich Ihnen sagen würde, dass ich »negative Gegenübertragung« erlebte, wäre das zwar wahr, aber geschönt. Es gab Tage, an denen ich sie am liebsten selbst durch den Raum geworfen hätte, um sie ein für alle Mal loszuwerden. Und es gab Tage, an denen ich neidisch auf ihr hübsches Gesicht und ihren aufblühenden weiblichen Körperbau war und an anderen Tagen empfand ich intensive Zuneigung für sie. Es gab Momente, in denen ich eine Mischung aus all diesen Gefühlen empfand und zwar auf eine Art und Weise, die ich als äußerst verwirrend und unangenehm empfand und die ich immer noch als verwirrend oder beunruhigend empfinden kann.

Ich verwende die Metapher einer Sanduhr, um über das Zusammenspiel zwischen unseren Theorien und unserer Kommunikation mit Kindern nachzudenken. Wenn eine Sanduhr auf die Seite gekippt wird, sehen wir zwei passende Bilder, die durch eine schmale Brücke verbunden sind. Wenn sie aufrecht steht, füllt sich der Sand von oben nach unten; die Sandmengen an den beiden Enden sind nicht mehr zu unterscheiden. Wenn die Sanduhr auf die Seite gekippt wird, bevor sich der obere Teil entleert, sind die Sandmengen, die sich eben noch vermischt haben, wieder voneinander zu unterscheiden.

Nun möchte ich mich der Frage zuwenden, wie unsere Theorien und Ideen das bestimmen, was wir den Kindern sagen, die wir behandeln. Wie halten wir unsere Ideen fest und nutzen sie, während wir im Moment mit einem bestimmten Kind zusammen sind? Wie finden wir eine einfache, direkte Sprache, die nahe am Affekt ist und die innere Welt des Kindes berührt?

Wenn Kinder spielen, malen oder die Stunden mit Aktionen füllen, haben wir vielleicht das Gefühl, dass wir allein durch die Erfahrung, mit dem Kind zusammen zu sein, hilfreich sind. Aber es ist mehr nötig, um einen Wandel herbeizuführen und die Sprache ist eines unserer wesentlichen und entscheidenden Werkzeuge in diesem Bemühen. Wie Jill Miller feststellte, »ist die Deutung ein Grundpfeiler der psychoanalytischen Arbeit, unser wesentliches Werkzeug« (2023, 5). Die Deutung ist auch eines der Dinge, die unseren analytischen Ansatz von anderen Ansätzen unterscheiden. Aber wir können – und ich weiß, dass ich das kann – übermäßig zögern, mit Kindern direkt über sich selbst zu sprechen, aus Angst, verletzend zu sein oder eine defensive Reaktion hervorzurufen.

Dies kann dazu führen, dass wir mit dem Kind »mitspielen«, indem wir sein Unbehagen und/oder unser eigenes Unbehagen umgehen, um ein harmonisches Umfeld zu erhalten. Auf diese Weise verpassen wir jedoch möglicherweise die – wenn auch unangenehme – Gelegenheit, zentrale Konflikte anzusprechen, die das problematische Verhalten des Kindes bestimmen. Und wir können dem Kind unwissentlich die Überzeugung vermitteln, dass es – oder wir – nicht in der Lage sind, schwierige Aspekte seiner inneren Welt zu tolerieren, oder dass es zu viel Angst hat, sich mit ihnen auseinanderzusetzen. Auf diese Weise schränken wir die Möglichkeiten für Veränderungen ein.

Dies berührt eines der Konzepte, die sich aus unseren Theorien und Gesprächen untereinander ergeben: die therapeutische Allianz – eine ausdrückliche oder stillschweigende, meist bewusste Vereinbarung mit Eltern und Kindern, dass wir uns gemeinsam auf die therapeutische Arbeit einlassen, mit ähnlichen Zielen und Ansätzen vor Augen. Wenn wir an die Sanduhr zurückdenken: Wie sieht das dann im klinischen Moment aus, wenn wir mit einem Kind im Raum sind, das irgendwie weiß, aber irgendwie auch nicht wissen will? Dieses Bündnis ist kein einfaches. Wenn wir mit dem Kind zusammen sind, werden seine Sichtweise und unsere Sichtweise der anstehenden Aufgabe durch unsere jeweiligen inneren Welten geformt, bedroht oder verstärkt. Wir wissen nur zu gut, dass Kinder genau die Art und Weise, wie sie reagieren und interagieren, die sich als problematisch erwiesen hat, beibehalten und schützen werden. Dies wiederum beeinflusst ihre Gefühle uns gegenüber und das, was sie glauben, dass wir über sie fühlen und denken, was wiederum bestimmt, was wir ihnen sagen oder nicht sagen.

In einem wertvollen Beitrag zur Fachliteratur, der 1970 veröffentlicht wurde, beschreibt Jack Novick die Verflechtung der therapeutischen Allianz und der Übertragung in seiner analytischen Arbeit mit einem Mädchen im Latenzalter mit den Worten: »Trotz des analytischen Ideals, dass die Allianz auf rationalen, bewussten Motiven beruht, werden die Patienten ihre eigenen irrationalen Motive für die Zusammenarbeit liefern« (1970, 241-242). Ich möchte hinzufügen und hoffe, dass Jack mir zustimmen würde, dass Kinder und Analytiker auch unbewusste und irrationale Motive für die Störung der therapeutischen Allianz haben können. Wenn wir ein Kind oder einen Jugendlichen kennen lernen, können sich unsere eigenen irrationalen Motive in unseren Überlegungen zur Durchführung einer eingehenden Behandlung und in der Art und Weise, wie wir die Behandlung in die eine oder andere Richtung lenken, widerspiegeln.

Das Kind erlebt Ereignisse aus der Umwelt durch die Linse seiner intrapsychischen Welt und diese Ereignisse beeinflussen wiederum seine Sicht auf sich selbst im Verhältnis zu dieser äußeren Welt. Aus meiner Sicht erweisen wir dem Kind einen schlechten Dienst, wenn wir den Austausch verwässern, indem wir uns zu einseitig auf die äußeren Ereignisse konzentrieren, anstatt uns darauf zu fokussieren, wie diese Erfahrungen verarbeitet werden, auf die schmerzhafte Wahrheit, dass das Kind, was auch immer geschehen sein mag oder nicht, immer vor der Herausforderung steht, herauszufinden, was es für es bedeutet und was es damit anfangen soll.

Um die Hinwendung zur intrapsychischen Welt zu erleichtern, müssen wir daran glauben, dass ein Kind in der Lage ist, neugierig auf seine Psyche zu werden und darüber zu sprechen, manchmal durch den Gebrauch von Metaphern. Wir stehen oft vor der Herausforderung, diese Fähigkeit im Kind zu kultivieren, indem wir ihm helfen, Verbindungen herzustellen und seine eigenen Bedeutungen zu finden. Dies kann ein langsamer und oft frustrierender Prozess sein, aber wenn diese Neugierde erst einmal da ist, hat das Kind einen Schritt zurück von seiner reflexiven Art zu reagieren gemacht und hat nun eine noch unsichere, aber entstehende Vogelperspektive auf sich selbst, was das Potenzial für intrapsychische Veränderungen erhöht.

Ein Aspekt der Arbeit, der für das kinderanalytische Unternehmen einzigartig und oft technisch und emotional schwieriger ist, ist unser Bemühen, das Kind dazu zu bringen, das unerforschte Terrain seiner Seele zu erforschen, das die libidinösen, erotischen und aggressiven unterirdischen Strömungen einschließt, die den psychologischen Bus steuern könnten.

Dieser Gedankengang erinnert an das Konzept der Empathie, ein weiterer Begriff, der aus unseren Gesprächen miteinander hervorgeht. Wenn wir auf die andere Seite der Sanduhr kippen, wie führen unsere Auffassungen von Empathie dazu, dass wir bestimmte Dinge sagen oder nicht sagen, wenn wir einem Kind begegnen? In Winnicotts bahnbrechendem Kapitel »Hass in der Gegenübertragung« spricht er über den Jungen, den er und seine Frau während des Blitzkriegs für drei Monate bei sich zu Hause aufnahmen. Winnicott beschrieb diese Zeit so: »diese drei Monate waren die Hölle« (1947, 199). Ich erinnere mich, dass ich eine Welle der Erleichterung verspürte, als ich diesen Satz zum ersten Mal las. Zu der Zeit arbeitete ich mit einem Jungen, der gewaltsam misshandelt worden war. Er hatte mich einmal körperlich verletzt und kürzlich Kot und flüssige Seife auf dem Boden der Toilette in meiner Praxis verteilt. Winnicott schrieb, dass er während seiner drei Monate Hölle »in Krisenfällen pflegte ich ihn ohne Wut oder Tadel einfach hochzuheben und vor die Haustür zu stellen, ohne Rücksicht auf das Wetter oder die Tages- oder die Nachtzeit. Es gab eine besondere Glocke, die er in Gang setzen konnte, und er wußte, wenn er diese Glocke läutete, würde er wieder eingelassen werden und über das Vergangene würde niemand ein Word verlieren. Er bediente sich dieser Glocke, sobald er sich von seinem Wahnsinnsanfall erholt hatte. Das Wichtigste ist, daß ich ihm immer dann, wenn ich ihn vor die Tür brachte, etwas sagte; ich sagte, was geschehen sei, habe in mir Haß gegen ihn erzeugt. Das war leicht, weil es so wahr war« (1947, 200).

Während das, was Winnicott sagte, wichtig ist, könnte das, was er nicht sagte, noch wichtiger sein. Er sagte nicht: »Ich kümmere mich um dich, aber ich bin gerade wütend auf dich.« Er sagte nicht: »Ich weiß, dass du uns testen musst, um zu sehen, ob wir immer noch für dich da sind, wenn du dich so verhältst«, und er sagte nichts, was die vergangenen Verluste des Jungen mit seinem aktuellen Verhalten in Verbindung brachte. Er sprach einfach über seinen Hass, weil das in diesem Moment das war, was zwischen ihnen real war. Winnicott schreibt, dass er das sagte, weil es ihm ermöglichte, die Situation zu ertragen, »ohne die Beherrschung zu verlieren und ohne ihn hin und wieder umzubringen« (1949, 200). Er sagte dem Jungen im Wesentlichen, dass sein Verhalten Schaden anrichtete und Hass erzeugte, aber dass es nichts und niemanden zerstören musste. Es war eine klare und kraftvolle Mitteilung.

Wenn ich dieses Beispiel anführe, möchte ich nicht andeuten, dass wir Kindern immer direkt sagen sollten, wie wir über sie oder ihr Verhalten denken, sondern vielmehr aufzeigen, wie Empathie in einem psychoanalytischen Kontext eine Ehrlichkeit und Direktheit umfasst, die nicht wie Fürsorge im üblichen Sinne erscheint. Wenn wir mit Kindern sprechen und als Übersetzer eines Aspekts ihres Geistes für einen anderen fungieren, könnten unsere Worte oberflächlich betrachtet unempathisch wirken. Doch manchmal ist die fürsorglichste und verbundenste Intervention diejenige, die direkt etwas anspricht, das dem Kind unangenehm ist und gegen das es sich stark verteidigt. Wenn man etwas anspricht, das ein Kind nicht wahrhaben oder von anderen gesehen wissen möchte, aber vielleicht bereit ist, langsam zu erkennen, und wir dies auf respektvolle, taktvoll und freundliche Weise tun, ist das nicht psychoanalytische Empathie? Wenn wir mit einem Kind zusammensitzen, das beginnt, in sein psychologisches Inneres zu schauen, und wenn wir einen Aspekt seines Geistes spiegeln, aber nicht direkt anerkennen, riskieren wir, unbeabsichtigt zu vermitteln, dass unser Wohlwollen zu fragil ist, um diese weniger ansprechenden Aspekte seiner Persönlichkeit zu akzeptieren, oder dass es etwas gibt, das zu hässlich oder beängstigend ist, um darüber zu sprechen.

In einem Artikel aus dem Jahr 2022, verfasst von Nicoli und Bolognini und veröffentlicht im *Psychoanalytic Quarterly*, sagte Bolognini Folgendes über psychoanalytische Empathie: »Viele Menschen außerhalb unseres Feldes wären zufrieden, wenn sie einfach nur miteinander auskommen könnten. Der Psychoanalytiker ist anspruchsvoller und letztlich sogar ehrgeiziger. Nicht, dass er Streit mit dem Anderen wünscht, aber er möchte die verschiedenen Teile des Anderen hören und sich selbst mit den Teilen des Anderen hören, sie tolerieren und mit ihnen in Resonanz gehen. Dies ist in der Tat eine ehrgeizige Aufgabe und, offen gesagt, eine sehr spezialisierte« (446).

Wenn wir die Ärmel hochkrempeln und durch Worte und Verhalten einem Kind vermitteln, dass wir versuchen, es auf eine andere Weise kennenzulernen – auf einer tieferen Ebene als im gewöhnlichen Leben –, kommunizieren wir unser Interesse, uns auf die psychologische Ebene einzulassen und unser Interesse an Bedeutung zu zeigen, nicht nur daran, sich gut zu fühlen. Es wird Zeiten geben, in denen Wut und Hass Teil der Dynamik zwischen uns sind, aber diese Gefühle, wenn wir sie zumindest für uns selbst anerkennen können, heben unser echtes Engagement nicht auf, das Kinder als aufrichtig und wertvoll erkennen. Ein solches Engagement kann nicht immer die Perspektive des Kindes bestätigen. Vielmehr wird vermittelt, dass Unterschiede tolerierbar, wenn nicht sogar unvermeidlich sind und dass der »Dschungel da draußen« zwischen uns lebendig werden muss, wenn wir sinnvoll arbeiten wollen.

Freddy war ein einsamer 13-jähriger Junge, der als Kind den nordkoreanischen Diktator Kim Jong-un nachahmen wollte. Er kehrte auf eigenen Wunsch in die Therapie zurück, nur wenige Monate nachdem er triumphierend verkündet hatte, er habe mich »besiegt«, indem er seine Eltern überzeugt hatte, dass er mich nicht mehr sehen müsse. Freddy verbrachte eine Sitzung damit, mir zu erzählen, wie »dumm« seine Klassenkameraden und Lehrer seien. Immer wenn ich versuchte zu sprechen, unterbrach er mich und entgegnete, ich würde es falsch verstehen. Ich sagte: »Freddy, ich denke, wir sind beide ziemlich intelligent, aber du nutzt deine Intelligenz wie eine Waffe, um mich klein und dumm zu machen, während du dich groß und klug fühlst.« Freddy argumentierte natürlich dagegen. Das ging eine Weile so weiter und als ich zunehmend frustriert wurde, kamen meine Bemerkungen mehr aus einer vergeltenden und wettbewerbsorientierten Haltung als aus einem »therapeutischen« Ansatz. Mit einem gewissen Bewusstsein dafür schien es mir dennoch, dass ich entweder zurückziehen sollte, was sich sicherer anfühlte, oder sprechen sollte, vielleicht zu aggressiv. Freddy ging mit einem selbstgefälligen Grinsen, nachdem er es genossen hatte, mich zu reizen. Ich fühlte mich wütend auf ihn und war verärgert über mich selbst. Ich versuchte in den nächsten Sitzungen, mit ihm darüber zu sprechen, aber ohne Erfolg – und dann ließ ich es los. Einige Sitzungen später setzte sich Freddy hin und schaute mich an. Aufrecht sitzend sagte er: »Heute habe ich mit einem Kind in der Schule gesprochen. Ich wollte anfangen zu streiten, um ihm zu zeigen, dass ich der Klügere bin. Ich habe mich gestoppt. Ich wusste, dass ich ein Idiot war.« Ich fragte Freddy, ob er sich an Kim Jong-un erinnere und es wurde bald klar, dass Freddy seine frühere Identifikation mit dem koreanischen Diktator vergessen hatte. Er fragte sich, warum ich das ansprach, sagte aber: »Ich weiß, von wem du sprichst, und ich kann so sein, und meine Eltern haben mich so handeln lassen. Ich dachte an dich, als ich aufhörte zu streiten.« Das war ein bewegender Moment in meiner Beziehung zu Freddy, der normalerweise Stolz darauf war, seine Fähigkeit zur Distanz und Überlegenheit zu bewahren.

Freddy hatte im Laufe der Jahre viele Fragen bezüglich meiner Person und war frustriert über meine diesbezügliche Zurückhaltung. Einmal fragte er: »Wie kann es sein, dass ich nichts über dich weiß, aber ich dich wirklich kenne?« Es gibt Zeiten, in denen es hilfreich sein kann, offen und explizit über unsere Gegenübertragung auf das Kind zu sprechen, wie es Winnicott tat, aber oft scheint es nützlicher zu sein, unsere eigenen Gegenübertragungen, so laut und chaotisch sie auch sein mögen, auf ruhigere Weise zu nutzen, als Grundlage für eine neutralere und deutende Haltung. Das Konzept der analytischen Neutralität oder Abstinenz ist ein weiteres, das Teil unserer Gespräche untereinander ist, über das wir unterschiedliche Gedanken und Gefühle haben und das auf die andere Seite der Sanduhr übergeht – das, was wir den Kindern sagen – und zwar auf unterschiedliche Weise, abhängig von unseren inneren Reaktionen auf die Idee und auf das spezifische Kind, das wir behandeln. Was vermitteln wir direkt, was vermitteln wir passiver oder unabsichtlich, und was ist hilfreich? Das Thema Neutralität oder Abstinenz ist besonders heikel, wenn es um Kinderpsychoanalyse geht und reicht bis zu Anna Freud und Melanie Kleins Meinungsverschiedenheit über die Fähigkeit von Kindern, sich auf einen psychoanalytischen Prozess einzulassen, im Gegensatz zu einem eher psychoedukativen Ansatz. Der Wechsel zu zweipersonalen psychologischen Modellen und relationalen Ansätzen sowie deren potenzielle Nützlichkeit hat eine Tendenz zu reparativen und kompensatorischen Interventionen gefördert, die eine neutralere Haltung beeinträchtigen können.

Die analytische Arbeit mit Kindern erfordert im Gegensatz zur Arbeit mit Erwachsenen einen aktiveren Ansatz des Analytikers, wobei die Art dieser Aktivität stark variieren kann. Jedes Mal, wenn ein Kind Fragen über uns und unser Leben stellt, sind wir gefordert, spontan zu überlegen, wie wir antworten sollen. Aus meiner Sicht können Abstinenz und Anonymität Formen von Präsenz und echtem Engagement sein, selbst auf sehr grundlegenden, affektiv lebendigen, viszeralen Ebenen. Wie Brett Clarke in einer persönlichen Mitteilung zum Thema analytische Abstinenz bemerkt: »Der Analysand wird oft noch stärker die Echtheit der Absicht des Analytikers und dessen Wahrhaftigkeit spüren, gerade wegen dem, was weggelassen wurde, was leise unter der Oberfläche wirkt« (persönliche Mitteilung). Jonathan Lear betrachtet in seinem Buch *Therapeutic Action* (2003, 53) eine solche Zurückhaltung als eine Form der analytischen Fürsorge, sogar der Liebe.

Mein Hauptgrund für die Einbeziehung von Winnicotts Aufsatz in diese Arbeit ist die Einfachheit und Direktheit seiner Worte. Zurückkehrend zum Bild der Sanduhr: Wie nutzen wir unsere Gespräche miteinander und die daraus entwickelten Ideen, um mit Kindern auf die einfachste und direkteste Weise zu sprechen und sie als Partner in eine gemeinsame Erkundung einzubinden? Und wie finden wir Wege, um über Themen zu sprechen, die sich delikat, zutiefst persönlich, aber oft entscheidend anfühlen – Themen wie der Körper, körperliche Funktionen, Sexualität und Hass?

Über sexuelle Empfindungen, sexuelle Anatomie, das Abgeben von Blähungen, Masturbation und Stuhlgang mit Kindern zu sprechen, ist nicht angenehm. Jeder von uns empfindet bei bestimmten Themen mehr Unbehagen als bei anderen, was unsere innere Welt und das jeweilige Kind widerspiegelt. Manchmal sind wir bei einem Thema viel unbehaglicher als das Kind selbst, oder als das Kind scheint, wenn es eine kontraphobische Reaktion zeigt. Und so versuchen wir, den Kindern bei ihrem Unbehagen zu helfen, während wir unser eigenes zu bewältigen versuchen.

Ich bin mit dem Rationalisieren meiner Zurückhaltung, bestimmte Themen aus Angst zu betreten, dass sie das Kind überreizen könnten, vertraut, oder aus der Sorge, etwas so Indirektes zu sagen, dass es bis zum Ende verloren geht, oder eine Aussage so direkt zu formulieren, dass das Kind das Gespräch blockiert. Doch wenn wir den Körper und seine zentrale Rolle im psychologischen Leben des Kindes meiden, vernachlässigen wir eine wesentliche organisierende Kraft, die einzigartig für eine psychoanalytische Perspektive ist.

In einem Artikel von 2012 betonte Denia Barrett die Bedeutung der Masturbation. In diesem Artikel erklärte sie, dass »die offene Diskussion über den Körper und seine Freuden ein Aspekt des technischen Umfelds ist, der allmählich, aber unmerklich erodiert, da unser Feld sich auf relationale Theorie und Neurophysiologie konzentriert« (174). Barrett bemerkte auch, dass es zwar für all diese Perspektiven einen Platz gibt, aber weniger Widerstand seitens der Analytiker besteht, über relationale und Umweltfaktoren zu sprechen als über den Körper. Sie kommentierte, dass »Spiegelneuronen weniger innere und äußere Widerstände hervorrufen als infantile Sexualität« (176). Sie erkannte, dass es verständliche Bedenken geben könnte, wenn es darum geht, mit Kindern über Masturbation zu sprechen, und merkte an, dass »es für unsere Patienten genauso verführerisch sein kann, wenn wir zu diesem Thema schweigen, wie wenn wir darüber sprechen, da unser Schweigen sie dazu bringt, zu viel allein damit zu kämpfen« (194).

Simon, ein präadoleszenter Junge mit einer Vorgeschichte von schelmischem, störendem Verhalten, spielte während einer Sitzung mit Gummikleber. Er schien es zu genießen, die Gesichtsausdrücke seines männlichen Analytikers zu beobachten, während er die klebrige Substanz zurück in die Flasche tropfen ließ. Simon las das Warnetikett, dass es giftig sein und sogar Tod oder Erblindung verursachen könnte, und starrte seinen Analytiker mit einem verschmitzten Grinsen an. Er schien bereit, den Kleber und die Warnung als Eintritt in das Thema Masturbation zu nutzen. Sein Analytiker sagte ihm, dass dasselbe über den Zugang zu anderen klebrigen Substanzen gesagt werde. Simon kicherte und sagte, er wisse, wovon er spreche. Masturbation und »Ejakulat« wurden Teil ihres Vokabulars. Später in der mittleren Phase der Behandlung äußerste Simon seinen Neid auf den Pager (mit Diktier- und Übersetzungsfunktion) seines Analytikers. Bald darauf kaufte Simon einen »noch besseren Pager«, der Funktionen hatte, die der Pager seines Analytikers nicht hatte, und brachte ihn mit, um ihn ihm zu zeigen. Während er sorgfältig auf die Reaktion seines Analytikers achtete, sagte dieser zu Simon, dass er seinen Pager bewundere, und hinzufügte, dass Simon sich vielleicht Sorgen gemacht habe, dass er neidisch sein könnte und dass es Platz für beide gebe, gute Arbeits-Pager zu haben. Simon kicherte, als er verstand, was für den Moment metaphorisch gehalten wurde. In der Folge sprach Simon direkter über sein Interesse an Mädchen und Sex, wenn auch mit Anklängen von Unsicherheit und Selbstzweifel. All dies konnte nur geschehen, weil der Analytiker sich nicht vor dem »klebrigen Zeug« scheute.

Im Laufe dieses Artikels habe ich versucht, die potenziellen Vorteile zu veranschaulichen, die darin liegen, unsere psychoanalytischen Ideen zu nutzen, um direkt mit Kindern über die Teile von sich selbst zu sprechen, die sie vielleicht nicht wissen wollen und/oder nicht offenlegen möchten. Ich erinnere mich an eine Geschichte, die mir während meiner analytischen Ausbildung als Erwachsener erzählt wurde. Ein erfahrener Analytiker, der zuhause arbeitete, öffnete seine Tür, um einen Patienten zu begrüßen, der ihn zum ersten Mal aufsuchte. Als er die Tür öffnete, bemerkte der Analytiker, ein mittelalter Mann mit Haarausfall, dass der Patient ihn etwas skeptisch musterte. Der Analytiker hielt inne und sagte: »Kommen Sie trotzdem rein.« Und so nahm es seinen Anfang.

Mel war fünf Jahre alt, als wir uns zum ersten Mal trafen. Seine Lehrer empfahlen eine Behandlung wegen seiner erschöpfenden Unruhe, einschließlich des Greifens nach den Dingen, die anderen Kindern gehörten. Seine Mutter hatte versucht, ihm die Bedeutung von Geduld und Freundlichkeit zu erklären, aber das funktionierte nicht. Als er zum ersten Mal in meine Praxis kam, sagte Mel, dass er hier sei, um »nicer« zu werden, und begann, einen Korb mit Spielzeugessen, gefüllt mit Früchten, Gemüse, Hotdogs, Burgern und vielen anderen ungesunden Dinge, auszuleeren. Folglich fragte ich ihn, was ich zu essen bekäme. Er sagte: »Magst du Erdbeeren?« Ich antwortete: »Die sind in Ordnung.« Er gab mir eine Erdbeere. »Magst du Trauben?« »Die sind okay«, und Mel reichte mir eine Traube. »Orangen?« »Nicht in der Stimmung heute.« »Pommes?« »Ja, Pommes sind mein Favorit.« »Hier, du kannst zwei Pommes haben.« »Nur zwei? Ich will sie alle.« »Du willst sie alle? Du musst teilen.« »Warum muss ich teilen?« »Teilen ist fürsorglich.« »Aber das ist mir egal – ich will alle Pommes!« Mel schaute überrascht und sagte: »Du sollst nicht so denken.«

Und so ging es weiter. Drei Jahre später war Mel selbstbewusster, aber trauriger. Er erinnert mich immer noch an meine Probleme beim Teilen und hält mir spielerisch eine Lektion über die Bedeutung des Teilens. Dadurch regt er mich an, über meine Abneigung gegen das Teilen zu sprechen. Es gab viele andere Dinge, die ich an diesem ersten Tag hätte sagen können und viele davon hätten hilfreich sein können, um mit Mel über den Grund seines Besuchs zu sprechen, darüber, wer ich war, und darüber, wie ich dachte, ihm helfen zu können. Was ich sagte, schien Mel auf eine Weise zu erreichen, die über die Oberfläche seines Verhaltens hinausging und die darunterliegenden Gefühle berührte, ohne zu urteilen oder Werte aufzuzwingen, die ihn hemmen oder einfach für seine Mutter oder Lehrer stehen könnten, deren bisherige Anleitung nicht erfolgreich gewesen war. Habe ich mich entschieden, das zu sagen, basierend auf meinem konzeptionellen Verständnis? Nicht genau – es kam aus meiner inneren Welt, die teilweise auf Mels Kampf reagierte, teilweise auf mein tatsächliches Hungergefühl, teilweise auf meine ewige Schwäche für Pommes Frites und, wie ich später erkannte, teilweise auf latente innere Kämpfe und Gefühle der Gier, die durch kürzliche Interaktionen mit Kollegen in mir geweckt wurden.

Wir könnten alle den Erfolg etwas anders definieren, aber letztendlich profitieren die Kinder, die wir behandeln, am meisten, wenn wir direkt und einfach mit ihnen sprechen und damit unseren Respekt für ihre Fähigkeit zeigen, schwierige Dinge anzugehen und unsere Bereitschaft, diese Reise mit ihnen gemeinsam zu unternehmen, trotz der Momente von Disharmonie, Unordnung und Verwirrung, Verletzung und Wiedergutmachung, Hilflosigkeit, Langeweile, Aufregung, Hass, Zuneigung, Angst, Bedauern, Erleuchtung, tiefer Traurigkeit und Herausforderungen. Inmitten all dessen ist es kaum überraschend, dass Direktheit und Einfachheit nicht leichtfallen. Aber das gehört zur psychoanalytischen Aufgabe; wir halten die Komplexität unseres theoretischen Denkens in produktiver Spannung zur Komplexität des dynamisch konstruierten, fantasiegetriebenen, unbewusst geleiteten Innenlebens jedes einzelnen Kindes. All dies wird auf der Bühne unserer Praxen lebendig und manifestiert sich in der Beziehung des Kindes zu seinem Analytiker und in der Beziehung des Analytikers zu ihm. Auf dieser Bühne wird der andere Teil der analytischen Aufgabe improvisiert. Wir alle müssen spontan denken und herausfinden, was wir sagen und wie wir es sagen sollten. Wir bemühen uns, es einfach, taktvoll, mit analytischer Absicht, Fürsorge und Mut zu sagen. Das ist keine kleine Aufgabe. Leonardo da Vinci sagte: »Einfachheit ist die höchste Raffinesse« (zit. in Taylor, J.: *habitsforwellbeing.com*). Es ist eine berührende Aussage. Charlie Chaplin könnte diesem Artikel einen noch passenderen Abschluss gegeben haben, als er sagte: »Einfachheit ist keine einfache Sache« (zit. in Stubblebine, T.: *medium.com*).

Übersetzung aus dem Englischen
von Sebastian Kudritzki, München

Literatur

Barrett, D. G. (2012): Mum's the Word: Are we becoming silent on masturbation? *Psychoanalytic Study of the Child*, 66. doi:10.1080/00797308.2013.11800856.

Lear, J. (2003): *Therapeutic action: An earnest plea for irony.* Oxfordshire (Routledge Press).

McDevitt, J. B. (1975): Separation-individuation and object constancy. *Journal of the American Psychoanalytic Association*, 23. doi:10.1177/000306517502300402.

Miller, J. M. (2023): Some thoughts on interpretation in child analysis. *Psychoanalytic Study of the Child*, 76. doi:10.1080/00797308.2022.2135882.

Nicoli, L., Bolognini, S. (2022): From What to How: A Conversation with Stefano Bolognini on Emotional Attunement. *Psychoanalytic Quarterly*, 91 (3):443–77. doi:10.1080/00332828.2022. 2118502.

Novick, J. (1970): The vicissitudes of the »working alliance« in the analysis of a latency Girl. *Psychoanalytic Study of the Child*, 25, doi:10.1080/00797308.1970.11823282.

Stubblebine, T. (2023): (CEO) Medium.com. Accessed April. https://medium.com.

Taylor, J. (2023): Habits for wellbeing. Accessed April. https://www.habitsforwell-being.com.

Winnicott, D. W. (1947): Hate in the counter-transference. *International Journal of Psychoanalysis*, 30:69–74. Deutsch: Winnicott, D. W. (2020 [1947]): Hass in der Gegenübertragung. In: *Von der Kinderheilkunde zur Psychoanalyse*. Gießen (Psychosozial).

Graham Music
(London)

Megaschlaue Kids tanzen auf dünnem Eis:

Neue Überlegungen zur Psyche-Soma und zur Überentwicklung des Gehirns zur Bewältigung von Traumata[1]

In diesem Beitrag wird untersucht, wie schwierige frühe Erfahrungen zu Abwehrmechanismen führen können, bei denen sich die Patienten übermäßig auf ihren Verstand oder auf körperliche Aktivitäten verlassen, wenig Vertrauen in gute, verlässliche innere oder äußere Objekte haben, wenig Fähigkeit zur Entspannung und zum »einfach nur Dasein« besitzen. Es werden Verbindungen zwischen Winnicotts Theorien über Geist und Psyche-Soma sowie älteren und neueren Überlegungen über den Körper, das Nervensystem und die Bedeutung von Sicherheit hergestellt. Klinische Beispiele veranschaulichen, wie Patienten mit besonders hoher geistiger Aktivität Anderen gegenüber misstrauisch waren und keinen Kontakt zu ihren eigenen körperlichen Zuständen hatten.

Anhand von Beispielen wird aufgezeigt und diskutiert, wie die psychoanalytische Therapie die Arbeit an verkörperten Prozessen integrieren kann.

Verstand als Eltern: den eigenen Verstand benutzen, anstatt sich auf die echten Eltern zu verlassen

Im Laufe der Jahre bin ich vielen Menschen begegnet, die intellektuell klug sind, deren Verstand rasierklingenscharf ist, die akademisch erfolgreich sind, die blitzschnell denken, aber in denen etwas Abgestumpftes ist,

1 Graham Music: Brainy Kids Scating on Thin Ice. In: *Psychoanalytic Study of the Child*, Vol. 77. D. Barrtt / J. Miller / D. Knight / W. Olsker (eds.) (2024, S. 41–59). Mit freundlicher Genehmigung des Verfassers und des Verlags Taylor & Francis.

das schwer erreichbar ist. Solche Menschen sind sehr »verkopft« und sind nicht in Kontakt mit ihren Gefühlen. Corrigan und Gordon (1995) haben den Begriff »mind-object« geprägt, um Menschen zu bezeichnen, die kompensatorisch mentale Fähigkeiten entwickeln, um mit einem Mangel an frühem Halt umzugehen. Ihre Arbeit basierte auf Donald Winnicotts (1954) klassischem Aufsatz, in dem er beschreibt, dass manche Menschen nie lernen, sich ganz lebendig zu fühlen oder richtig in ihrem eigenen Körper zu leben, und sich stattdessen auf ihren Geist zurückziehen. Winnicott schlug vor, dass die Psyche manchmal nicht in ihrem Soma wohnen kann und dass unsere Aufgabe darin besteht, »die Psyche aus dem Verstand zurück in den Körper zu holen, in die ursprünglich intime Verbindung mit dem Soma« (255). Mir scheint, er meinte damit, dass wir, wenn wir uns sicher und gehalten fühlen – für Winnicott durch unsere Mutter –, uns überlassen können in das, was er »going-on-being« nennt, eine Erfahrung tiefer Leichtigkeit und Entspannung, die sich von dem nervösen »Tun« und aktiven »Denken« unterscheidet, das in der heutigen Welt so häufig vorkommt.

Winnicott wusste sehr wohl um den Unterschied zwischen dem Gefühl, lebendig zu sein, und dem Gefühl, deprimiert oder niedergeschlagen zu sein. Von ihm als älterem Mann wird zitiert: »Möge ich lebendig sein, wenn ich sterbe« (Corbett, 2022). Den meisten von ihrem Geist abhängigen Menschen, die ich getroffen habe, fehlte ein solch tiefes Gefühl der Leichtigkeit und des Da-Seins, und sie sind oft auch von emotionalen und körperlichen Gefühlen abgeschnitten, um damit verborgene Leere oder Schmerz abzuwehren, indem sie sich zu sehr auf den eigenen Verstand verlassen, mentale Überaktivität nutzen, um sich zu beleben; aber der Funke, der dabei entsteht, reicht nicht sehr tief.

Wenn die Abwehr im hohen Maß geistige Aktivität ist, kann deren aufgeregtes »Summen« selbst süchtig machen.

Ein funkelndes Gehirn: Joanna

Joanna, 19, sagte: »Mein Verstand ist immer in Bewegung, ich kann mich nicht entspannen. Ich wünschte, mein Verstand würde mir eine Pause gönnen.« Ich war beeindruckt von ihrer Ausdrucksweise, insbesondere von der Tatsache, dass sie ihren Verstand nicht als Teil ihrer selbst betrachtete. Dennoch hatte Joanna einen ungewöhnlich feinen Verstand, erzielte gute akademische Leistungen und hatte viele intellektuell anregende Beziehungen, was sie vor allem ihrem brillanten Verstand zu verdanken hatte. Es ist nicht so, dass sie ihren Verstand verleugnete. Tatsächlich verließ sie sich unermüdlich auf ihn, war mächtig stolz darauf, aber er war nicht der Kern von dem, was sie zu sein glaubte. Oft ließ ich mich von ihrem funkelnden Denken betören, aber ich konnte den Kontakt zu mir selbst als verkörperte Person verlieren, mein Verstand raste, aber ich verlor das mir bewusste Empfinden vom Hals abwärts.

Joannas Vertrauen in ihren Verstand hatte sich in den meisten ihrer 20 Jahre bewährt. In der Schule war sie eine Musterschülerin gewesen und hatte sich in vielen Bereichen hervorgetan. Dennoch hatte sie immer das Gefühl, dass sie sich auf dünnem Eis bewegte, weil sie Angst hatte, emotional in einen Abgrund zu stürzen. Sie konnte zwar von Anderen für ihre Leistungen Anerkennung bekommen, aber diese hielt nur bis zur nächsten Aufgabe an, und sie hatte das Gefühl, immer wieder zu scheitern, entdeckt zu werden, dass sie sich als Hochstaplerin fühlte.

Es ist leicht, sich von brillanten Köpfen wie Joanna blenden zu lassen und ihnen gegenüber Ehrfurcht zu empfinden, sich von ihrer Selbstpropaganda täuschen zu lassen, da sie ja sich auch über sich selbst täuschen können.

Als Therapeut hatte ich oft das Gefühl, wirklich gute Arbeit zu leisten, nur um dann festzustellen, dass ich auf eine blitzende Fassade hereingefallen war, auf oberflächlich prägnante und scheinbar scharfsinnige Therapiegespräche. Bei Menschen wie Joanna zeigt sich die Spaltung von Körper und Geist. Sie kennen ihre eigenen Gefühle und Körperempfindungen selten wirklich und haben Mühe, ihre eigenen Emotionen zu lesen. Dieses Bewusstsein für die Feinheiten der Körperzustände und -empfindungen, die Wahrnehmung des Innenkörpers, sind schlicht lebenswichtig, wenn man mit seinen Gefühlen in Kontakt kommen will. Die westliche Kultur, einschließlich unserer akademischen Institutionen und auch einiger Psychotherapien privilegieren Kognition und Denken über die Maßen gegenüber den nonverbalen Bereichen wie etwa Körperwahrnehmung und emotionale Zustände (McGilchrist, 2021).

Joanna war aufgeweckt, scharfsinnig, lebhaft, aber ich fand, dass sie etwas Sprunghaftes und schwer Erreichbares an sich hatte. Ihre Mutter war depressiv, zurückgezogen, alkoholabhängig, mit einem abgespaltenen, aber verborgenen Kern. Ihre Lebensenergie kam aus der Kunst, dem Theater, der Musik, der Oper, aber leider fand sie ihre Kinder nicht belebend. In der emotionalen Abwesenheit ihrer Mutter wurde Joanna größtenteils von Kindermädchen erzogen und in der späten mittleren Kindheit in ein Internat geschickt. Die Ehe endete bald nach der Geburt von Joannas jüngstem Geschwisterchen. Joannas Vater war Journalist und Schriftsteller; das Haus war voll mit Büchern. Joanna wurde von Kindermädchen erzogen, zum Teil wohl auch von ihren Büchern, aber auch von ihrer eigenen starken Unabhängigkeit. Joanna konnte, wahrscheinlich wie ihre Mutter, interessant und lebendig wirken und zeigte offensichtlich keine Gefühllosigkeit. Seltsamerweise fühlte ich mich jedoch oft leer und etwas deprimiert, wenn ich mit ihr zusammen war und auch danach, was ich auch bei anderen mit ähnlichen Ausdrucksformen erlebt habe.

In Ermangelung eines empathischen Elternteils musste Joanna auf sich selbst aufpassen und sich auf ihren Verstand verlassen, der für sie zum Rettungsanker wurde, an dem sie sich hochziehen und sich sicher fühlen konnte. Wir können uns das als »Verstand als Elternteil« oder geistiges Objekt vorstellen (Corrigan und Gordon, 1995), als Alternative zu einem wirklich guten Elternteil oder inneren Objekt, auf das man sich sicher verlassen kann. Der Preis, den Joanna dafür zahlen musste, war, dass sie Anderen nicht wirklich vertraute und sich nicht sicher, unbeschwert oder voll und ganz lebendig fühlte. Joanna konnte, wie viele andere auch, eine gute Patientin sein und schien dies auch zu sein, wenn sie frei assoziierte und viele Funken und Lebhaftes einbrachte. Sie gab mir allzu oft ein gutes Gefühl. Ihre Energie verdeckte jedoch eine Form von innerer Leere, die schwer zu erreichen war.

Dass Joanna und Andere so sehr an ihrem Verstand und ihrer geistigen Beweglichkeit hängen, kann sie auch daran hindern, aus einer inneren Quelle des Wohlbefindens zu leben. Ihr Funke ist defensiv und wird nicht von dem gespeist, was Symington einen echten Lebensspender nennt (Symington, 1993). Sie können sympathisch wirken, doch letztlich fühlen sich Menschen, auch Therapeuten, von ihnen ferngehalten. In ihrem tiefsten Inneren glauben sie nicht, dass irgendjemand verlässlich für sie da sein kann; sie verlassen sich daher eher auf ihren frühreifen Verstand als auf ihre Bezugspersonen, um hinwegzukommen. Letztendlich muss dies scheitern, weil man nicht wirklich genießen kann, wenn wir uns nicht auch den unangenehmen emotionalen Wirklichkeiten stellen.

Joanna hatte so etwas wie einen Zusammenbruch, als eine Beziehung scheiterte, sie depressiv kollabierte. Der Funke des falschen Selbst (Music, 2021a), auf den sie sich verlassen hatte, stotterte und kam zum Stillstand. Als sie zur Therapie kam, befand sie sich in einem Zustand, in dem sie fast erstarrt war und bei der kleinsten Sache in Tränen ausbrach, obwohl sie sich nicht erinnern konnte, jemals zuvor geweint zu haben. Sie befand sich in einem Zustand von Beschwernis, dem sie gelegentlich durch einen scharfen Verstand und eine beeindruckende geistige Beweglichkeit entkam, die sich aber bald wieder legte.

Geistig abhängige Persönlichkeiten können auf einem flachen Fundament gebaut sein, wie schwankender Sand. Ihr Geist muss ständig in Bewegung bleiben, um schwimmfähig zu bleiben, und zwar auf eine Art manischer Über-Energie, und für Joanna fühlte sich das Leben an, als würde sie ständig auf dünnem Eis wandeln. Winnicott meinte einmal, dass der gefürchtete Zusammenbruch in Wirklichkeit bereits stattgefunden hat, und zwar meist vor langer Zeit (Winnicott, 1989). In Joannas Fall wäre dies in ihrer frühen Kindheit gewesen, als sie unter schrecklichem Alleinsein und einem Mangel an liebevollem Halt durch ihre Eltern gelitten hatte. Wir müssen das erstaunliche Rückzugsgefecht voll respektieren, das solch frühreife Persönlichkeiten leisten. In Joannas und anderen Fällen klammerte sich der Einsatz ihres Verstandes zu Abwehrzwecken wie an ein Rettungsboot, als ob nur ihr Verstand ihren Kopf über Wasser halten könnte, eine schmerzhafte Verletzlichkeit, die mit einer falschen, vom Verstand gesteuerten Unabhängigkeit abgewehrt wird.

Anstatt auf Joannas betörende Worte zu achten, versuchte ich, auf die emotionale Lebendigkeit, die Gefühlsaufladung und insbesondere auf die Anzeichen einer gestreiften Muskelspannung zu achten (Abbass, 2015). Manchmal deutete ein Aufflackern darauf hin, dass sie vor Traurigkeit flüchtete, oder ein Anspannen ihrer Muskeln deutete auf Wut hin, eine gerunzelte Stirn auf Ängstlichkeit. Oft musste ich mich zusammenreißen, um diesen brillanten Fluss zu unterbrechen, Dann fürchtete ich, unhöflich, einen Ballon zum Zerplatzen zu bringen. Wenn ich jedoch auf diese physischen Anzeichen von Gefühlszuständen achtete, die ihr zuvor nicht bewusst gewesen waren, schien sich bei ihr eine neue Art von Ruhe einzustellen. Wenn dies geschah, vertiefte sich meine Atmung und gleichfalls ihre, und langsam konnte sie bei schwierigeren Gefühlen bleiben, anstatt Energie darauf zu verwenden, vor ihnen zu fliehen.

Als Joanna langsamer und ruhiger wurde, begann sie, einen tiefen Schmerz der Traurigkeit und eine Reihe von Gefühlen zu erleben, die bis dahin unerträglich schmerzhaft waren. Ich spürte Beruhigung und werdende Stille, gesunde Beruhigung und neue Einstellung. In diesem Zustand empfand ich zum ersten Mal Traurigkeit, sowohl für sie als auch mit ihr, und ich fühlte mich von ihr berührt, statt wie zuvor von der Unruhe, die ich als eine Form von gesunder Resonanz oder projektiver Identifikation empfand (Sandler, 1993).

Als Joannas Abwehrkräfte zusammenbrachen, folgten tiefe Verzweiflung und Einsamkeit. Sie musste eine Zeit lang zusammengebrochen bleiben, was für eine junge Person mit hohem Leistungsniveau und akademischen Druck aus ihrer Familie nicht einfach war. Sie musste sich auf das einlassen, was die Schriftstellerin Katherine May kürzlich als »Überwintern« beschrieb (May, 2020), oder was der von Jungianern beeinflusste Dichter Robert Bly als »Zeit in der Kellerküche« bezeichnete (Bly, 1990) und was viele britische Analytiker der Independent Group als Regression beschrieben haben (Balint, 1968; Guntrip, 1995). Für Winnicott war eine Regression zu dem Punkt, an dem die Umwelt versagt hatte, notwendig, damit Gefühle (wieder-) erlebt werden können anstatt sie abzuwehren (Winnicott, 1953). Dies ist im Grunde eine Art Abschaltung, Überwintern und Zurücksetzen – eine Zeit des Stilleseins, des Rückzugs, des Viel-weinen-Müssen, des Ins-Leere-Starrens und vor allem für Joanna, sich zum ersten Mal in ihrem Leben von einem anderen Menschen betreuen zu lassen. Dies zeigte sich in meiner Gegenübertragung, entspannte mich, wurde weniger kribbelig und merkte, wie oft ich meinen eigenen Körper aus den Augen verloren hatte, in der Arbeit mit Joanna nur vom Hals aufwärts funktioniert hatte.

Mit der Zeit entwickelte Joanna einen geräumigeren Container (Bion, 1962), in dem sie Trauer und Verzweiflung verarbeiten konnte. Anstelle der früheren unaufhörlichen Aktivität, bei der sie sich mit ihrem wendigen Verstand auf dünnem Eis bewegte, konnte sie loslassen und sich vielleicht zum ersten Mal in ihrem Leben sicher geborgen fühlen. Außerhalb der Therapie machte diese Veränderung sie zu einer besseren Freundin in einem entspannteren Umfeld, da sie nun Traurigkeit, Verletzlichkeit und Aufregung bei anderen und sich selbst aushalten konnte, ohne sich in intellektuelle Abwehr zu flüchten. Sie begann, ihr Studium mehr zu genießen, da sie auf ihr Inneres vertrauen konnte, anstatt das zu liefern, was andere von ihr erwarteten. Ihr gelang auch eine neue sexuelle Beziehung von einer Tiefe, die sie vorher nicht gekannt hatte.

Einige Theorien

Joanna hatte hinreichend Schutzmechanismen aufgegeben, um Gefühle zu ertragen, die sie bisher vermieden hatte, und dieses Loslassen führt zum Vertrauen, dass es in Ordnung ist, sich an dunkle, schwierige Orte zu begeben. Ich vergleiche dies mit dem Gefühl, ehe man aus beängstigender Höhe ins Wasser springt, oder mit dem Moment, in dem wir aufhören, gegen etwas anzukämpfen, vielleicht auch, wenn wir wissen, dass wir den Tränen freien Lauf lassen werden, obwohl wir uns das selbst nicht trauen. Wenn wir zulassen, dass lange verdrängte Gefühle zum Ausdruck kommen, können Erleichterung und Ruhe sich einstellen, und wenn dies in Gegenwart des Therapeuten geschieht, kann dies die erste wirkliche Erfahrung dessen sein, was Winnicott als Alleinsein in der Gegenwart der Mutter (des Anderen) beschrieben hat (Winnicott, 1958).

Balint beschrieb einen Mann, der eine halbe Sitzung lang schweigend dasaß und dann tief zu schluchzen begann und sagte, dass er zum ersten Mal in seinem Leben zu sich selbst Kontakt aufnehmen konnte (Balint, 1968, 142). Worte, so Balint, können uns davon abhalten, wirklich mit uns selbst in Kontakt zu sein. Guntrip (1995, 240) beschrieb dies als »ein tiefes Gefühl der Zugehörigkeit, ein Einssein mit seiner Welt, das nicht intellektuell durchdacht, sondern die anhaltende Atmosphäre von Sicherheit ist, in der man in sich selbst existiert«. Guntrip beschrieb Patienten, die, sobald sie Aktivität und Denken ablegen konnten, mit Gefühlen von Schmerz und Verzweiflung in Berührung kamen, die, wenn sie ausgehalten statt abgewehrt wurden, zu tiefer Erleichterung und Entspannung führten. Guntrip machte seine psychoanalytische Selbsterfahrung bei Winnicott und berichtete, dass Winnicott zu ihm sagte: »Du weißt, dass du aktiv bist, aber nicht wächst, dass du nur atmest und dein Herz schlägt, während du schläfst, ohne dass du irgendetwas tun musst, damit das alles funktioniert.« (Hazell, 1996, 249)

Für Menschen wie Joanna bedeutet ein erfolgreicher therapeutischer Weg, sich von einer übermäßigen Abhängigkeit von geistiger Aktivität zu lösen. Ihre defensive »Geist-Mutter« (Corrigan und Gordon, 1995) – frühreife geistige Beweglichkeit – hat Ähnlichkeiten mit dem, was wir bei manchen Süchten beobachten. Tatsächlich ist ein lebhafter, heller Geist aufregend und täuscht über einen inneren Mangel an Energie hinweg. Mit den Prozessen des Loslassens, des Zurücksetzens und des Neustarts ist es jedoch so, als würden wir die alte Verdrahtung entfernen und sorgfältig neu verdrahten, damit die Ströme endlich dorthin fließen können, wo sie gebraucht werden. Anstelle von zufälligen, energieverzehrenden Funken, die immer kurz vor dem Durchbrennen entstehen, erleben wir dann echtes Aufladen und Wiederauffüllen, das zu einer langsamen Erwärmung, Entspannung und zum Schnurren eines ruhigen, lebendigen, effizienten, energetischen Wesens führt.

Das Zurücksetzen, die sichere Beruhigung und das emotionale Halten eröffnen die Möglichkeit, die verzweifelte mentale Gymnastik der Abwehrstrategien aufzugeben. Gefühle, die schwer zu ertragen sind, sich überwältigend anfühlen, werden verständlicherweise abgewehrt. Das macht die Erregung von geistiger Beweglichkeit zu einem so attraktiven Ort, zu dem man flüchten kann. Bei Menschen mit einer traumatischen oder mangelhaften Bindung ist die defensive Flucht in den scharfen, hellen Verstand, der sie auf einer oft schillernden Reise skaten, manchmal schweben lässt, aber angetrieben von der Angst vor innerer Verzweiflung. An der Geist-Mutter-Abwehr wird hartnäckig festgehalten, um unverwundbar zu bleiben, weil es im Verlaufe der Gesamtentwicklung niemanden gab, auf den man sich voll und ganz hätte verlassen können. Um auf Winnicott zurückzukommen: Der befürchtete Zusammenbruch fand normalerweise schon lange vorher statt, wird aber immer noch a b g e w e h r t, so als würde die Stalltür zugeschlossen, lange nachdem das Pferd entlaufen ist. Wir müssen sicherlich Mitgefühl für solch ein »zusammengebrochenes« kindliches Selbst aufbringen, das in einer Einsamkeit und Verzweiflung gelebt hat, die er/es großteils seines Lebens nicht verarbeiten konnte, unabhängig davon, wie viel älter es/er geworden ist. (Oder bleiben wir beim Plural »die Selbste«, das klingt etwas seltsam, deshalb habe ich alles in den Singular »Selbst« gesetzt.)

Joanna brauchte diese Erfahrung – ihre Abwehr aufzugeben – für Ruhe, Geborgenheit, Vertrauen und für langsamen Neustart und der Aufladung.

Die Konzeptualisierungen von Psychoanalyse haben tatsächlich das nonverbale sensorische Bewusstseins langsamer integriert als andere Modalitäten (Keleman, 1975; Levine, 2010; Ogden, 2006) trotz beeindruckender früher Arbeiten von Reich (1945) und Ferenczi (1926, 1949). Den Körper stärker in den Mittelpunkt zu stellen, hat Auswirkungen auf die therapeutische Technik, insbesondere auf das Ausmaß, in dem wir sowohl direkt als auch indirekt mit Körperbewusstsein und -empfindung arbeiten, und trägt dazu bei, die Wahrnehmung von »Interozeption und Propriozeption« zu erleichtern, die für emotionales Wohlbefinden und Verständnis so zentral ist.

In Winnicotts Welt passt sich die Mutter idealerweise an die emotionalen und körperlichen Bedürfnisse des Säuglings an. Dies führt mit etwas Glück zu einem Geisteszustand, den er »going-on-being« nannte (Winnicott, 1958). Zu viele unserer Patienten erleben fast nie einen entspannten Zustand des Seins, der nicht durch äußere oder innere Reize unterbrochen wird und der nach Winnicott notwendig ist, damit die Psyche im Soma Wohnung nehmen kann. Wenn Säuglinge jedoch Beeinträchtigungen erfahren und sich nicht sicher fühlen, greifen sie auf alternative Möglichkeiten zurück, um sich selbst zu halten. Dazu gehört die körperliche Abwehr über die zweite Haut (Bick, 1968), der vorzeitige Rückgriff auf Kontrolle durch frühzeitigen Einsatz des Verstandes sowie Reaktionen des sympathischen Nervensystems wie beschleunigter Herzschlag und Anspannung des Körpers. Häufig lassen sich entweder ein aktiver Geist oder ein aktiver Körper oder beides beobachten, verbunden mit dem Versuch, übermäßig autark zu sein. Um es anders auszudrücken: Bei unzureichender Sicherheit besteht die Gefahr einer vorzeitigen Ich-Entwicklung (James, 1960; Mitrani, 1995).

Während manche Menschen nach einem Trauma, wie z. B. diejenigen, die dissoziiert sind oder extreme Vernachlässigung erlitten haben, scheinbar zu wenig Geistesblitze, »Funken« haben (Music, 2022), haben viele geistig abhängige Patienten möglicherweise zu viel »Funken«, Geistesblitze, aber die sind eine Art Fehlzündung. Das ist ein bisschen so, wie wir uns die manische Abwehr vorstellen: Die Abwehr von Schmerzen hängt zu sehr von mentalen Zuständen ab und ist sehr aktiv, aber in der Innenwelt herrscht Leblosigkeit, gegen die man sich wehrt. Wir können Krankheiten wie chronisches Müdigkeitssyndrom, psychische Traumata oder Vernachlässigung nur dann heilen, wenn unser Körper oder unser Nervensystem darauf vertrauen kann, dass es sicher ist, die Alarmsignale zu senken (Naviaux, 2020). Wenn Alarmsignale in unangemessener Weise ausgelöst werden, brauchen Menschen das, was ich »Safening« genannt habe (Music, 2022), die Schaffung eines Klimas der Sicherheit, das das Abschalten der Gefahrensignale ermöglicht. Ich ziehe »Safening« der Sicherheit vor, da es nicht bedeutet, dass man sich vor der Gefahr zurückzieht, sondern ein ständiges Gefühl der Leichtigkeit vermittelt. Ohne dieses Gefühl haben wir keinen Zugang zu dem Guten, das es da draußen gibt. Wenn ich mich aus Angst emotional abschotte, überlebe ich vielleicht eine unmittelbare Bedrohung, aber wenn ich mich abschotte, kann ich die emotionale Unterstützung nicht nutzen, die mir helfen könnte zu wachsen und zu gedeihen, was Henry (1974) als doppelte Deprivation bezeichnet hat. Wenn unser Nervensystem Sicherheit spürt, ist unsere Muskulatur entspannt, wir haben eine gesündere Herzfrequenzvariabilität (den Abstand zwischen den Herzschlägen), wir atmen tiefer und haben mehr Zugang zu Schaltkreisen im Gehirn, die an Reflexion, Empathie und komplexem Denken beteiligt sind, insbesondere zu Bereichen des präfrontalen Kortex. Dies ist es, was Winnicott mit der Erfahrung des »Weiter-so-Seins« und Porges (2021) mit dem Zustand der Leichtigkeit meinte, den wir erleben, wenn der ventrale Vagusnerv gut feuert.

Ich habe zunehmend das Bedürfnis verspürt, für Botschaften empfänglich zu sein, die von unseren eigenen Nervensystemen und den Nervensystemen Anderer ausgesandt werden, etwas, das ich als »Flüstern der Nervensysteme« bezeichnet habe. Nervensysteme sprechen miteinander, wenn auch außerhalb des Bewusstseins, und der Körper kann als ein weiterer Königsweg zum Unbewussten betrachtet werden (Music, 2021b). Wenn Mütter und Babys, Kinder und Jugendliche sich liebevoll aneinander erfreuen, sind auch ihre Gehirnströme und Herzschläge im Gleichklang. Dies ist die gesündeste energetisch elektrische Verbindung, die wir auch an Menschen beobachten können, die in Chören zusammen singen, auch bei guten Beziehungen zwischen Lehrer und Schüler bzw. zwischen Therapeuten und Klienten.

Für Winnicott war es das emotionale Halten der Mutter und ihr Eingehen auf psychische und körperliche Zustände, die es der kindlichen Psyche ermöglichten, in den Körper einzuziehen, Psyche und Soma eng miteinander zu verflechten. Andernfalls ersetzen physiologische und mentale Überaktivität, manische (Klein, 1959) oder schizoide Abwehrmechanismen (Fairbairn, 1962; Guntrip, 1995)verlässliche innere oder äußere Objekte, was zur narzisstischen Selbstgenügsamkeit (Rosenfeld, 1987) führt, die wenig Kapazitäten für Stille und Ruhe übrig lässt.

Intelligenz und eine schizoide Abwehr: Edward

Die Arbeit von McGilchrist (2010, 2021) hat mir geholfen, einige dieser Abwehrmechanismen zu verstehen. Seine Arbeit beschreibt, dass es zwar keine einfache Links-Rechts-Aufteilung der Hemisphären zwischen Rationalität und Emotionalität gibt, dass aber unsere beiden Hemisphären die Welt im Allgemeinen unterschiedlich interpretieren und mit ihr interagieren. Die linke Hemisphäre ist bei den meisten Spezies auf Details fokussiert, nimmt Dinge auseinander und untersucht ihre Bestandteile, wie etwa bei der Erstellung von Karten, in der Mathematik, Medizin und in den Wissenschaften. Die rechte Hemisphäre tastet die weitere Umgebung ab und lässt Unsicherheit, Neugier und körperliches Bewusstsein zu. Unsere linke Hemisphäre ist mehr mit Logik und weniger mit Ungewissheit beschäftigt, während unsere rechte Hemisphäre zentraler für sinnliche Körperwahrnehmung und die meisten emotionalen Zustände ist. Viele von ihrem Verstand abhängige Menschen ziehen sich nicht nur in ihren Kopf zurück, sondern auf eine Form von Wahrnehmung, die wenig Raum für Offenheit, Neugierde und Interesse zulässt.

Viele der zentralen emotionalen Fähigkeiten, die in der Therapie benötigt werden, wie z.B. Empathie und verkörperte emotionale Wahrnehmung, werden in erster Linie von der rechten Hemisphäre vermittelt (Schore, 1994). Wenn Patienten einen Schlaganfall oder eine Läsion in Teilen ihrer rechten Hemisphäre erleiden, können sie ihre Fähigkeit zur Empathie oder zur Einfühlung in Gefühle Anderer verlieren, auch für das eigen körperliche Gefühl und Empfinden. Wie McGilchrist zeigt, ist der rechte Scheitellappen für das Körpergefühl von zentraler Bedeutung, während die linke Hemisphäre dazu neigt, den Körper als eher mechanisch zu betrachten. McGilchrist geht davon aus, dass die linke Hemisphäre den verbalen Diskurs mit Sprache, Logik und Linearität kontrolliert, und nennt sie sogar den »Berlusconi des Gehirns, ein politisches Schwergewicht, das die Medien kontrolliert«. Der Neurowissenschaftler Gazzaniga (2006), der Patienten mit gespaltener Hirnhälfte untersuchte, nannte sie den »Geschichtenerzähler der linken Hemisphäre«. Sie interessiert sich weniger für die Wahrheit als für die innere Logik und ist ein eingefleischter Verleugner unerwünschter Realitäten. Außerdem fördert sie einen überzogenen Optimismus.

Ohne unsere linke Hemisphäre könnten wir kaum funktionieren. Sie füllt Lücken in Erzählungen, hilft, den Dingen einen Sinn zu geben, aber wenn sie nicht von der rechten Hemisphäre moderiert wird, liefert sie fröhlich weit hergeholte Post-hoc-Erklärungen. McGilchrist und andere argumentieren, dass die rechte Hemisphäre als eine Art »Bullshit-Detektor« fungiert, indem sie Körpergefühl, Intuition und Emotionen einsetzt. Antonio Damasio (1999) beschrieb etwas Ähnliches in Bezug auf die »somatischen Marker«, den gefühlten Sinn in unserem Körper, der uns Dinge signalisiert. Es ist kein Zufall, dass Menschen wie Edward, den ich weiter unten beschreibe, oft keinen Kontakt zu ihren Gefühlen und zu ihrem Körper haben. Wie Damasio uns gelehrt hat, sind Emotionen im Wesentlichen körperliche Prozesse.

Vieles davon lässt sich an der folgenden faszinierenden Geschichte ablesen: In unserer ersten Evaluationssitzung, an der auch sein Vater teilnahm, lernte ich Edward kennen, einen 12-jährigen Jungen mit großen Augen und interkultureller Hautfarbe, der damit beschäftigt war, ein Spielzeug zu zerlegen. Sein Vater, der eine auffallend straffe Körperhaltung und einen kontrollierten Gesichtsausdruck hatte, begrüßte mich ganz selbstverständlich, so als wären wir langjährige Kollegen. Als wir den Raum betraten, nahm der Vater mit erhabener Miene meinen Stuhl ein.

Ich fragte, wo sie anfangen möchten, und war bereits von Edwards selbstgefälligem Auftreten beeindruckt. Ich ertappte mich bei dem Gedanken, dass sein Hals mir lang zu sein schien, was auf eine Entfremdung zwischen Geist und Körper hindeutet, wie in James Joyce' Beschreibung von Duffy in *The Dubliners*, der »in bestimmter Entfernung von seinem Körper« lebte (Joyce, 1992). Edward sagte: »Nun, so wie ich es sehe, gibt es Dinge, die schief gelaufen sind, als ich noch jünger war, und die sich nicht mit dem verbinden, wie die Dinge jetzt sind, es ist einfach eine Frage der Anpassung der Schaltkreise, damit alles richtig zusammenpasst.« Ich erkannte sofort eine tadellose Logik mit wenig emotionaler Substanz. Körper und Geist mechanisch zu betrachten, ist die klassische Logik der linken Hemisphäre (McGilchrist, 2010).

Sein Vater, der nur bei dieser ersten Sitzung und bei gelegentlicher Rückschau anwesend war, sprach im knappen, steifen Oberlippenton und sagte: »Edward wurde als kleiner Junge verprügelt und schlecht behandelt, seine Mutter war ziemlich chaotisch. Ich, ich bin viel klarer. Ich bin dabei, die Dinge zu verbessern. Eigentlich könnte ich das alles selber machen, aber er braucht jemanden von außen. Ich gehöre zur transpersonalen Sorte, bin eher spirituell.« Ich hatte das Gefühl, dass er mein therapeutisches Herkommen in Frage stellte!

Zuvor wurde ich auf ein echtes Trauma in Edwards Umfeld aufmerksam gemacht, denn Edwards Mutter war vor etwas mehr als einem Jahr bei einem Autounfall ums Leben gekommen. Er hatte nun nur noch seinen Vater, der das Leben mit übertriebener Sicherheit und Logik meisterte. Der Vater beschrieb seine Philosophie und erklärte, er sei früh adoptiert worden und dann in einem strengen Waisenhaus aufgewachsen, er habe das Heim gerne nach quasimilitärischen Gesichtspunkten geführt. Er sagte: »Mit Mama konnte er machen, was er wollte, aber ich bringe ihm bei, dass er die Wäsche waschen muss, wir machen jeden Tag die Betten, wir waschen und kochen auch ein bisschen und lernen zu bügeln, denn wir können ein bisschen faul immer noch mit offenem Mund essen, aber ich sage, dass er es jetzt wenigstens versucht. Es ist ein langsamer Fortschritt, nachdem es vorher so anders war. Wenigstens fangen wir jetzt an zu denken, und das ist der Sinn von Regeln.« Es war schwer, ein Wort dazwischen zu bekommen. Seine selbstgefällige Überlegenheit und Regelgebundenheit machten mich sprachlos. Der Vater erklärte mir, dass er eine »Gütekarte« erstellt hat, in der alles festgehalten wird, wie z. B. das Verhalten, die erledigten Aufgaben. »Er schneidet ziemlich gut ab, 83–85%, und wenn er bei 85% liegt, dann wird die Belohnung ein Urlaub sein.«

Ich machte mir Gedanken über Edwards Gefühle in Bezug auf seine Mutter, die vor Kurzem gestorben war, und fragte ihn danach. Edward sagte: »Ich habe darüber nachgedacht, mich ihr anzuschließen, da es mir bei einem meiner Ziele helfen würde, denn ich würde dann herausfinden, was wirklich nach dem Leben kommt; ich würde herausfinden, was andere Menschen nicht wissen.« Ich fühlte mich von seiner Logik verblüfft, die alle Gefühle überlagerte und das auslöschte, was ich für einen Anflug von Verzweiflung und von Selbstmordgedanken hielt.

Der Vater sagte mir, dass er bald operiert werden würde und er Edward vor der grausamen Operation dadurch »retten« würde, indem er ihn zu Verwandten schickte. Ich fragte mich, ob Edward sich Sorgen machen würde. Sein Vater vermisse ihn und wolle mit ihm in Kontakt bleiben. Edward sagte, dass er das merken würde, und der Vater erwiderte: »Er steht auf Schwingungen, wissen Sie, ziemlich intuitiv und mystisch«, und Edward sagte: »Ich kann mich darauf einstellen, wie er ist.« Ihr emotionsloses, ganz bizarres Doppelspiel ließ mich fassungslos zurück.

Edwards Eltern hatten sich einige Jahre zuvor scheiden lassen, und er hatte einen Halbbruder, den er seit dem Tod seiner Mutter nicht mehr gesehen hatte. Ich fragte ihn laut, ob er sich über den fehlenden Kontakt zu seinem Halbbruder Gedanken gemacht habe. Er antwortete etwas hochmütig: »Nun, er ist erst vier, ich hatte noch keine Gelegenheit, eine sentimentale Bindung zu ihm aufzubauen.« Ich wiederholte: »Eine sentimentale Bindung?«, und er sagte: »Ja, und ich hoffe, du bist nicht beleidigt, Papa, aber ich denke, es ist am besten, keine zu große Bindung aufzubauen, denn man weiß nie, was passieren kann.« Ich war fassungslos. Dies war die vermeidendste Bindung, die man sich vorstellen kann. Ich sagte: »Du empfindest also dasselbe für deinen Vater?«, und er nickte. Ich versuchte, seine Angst vor Nähe und starken Gefühlen zu kommentieren, aber das ging in seiner Intellektualisierung unter, in die ich ungewollt hineingezogen wurde.

Ich sagte mit einem Augenzwinkern, er habe das Gefühl, dass er alles im Griff habe und keine Hilfe brauche, und er nickte, nahm mich für bare Münze, so als hätte ich es endlich begriffen, und sagte, er glaube, dass sich wirklich die Dinge unermesslich verbessert hätten, seit er bei seinem Vater wohne. Das Auto, mit dem er spielte, zerlegte ein anderes Auto in winzige Teile, und ich spürte, dass er das auch mit meinen Gedanken oder Bemerkungen tat.

Während unserer gemeinsamen Arbeit hatte ich oft das Gefühl, die Orientierung zu verlieren. In einer Sitzung einige Monate später sagte ich: »Manchmal denke ich, du sagst etwas, um mich zum Schweigen zu bringen, weil meine Worte sich bedrohlich anfühlen.« Das war ein Fehler, vor allem das Wort »bedrohlich«. Er konnte Verwundbarkeit oder Unsicherheit nicht ertragen, musste der Platzhirsch sein. Er sagte nein, er möge meine Worte sehr und stimme ihnen größtenteils zu. Er sagte dreimal »habdich« zu den anderen Fahrzeugen und erzählte mir dann, dass er gestern »Mann des Spiels« beim Fußball war. Seine selbstgefällige Siegesgewissheit ließ keine Lücke, durch die ich in seine Welt eindringen konnte.

Ich fühlte mich hilflos und fragte ihn, ob er daran zweifelte, dass es einen Grund gab, hier zu sein. Er bejahte und betonte, dass alles »in Ordnung« sei. Er wandte sich wieder seinem Spiel zu, in dem er einen weiteren Sieg errungen hatte, und beschrieb, was für ein brillanter Stratege er sei, der die Schwächen des Gegners gut herausfinden könne. Ich tappte in die Falle, etwas klischeehaft mit »Du meinst mich« als Übertragungsbemerkung, indem ich andeutete, dass es ihm vielleicht Spaß macht, meine Schwächen aufzuspüren. Er sagte: »Das glaube ich nicht. Sehen Sie, ich glaube, wir sind uns beide sehr ähnlich: Sie analysieren die Dinge, und ich tue das auch.«

Nach einigen Monaten dachte ich, dass ich eine gewisse Erleichterung verspüre. Als ich in einer Sitzung auf die bevorstehende Pause hinwies, meinte er, ich sei sehr beschäftigt, hätte viel zu tun und müsse mich an genaue Zeiten halten. Ich sagte leiser und gefühlvoll, ob er vielleicht denkt, sich sogar Sorgen macht, dass ich wirklich nicht genügend Zeit für ihn habe, dass er nur eine wenig bedeutsame Angelegenheit sei, die in meinen vollen Zeitplan passt. Er erwidert: »Nicht besorgt oder verärgert, vielleicht verwirrt.« Die Atmosphäre veränderte sich. Etwas hatte sich aufgehellt. Ich spürte, dass ich einen emotionalen Kontakt hergestellt hatte, und dachte, wie selten das geschehen war, und dass so etwas für ihn ganz ungewohnt war.

Ich wiederholte, dass er durch meine Geschäftigkeit verwirrt sei, und bemerkte, dass er vor einigen Wochen gesagt hatte, dass er für mich vielleicht nur ein Fall keine Person sei, dass er ernst genommen werden möchte. Ich fragte mich, ob ein Teil von ihm dachte, dass 50 Minuten pro Woche einfach nicht genug seien. Er nickte und sagte: »Vielleicht hast du recht, wenn du verstehst, was ich meine.« Die Atmosphäre wurde weicher, irgendetwas hatte ihn berührt, und ich war beeindruckt von dem möglicherweise ersten Beispiel seines Bedürfnisses nach Anderen, neben seiner Omnipotenz, die ich nur allzu gut kannte.

Edward erzählte mir dann einen Traum, seinen ersten, den ich von ihm hören durfte. Er sagte: »Die Klinik ist nach Amerika umgezogen, aber ich habe einfach jedes Mal ein Flugzeug genommen. Aber auf einer Reise stürzte das Flugzeug nach etwa fünf Stunden ab. Ich kroch aus einem Fenster. Ich musste mir vier Dinge aussuchen, die ich mitnehmen wollte, und ich wählte mir einen Sitz, von dem ich wusste, dass er sich auch in ein Bett verwandeln lässt, ein Taschenmesser, einige Kochutensilien und eine handbetriebene Taschenlampe.« Er gab eine lange Beschreibung, die dazu führte, dass er sich auf einer einsamen Insel befand. Dann sah er ein Mädchen, Grace, sie waren dort 15 Jahre lang zusammen, bis ein Schiff sie rettete, weil es erstaunlicherweise eine Taschenlampe auf der Insel leuchten sah. In dieser Zeit hatten sie ein paar Kinder bekommen. Ich denke, wie ähnlich sich die Namen Grace und Graham waren, bin erstaunt über das möglicherweise erste Beispiel für ein Bedürfnis nach dem Anderen. Ich sagte, dass ein Teil von ihm glaubt, weil er so einfallsreich ist, kommt er allein zurecht, aber vielleicht gibt es dahinter seinen verborgenen Wunsch, jemanden zu haben, der ihn unterstützt, damit er nicht alles alleine machen muss. Vielleicht könnte ich ihm sogar helfen. Er ließ ein Spielzeug fallen, und ich bückte mich, um es aufzuheben und ihm zu reichen. Er sagte: »Vielen Dank.« Ich glaube, wir wussten beide, dass es bei diesem »Danke« um mehr ging als um das Spielzeug. Es hatte sich jetzt etwas verändert.

Sechs Monate später mussten wir die Arbeit beenden, weil er und sein Vater in einen anderen Landesteil umziehen wollten. Ich war erleichtert und traurig zugleich, erleichtert, weil er so eine Herausforderung gewesen war und immer noch war, und traurig, weil ich ihn immer mehr lieb gewonnen hatte. Als ich ihn aus dem Warteraum abholte, sagte er in seiner allzu vertrauten Art nebenbei »Hallo«. Im Korridor sagte er mir selbstzufrieden: »Ich hatte bisher einen sehr guten Tag, sehr gut sogar, wenn man bedenkt, wissen Sie, ich habe das hier gefunden. Sie wissen vielleicht, es ist eine Fahrkarte, ich habe sie auf dem Bürgersteig entdeckt, und wissen Sie was? Es sind noch 8 Pfund drauf, das nenne ich Glück. Siehst du, jetzt kann ich meine Freunde besuchen.« Ich dachte dabei sowohl an die neue Idee, dass man Freunde genießen kann, ja sogar braucht, als auch an den Verlust der Besuche bei mir und an seinen Wunsch, mich weiterhin zu besuchen.

Er sagte: »Nun, so ist das Leben in London, man muss hart sein, das ist meine Meinung, anderswo mag das anders sein. In Suffolk zum Beispiel, da ist es anders. Ich war schon viele Male dort und habe viele Erfahrungen gemacht. Wenn ich dort eine Karte fallen lasse, hebt sie jemand auf und gibt sie mir zurück, ich weiß es, ich habe es gesehen. Wenn ich dort wohne, verhalte ich mich auch so, man passt sich an, aber hier heißt es, du kratzt mir den Rücken und ich..., nein, (er unterbricht sich) ich kümmere mich um die Nummer eins. Die Sache ist die, dass ich keinen Grund sehe, mit dieser Karte hierher allein zu reisen.«

Ich wollte gerade etwas bemerken, dass er darauf besteht, unabhängig und frei von Bedürfnissen zu sein, aber ich beschloss, den Suffolk-Teil von ihm aufzugreifen, den Edward, der Freundlichkeit schenken und annehmen kann, der mich sogar manchmal als freundlich und hilfsbereit erlebt, der verstanden hat, dass Menschen sich gegenseitig den Rücken kratzen und sich gegenseitig helfen. Er entspannte sich und sah mich fast liebevoll an. Oft ist es wichtig, die Hoffnung aufzugreifen, das Positive, und nicht zu versuchen, die Abwehr der Omnipotenz zu durchbrechen.

Er fing an, mir zu sagen, was ich tun sollte, um ein besserer Therapeut zu sein, dann wurde er weicher und sagte: »Ich denke, die anderen Kinder, die Sie sehen, sind wahrscheinlich nicht so herausfordernd.« Ich sagte: »Vielleicht ist es einfacher zu denken, dass ich ein inkompetenter Therapeut bin, als Traurigkeit über das Ende zu spüren.« Er antwortete: »Nein, absolut nicht. Wissen Sie, als meine Mutter starb, war ich vielleicht eine Stunde lang ein bisschen traurig, aber dann bin ich einfach wieder zur Schule gegangen und habe weitergemacht. Ich werde die Therapie überhaupt nicht vermissen. Wissen Sie, ich will mich wie eine Maschine machen.« Ich dachte, wie wahr das war, aber ich merkte auch, dass diese Abwehr zu bröckeln begann. Ich lächelte ihn warm an, und als er die Verschiebung von mir wohl bemerkte, schien er weicher zu werden. Dann sagte er zu meinem Erstaunen: »Nun, ich glaube, wenn es einen guten Gott geben sollte, warum sollte er mir dann meine Mutter auf diese Weise wegnehmen?« Ich spürte, dass dies aus seinem Herzen kam.

Sein Glaube in das Leben war zerstört, und er erzählte auch, wie traurig er über unsere Beendigung war. Ich wusste, dass ich vorsichtig das Thema ansprechen musste. Ich sagte: »Ja, das scheint eine sehr grausame und traurige Sache zu sein. Trennungen sind hart, Menschen zu verlieren kann traurig sein, und du darfst hoffen, dass ich traurig darüber bin, dich in Zukunft nicht mehr zu sehen.«

Er sah weicher aus, jünger. Ich sagte ihm, dass er sich fragen muss, ob ich in der Lage sein werde, ihn in meinen Gedanken zu halten. Auch ich wurde weicher zu ihm, da ich nun in der Lage war, seine Arroganz und Angeberei als das zu erkennen, was sie war, und ich konnte mit dem verletzlichen Kind mitfühlen, das kein verlässliches, liebendes äußeres Objekt hat, auf das es vertrauen kann.

Zu Beginn der letzten Sitzung kam er bereitwillig und setzte an der Tür wie üblich das Besetzt-Zeichen auf. Er setzte sich auf seinen Stuhl, öffnete seine Schachtel, nahm sein Lieblings-Militärfahrzeug heraus und fragte mich, ob er es mitnehmen dürfe. Ich bestätigte, dass wir uns darauf geeinigt hatten, dass er es mitnehmen durfte, dass er ja etwas mitnehmen möchte, das ihn an unsere gemeinsame Zeit erinnern sollte.

Er sagte: »Ja, und das kann ins Regal gestellt werden, und ich werde mich daran erinnern.« Ich sprach an, ob er das Gefühl habe, dass ich mich an ihn und unsere gemeinsame Zeit erinnern werde. Er war überraschenderweise sehr kontaktfreudig und sagte scherzhaft, er glaube, dass er »in den letzten Monaten ein schrecklicher Kerl war, und ich hoffe, du wirst dich an die besseren Dinge erinnern. Würden Sie dem zustimmen?« Er sah sich das Auto an und sagte, dass ein echtes Armeeauto nicht den orangefarbenen Streifen hätte, sondern dass dies ein Kinderauto sei, damit die Kinder es leichter wiederfinden könnten, wenn es verloren ginge. Ich ertappte mich dabei, wie ich darüber nachdachte, ob er Angst hatte, aus meinem Kopf verloren zu gehen, oder ich aus seinem.

Er begann, etwas in seiner langatmigen, pompösen Art zu erklären (»Sie sehen, was passiert, wenn ...«). Ich sagte, dass er mir im Laufe der Zeit gerne gezeigt hat, wie viel er weiß. Zu meinem Erstaunen sagte er: »Dem stimme ich zu, das scheint mir fair zu sein, ein fairer Kommentar. Ich bin ein bisschen ein Besserwisser gewesen. Oh, da liegen ein paar Spielsachen auf dem Boden, die wohl jemand anderem gehören.« In Wirklichkeit waren es seine aus seiner Kiste. Ich sagte: »Es muss sich seltsam anfühlen, dass andere Kinder hierherkommen werden, nachdem du weg bist.« Er sagte: »Nun, so ist das Leben. Ich weiß, dass dieser Ort nicht nur für mich da ist und dass andere Kinder hierhergekommen sind und kommen werden, wenn ich aufhöre.« Ich gab zu bedenken, dass es nicht einfach sei, wenn man daran denke, dass ich an einem Freitag um 10 Uhr mit jemand anderem etwas anderes machen werde. Ich sagte: »Du kannst hoffen, dass ich mich an dich erinnere und unsere gemeinsame Zeit vermisse, das werde ich tun.« Er ließ sich wieder erweichen und sagte: »Nun, ich hoffe, Sie haben es beim nächsten Mal leichter.« Ich ging nicht auf seine Sorgen ein, welche Wirkung er auf mich hatte. Ich war mir seiner gewissen Nachdenklichkeit bewusst. Ich hatte sie selten im Blick gehabt. Er sagte, dass er sich in seinem neuen Haus eine dieser Pfeifen besorgen würde, mit denen man verlorene Schlüssel wiederfinden kann. Ich sagte, dass er vielleicht darüber nachdenkt, wie er in seinem neuen Leben einen Platz finden kann, ohne die guten Dinge zu verlieren, die er entwickelt hat, die Schlüssel, um sich besser zu fühlen. Er war erstaunlich sanft und ruhig.

Als sich die Sitzung dem Ende näherte, fing er an, in seiner Schachtel zu stöbern und zu spielen, wie er es früher getan hatte, vor allem mit den Autos, auf die er einschlug. Er notierte sich die Spuren, die er auf ihnen hinterlassen hatte, als er seine Kiste zum letzten Mal durchsuchte. Da war ein Hauch von Traurigkeit. »So ist das Leben«, sagte er und spielte ein

Spiel, das an die Spiele erinnerte, die er gespielt hatte, als er zum ersten Mal kam. Er bemerkte einen Fleck auf dem Bus und sagte: »Das würde niemandem auffallen, es sei denn, er wäre so aufmerksam wie ich.« Ich dachte darüber nach, wie sehr er hoffte, bei mir und in der Klinik seinen Eindruck hinterlassen zu haben. Er beschrieb, wie er auf dem Lande auf etwas getreten war, so dass Schlamm aufspritzte, »und mein Fußabdruck wird bis zum nächsten Jahrtausend dort sein«. Ich sagte, dass er wirklich hoffte, dass er hier ein Zeichen gesetzt hat, in meinem Kopf, ein Zeichen, das bleiben wird, das er auch sich selbst eingeprägt hat. Er lächelte und sah zufrieden aus.

Wehmütig sah ich ihm zu, wie er mit den Spielsachen spielte. Dann sagte ich, dass nur noch eine Minute übrig sei und wir besser *aufräumen* sollten. Als er die Sachen wegräumte, wäre er fast auf ein Spielzeug getreten, schaute auf und sagte: »Siehst du, ich mache Fehler.« Es war ein wenig sicherer, jetzt normale Fehlbarkeit zuzulassen. Ich sagte: »Zeit, sich zu verabschieden, letzte Worte«, und er sagte: »Das werde ich zum Schluss an der Tür sagen.« Er legte ein paar Dinge in die Schachtel, sah sich im Zimmer um und sagte: »Auf Wiedersehen Schachtel, auf Wiedersehen Zimmer.« Ich sagte so herzlich wie möglich, dass ich ihm wirklich alles Gute für sein neues Leben wünschte. Ich hielt ihm meine Hand hin, er nahm sie, legte seine andere Hand auf meine Schulter und sagte: »Viel Glück und eine glückliche und erfolgreiche Zukunft.« Ich war traurig und mir kamen die Tränen, als ich ihn in den Warteraum brachte. Sein Vermeidungsverhalten, das er so sehr brauchte, ehe er zur Therapie kam, hatte sich aufgelöst, und ein Mensch mit echten Gefühlen war zum Vorschein gekommen.

Rückkehr in den Körper

Meine Arbeit mit Joanna und Edward fand vor einigen Jahren statt, bevor ich den Mut wiedergefunden hatte, aktiver mit verkörperten Zuständen zu arbeiten. Vor mehr als drei Jahrzehnten, vor meiner psychoanalytischen Ausbildung, hatte ich eine integrative Psychotherapieausbildung absolviert, die ein erhebliches Maß an Körperverständnis vermittelte; daher war ich mit den Theorien von Autoren wie Reich (1945), Keleman (1975), Lowen (1975), Boadella (2015) und anderen vertraut, insbesondere darüber, wie Charakter und Abwehrkräfte im Körper strukturiert werden. In den letzten Jahren bin ich zu einigen dieser Ideen zurückgekehrt und habe versucht, sie mit psychoanalytischen Konzepten zu kombinieren. Ich habe auch eine Ausbildung als Achtsamkeitslehrer absolviert und praktiziere ständig mit meinem Körper. Ich habe aus eigener Erfahrung gelernt, dass der Kontakt mit Körperzuständen einen enormen Einfluss auf unser emotionales Wohlbefinden und unsere therapeutische Praxis haben kann. Neuere neurobiologische Erkenntnisse (Damasio, 2012) und die Traumatheorie (Porges, 2021; Van der Kolk, 2014) haben die Bedeutung des Körpers in der therapeutischen Arbeit untermauert. Es bleibt natürlich umstritten, ob körperorientierte Arbeit psychoanalytisch ist, aber für mich hat eine solche Integration zu äußerst hoffnungsvollen Ergebnissen geführt.

In den letzten Jahren habe ich in Tavistock einen Workshop für Therapeuten und Auszubildende ins Leben gerufen über Trauma, Neurowissenschaften, den Körper, um vor allem das Bewusstsein für den körperlichen Aspekt unserer Gegenübertragung zu stärken. Ich versuche jetzt auch, die Supervisanden dazu zu bewegen, ihre somatischen Gegenübertragungsreaktionen in die Sitzungsnotizen aufzunehmen. Oft bitte ich die Supervisanden auch, eine Interaktion zu veranschaulichen, indem sie die Rolle des Patienten körperlich ausspielen, ehe sie zu den schriftlichen Prozessnotizen zurückkehren. Dies geschah, weil ich zu oft Fallbeschreibungen hörte, die wenig Sinn durch den Tonfall oder gestisches Gefühl vermittelten. Ohne diese fand ich es viel schwieriger, einen Sinn in diesen Sitzungen zu erkennen.

Meine Körperwahrnehmung nimmt nun viele Formen an. Kürzlich wurde ein Kind unruhig und nervös, und ich wurde selbst nervös. Als ich meine eigene Anspannung bemerkte, holte ich tief Luft, Ich versuchte, mit dem, was ich fühlte, in Kontakt zu kommen. Als ich einige Augenblicke später wieder aufblickte, zeichnete es in aller Ruhe. Ob mein einfacher Akt der Selbstregulierung eine Wirkung hatte, wäre schwer zu beweisen, aber viele Untersuchungen zeigen, in welchem Ausmaß wir mit den Körperzuständen Anderer in Resonanz gehen (Birdwhistell, 1970) und wie viel Kommunikation weit außerhalb des Bewusstseins stattfindet (Beebe und Lachmann, 2002). Die Psychoanalyse hat dies meist im Sinne eine projektiven Identifikation theoretisiert (Sandler, 1993), obwohl ich die sich entwickelnden Ideen über gegenseitige Synchronizität und Resonanz bevorzuge (Atzil-Slonim et al., 2023; Endevelt-Shapira und Feldman, 2023). Es ist faszinierend, wie wenig wir uns oft gegenseitig spüren – Resonanz und Synchronität mit Patienten, deren Geist als Eltern fungiert, und wie sich dies ändert, wenn es ihnen besserzugehen scheint.

Bei einigen Patienten gehe ich jetzt einfach mit ihren starken Gefühlen in Resonanz; wenn ich sie wissen lasse, wie sie verstanden wurden, ist das ein langer Weg. Mit der Zeit haben viele Patienten das Vertrauen entwickelt, dass dies eintreten würde, und begannen, sich zu entspannen und ihre Gefühle zu verstehen und zu regulieren. Eine solche emotionale Resonanz ist ein Prozess, der fast von Körper zu Körper geht. Das Gefühl, verstanden zu werden, kann Erleichterung und Entspannung bringen, ohne dass der Therapeut explizit sagen muss, was geschieht und warum.

Auf einer anderen Ebene geht es darum, den Patienten zu helfen, sich bewusst zu machen, was physiologisch vor sich gehen könnte. Allein die bewusste Wahrnehmung von Verspannungen beispielsweise scheint Entspannung der Verspannungen zu ermöglichen, zumindest vorübergehend, weitere Übung schafft eine Gewohnheit, die das Bewusstsein für solche Körperzustände erhöht. Wir können uns das wie die Entwicklung neuer psychischer Muskeln vorstellen, wie die Entwicklung besserer innerer Objekte, die zu mehr Weichheit und Entspannung führt.

Manchmal kann die Einsicht natürlich einen Unterschied ausmachen. In einer Sitzung war eine Patientin, Flora, wütend über das Verhalten ihrer neuen Freundin, und ich schlug ganz einfach vor (auf der Grundlage unseres gegenseitigen Verständnisses), dass ihre provokativen Handlungen ihr Grund zur Eifersucht gegeben haben könnten. Das ist das A und O vieler Therapien und hatte nichts mit körperlichen Zuständen zu tun. Flora sagte etwas wie »oh ja«, hob die Augenbrauen, lächelte fast, dann entspannte sich ihr ganzes Wesen und sie beruhigte sich. Hier führten Einsicht und die Verknüpfung von Ideen zu körperlicher Entspannung.

Zu anderen Zeiten macht nichts, was ich auch sage, einen großen Unterschied. Möglicherweise fehlt mir das Geschick oder die Einsicht, das richtige und beruhigende psychische Verständnis zu finden, obwohl Menschen, sobald sie über ein bestimmtes Maß hinaus erregt sind, mit Interpretationen schwer zu erreichen sein können. Wenn dies geschieht, stellen sich wirklich interessante Fragen darüber, was therapeutisch hilft. Alvarez' (1992, 2012) innovatives Denken hat uns dazu veranlasst, unsere therapeutische Technik sorgfältig zu überdenken und insbesondere zu prüfen, ob wir bei bestimmten Patienten nicht zu sehr auf einer kognitiven Ebene arbeiten. In vielen Therapien mit offenkundig missbrauchten Patienten, seien es Kinder oder Erwachsene, halte ich es für notwendig, auf einer viel grundlegenderen Ebene zu arbeiten, auf der psychophysiologische Prozesse ablaufen, z. B. indem ich einigen Patienten helfe, starke Emotionen herunterzuregulieren und übermäßige Erregung zu bewältigen (Music, 2014), vielleicht mit Atemtechniken.

Wenn man mit echter Neugier nach Körpererfahrungen fragt, können auch tiefgreifende Assoziationen geweckt werden. In einer Sitzung sprach eine Patientin schuldbewusst darüber, dass sie sich an jemandem rächen wollte, der sie bei der Arbeit geärgert hatte. Sie sah unbehaglich aus und begann, sich die Wange zu reiben. Ich fragte sie, was los sei, und sie begann mir zu erzählen, wie ihr Vater sie immer auf die Wange geschlagen habe, wenn sie wütend wurde. Dies brachte einen außergewöhnlichen Strom von Material zum Vorschein, das nie ans Licht gekommen wäre, wenn ich nicht nach diesen körperlichen Gesten gefragt hätte. Meistens bin ich nicht sensibel genug, um mich *nach* solchen Vorgängen zu erkundigen.

Eine andere Technik, die ich anwende, besteht darin, die Patienten aktiv anzuleiten, sich ihrer körperlichen Zustände bewusster zu werden. Manchmal findet eine solche Arbeitsweise fast innerhalb unserer üblichen psychoanalytischen Parameter statt, z. B. wenn ich mich frage, ob Patienten darauf vertrauen können, dass es in Ordnung ist, ihre Tränen nicht länger zurückzuhalten, was vielleicht gleichbedeutend damit ist, ihnen die Erlaubnis zum Weinen zu geben oder sie sogar dazu zu ermutigen. Als eine Patientin zum ersten Mal ihrer Traurigkeit nahe war, schlug ich ihr zum Beispiel vor, etwas tiefer zu atmen, die Tränen zuzulassen und darauf zu vertrauen, dass wir mit den Gefühlen umgehen können.

Ein weiterer Schritt besteht darin, das Bewusstsein für Körperzustände aktiver zu fördern, indem ich einige Anleitungen anbiete. Seit ein paar Jahren treffe ich mich mit erfahrenen Psychoanalytikern und Psychotherapie-Kollegen, die ein gemeinsames Interesse an Gehirnforschung und Achtsamkeit haben. Wir erörtern gemeinsam die Frage, wie wir Patienten helfen können, die sich ihrer körperlichen Prozesse nicht bewusst zu sein scheinen. Als Gruppe haben wir alle von unseren eigenen Achtsamkeitspraktiken profitiert, zu denen auch gehört, dass wir uns unserer eigenen

Körperzustände, unserer Atmung und unseres Erregungsniveaus viel bewusster werden. Wir haben uns oft mit der Frage auseinandergesetzt, wie wohl wir uns fühlen, wenn wir Patienten aktiv anleiten, ob wir dabei noch als psychoanalytische Psychotherapeuten arbeiten oder nicht. Unabhängig von der Antwort auf solche Fragen sind wir uns alle einig, dass eine offenere Arbeit mit dem Bewusstsein für körperliche Prozesse unerlässlich ist, wenn wir vielen Patienten helfen wollen. Im Folgenden gebe ich dafür ein Beispiel.

Fiona

Mein letzter klinischer Fall betrifft eine Jugendliche, die ich Fiona nenne und die mit 17 Jahren an mich überwiesen wurde. Sie kam aus einer wohlhabenden, aufstrebenden Familie, die sie als finanziell, aber nicht emotional unterstützend beschrieb. Ihr Vater war körperlich missbräuchlich, er neigte zu Wutausbrüchen und sie beschrieb, dass er sexuelle Grenzen überschritt. So sagte er ihr beispielsweise, dass er ihre Genitalien aus hygienischen Gründen untersuchen müsse, was in ihrer Kindheit und frühen Jugend immer wieder vorkam. Sie beschrieb ihre Mutter als distanziert, angespannt und beschäftigt. Fiona hatte nicht das Gefühl, von ihr emotional verstanden zu werden oder an sie zu denken. Schon früh lernte sie, extrem selbstständig und wenig vertrauensvoll zu sein.

Fiona erzielte gute schulische Leistungen, hatte aber persönliche und soziale Probleme. Sie kam kaum mit Freundschaften zurecht und sprach von ihrem Bedürfnis, in sexuellen und anderen engen Beziehungen das Sagen zu haben. Es überrascht nicht, dass sie mir gegenüber äußerst misstrauisch war und eine sehr klare Vorstellung davon hatte, was ein Therapeut tun sollte. Ich entsprach im Allgemeinen nicht ihren Idealen.

Ihre Beziehung zu ihrem Körper war problematisch, und sie beschrieb ihn tatsächlich als eine fremde Plage. Doch ihr Körper »führte Buch« (Van der Kolk, 2014), und sie berichtete oft von kleineren Beschwerden, die sie wiederholt von der Therapie abhielten. Sie hatte eine SAD-Diagnose (Seasonal Affective Disorder) erhalten, litt unter einer Reihe von physiologischen Symptomen wie dem Reizdarmsyndrom (IBS), und sie litt oft unter Krankheiten, einschließlich beunruhigender postviraler Symptome, die an Fibromyalgie und chronische Müdigkeit grenzten. Ihr Körper sendete seit ihrer Kindheit Gefahrensignale aus, und sie hielt sich verständlicherweise zurück, wobei die Intimität der Psychotherapie mit einem männlichen Therapeuten ihr Bedürfnis nach Abwehrmechanismen noch verstärkte.

Die Therapie fühlte sich oft unangenehm an, ebenso wie ihre meisten engen Beziehungen. Fiona hatte nur wenige Freunde, zu denen sie eine innige Beziehung aufbauen konnte. Sie vertraute sich ihrem Tagebuch an. Ich habe dies bei Patienten, die sich ganz auf sich selbst verlassen, oft beobachten können. Jeden Tag schrieb sie sehr ausführlich, beschrieb oft die Erleichterung, die sie beim Schreiben empfand. Die Verwendung des Tagebuchs war zwar einerseits hilfreich, andererseits aber auch eine weitere Weise, sich für sich ganz alleine zusammenzureißen. Offenbar war sie seit ihrer Grundschulzeit in hohem Maße auf Willenskraft, Kontrolle und rigide körperliche Abwehrmechanismen angewiesen; beispielsweise spannte sie sich körperlich an oder war körperlich sehr aktiv (Bick, 1968). Vielleicht noch wichtiger war es, dass sie die Signale ihres Körpers über den Zustand ihres Körpers außer Kraft setzen musste.

Fiora verlässt sich in hohem Maße auf ihren Verstand. Sie schien mir typisch für die von Corrigan und Gordon (1995) beschriebenen Patienten zu sein, die sich auf ihren Verstand als primäres Objekt verlassen.

Wie so oft bei misstrauischen, selbständigen Klienten fühlte ich mich abgewiesen, der Aufgabe nicht gewachsen. Wenig von dem, was ich sagte, erschien mir oder ihr richtig. Fionas Art, in der Welt zu sein, war verständlich. Sie hatte noch nie jemandem wirklich vertrauen können, und es gab kaum einen Grund, jetzt damit anzufangen – mit einem fremden Mann in einer intimen Umgebung.

Welchen therapeutischen Ansatz ich auch immer wählte, er fühlte sich unzureichend an. Empathie schien ihr gänzlich fremd, ebenso wenig war sie an Neugierde interessiert. Vieles von dem, was ich sagte, lief ins Leere, einschließlich der Versuche, die negative Übertragung aufzugreifen. Als ich jedoch anfing, sie behutsam nach ihren Körperzuständen und -empfindungen zu befragen, begann ich kleine Veränderungen zu sehen. In einer Sitzung sagte ich etwas wenig hilfreiches, bemerkte aber, wie sich ihre Hände verkrampften und ihre Fäuste sich zusammenballten. Ich versuchte, mich selbst in ihre Körperhaltung hineinzuversetzen, und sagte schließlich: »Meine Güte, das, was ich da gesagt habe, war wirklich keine Hilfe, so wie du deine Fäuste hältst, fest zusammengeballt.« Sie schaute mich an und auf ihre Hände hinunter, die sich daraufhin entspannten. Sie sagte, sie habe nicht bemerkt, dass sie das macht. Ich fragte weiter nach den Empfindungen, die sie erlebte, nach dem Drang, die Fäuste zu ballen, und danach, wo sie noch etwas spürte. Sie konnte nicht ohne weiteres antworten, schien aber interessiert zu sein. Einige Minuten später spannte sie sich wieder an. Ich fragte, ob sie dies bemerkt habe und was der Auslöser dafür gewesen sein könnte. Sie war überrascht, wie automatisch ihre Bewegungen abliefen. Marion Milner, die so begabt im Umgang mit Sinneswahrnehmungen war, hatte schon vor langer Zeit beschrieben, wie leicht man eine »verkrampfte« Lebenseinstellung haben kann, bei der man sich bei den geringsten bedrohlichen Anzeichen verschließt, so wie es in Analogie eine Seeanemone tun könnte (Milner, 1936). Sobald Fiona eine Bedrohung ahnte, verschloss sich schneller als die meisten anderen. In den folgenden Wochen berichtete sie, dass ihr ihre Anspannungen auffielen, während sie sich scheinbar gut amüsierte. Ihr Interesse für solche Prozesse machte mir Mut weiterzumachen. Wenn sie über Dinge sprach, die sie beunruhigten, oder wenn ich eine negative Reaktion auf das bemerkte, das ich gesagt hatte, fragte ich sie, was in ihrem Körper vor sich ging, z. B. wenn sie den Atem anzuhalten schien. Sie war überrascht und fasziniert davon, wie angespannt sie war. Fiona begann zu bemerken, wann sie ihren Körper anspannte, unruhig auf und ab ging, während sie wartete, bis das Wasser im Kocher brodelte oder sie sich die Zähne putzte. Solche Beobachtungen halfen ihr, ihr »Festhalten«, wenn auch nur momentan, zu lockern.

Wegen ihrer Vorgeschichte und meines Geschlechts musste ich natürlich äußerst vorsichtig an solche Themen herangehen.

Diese Art, den Körper wahrzunehmen, ist in der Psychoanalyse nicht neu. Man denke beispielsweise an Freud, der darauf hinwies, wie Dora mit ihrem Faden herumfingerte. Doch für Freud ging es darum, die symbolische Bedeutung der Geste aufzudecken. Mir scheint jedoch, dass viele Patienten zunächst ihrer physiologischen Aktivität bewusst werden müssen, ehe Aufdeckung von Nutzen sein kann.

Körperbewusstsein allein reicht jedoch selten aus, um die Abwehrkräfte zu schwächen. Fionas geballte Fäuste standen auch für Wut und unbewältigte Gefühle aus der Kindheit. Wie ich aus den wirkungsvollen psychoanalytischen Techniken der Intensiven dynamischen Kurzzeitpsychotherapie gelernt habe (Abbass, 2015; Coughlin, 2022), war das Zusammenballen ihrer Fäuste ein Anzeichen für Muskelanspannung, ein Signal dafür, dass sie bereit sein könnte, sich ihren Gefühlen zu stellen und sie auszuhalten, die sie lange Zeit abgewehrt hatte. Dazu gehörten ihre Wut und ihr Zorn auf ihren Vater, einschließlich Fantasien, ihn zu foltern und zu ermorden. Nachdem sie mit ihrer Wut in Kontakt gekommen war, konnte sie tiefe Trauer und Traurigkeit erleben über das, was sie gebraucht hätte und nie von einem ihrer Elternteile erhalten hatte. Sie spürte tiefes Selbstmitgefühl, als sie sich dem Gefühl überließ, schluchzen konnte und allmählich in meiner Gegenwart sich selber beruhigen konnte.

Bei meiner Arbeit mit Fiona nutzte ich eine Reihe von Kenntnissen über den Körper. In den ersten Tagen genügte ganz wenig, um Angstzustände auszulösen, die zu semidissoziativen Zuständen und Präsentationen der glatten Muskulatur führten, z.B. das Bedürfnis, auf die Toilette zu gehen, oder schlimmer noch, ihr Reizdarmsyndrom und ähnliche Symptome flammten wieder auf. Wenn dies geschah, wusste ich, dass es meine Aufgabe war, sie in unseren Raum und in ihren Körper zurückzubringen und ihren affektiven Zustand erneut zu regulieren, damit wir zusammen die Arbeit wieder aufnehmen konnten.

Mit der Zeit begann sie, die Zusammenhänge zwischen ihren psychischen und somatischen Zuständen zu erkennen, und konnte beginnen, sich selbst zu regulieren. Als wir uns allmählich dem Punkt näherten, an dem sie stärkere, mächtigere, aber verschüttete Gefühle ertragen und ausdrücken konnte, ging sie oft in körperliche Zustände über, die mir Hoffnung machten, wie z. B. ein Seufzen oder eine Muskelanspannung. Oft verlor sie sich dann aber schnell in Gedanken und Erklärungen, z. B.: »Er konnte nichts dafür, er wurde misshandelt.« Oder: »Na ja, meine Mutter wurde ins Internat geschickt.« Zu anderen Zeiten zog sie sich in literarische Anspielungen und psychoanalytische oder pop-psychologische Erklärungen zurück. Vor aufsteigenden echten Emotionen konnte sie sich in Gedanken zurückziehen, um sich zu schützen. Indem wir uns gemeinsam dieser Art der Abwehr bewusst wurden, konnten wir ihr helfen, in ihren Körper und zu ihren Gefühlen zurückzukehren. Ich könnte sagen: »Wo spürst du die Wut in deinem Körper?« »Gibt es dort einen Impuls, der sich in deinen geballten Fäusten zeigt?« Die eigentliche Arbeit, die im Laufe der Arbeit immer einfacher wurde, bestand darin, uns nicht in einen kognitiven Gedankenaustausch verwickeln zu lassen, der in die Sackgasse der Abwehrstrategien führte. Ich musste solche Versuchungen ausschlagen und bei ihren körperlichen Zuständen und aufkommenden Emotionen bleiben, damit der Prozess der psychischen Heilung sich vollziehen konnte, was er auch auf bewegende Weise tat. Am Ende der Behandlung konnte sie nun ihre Gefühle ertragen und sich ihnen stellen, gegen die sie sich ehemals gewehrt hatte. Sie schien weniger angespannt und verkrampft zu sein, schien sich mehr zu entspannen – auch ihre somatischen Symptome wie ihr Reizdarmsyndrom schienen sich zu verringern.

Schlussfolgerungen

In diesem Beitrag habe ich Patienten beschrieben, deren Verstand auf Kosten von Vertrauen in Beziehungen, von körperlicher Leichtigkeit oder Bewusstheit überentwickelt ist. Ich will damit keineswegs sagen, dass ein Fokus auf Körperbewusstsein die etablierten und bewährten therapeutischen Techniken, insbesondere die Deutung und das Verstehen von Symbolen, ersetzen sollte. Vielmehr denke ich, dass die Körperwahrnehmung einen zusätzlichen Scheitelpunkt darstellt (Bion, 1965) und ein großer Zugewinn für viele Patienten sein kann, insbesondere für traumatisierte und dysregulierte Menschen und solche, die sich in ihrer eigenen Haut nicht wohlfühlen.

Ich habe Patienten beschrieben, die sich nicht sicher genug gefühlt haben, um entspannt und vertrauensvoll mit inneren oder äußeren Objekten umzugehen, die sich entweder auf eine frühe geistige Entwicklung oder auf eine muskuläre »zweite Haut« (Bick, 1968) verlassen haben, was mit hohen Kosten verbunden war. Ich habe darauf hingewiesen, dass dies Auswirkungen auf die therapeutische Arbeit hat, die wir leisten. Wie Alvarez (2012) vorschlägt, müssen wir oft auf einer grundlegenden, körperbewussten Ebene arbeiten. Winnicott und andere Vertreter der Independent Middlegroup haben bemerkt, wie wichtig es ist, in der Therapie zu ruhigeren und weniger verbalen Phasen überzugehen, in denen tiefe Entspannung und einfaches »Sein« möglich wird. Es bedarf eines aktiven, aufmerksamen Bewusstseins für die verkörperten Abwehrprozesse, das den Ausdruck von Emotionen ermöglicht. Oft müssen zuerst Zorn und mörderische Wut auftauchen, ehe Trauer, Traurigkeit und schließlich Leichtigkeit und Entspannung dann Raum bekommen.

Die Neurowissenschaft und andere Forschungen lehnen sich zunehmend an psychoanalytische und entwicklungspsychologische Ideen an. Nach Damasio entsteht Bewusstsein, wenn »das Selbst zum Verstand kommt« (Damasio, 2012). Hoffentlich können wir das in einer psychoanalytischen Behandlung sehen. Ich habe versucht zu zeigen, dass wir in der Arbeit mit Patienten wie Fiona sowohl ihre bewusste Wahrnehmung für physiologische Erregung fördern, als auch ihnen auch helfen, sich auf kognitive und reflexive Fähigkeiten höherer Ordnung einzulassen.

Das Gefühl, sich selbst zu verkörpern, ist die Wurzel unseres Empfindens, einen Sinn in sich selbst zu haben (Damasio, 1999). Damasio bezeichnet eine solche bewusste Selbstwahrnehmung sehr treffend als »ins Licht treten«. Er bezeichnet sie als »eine kraftvolle Metapher für das Bewusstsein, für die Geburt des wissenden Geistes, für das einfache und doch bedeutsame Eintreten des Selbstgefühls in die Welt des Mentalen« (Damasio, 1999, 3). Fiona beschrieb ähnlich ihren Heureka-Moment, in dem ihr bewusst wurde, was ihr Körper automatisch tat, und erklärte, dass sich in solchen Momenten die Welt veränderte und sie sich selbst in sich neu erlebte. Viele Patienten berichten etwas Ähnliches, wenn sie Achtsamkeitsübungen machen, die sanfte und neugierige Wahrnehmung der Reaktionen auf äußere und innere Reize fördern. Dies können traumatisierte Menschen oft nur schwer meistern.

Was in der Therapie geschieht, wird als Erfahrungen im Kortex repräsentiert, der nach Solms und Panksepp »flüchtige, wellenartige Bewusstseinszustände in mentale Festkörper« (165) umwandelt. Dies entspricht in etwa dem, was Bion (1962) als die Art und Weise beschrieben hat, wie Erfahrungen, seien es nun Gefühle, Körperzustände oder Gedanken, denkbar werden. Von dort aus können sich neue Selbstzustände bilden. Mit etwas Glück werden diese zu fortlaufenden, sich automatisierenden Seinsweisen, an denen die kortikale bewusste Intentionalität weniger beteiligt ist.

Unsere psychoanalytischen Traditionen, von Freud und Ferenczi bis hin zu Winnicott und Milner, ermutigen uns, uns unserer Körperzustände bewusst zu werden. Ich habe in diesem Beitrag versucht, Fragen darüber aufzuwerfen, inwieweit eine Perspektive auf den Körper unsere therapeutische Technik verbessern könnte, obwohl ich zugegebenermaßen die meisten Fragen unbeantwortet gelassen habe.

Den Patienten, die ich hier beschreibe, fehlte letztlich das, worüber Winnicott sprach und das er als die erste wirkliche Erfahrung des Alleinseins bezeichnete, das Alleinsein in der Gegenwart der Mutter (Winnicott, 1958). Das Wort »sein« bezeichnet hier eine bestimmte Erfahrung von sich selbst in der Welt. Die Mutter oder eine andere Person mag zwar da sein, wird aber nicht wahrgenommen, so wie ein Fisch nicht weiß, dass er sich im Wasser befindet, wie Balint es ausdrückte, als er beschrieb, was er ein sich gegenseitig durchdringendes harmonisches Durcheinander bezeichnete (Balint, 1968). Winnicott bezeichnete dies als Ich-Bezogenheit, einen positiven Zustand, der sich aus dem Glauben und der Erfahrung ergibt, dass die Welt sicher und zuverlässig ist. Guntrip beschrieb dies als »ein tiefes Gefühl der Zugehörigkeit, ein Einssein mit seiner Welt, das nicht intellektuell erdacht ist, sondern die anhaltende Atmosphäre der Sicherheit ist, in der er in sich selbst existiert« (Guntrip, 1995, 240).

Viele Patienten können sich durch äußere und innere Erlebnisse so überreizt fühlen, dass sie eine solche Stille oder ein ruhiges »Weiter-so-da-Sein« nie erreichen. Für solche Patienten scheint eine erfolgreiche therapeutische Reise zu bedeuten, dass sie sich von der übermäßigen Abhängigkeit vom Geist-Objekt (Corrigan und Gordon, 1995) oder von körperlichen Versuchen, sich selbst zusammenzuhalten, wegbewegen und zu einem entspannteren Ort gelangen, an dem die Psyche in der Lage ist, sich bequem im Soma aufzuhalten.

Die »Gedanken-Mutter« ist eine Art falsches Selbst, eine Persönlichkeit, die auf einem schnellen Verstand aufgebaut ist, die erkannt hat, dass es nicht sicher ist zu vertrauen, dass man sich nur auf sich selbst verlassen kann. Unter dem schillernden Äußeren verbirgt sich ein Selbst, das alles tun wird, um weiteren Schmerz, Verzweiflung oder Angst zu vermeiden. Als Therapeuten sind wir bestrebt, Persönlichkeiten mit einem soliden Fundament aufzubauen, Menschen, die sich auf dünnem Eis bewegen müssen, um einen gefährlichen emotionalen Abgrund zu vermeiden, und die erkennen, wem sie vertrauen, wen sie lieben und von wem sie geliebt werden wollen. Wir möchten, dass sie (und wir) eine Welt erleben, in der es sich sicher anfühlt, alle unsere Gefühle zu erfahren und zu verarbeiten. Dann können sie die Fehlzündungen bei geistiger Abhängigkeit aufgeben, die Persönlichkeit sich langsam zurücksetzen und neu starten kann. Damit ist die Voraussetzung dafür geschaffen, dass sich unsere Patienten ganz sicher, gelassener und vertrauensvoller fühlen und so echte und gesunde Funken sprühen.

Literatur

Abbass, A. (2015): *Reaching through resistance. Advanced psychotherapy technique.* Kansas (Seven Leaves Press).

Alvarez, A. (2001): *Zum Leben wiederfinden. Psychoanalytische Psychotherapie mit autistischen, Borderline-, vernachlässigten und Mißbrauchten Kindern.* Frankfurt a. M. (Brandes & Apsel).

Alvarez, A. (2012): *Das denkende Herz: Drei Ebenen der psychoanalytischen Therapie mit gestörten Kindern.* Frankfurt a. M. (Brandes & Apsel).

Atzil-Slonim, D., C. S. Soma, X. Zhang, A. Paz, und Z. E. Imel (2023): Facilitating dyadic synchronicity in psychotherapy sessions. Systematic review and meta-analysis. Psychotherapy Research 1-20. Taylor & Francis. dot:10.1080/10503307.2023.2191803.

Balint, M. (1968): *The basic fault. Therapeutic aspects of regression.* London (Tavistock).

Beebe, B., und F. M. Lachmann (2002): *Infant research and adult treatment. Co-constructing interactions.* New York (Analytic Press).

Bick, E. (1968). The experience of the skin in early objecht relatioms. *Journal of Psycho-Analysis* 49:484-86.

Bion, W. R. (1962): A theory of thinking. Melanie Klein Today. *Developments in Therapy and Practice* 1:178–86.

Bion, W. R. (1965): *Transformations.* London (William Heinemann).

Birdwhistell, R. L. (1970): *Kinetics and context* Philadelphia (University of Pennsylvania Press).

Bly, R. (1990): *Iron John: Men and masculinit y.* Boston (De Capo).

Boadella, D. (2015): *Lifestreams: An introduction to biosynthesis.* Oxford (Routledge).

Corbett, K. (2022): The collected works of D. W. Winnicott. *Journal of the American Psychoanalytic Association* 70(2):373-85. SAGE Publications Inc, pp. [Online]. doi.10.1177/00030651221099939.

Corrigan, E., und P.-E. Gordon (1995). *The mind object.* London (Karnac).

Coughlin, P, P. (2022): *Facilitating the process of working through in psychotherapy. Mastering the middle game.* Oxford (Taylor & Francis).

Damasio, A. (2012): *Self comes to mind: Constructing the conscious brain.* London (Vintage).

Damasio, *A. (1999)*: *The feeling of what happens: Body, emotions and the making of consciousness.* London (Heineman).

Endevelt-Shapiro, Y., und R. Feldman (2023): Mother-Infant to- brain syncronictiye reflecting cargiving profiles. *Biologie* 12 (2):284. Multidisciplinary Digital Publishing Institute. doi:10.3390/ biology1202U284.

Fairbairn, W. R. D. (1962): An *object-relatians theory of the personality.* New York (Basic Books).

Ferenczi, S. (1926): Letzte *Beiträge zu den Problemen und Methoden der Psychoanalyse.* London (Karnac Books).

Ferenczi, S. (1949): Die Sprachverwirrung zwischen Erwachsenen und Kindern (Die Sprache der Zärtlichkeit und der Leidenschaft). *Internationale Zeitschrift für Psychoanalyse* 30, 225–30.

Gazzaniga, M. S. (2006): *The ethica lbrain. The science of moral dilemmas.* New York (Free Association Press).

Guntrip, H. (1995): *Schizoid phenomina. Object relations and the self.* London (Karnac).

Hazell, J. (1996): H. S. *Guntrip: A psychoanalytic biography.* London / New York (Free Association Books).

Henry, G. (1974): Doubly deprived. *Journal of Child Psychotherapy* (4):15–28.

James, M. (1960): Prematured ego development. Some observations on disturbances in the first three months of life. *The International Journal of Psychoanalysis* 41:280–94.

Joyce, J. (1992/1914): *The Dubliners.* Harmondworth (Penguin).

Keleman, S. (1975): *Your body speaks its mind: The bio- energetic way to greater emotional and sexual satisfaction.* New York (Simon and Schuster).

Klein, M. (1959): Our adult world and its roots in infancy. *Human relations* 12 (4):291.

Levine, P. A. (2010): In an unspoken voice. How the body relates to trauma and restores goodness. Colorado (North Atlantic Books).

Lowen, A. (1975): *Bioenergetics.* New York / Coward (McCann & Geoghegan).

May, K. (2020): *Wintering. The power of rest and retreat in difficult times.* London (Rider).

McGilchrist, I. (2010): *The master and his emissary. The devided brain and the making of Western world.* New Haven (Yale University Press).

McGilchrist, I. (2021): *The matter with things. our brain, our delusions, and the making of the world.* London (Perspectiva Press).

Milner, M. (1936): *A life of one's own.* London (Chatto & Windus).

Mitrani, J. L. (1995): Toward an understanding of unmentalized experience. *The Psychoanalytic Quarterly* 64 (1):68ff.

Music, G. (2014): Top down and bottom up: Trauma, executive functioning, emotional regulation, the brain, and child psychotherapy. *Journal of Child Psychotherapy* 40 (1):3–19.

Music, G. (2021a): Resparking from flatness: New thoughts on shut-down states after trauma and neglect. *Journal of Child Psychotherapy,* 47 (3):357–75.

Music, G. (2021b): The body as the new royal road to the unconscious. In: *Complex trauma: The Tavistock Model,* ed. J. Subley und Young, 74-92. Oxford (Routledge).

Music, G. (2022): *Respark: Igniting hope and joy after trauma and depression.* London (Mind-Nurturing Books).

Naviaux, R. K. (2020): cell danger response biology – the new science that connects environmental health with mitochondria and the rising tide of chronic illnesses. *Mitochondrion* 51:40-45. Elsevier. doi:10.1016/j.mito.2019.12.005. (W. Norton & Co.)

Porges, S. W. (2021): Polyvagale Theory: a biobehaveral journey to sociality. *Comprehensive Psychoneuroendocrinology* 7:100069 [Online]. (Elsevier.) doi:10.1016/j.cpnec.2021.100069.

Reich, W. (1945): *Character analysis.* New York (Farrar, Straus and Giroux).

Rosenfeld, H. A. (1987): *Impasse and interpretation. Therapeutic and anti-therapeutic factors in the psycho-analytic treatment of psychotic, borderline, and neurotic patients.* Oxford (Routledge).

Sandler, J. (1993): On communication from patient to analyst. Not everything is projective identification. *International* Journal *of Psycho-Analysis* 74:1097-107.

Schore, A. N. (1994): *Affect regulation and the origin of the self: The neurobiology of emotional development.* New Jersey (Lawrence Erlbaum).

Symington, N. (1993). *Narcisism. A new theory.* London (Karnac Books).

Van der Kolk, B. A. (2014): *The body keeps the score.* London (Allen Lane).

Winnicott, D. W. (1953): *Through Pediatrics to Psychoanalysis: Collected papers.* New York (Basic Books).

Winnicott, D.W. (1954): *Mind and its relation to Psyche-soma. Collected papers from pediatrics through psychoanalysis*, 243–54. London (Tavistock Publications).

Winnicott, D. W. (1958): The capacity to be alone. *International Journal for Psycho-Analysis* 39 (5):416–20.

Winnicott, D. W. (1974): Fear of breakdown. *The International Review of Psycho-Analysis* I (1-2):103–07.

Alfred Walter
(Augsburg)

»Gemeinsam das innere Drehbuch des Patienten explorieren«

Co-Narrative in psychoanalytischen Psychotherapien als Erkundungen der inneren Landschaft unserer Patienten[1]

In seinem Buch *Psychoanalyse als Erzählkunst und Therapieform* (Ferro 2009) spricht der italienische Psychoanalytiker Antonino Ferro von »transformativer Narration«, die er folgendermaßen bestimmt: »Ich verstehe unter Narration jenes Vorgehen des Analytikers während der Therapie, bei dem er ganz und gar dialogisch und ohne besondere, durch Deutungen gesetzte Zäsuren gemeinsam mit dem Patienten ›einen Sinn konstruiert‹.« (Ferro 2009, S. 10). Und er fährt fort: »Es ist, als würden Analytiker und Patient zusammen ein Theaterstück entwerfen, dessen Stränge sich aufeinander beziehen, sich in ihrer Komplexität steigern und sich entwickeln. Dies geschieht zuweilen in einer Art und Weise, die keiner der beiden an der Narration Beteiligten vorhersehen und für möglich halten konnte.« (ebd.)

Und Ferro verweist darauf: »Keiner von beiden ist im Besitz einer vorab feststehenden Wahrheit.« (ebd.)

Welches »Theaterstück« wird in psychoanalytischen Therapien und in Analysen[2] inszeniert? Welche Szenen der inneren Landschaften unserer Patienten können sich zeigen?

---

1 Die folgenden Ausführungen gehen auf einen Vortrag zurück, den ich am 11.6.2021 bei der Münchener Arbeitsgemeinschaft für Psychoanalyse (MAP) gehalten habe. Ähnliche Gedanken trug ich bereits 2018 auf der Silser Studienwoche Kinderanalyse vor. Der Vortragsstil wurde weitgehend beibehalten. Ich führe hiermit meine Ausführungen (Walter 2015a, 2016, 2019a, 2019b und 2021) weiter.

2 Mit dem Begriff »psychoanalytische Psychotherapie« beziehe ich mich entsprechend der Terminologie der Richtlinientherapie auf »tiefenpsychologisch fundierte Psychotherapie« und »Psychoanalytische Psychotherapie«. Diese beiden in der BRD aufgrund der Kassenfinanzierung von Psychotherapie spezifizierten psychoanalytischen Verfahren bilden jedoch nur einen Teil dessen ab, was weltweit als psychoanalytische Verfahren praktiziert und diskutiert wird (vgl. Loewenberg & Thompson 2019).

Es gibt so etwas wie ein »inneres Drehbuch« dessen, was sich in unseren Therapien ereignet – so wir uns als Psychotherapeuten denn darauf einlassen; etwas, das weder unsere Patienten noch wir »wissen«, schon gar nicht vorab. Allenfalls gibt es ein inneres, dem Patienten aktuell noch nicht zugängliches »Wissen« – und eine sehr subjektive, zunächst äußerst vage, sich wenn, dann erst langsam anreichernde Ahnung unsererseits, worum es in der Stunde und im Verlauf der Psychotherapie denn gehen und sich handeln könnte.

Unter »innerem Drehbuch« verstehe ich eine weitgehend unbewusste homöostatische Tendenz der individuellen Psyche, das jeweils erreichte psychische Gleichgewicht und die aktuell bestehende psychische Struktur sowohl selbstregulativ autoplastisch als auch alloplastisch durch Beeinflussung der sozialen Umwelt aufrechtzuerhalten (vgl. Freud 1924; Hartmann 1939/1960; Drews & Brecht 1975; ähnlich Piagets Modell der Assimilation / Akkommodation 1964). In diese Tendenz, das einmal erreichte psychische Gleichgewicht aufrechtzuerhalten, spielen die unterschiedlichen Erfahrungen, Internalisierungsprozesse und daraus resultierende innerpsychische Regulationsdynamiken, Abwehr und Kompromissbildungen sowie damit verbundene innere und äußere Konflikte und unterschiedliche Externalisierungsprozesse eine wichtige Rolle (Walter 2012c).

In diesem Sinne möchte ich dem nachspüren, was unsere Patienten und wir als Psychotherapeuten tun, wenn wir psychoanalytisch arbeiten. Unter Aufnahme von Antonino Ferro, Thomas Ogden, Wilfred Bion und Donald W. Winnicott möchte ich erfahrungsorientiert Überlegungen zum gemeinsam konstituierten psychoanalytischen Prozess entwickeln und akzentuieren.

Beginnen möchte ich – wie dies in Psychotherapien zu Beginn häufig geschieht – mit einem Umweg, einem Umweg in die neue Welt, Anfang der 1960er-Jahre:

»I got lost« (»ich bin verloren gegangen, habe mich nicht mehr ausgekannt«, »habe mich verirrt«), schreibt der damals 60-jährige amerikanische Schriftsteller, Pulitzer- und Literaturnobelpreisträger John Steinbeck an mehreren Stellen in seinem von vielen mit Spannung erwarteten und für manche enttäuschenden 1962 erschienenen Buch *Travels with Charley in Search of America*, in dem er von seiner Reise durch Amerika mit seinem Hund Charley berichtet. Wer schon einmal länger mit dem Auto in den USA unterwegs war, wer durch die Weiten der amerikanischen Landschaft, auf von Schlaglöchern übersäten Schotterstraßen durch zum Teil unwegsames Gelände fuhr, weit ab von der nächsten menschlichen Siedlung, wer die Größe und das Dickicht amerikanischer Städte kennt, sich öfters verfahren hat, kann dieses von John Steinbeck benannte Gefühl des Verlorengehens, des »I got lost« und der damit verbundenen Verunsicherungen gut nachempfinden.

In ihrem Buch *Verirren. Eine Anleitung für Anfänger und Fortgeschrittene* schreiben die Journalistin, Schriftstellerin und Ingeborg-Bachmann-Preisträgerin Kathrin Passig und der Astronom und Mitbegründer des Instituts zu Erforschung der Windenergie, Aleks Scholz, beide Herausgeber des *Lexikon des Unwissens*, gegen Ende ihrer Untersuchung, fast bionianisch klingend:

»Aushalten von Ungewissheit ist die Essenz des Verirren. Es geht darum, ›hier‹ zu sein und sich nicht darüber zu sorgen, wo sich dieses ›hier‹ befindet, die Zweifel über die inneren Landkarten (letztere wären unter anderem unsere Theorien, unsere vermeintlichen Gewissheiten, auch behandlungstechnischer Art, A. W.) nicht mühsam zu unterdrücken, sondern mit ihnen zu leben, oder mehr noch: aus dem Zweifel Befriedigung zu schöpfen. Wer Ungewissheit aushalten kann, wird außerdem nicht alle paar Minuten neue Theorien entwickeln, wie das Ziel am besten zu erreichen sei.« (Passig & Scholz 2010, S. 264)

Der Kinderarzt und Psychoanalytiker Donald Winnicott schreibt zu Beginn seiner 1971 publizierten *Therapeutic Consultations in Child psychiatry*: »… there must be a capacity in the therapist to contain the conflicts of the patient, that is to say, to contain them and to wait for their resolution in the patient instead of looking anxiously around for a cure.« (Winnicott 1971, S. 28) Und »er wird deshalb nicht ganz so wirr durch die Gegend laufen. Das eigene Unwissen für eine Weile geduldig zu ertragen, das ist eine wichtige Fähigkeit, die das Verirren lehrt.« (Passig & Scholz 2010, S. 264)

»I got lost.« Ähnlich dürfte es Sándor Ferenczi mit dem fünfjährigen Arpád ergangen sein, der sich bei einem Ferienaufenthalt nach einer wie auch immer gestalteten Attacke eines Hahnes in Richtung seiner Genitalien extensiv mit Hähnen und Hennen beschäftigte: oftmals krähte Arpád wie ein Hahn oder gackerte wie ein Huhn. Wie Ferenczi 1913 in seinem

Artikel »Ein kleiner Hahnemann« schreibt, gelang es ihm nicht, den Jungen psychoanalytisch zu »untersuchen« (Ferenczi 1913, S. 188). Ferenczi beschreibt hierbei eine uns Kinder- und Jugendlichen-Psychotherapeuten nicht unbekannte Situation: »Die persönliche Untersuchung des Knaben ergab nichts Auffälliges oder Abnormes. Sofort beim Betreten meines Zimmers lenkte aus der großen Anzahl von Bibelots, die herumliegen, gerade ein kleiner bronzener Auerhahn seine Aufmerksamkeit auf sich; er brachte ihn zu mir und frug: ›Willst du ihn mir geben?‹ Ich gab ihm Papier und Bleistift, womit er sofort (nicht ungeschickt) einen Hahn zeichnete. Dann ließ ich mir von ihm die Geschichte mit dem Hahn erzählen. Aber er war schon gelangweilt und wollte zu seinen Spielsachen zurück. Die direkte psychoanalytische Untersuchung war also nicht möglich.« (Ferenczi 1913, S. 188) Ferenczi begann dann im Lebensumfeld des Kindes Erkundigungen einzuholen.

Nicht Arpád, der wusste – zumindest innerlich, unbewusst, was er wollte – ›got lost‹; vielmehr Ferenczi, der trotz intuitiv guter Ansätze (er bat Arpád etwas zu erzählen und ließ ihn etwas malen) damals mit seiner Weisheit am Ende war und auf bekanntestes Terrain und wohl auch Theorien (Kastrationsdrohungen gegenüber Arpád) zurückgriff, darauf wie »das Ziel am besten zu erreichen sei« (Passig & Scholtz 2010, S. 265). Ferenczi blieb stecken, »got lost«, kam nicht weiter.

Heute, über 110 Jahre später, sehen wir das anders. Wir würden Arpád spielen lassen, würden neugierig-interessiert schauen, was sich ereignet und inszeniert. Über diesen Weg würde die »psychoanalytische Untersuchung«, wie Ferenczi es nennt, laufen. Immerhin ermunterte Sándor Ferenczi seine Analysandin Melanie Klein sehr, psychoanalytisch mit Kindern zu arbeiten, wie Karl Abraham später in Berlin und Jones in London Melanie Klein in ihrer kinderanalytischen Arbeit sehr unterstützten und förderten (Klein 1932, S. 4f.; Geissmann & Geismann 1992, S. 34ff.; Aguayo 1997).

Was wäre geschehen, wenn Ferenczi sich nicht »lost« gefühlt hätte und dem Impuls des Jungen »zu seinen Spielsachen zurück« gefolgt wäre, mithin das Spielen Arpáds als einen Weg, möglicherweise als eine Form der »via regia zur Kenntnis des Unbewussten« (vgl. Freud 1900, S. 613; 1905a, S. 32), des Zugangs zu unbewusstem belastendem Material gesehen hätte, wie in neuerer Zeit der Körper und Körperinszenierungen als »via regia« zum Unbewussten konzeptualisiert werden (so Music 2022, der vom den Körper »as the new royal road to the unconscious« spricht; vgl. Lemma 2018). Heute sind wir – vielleicht – etwas schlauer, würden wohl diesen Weg verfolgen. Möglicherweise hätte sich die Psychoanalyse und die psychoanalytische Theorie in der Nachkriegszeit vielleicht etwas anders entwickelt und die Kinderanalyse wäre von Anfang an nicht in der Gefahr gestanden, zum »Schmuddelkind« der Psychoanalyse beziehungsweise zum »Abziehbild« der Erwachsenenanalyse, an der sich alles zu orientieren habe, zu werden – C. Frank (1999, S. 11ff.) spricht vom »Stiefkind der Psychoanalyse« – anders in dem Sinne: mehr von Kind und vom Jugendlichen her entwickelt. Es hat lange gedauert und dauert noch an, bis die Kinder- und Jugendlichenanalyse den Stellenwert hat, den sie verdient (vgl. Pedrina u.a. 1994; Walter 2015b; Staehle 2019).

Heute würden wir Arpád spielen und ihn seine Problematik inszenieren lassen – dies sehe ich als einen weiteren »Königsweg zum Unbewussten« – gespannt, was sich ergeben wird. Heute sehen wir das, was in unseren Analysen und Therapien geschieht, als einen gemeinsam von beiden gestalteten entwicklungsoffenen Beziehungs-, Entwicklungs- und Transformationsprozess.

Elisabeth Müller-Brühl formulierte 1998 einen wohl bis heute weiterhin vertretenen Grundkonsens: »Das therapeutische Bündnis, die Rolle des Spiels, der Umgang mit Übertragung/Gegenübertragung und die Deutungsarbeit sind Vorgänge, deren angemessene Handhabung zur Aufrechterhaltung des therapeutischen Prozesses notwendig sind, wenn eine Veränderung des psychodynamischen Kräfteverhältnisses im Kind und einer Beziehung zur Außenwelt bewirkt werden soll.« (Müller-Brühn 1998, S. 34) Ähnlich hatte es Anna Freud 1965, damals am Modell der psychoanalytischen Strukturtheorie orientiert, formuliert: Anzuzielen sind »Veränderungen in den Wechselbeziehungen zwischen Es, Ich und Über-Ich« und nicht »Änderungen in der Symptomatologie oder im Benehmen des Kindes, also Besserungen, die auf ganz anderen und mehr oberflächlichen Vorgängen beruhen und die Neurose selbst unangetastet lassen« (A. Freud 1965, S. 2341f.).

Das damit verbundene therapeutische Geschehen realisiert sich in den Behandlungen von Kindern und Jugendlichen (sowie von Erwachsenen) nicht über die Anwendung bestimmter Techniken und Behandlungsfrequenzen; nach meiner Auffassung resultiert es wesentlich aus einer inneren therapeutischen Haltung, aus einer gemeinsamen Suchbewegung von Patient und Psychotherapeut, zusammen mit unserem Patienten herauszufinden, was den Patienten innerlich beschäftigt und welche inneren Weichenstellungen er, bezogen auf seine inneren Landschaften, entwickelt hat – klassisch »Fixierungsstellen«[3] genannt, unter denen er leidet, die ihn an seiner weiteren Entwicklung hindern, und die sich daran orientiert, die Selbstentwicklung des Patienten durch ein geeignetes entwicklungsförderndes therapeutisches Milieu im Sinne von Winnicotts »Holding« zu unterstützen (vgl. Winnicott 1960, S. 62ff.; Sandler 1998).

In seinem Buch *The Matrix of the Mind. Object Relations and the Psychoanalytic Dialogue* schreibt der englische Psychoanalytiker Thomas H. Ogden (1992) – ähnlich A. Ferro – im Kapitel »Dream Space and Analytic Space«, Gedanken des »potential space« von Winnicott (1973) aufnehmend: »Analytic space can be thought of as the space between patient and analyst in which analytic experience … is generated and in which personal meanings can be created and played with.« (Ogden 1992, S. 238) Und in *This Art of Psychoanalysis* (2005) verweist Ogden, davon ausgehend, dass viele unserer Patienten unfähig sind »to dream ›their‹ emotional experience« oder zu verwirrt dies zu tun (a.a.O., S. 11), darauf: »The patient and the analyst engage in an experiment within the terms of the psychoanalytic situation that is designed to generate conditions in which the analysand (with the analyst's participation) may become better able to dream his undreamed and interrupted dreams« (ebd.). Unter »dreaming« versteht Ogden hierbei »conscious and unconscious psychological work« (ebd).

3 S. Freud hat sich, beginnend mit seinen voranalytischen bis zu seinen letzten Schriften in vielen seiner Werke mit »Fixierung« und »Fixierungsstellen« der psychischen Entwicklung beschäftigt, von ihm oft als Libido- bzw. Triebfixierung konzeptualisiert, die jedoch nicht ohne Außeneinflüsse gedacht werden können (vgl. Freud 1892/3; Breuer & Freud 1895; Freud 1905, 1911, 1933, 1939a).

Fallvignette 1
(vgl. Walter 2019a)

Ein siebenjähriger Junge, ich nenne ihn Jürgen,[4] von den über ihn enttäuschen Eltern latent abgelehnt, in altersadäquaten sozialen Gruppen immer wieder auf Ablehnung stoßend, löste bei mir zu Beginn der Therapie eine auffallend lang (über 30 Stunden) anhaltende negative Gegenübertragung aus: Ich war innerlich ständig damit beschäftigt, meinen unwiderstehlich erlebten inneren Impuls, Jürgen aus der Therapie schmeißen zu wollen, nicht zu entsprechen.

In der 80. Stunde baut Jürgen mittels zwei Klappmatratzen zwei Inseln im Therapieraum, die knapp 2m voneinander entfernt liegen. Der Teppich dazwischen stelle ein Meer da, das von Jürgen mit gefährlichen Fischen, hungrigen Haien, bedrohlichen Kraken und gefräßigen Krokodilen bevölkert wurde. Ich sollte von der einen Insel zur anderen gelangen. In das Wasser dürfte ich nicht fallen: »Du hast eh keine Chance zu überleben.« (Mit diesem an mich gerichteten Satz »Du hast keine Chance« betrat Jürgen monatelang das Therapiezimmer.)

Die Situation war für mich hoffnungslos, ich fühlte mich hilflos, dachte, das schaffe ich nie. Ich war ratlos: Wie komme ich über das von gefährlichen Fischen, hungrigen Haien, bedrohlichen Kraken und gefräßigen Krokodilen bevölkerte Meer – ohne eine geringste Chance zu haben?

Psychoanalytische Kinder- und Jugendlichentherapie lässt sich beschreiben als eine innerhalb und mit der sich entwickelnden analytischen Beziehung korrelierende, langsame innere Annäherung an die inneren Landschaften unserer Patienten und die damit verbundene, teils bewusste, teils bewusstseinsnahe und insbesondere unbewusste Konflikthaftigkeit, die unsere Patienten in sich tragen.

Der analytische Prozess als entwicklungsoffener Prozess der sich inszenierenden Beziehung zwischen Patient und Psychoanalytiker zielt darauf, dass die unbewussten inneren Regulationsmuster, klassisch als unbewusster innerpsychischer Konflikt und Übertragungsneurose definiert (Freud 1916/17), sich in der jeweils individuellen Spiel- und Beziehungsinszenierung zeigen und – im Übertragungs-/Gegenübertragungsgeschehen wie-

4 Die Fallvignetten wurden nach den Standards für wissenschaftliche Publikationen anonymisiert.

derholt – zugänglich werden und durchgearbeitet werden können. Hierbei handelt es sich nicht nur um wiederholende Übertragungsdynamiken der bislang internalisierten Beziehungserfahrungen als Entfalten der inneren Landschaften unserer Patienten in einer neuen, nunmehr psychotherapeutischen Beziehung – dies oftmals zu Beginn der Therapie im Sinne einer aktuellen homöostatischen Regulation gegenwärtiger Befindlichkeit, die re-inszenierend das bislang erreichte innere Gleichgewicht als Folge der Internalisierung spezifischer Beziehungserfahrungen und deren innerpsychischer Be- und Verarbeitung aufrechterhalten möchte.

Vielmehr kann sich im weiteren Verlauf, vor allem, wenn die Therapie voranschreitet, der aktuelle psychoanalytische Prozess als die Entwicklung einer Patienten-Therapeuten-Beziehung konstellieren, in der, angestoßen durch die Erfahrung mit uns Therapeuten als eines zunächst neuen Gegenübers, als eines neuen Objekts (A. Freud 1965; Loewald 1986; Tähkä 1993), langsam eine veränderte Selbstregulation unserer Patienten einsetzen und sich entwickeln kann. Insbesondere dann, wenn unsere Patienten uns in unterschiedlichen für ihre Entwicklung hilfreichen Funktionen als neues triangulierendes Objekt nutzen, können sich vielfältige Beziehungs- und Entwicklungsakzentuierungen ergeben: im Sinne innerer Entwicklungs- und Beziehungswünsche als entwicklungsregulierendes haltendes (Winnicott 1984), containendes (Bion 1962/1992, 1963/1992, 1970/2006), affektregulierendes und mentalisierendes (Fonagy u.a. 2002, 2003) Hilfs-Ich, als entwicklungsförderndes Selbstobjekt (Kohut 1973), als Verwandlungsobjekt (Bollas 1987) oder als Entwicklungsobjekt (Tähkä 1993; Hurry 2002), um einige aktuelle Konzeptionen zu benennen (vgl. Walter 2010, 2015a, 2021). Unsere Patienten nutzen uns von sich aus in diesen Funktionen; von unseren Patienten ausgehend werden wir, oft unerwartet, von ihnen in diese Funktionen hineingezogen, finden uns in ihnen vor und müssen uns als Psychotherapeuten selbstreflexiv in ihnen zurechtfinden und uns dazu verhalten, uns therapeutisch positionieren gegenüber dem, was sich aktuell in den Stunden ereignet. Nicht wir »halten« und »containen«, wie es oft behandlungstechnisch umschrieben und reduktionistisch dargestellt wird; vielmehr nutzen uns unseren Patienten als ein Gegenüber, mithilfe dessen, wenn es gut läuft, die inneren Landschaften und deren Bedrohlichkeiten bearbeitet und aufgrund dessen neue, veränderte Formen der Selbstregulation und des Umgangs mit sich und der sozialen Umwelt ermöglicht werden können.

Oftmals oszillieren wir seitens unserer Patienten zwischen beiden Grundfunktionen: als alte Erfahrungen wiederholende Übertragungsobjekte und gleichzeitig als deren Bearbeitung und zugleich neue Erfahrungen ermöglichende Entwicklungsobjekte (Tähkä 1993; Walter 2021).

Zunächst versuchen unsere Patienten – oftmals durch Übergehen – der sich entwickelnden neuen, sie verunsichernden Situation Herr zu werden, zumal die gegenwärtige psychische Befindlichkeit und Stabilität einschließlich der bisher entwickelten inneren Problemlösungen im Sinne einer aktuellen Homöostase aufrechterhalten werden sollen. In der Regel äußert sich dies als Veränderungswiderstand, mittels dessen unsere Patienten versuchen, ihre inneren Landschaften aufrechtzuerhalten. Je nach individueller Vorerfahrung und den aktuellen Konflikt- und Belastungssituationen unserer Patienten differenziert sich die therapeutische Beziehungs- und Interaktionsdynamik aus: Positiv getönte und belastende Beziehungserfahrungen beginnen über die daraus resultierenden Narrationen auf der Spiel- bzw. Beziehungsebene zu greifen; über kurz oder lang stellen sich negative Übertragungsmuster ein, möglicherweise auch als Schutz gegenüber einem so sehr gewünschten, jedoch zugleich befürchteten, affektiv positiv erlebtem Beziehungskontext. Die therapeutische Situation, d. h. der therapeutische Raum, die Konstanz des Setting und die therapeutische Beziehung können und wollen hierbei seitens unserer Patienten als sicherer Ort des Gesehen-, Verstanden- und Gehaltenwerdens erfahren werden (vgl. Sandler 1998). Die therapeutische Beziehung kann so als Re-Inszenierung der bisher belastenden Erfahrungen und *zugleich* als Ort neuer Beziehungserfahrung erlebt und immer wieder ausgetestet werden. Bereits A. Freud sprach von uns Psychotherapeuten als neuem, interessanten Objekt, mit dem neue, andere Erfahrungen gemacht werden können (A. Freud 1965). Bei manchen Patienten kann dies sehr schnell geschehen, manchmal in den ersten Sitzungen; bei anderen Patienten kann der damit verbundene Beziehungstest mehrere Monate beanspruchen, bis sich unsere Patienten zu öffnen trauen. Dies alles in der individuellen Geschwindigkeit oder Langsamkeit und der Zeit, welche unsere Patienten brauchen, um Entwicklung zuzulassen und für sich nutzen zu können, wobei wir nicht wissen und nicht wissen können, wohin sie sich entwickeln. Es kann zu Fortschritten kommen, jedoch auch zu angstinduzierter Stagnation und Veränderungsunwilligkeit.

Lassen sich Kinder und Jugendliche auf eine solche Entwicklung in der Psychotherapie ein, werden wir in den oben benannten Funktionen als neues Objekt genutzt, kann dies innere Transformation und Veränderung unserer Patienten ermöglichen – soweit es die soziale Umwelt unserer Patienten zulässt. Die Patienten beginnen dann in eine Eigenentwicklung zu gehen; im Verlauf der Therapie spielen innerpsychische Differenzierungs-, Entwicklungs- und Transformationsprozesse eine zunehmend wichtige Rolle. Es wird dann »nur noch« gespielt und inszeniert; Außenthemen wie Familie, Schule, Peers spielen über weite Strecken der Therapie kaum noch eine Rolle. Nicht selten schotten sich insbesondere Kinder dagegen ab, vor allem, wenn die Umwelt und Außeneinflüsse als störend erlebt werden – nicht primär als Abwehr, was es auch beinhalten kann, vielmehr als ein in der Therapie erfolgendes Aussperren der die eigenen Entwicklungsprozesse störend erlebten Bezüge und Realitäten. Oftmals erfahren wir dann vom konkreten Leben unserer Patienten so gut wie nichts oder nur äußerst spärlich. Und es kann zum Beispiel passieren, dass Kinder zum Ende der Stunde beginnen alles akribisch aufzuräumen oder den Sand im Sandkasten glattstreichen; den Bezugspersonen wird nichts über die Therapie erzählt außer dem lakonischen Hinweis »Wir haben nur gespielt«.

Auf diese Weise wird das entwicklungsoffene therapeutische Setting, so meine Erfahrung, zu einem Entwicklungsraum, und es entsteht ein Entwicklungskontinuum. Durch diese Erfahrung angestoßen, beginnen unsere Patienten ihre inneren Regulationsdynamiken und psychodynamischen Kräfteverhältnisse (A. Freud 1965; Müller-Brühn 1998) hinsichtlich ihres Selbstbezugs und ihrer Beziehung zur Außenwelt zur verändern und ihre inneren Landschaften umzubauen, soweit es die inneren und äußeren Loyalitätsdynamiken und Entwicklungs- und Autonomieängste zulassen. Ihre bislang entwickelten neurotischen dysfunktionalen oder pathogenen Bewältigungsmuster werden einer gemeinsamen Bearbeitung mit einem begleitenden regulierenden Objekt zugänglich gemacht mit dem Ergebnis, dass unsere Patienten langsam auf die daraus resultierenden Symptome verzichten können. Diese Entwicklungen sind beziehungsabhängig, sind »Kind der Beziehung« (Walter 2012a, 2012b), nicht nur »Auftrieb des Unbewussten« bzw. des Verdrängten wie es S. Freud annahm (Freud 1923b, S. 311; 1933, S. 30f., 75, 1937, S. 53f., 1939a, S. 201f., 1939b, S. 104f.), was zu neuen Auseinandersetzungen und Konflikten mit der Umwelt und daraus resultierenden veränderten inneren Konflikten führen kann.

Kehren wir zu der beschriebenen Inszenierung des Patienten zurück: Jürgen scheint mit zunehmendem Vertrauen die Therapie dazu zu nutzen, seine innere Verzweiflung und Not in ein Narrativ zu bringen, das sowohl sein Bedrohtheitserleben (ein Meer voller gefährlicher Haifische, Kraken und Krokodile, seien dies eigene aggressive Impulse und seiner frühen Bedrohungserfahrung geschuldet) als auch seinen Wunsch, davon wegzukommen und sich weiterzuentwickeln (auf die andere Insel zu gelangen), beinhaltet. Zugleich mutet er es mir projektiv zu: nicht er, vielmehr ich solle auf die andere Insel gelangen. Ich nahm die Herausforderung an und versuchte sie, die Verzweiflung aufnehmend, zu benennen, ihr Raum zu geben. Kein Lösungsvorschlag, keine Deutung.

Wie die von Jürgen entwickelte Szene zeigt, sind solche externalisierenden Spiel- und Beziehungsinszenierung symbolisch verschlüsselt und nicht selten schwer bis gar nicht zu entziffern. Oft wissen wir nicht, was uns unsere Patienten im Spiel oder in ihren Beziehungsinszenierung mitteilen; es erschließt sich in der Regel, wenn überhaupt, erst im Laufe des therapeutischen Prozesses, nachträglich (vgl. Freud 1895, S. 444ff.; 1898, S. 511f.; 1905b, S. 254, 263; 1914, S. 64f., 71f, und 75; Laplanche 2022), manchmal finden sich nur indirekte Hinweise und Mitteilungen. Ähnlich Träumen können solche Spiel- und Beziehungsinszenierungen als »präsentative Narrative« verstanden werden (Diepold 1996; Walter 2019), die nur sehr begrenzt und nicht linear in ein verbales Narrativ, mithin in eine Deutung, übertragen werden können. Oft gelingt die angestrebte nachträgliche sprachliche Symbolisierung als Transformation noch nicht verbalisierter Erlebnismuster und nicht integrierter belastender Erfahrung und der bedrohlichen inneren Landschaften nicht, oder sie ist nur ansatzweise in Therapien möglich, allenfalls gemeinsam anzunähern als Versuch die verschütteten, arretierten und blockierten Entwicklungspotenziale unserer Patienten in der therapeutischen Arbeit in Gang zu bringen.

Sehen wir mit Baranger & Baranger (1962/2018, 2009), Ogden (1992), Ferro (2003, 2005, 2009), Ferro & Basile (2009), Civitarese (2008/10, 2018) und anderen die therapeutische Beziehung als ein gemeinsam, von Analytiker und Patient gestaltetes »Feld«,[5] so kann das aktuelle Geschehen

5 Bereits Beginn der 1970er-Jahre hat H. Loewald darauf aufmerksam gemacht, dass sich die Psyche des Kindes in dem »psychischen Feld« bzw. der »psychischen Matrix«

in der jeweiligen Stunde verstanden werden als ein Co-Konstrukt der inneren Situation und des inneren Drehbuchs unserer Patienten, auf dies wir uns einlassen. Innerhalb dieser co-konstruierten Dynamik der aktuellen Stunde entfalten sich unterschiedlichste Formen der Symbolisierung.

Symbolisieren via Sprache erscheint mir nur eine, sehr spezifische und entwicklungsgeschichtlich relativ späte Form der Symbolisierung zu sein. Verstehen wir unter Symbolisieren jeden Versuch unserer Patienten, mit oder ohne uns ihre innere Befindlichkeit auszudrücken, dann ist Symbolisieren nicht nur Sprache, sondern gleichwertig Körperausdruck, die konkrete Beziehungsgestaltung seitens unserer Patienten in der aktuellen Stunde und im therapeutischen Gesamtverlauf, die sich immer wieder ändern kann, das Spielen und die Spielinszenierungen unserer Patienten und das, was unsere Patienten in uns auslösen, im Sinne von Gegenübertragungs-Re-Aktionen als Antwort, Aktion, Agieren unsererseits auf die expliziten und impliziten, unbewussten Beziehungsangebote des Patienten, die wiederum auch auf uns re-agieren, so dass eine Dynamik von wechselseitiger Re-Aktion stattfindet (vgl. Walter 2012a).

Geht man von solchen bewussten und unbewussten Interaktionsdynamiken aus, bedeutet das: Alles, was der Patient zeigt, was er tut, was er mitteilt, egal, ob auf der körperlichen, der emotionalen, der kognitiven oder Beziehungsebene, alles, was und wie er es spielt, kann als ein idiosynkratisches, hoch individuelles und spezifisches Beziehungsangebot angesehen werden, mittels dessen unsere Patienten uns mitteilen, wie es ihnen geht und was sie beschäftigt, in was sie uns hineinziehen wollen, wozu sie uns brauchen, sei es zur Abwehr, sei es zur Selbstentwicklung.

Oft verstehen wir überhaupt nicht, worum es geht, sollen es manchmal auch nicht verstehen; »attacks on linking« (Bion 1959) uns gegenüber. Was wir tun können, ist: uns in dieses Beziehungsangebot hineinzubegeben. D. h. mit zu agieren, mitzuspielen, auch dann – und dies dürfte nicht selten sein –, wenn wir aktuell in der Stunde überhaupt nicht verstehen,

Mutter-Vater-Kind, mithin von Anfang an – mit heutigen Worten gesprochen – »co-konstruier« entwickelt. Erstaunlich modern schreibt er: »Triebe, als psychische Triebkräfte verstanden, werden als solche durch Interaktionen innerhalb eines ursprünglich aus der (psychischen) Mutter-Kind-Einheit bestehenden psychischen Feldes organisiert.« Die Umwandlung / Organisation der Triebe in psychische Repräsentanzen kommt »durch Interaktionen innerhalb des psychischen Mutter-Kind-Feldes zustande« (Loewald 1971, S. 109; vgl. Loewald 1970, S. 285ff.; 1977, S. 201ff.).

worum es geht. Nicht selten bekommen wir erst nach der Stunde, nachträglich erste Ideen, worum es sich gehandelt haben könnte.

Therapeutische Konsequenz dieses Ansatzes ist: mit dem Patienten mitgehen, wohin auch immer die Reise gehen mag – soweit als möglich mit ihm in das von ihm inszenierte Theaterstück (A. Ferro) einzutreten –, ohne das Drehbuch zu kennen; mit zu schwingen, mit zu agieren, mit zu fantasieren, mit zu träumen; zu versuchen, sich dem inneren Drehbuch unserer Patienten, in das wir einbezogen werden, anzunähern. Oftmals, ohne zu wissen, worum es geht und was das Ganze soll. Sich in das, was passiert, hineinzubegeben und sich mit dem Patienten dort umzuschauen, was es zu entdecken gibt – auch wenn es für uns unheimlich und beängstigend wird. Gerade dann sind wir als mitgehendes Gegenüber gefragt und notwendig; »Es geht darum ›hier‹ zu sein und sich nicht darüber zu sorgen, wo sich dieses ›hier‹ befindet« (Passig & Scholz 2010, S. 264), es geht darum Ungewissheit auszuhalten, es geht um die von W. Bion sehr geschätzte Fähigkeit zur »negative capability«:[6] »I am all in a mist«

6 In seinem Brief vom 21. Dezember 2017 an seine beiden Brüder George und Thomas, auf den sich W. Bion (1970/2006, S. 143) bezieht, schreibt Keats: »Negative Capacity, that is when man is capable of being in uncertainties, mysteries, doubts, without any irritable reaching after fact and reason« (Keats Letters 1818, S. 193). Bei »negative capability« geht es Keats, wie der Kontext seiner Briefe zeigt, um die Vorrangigkeit der Rezeptivität – mit Hegel zu sprechen, um die »Selbstentäußerung« an Anderes (Hegel 1813/16) und daraus resultierend um eine prinzipielle Offenheit und Unabgeschlossenheit unserer Erkenntnis in der Bezogenheit zum Anderen. Mit »negative capability« vertritt Keats einen poetologischen Ansatz, mittels dessen er sich kritisch von seiner Ansicht nach zu rational orientierten Systembildungen und dem für ihn überzogenen Geniekult seiner Zeitgenossen absetzt. Das Thema des komplexen Verhältnisses unseres In-der-Welt-Seins als Verbindung von Aktivität und Rezeptivität wurde in der damaligen europäischen Aufklärung und im Deutschen Idealismus sehr intensiv diskutiert; so sprach Fichte in seinen frühen Wissenschaftslehren vom »sich selbst setzenden« und seine Umwelt konstituierenden Ich (Fichte 1794). Insofern lag das Thema Aktivität und Rezeptivität, Sein und Bezogensein in der Luft (vgl. Kondylis 1986; Geier 2012). In seinen Briefen plädiert Keats nun für eine Weise der Wahrnehmung und des Erkennens, in welcher der Rezeptivität der Vorrang gegenüber dem theoretisch-voreingenommenen, systematischen, begrifflichen Erfassen der Wirklichkeit zukommt: nicht das Genie und die subjektive Individualität des Dichters wie bei Coleridge, Lord Byron und Percey Busshy Shelley u.a. (vgl. Butler 1981; Jack 1990; Ewen 2004), sondern der Verzicht auf die zentrale Stellung des Individuums und der Verzicht auf das alleinige begriffliche Erfassen mit Kategorien des Verstandes eröffnet den Zugang zur Welt: die Persönlichkeit des Dichters, so Keats, »is not itself«, »it has no self« »he has no Identity« (Letter to Richard Woodhouse vom 27. Oktober 1818, in: Keats 1958a, S. 387). Und wenig später schreibt er: »What shocks the virtuous philosopher, delights the camelion Poet« (ebd.);

(Keats an J. H. Reynolds 21.09.1819, Keats 1958b, S. 167) – »ich irre im Nebel«.

Ähnlich »Holding« drohen Bions »Containment« und »negative capability« inzwischen zu einem oft zitierten behandlungstechnischen Schlagwort zu werden. Bei Bion geht es um prinzipielle Offenheit und Unabgeschlossenheit des psychoanalytischen Erkenntnisprozesses, um eine Erweiterung der gleichschwebenden Aufmerksamkeit (Freud 1912, S. 377; 1923a, S. 215), um Nichtwissen und, daraus resultierend, um eine grundlegende Skepsis gegenüber Gewissheiten, um Spannungstoleranz, Anerkennung von Ambiguität, von Mehrdeutigkeiten, kein vorschnelles Festlegen auf Wissen und auf Deutung. »We are in a mist« (Keats), wir stecken fest, wissen nicht weiter. Behandlungstechnisch formuliert impliziert dies eine »disziplinierte Absage an Erinnerung und Wunsch« (Bion 1970/2006, S. 52), beide sind unvermeidlich, jedoch wertlos (a.a.O., S. 41) und zu meiden (a.a.O., S. 72). Zusammengefasst: »no memory, desire, understanding« (Bion 1970, S. 129, deutsche Fassung S. 147). Grotstein führt die Schlusssequenz des Buches *Attention and Interpretation* (dtsch.: *Aufmerksamkeit und Deutung*) von Bion wie folgt aus: »Abondon memory, desire, understanding, and the use of preconceptions. Each session constitutes the first day – again – of the analysis. Do not remember previous sessions. Let them remember you spontaneously. Do not desire to cure the patient.« (Grotstein 2007, S. 83)

Bereits Freud hat vor dem therapeutischen Ehrgeiz, Patienten heilen zu wollen, gewarnt (Freud 1912, S. 381).

Zurück zu unserer Stunde: Wie komme ich über das von gefährlichen Fischen, hungrigen Fischen, gefräßigen Kraken und Krokodilen bevölkerte Meer – ohne eine Chance zu haben?

---

im Kontakt zu anderen Menschen, der Welt der Dinge, der Natur: »I am in a very little time annihilated« (ebd.). Insofern vertritt Keats, so Gronau (2016) in seiner Untersuchung zur »negative capability« bei Keats, im Gegensatz zu einem »Subjektbegriff, der das dichtende Individuum zum alleinigen Ausgangspunkt aller poetischen Produktionen macht« und zur »Vorstellung einer gesicherten Identität, die sich der Öffentlichkeit in ihrer Originalität aufdrängt« (wir würden sagen der narzisstischen Variante des Subjekts) ein anderes Modell (a.a.O., S. 24). Gronau spricht von einer »Poetik des Anderen« (im Orig. kursiv) als »camelion poet« im Sinne der Selbstentäußerung an anderes und einer »beständigen Selbstannihilation« (ebd.). Hierin nimmt Keats, so Gronau, »(post)moderne Überlegungen von der Dezentrierung der Subjektivität und deren interdiskursiver Genese« vorweg (a.a.O., S. 25).

Aus den hier entwickelten Überlegungen folgt: Nicht gleich dem Patienten gegenüber zu deuten – schon gar nicht, damit wir wieder vermeintlich sicheren Boden unter unseren Füßen bekommen; vielmehr mit in die Inszenierung des Patienten, die Szene zu gehen, zu beginnen, sich gemeinsam auf die Aussichtslosigkeit einzulassen, zu beginnen gemeinsam zu »träumen«, im unwegsamen Gelände verbleiben und dahin mitzugehen, wohin uns unsere Patienten führen. Konkret: mit dem Patienten zu beginnen, in die Chancenlosigkeit zu gehen.

Eine häufige Form der unbewussten Wiederbelebung bisher belastender Beziehungserfahrungen ist – was wir alle kennen –, dass die innere Befindlichkeit unserer Patienten, von diesen – sich selbst entlastend – projektiv in uns deponiert wird (projektive Identifizierung), wir nehmen dann oftmals in uns Gefühle des Ausgeliefertsein, der Hilflosigkeit, des Nicht-Weiterkommens, der Machtlosigkeit sowie der Existenzbedrohung wahr: »Du hast eh keine Chance zu überleben.«

Man hätte diese szenische Inszenierung von Chancen- und Ausweglosigkeit des Patienten, die er von »passiv« in »aktiv« umgewandelt auf der symbolischen Spielebene mir aufgebürdet hatte, lebensgeschichtlich deuten können. Ich tat dies für mich, innerlich – jedoch nicht den Patienten gegenüber. Vielmehr teilte ich ihm meine Gegenübertragung mit, »spielimmanent«, d. h. auf der symbolischen Ebene, die der Patient in der Stunde seinem inneren Drehbuch entsprechend der Stunde vorgab (vgl. Walter 2019b).

Ich sagte: »Das schaffe ich nicht. Darüber zu kommen, geht nicht, ohne ins Meer zu fallen. Und dann fressen mich die Haie und Krokodile.«

Jürgen hörte aufmerksam zu, geriet ins Nachdenken. Es folgte Stille. Schweigend und ratlos saßen wir beide zusammen auf der einen Insel. Bis sich zwischen uns ein Gespräch entspannte darüber, was *ich* machen könnte, ob es nicht doch Möglichkeiten gäbe, unversehrt auf die andere Insel zu kommen. Wir begannen gemeinsam zu explorieren: Geht da was? Betraten einen offenen Fantasieraum. Nachdem einige Ideen von uns beiden verworfen wurden, kam Jürgen folgende Idee: über das Meer die Hängematte so zu spannen, dass ich darüber einen »ungefährdeten« Zugang zur anderen Insel hatte. Dies war ziemlich schwierig zu bewerkstelligen und eine äußerst wackelige Angelegenheit. Ich schaffte es gerade noch.

Was immer sich an vielfältiger innerpsychischer, an Übertragungs-, Gegenübertragungs- und Beziehungsdynamik in dieser Stunde zeigte, Jürgen fand in dieser Szene und in unserem Ko-Agieren eine Symbolisierung seiner inneren Not, die er in der Therapiestunde externalisieren konnte und auf die ich mich mit-agierend einließ; in aller Ausweglosigkeit, die ich – in der Spielinszenierung bleibend – offen ansprach: »Ich schaffe das nicht, das ist unmöglich, wie soll das gehen?«

Es ergab sich zunächst eine gemeinsam geteilte Ratlosigkeit. Wir beide steckten fest, wussten nicht weiter, verwarfen verschiedene Ideen, die nicht erfolgversprechend waren. Bis dem Patienten die Idee kam, es mittels eines Dritten, der Hängematte, einem die Gefahr Überbrückenenden zu versuchen.

Wofür dieses Überbrückend-Verbindende immer auch stehen mag – sei es das fehlende frühe und aktuelle Gehaltensein seitens der Bezugspersonen, sei es eine hilfreiche, Verbindungen schaffende und Halt gebende Außenstruktur, sei es die Therapie, von der sich Jürgen möglicherweise erhoffte, mit all seinen inneren Ängsten und bedrohlichen Bildern und Ablehnungserfahrung klarzukommen – all das musste offenbleiben.

Es entwickelte sich innerhalb der symbolisierenden Vorgabe meines Patienten ein Inszenierungs- beziehungsweise Handlungsnarrativ, ein gemeinsamer Versuch, irgendwie in dieser Aussichtslosigkeit weiterzukommen und diese handelnd bzw. agierend phantasmatisch – und auf der Ebene der Spiel-Inszenierung real – verlassen zu können.

Allgemein formuliert: Durch unsere gemeinsame innere Auseinandersetzung und Bearbeitung dessen, womit der Patient uns in diesen, oftmals sehr subtilen verdeckten Dynamiken konfrontiert, können im gelungenen Fall für den Patienten bedrohliche Anteile, von uns innerlich verarbeitet, den Patienten so zurückgegeben werden, dass sie in einer für ihn geeigneten Form mit dem Patienten gemeinsam bearbeitet werden können.

Es geht hierbei nicht nur um eine – in der abstrakten Sprache Bions formuliert – »metabolisierende« Rückgabe der in »Alpha-Elemente« veränderten bedrohlich-belastenden »Beta-Elemente« des Patienten seitens uns Therapeuten, so dass eine »Transformation in K« (Knowledge) im Sinne eines emotional angereicherten inneren Wissens möglich wird (Bion 1962, 1963, 1970). Vielmehr geht es auch um ein interaktionell getragenes und sich gemeinsam entwickelndes Bearbeiten dessen, was den Patienten umtreibt und worunter der Patient leidet, es geht um das entwicklungsoffene gemeinsame »Träumen« dessen, was in der aktuellen Beziehung, deren Dynamik und der damit verbundenen emotionalen Erfahrung zugänglich wird (vgl. Walter 2016).

Dadurch entstehen »Ko-Narrative«, wie wenn, um A. Ferro nochmals zu zitieren, »Analytiker und Patient zusammen ein Theaterstück entwerfen … Zuweilen in einer Art und Weise, die keiner der beiden an dem Narrativ Beteiligten vorhersehen und für möglich halten konnte.« (Ferro 2009, S. 10) Mit Ogden formuliert: die »emotionalen Erfahrungen mit dem Patienten zu träumen« (Ogden 2005, S. 11).

Konkret bedeutet dies, dass sich Patient und Therapeut im Fluss des analytischen Prozesses auf ein gemeinsames Fantasieren, Spielen, Agieren dessen, was sich aufgrund des inneren Drehbuchs des Patienten und unseres inneren Drehbuchs als Mensch und Analytiker sowie der Verschränkung beider in der Stunde ereignet, einlassen und sich darüber austauschen auf der Interaktions-, Spiel- und Handlungsebene und dies in Worte zu bringen suchen. Hierbei findet oftmals ein gemeinsames Nachdenken darüber statt, was aktuell in der Stunde und zwischen unseren Patienten und uns Therapeuten passiert. Dies sind nicht nur Übertragungs- und Gegenübertragungsdynamiken. Hinsichtlich unvermeidlicher Irritationen in der aktuellen therapeutischen Beziehung zeigt sich auch, ob ein gemeinsames gestaltetes »repair« gegenüber der »rupture« erlebt werden kann, worauf Säuglingsforscher als zentrale frühe strukturbildende Regulationsdynamik hingewiesen haben (Tronic & Gianino 1986; Gianino & Tronic 1988; Beebe & Lachmann 2004, S. 163ff., S. 183ff.; Tronick & Gold 2000; vgl. Wolf 1989, S. 144ff.).

Aufgrund dieser gemeinsam vom Patienten und Therapeuten über weite Strecken unbewusst gestalteten und von ihnen beiden getragenen Beziehungserfahrung im Auf und Ab der Therapie kann der Patient beginnen, anders als bislang mit seiner inneren und äußeren Not umzugehen und sich mit dem bedrohlich Erlebten anders als bislang auseinanderzusetzen. Die Symbolisierungsfähigkeit unserer Patienten und andere Ich-Funktionen können sich im Kontext dieser Erfahrung ausdifferenzieren und weiterentwickeln, und unsere Patienten können in eine veränderte, im gelungenen Fall bessere Selbstentwicklung gehen – solange sie nicht zu viel Angst vor Eigenentwicklung haben und die soziale Umwelt (Familie, Freundeskreis, Schule etc.) dies zulässt. Mittels dieser Entwicklung kann es ihnen gelingen, wenn ausreichend Zeit vorhanden ist und diese Veränderungen nicht von außen sabotiert werden, zu einer entwicklungsspezifischen, altersadäquaten, anhaltenden und stabilen Transformation der inneren dysfunktional-neurotischen Regulationen zu gelangen – mithin zu beginnen, ihre inneren Landschaften und das daraus resultierende innere Drehbuch zu verändern. Das benannte Ko-Narrativ des siebenjährigen Jürgen bezog sich – die bisherige Entwicklung in der Therapie aufnehmend und verdichtend – auf eine Therapiestunde. Solche Ko-Narrative können sich, was nicht selten geschieht, auch über Monate erstrecken.

Hierzu eine zweite Vignette
(vgl. Walter 2016, S. 48f.)

Der damals zwölfjährige Georg mit extrem traumatisierender Gewalterfahrung seitens seiner Bezugspersonen (mit einer persistierenden Verletzung im Gesicht) spielte zu Beginn der Therapie über zwei Monate Schlachten zwischen verfeindeten Gruppen, wobei Grenzen und Schutzbauten zunächst völlig überrannt wurden. Streckenweise stellte der Patient die bedrohten Figuren auf eine schiefe Ebene, so dass sie kaum stehen konnten. Angesichts der Wucht der Angreifer hatten die Angegriffenen keine Chance, worin der Patient zunächst seine Ohnmacht angesichts der traumatisierenden Gewalterfahrung seitens seines Vaters im Spiel darstellte.

Nach mehreren Sitzungen folgte eine an *Star Wars* erinnernde und einem Computerspiel mit mehreren Levels ähnelnde Inszenierung der Kämpfe »guter Mächte« gegen »böse unterirdische Mächte« mit jeweils einem Anführer. Beide Anführer sollte ich verkörpern und dem Patienten als mit ihm vertrauten Kämpfer jeweils Aufträge erteilen, den anderen zu stürzen. Zugleich sollte ich »Wächter« verkörpern, die den Kämpfer davon abhalten sollten, die Grenze der beiden Sphären zu überschreiten, sodass es zu vielen Bataka-Kämpfen zwischen uns kam. Eine hoch komplexe Situation.

Oft saß ich mit Georg als Vertreter der jeweiligen Macht zusammen und wir überlegten uns, wie wir die jeweils andere Macht zu Fall bringen können. Irgendwann verriet der Patient der »guten« Macht, dass er Verbindung mit der Unterwelt hatte, und wir beide überlegten, wie wir sie besiegen könnten.

In dieser sich über zehn Monate ausdifferenzierten Spiel- und Beziehungsinszenierung gelang es dem Patienten mittels Übertragung der verinnerlichen Erfahrung mit dem hoch bedrohlichen Vater und der Übertragung ungestillter positiver Beziehungswünsche ihm gegenüber, auf der (symbolisierenden) Spielebene und im Übertragungsgeschehen mir gegenüber im Spielgeschehen die nicht-kompatiblen Seiten des Vaters (traumatisierendes Objekts und geliebter Vater zugleich zu sein) miteinander in Kontakt zu bringen und sie zugleich getrennt zu halten; möglicherweise auch (auf der Subjektebene) zu eigenen abgespalten bedrohlichen Selbstanteilen Kontakt zu finden.

In der analytischen Situation bildet sich über Spiel- und Beziehungsinszenierung sowie über das gemeinsame Nachdenken und Sprechen über das, was sich im Therapieraum zwischen unseren Patienten und uns als »joint construction« (Ogden, 1997, S. 142), als ein von beiden gemeinsam entwickeltes analytisches Drittes (Ogden, 1994, 1997, S. 118) abbildet, ein gemeinsam kreierter intersubjektiver analytischer »dream space« (Ogden, 1997, S. 142 und 152). Das gemeinsame »Träumen« von Patient und Therapeut als »spielerische Spaziergänge zwischen Traum- und Wachdenken« (Bürgin & Steck, 2013, S. 122), die offen sind für die unbewusste Dynamik, kann so zu einem Zugang zu den inneren Landschaften unserer Patienten werden.

Nicht mehr die Deutung per se steht im Zentrum psychoanalytischen Arbeitens, vielmehr die in der therapeutischen Beziehung erfolgende affektnahe, mit dem Patienten gemeinsam explorierende Suchbewegung als ein immer nur annährungsweise möglicher gemeinsamer Versuch, das in die Interaktion zu bringen und – wenn es gelingt – in Worte zu fassen, was unsere Patienten innerlich bewegt und was sich in der therapeutischen Beziehung im Sinne spezifischer Übertragungs-Gegenübertragungs-Dynamiken wiederholt und langsam zu verändern beginnt. Gemeinsam mit unserem Patienten versuchen wir – soweit möglich – verstehende Zugänge dessen zu generieren, was uns unsere Patienten ihren inneren Drehbuch entsprechend und der aktuellen Erfahrung mit uns folgend, mitteilen: sei es in Form ihrer Symptomatik, über ihr Spielen, ihre Beziehungsgestaltung, ihre körperliche Präsenz, ihr Agieren und ihr Sprechen, über das, was zwischen unserem Patienten und uns geschieht und was wir als Therapeuten in uns erleben, wie wir involviert sind.

Nur einen Bruchteil unserer Deutungen stellen wir den Patienten zur Verfügung. Wir versuchen hierbei, das, was sich aktuell ereignet und was unsere Patienten aktuell beschäftigt, über sprachliche Symbolisierung zu kontextualisieren und mit ihnen gemeinsam zu fantasieren, so dass sie einen besseren, verstehenden Zugang zu sich und ihrem inneren Erleben und wie sie ihre Umwelt sozial erleben finden können. Solche Deutungen erfolgen immer in einer therapeutischen Beziehung; ohne diese Beziehung gibt es keine Deutung, und ohne diese Beziehung wirkt Deutung auch nicht (Loewald 1971, S. 84; Walter 2019b).

Deutungen sind keine Einbahnstraßen, vielmehr als gemeinsame Konstruktionen anzusehen, die sich unseren Patienten und uns Therapeuten durch das gemeinsame Bedenken, Fantasieren, Träumen dessen, was unser Patienten umtreibt und was sich zwischen uns subtil herstellt und uns berührt, erschließen. Deutungen können als unsere Angebote angesehen werden, den Patienten darin zu unterstützen, sich selbst differenzierter wahrzunehmen und »das Bewusstsein des Patienten von sich selbst … (und) das innerseelische Wahrnehmungsfeld des Patienten zu erweitern« (Rycroft 1956). Dabei ist es letztlich immer der Patient, der die Deutung verifiziert.

Hierbei scheint mir wichtig und sinnvoll, zunächst ungesättigte und sehr offene, prozessorientierte Deutungen zu geben (Ferro 2003, 2005, 2009; Plassmann 2015; Will 2016, 2018; Walter 2019b). Ungesättigte, offene Deutungen scheinen mir insbesondere bei Jugendlichen angezeigt: einmal aufgrund deren großer narzisstischer Verletzlichkeit und ihrer Autonomiewünsche, die sich wenig mit geschlossenen, gesättigten Deutungen vertragen – allenfalls, wenn die Therapie fortgeschrittener ist. Zum anderen werden geschlossene Deutungen von Jugendlichen oftmals sehr beschämend und zu intrusiv erlebt, insbesondere wenn es sich um sehr heikle Themen handelt, die ihren Selbstwert betreffen.

Hinzu kommt eine zweite zentrale Funktion von Deutungen: Deuten kann als eine Form des Holdings angesehen werden, oft in der Form, »dass im richtigen Augenblick dem Patienten mit Worten etwas mitgeteilt wird, das zeigt, dass der Analytiker die tiefe Angst, die erlebt wird oder deren Erleben erwartet wird, kennt und versteht«, um »in Worte zu fassen, was in Gang ist« (Winnicott 1963, S. 317). Dies kann unsere Patienten ermutigen, sich intensiver mit sich auseinanderzusetzen und in Entwicklung zu gehen. Hierdurch verändern sich auch die Szenen der Inszenierung von »passiver, reproduktiver« zu »aktiver«, »neuschöpferischer Wiederholung« (Loewald 1965, S. 67, 72) bzw. von »automatischer« zu »repetitiver« zu »variierender Wiederholung« (Küchenhoff 2021)

Unser psychoanalytischer Versuch, innerpsychische Zusammenhänge herzustellen und zu verbalisieren, Abwehr behutsam deutlich zu machen und zu benennen und das Erleben und Verhalten unserer Patienten vorsichtig verbal zu kontextualisieren (dazu braucht es Sprache), kann nicht mehr als ein immer nur vorläufiges Probedeuten sein. Erst im Verlauf der Therapien ergeben sich, wenn überhaupt, langsam Zusammenhänge über die immer und immer wieder gemeinsam nachzudenken ist, die kontinuierlich zu revidieren sind, um beim konkreten Kind und Jugendlichen bleiben zu können – im Sinne des soweit als möglichen Offenseins für das Noch-Nicht dessen, wohin uns unsere Patienten unbewusst, vielfach auch unbewusst intentional aufgrund ihres inneren Drehbuchs führen. Mit der Freiburger Psychoanalytikerin Erika Kittler zu sprechen geht es hierbei darum, sich der dem psychoanalytischen Prozess generell inhärenten grundlegenden Unsicherheit und sich dem damit verbundenen fundamentalen »Unbehagen« zu stellen, und »ohne sichere Gewissheiten unterwegs zu sein, am Horizont das Unbekannte, das Unerträgliche, das Ungewisse, die Fremde, das Unbewusste, das wir eben nur zu gern dingfest machen würden« (Kittler 2019, S. 125ff.).

Analytische Prozesse können insofern verstanden werden als der psychische Raum einer Begegnung, als ein – wie es spanische Psychoanalytikerin Rosario Canstaño Catalá (2014, 425ff.) nennt – »Spielraum« (»un espacio de juego«), »ein kreatives Spiel« (»un juego creativo«), als ein interpersoneller Raum, in dem »un juego de sedducción creativa« (a. a. O., S. 435), ein »Spiel der kreativen Verführung« stattfindet. Und zwar – so meine Erfahrung und Auffassung – von beiden Seiten: der des Patienten und von uns Analytikern. Dies kann unsere Patienten anregen und ihnen Anstöße geben – und ich denke, das ist schon sehr viel –, das, was sie innerlich umtreibt und worunter sie leiden – ihr inneres Drehbuch, ihre inneren Landschaften – in unserer Gegenwart und mit uns gemeinsam zu inszenieren, ihrem inneren Drehbuch auf die Spur zu kommen, es mit uns gemeinsam zu explorieren und zu »träumen« und zu beginnen, sich anders als bislang damit auseinanderzusetzen.

Literatur

Aguayo, J. (1997): Historizing the Origins of Kleinian Psychoanalysis. Klein's analytic and patronal relationships with Ferenczi, Abraham and Jones, 1914–1927. *Int. J. Psycho-Anal* (1997) 78, 1165–1182.

Baranger, M. & Baranger, W. (1962/2018): Die analytische Situation als dynamisches Feld. *Psyche – Z Psychoanal* 72, 2018, S. 739–784.

Baranger, M. & Baranger, W. (2009): *The Work of Confluence. Listening and Interpreting in the Psychoanalytic Field. Edited and with a commentary by Leticia Glocer Fiorine.* London (Karnac).

Beebe, B. & Lachmann, F. (2004): *Säuglingsforschung und die Psychotherapie Erwachsener. Wie interaktive Prozesse entstehen und zu Veränderungen führen.* Stuttgart (Klett-Cotta).

Bion, W. R. (1959/1990): Angriffe auf Verbindungen. In: E. Bott Spillius (Hrsg.): *Melanie Klein heute. Entwicklungen in Theorie und Praxis. Band 1: Beiträge zur Theorie.* Stuttgart (Klett-Cotta), S. 110–129.

Bion, W. R. (1962/1992): *Lernen durch Erfahrung.* Frankfurt a. M. (Suhrkamp).

Bion, W. R. (1970/2006): *Aufmerksamkeit und Deutung.* Frankfurt a. M. (Brandes & Apsel).

Bion, W. R. (1970): *Attention and Interpretation.* London / New York (Karnac).

Bion, W. R. (1963/1992): *Elemente der Psychoanalyse.* Frankfurt a.M. (Suhrkamp).

Bollas, C. (1987:. *The Shadow of the Object. Psychoanalysis of the unthought Known.* London (Free Association Books).

Breuer, J. & Freud, S. (1895): Studien über Hysterie. *GW I.* S. 75–312.

Bürgin, D. & Steck, B. (2013): *Indikation psychoanalytischer Psychotherapie bei Kindern und Jugendlichen. Diagnostisch-therapeutisches Vorgehen und Fallbeispiele.* Stuttgart (Klett-Cotta).

Butler, M. (1981): *Romantics, Rebels and Reactionaries. English Literature and its Background 1760–1830.* Oxford / New York (Oxford University Press).

Canstaño Catalá, R. (2014): La psicoterapia como un espacio de juego y una experiencia de intimidad. In: J. Coderch de Sans (coord.): *Avances en Psicoanálisis Relacional. Nuevos campos de exploración para el psicoanálisis.* Madrid (Agora relacional), S. 419–548.

Civitarese, G. (2008/2010): *The Intimate Room. Theory and Technique of the Analytic Field.* London & New York (Routledge).

Civitarese, G. (2018): Halluzinationen, Traum und Spiel. Das analytische Feld und seine Transformationen. *Psyche – Z Psychoanal.* 72, 2008, S. 785–810.

Drews, S. & Brecht, K. (1975): *Psychoanalytische Ich-Psychologie. Grundlagen und Entwicklung*. Frankfurt a. M. (Suhrkamp).

Diepold, B. (1996): Erinnern und Entwerfen im Spiel. In: Buchheim, P. & Cierpka, M. & Seifert, T. (Hrsg.) (1996): *Lindauer Texte. Texte zur psychotherapeutischen Fort- und Weiterbildung*. Berlin u.a. (Springer), S. 207–217.

Ewen, F. (2004). *Heroic Imagination. The Creative Genius of Europe from Waterloo (1815) to the Revolution of 1848*. New York / London (New York University Press).

Ferenczi, S. (1913): »Ein kleiner Hahnemann«. Internationale Zeitschrift für Psychoanalyse. S. 240–246. In: S. Ferenczi;: *Bausteine der Psychoanalyse*. Band II: Praxis. Zweite, unveränderte Aufl. Bern / Stuttgart 1964 (Verlag Hans Huber), 185–195.

Ferro, A. (2003): *Das bipersonale Feld*. Gießen (Psychosozial).

Ferro, A. (2005): *Im analytischen Raum*. Gießen (Psychosozial).

Ferro, A. (2009): *Psychoanalyse als Erzählkunst und Therapieform*. Gießen (Psychosozial).

Ferro, A. & Basile, Roberto (eds.) (2009): *The analytic field. A Clinical concept*. London (Karnac).

Fichte, J. G. (1794): *Grundlage der gesammten Wissenschaftslehre*. Hamburg (1961) (Felix Meiner).

Fonagy, P. & Gergely, G. & Jurist, E.L. & Target, M. (2002): *Affektregulierung, Mentalisierung und die Entwicklung des Selbst*. Stuttgart (Klett-Cotta).

Fonagy, P. & Target, M. (2003): *Frühe Bindung und psychische Entwicklung. Beiträge aus Psychoanalyse und Bindungsforschung*. Gießen (Psychosozial).

Frank, C. (1999). *Melanie Kleins erste Kinderanalysen. Die Entdeckung des Kindes als Objekt sui generis von Heilen und Forschen*. Stuttgart-Bad Canstatt (frommann-holzboog).

Freud, A. (1965): Wege und Irrwege in der Kinderentwicklung. *Die Schriften der Anna Freud Band VIII*. Frankfurt a. M. (Fischer). S. 2121–2349.

Freud, S. (1892/93). Ein Fall von hypnotischer Heilung nebst Bemerkungen über die Entstehung hysterischer Symptome durch den »Gegenwillen«. *GW I*, S. 3–17.

Freud, S. (1895). Entwurf einer Psychologie. *GW* Nachtragsband. Texte aus den Jahren 1885–1938. S. 373–486.

Freud, S. (1898): Die Sexualität in der Ätiologie der Neurosen. *GW I*. S. 489–516.

Freud, S. (1900): Die Traumdeutung. *GW II/III*.

Freud, S. (1905a): Drei Abhandlungen zur Sexualtheorie. *GW V*, S. 33–145.

Freud, S. (1905b): Bruchstück einer Hysterie-Analyse. *GW V*, S. 161–286.

Freud, S. (1910): Über Psychoanalyse. *GW VIII*, S. 1–60.

Freud, S. (1911): Psychoanalytische Bemerkungen über einen autobiographisch beschriebenen Fall von Paranoia (Dementia paranoides). *GW VIII*, S. 239–316.

Freud, S. (1912): Ratschläge für den Arzt bei der psychoanalytischen Behandlung. *GW VIII*, S. 376–387.

Freud, S. (1914): Aus der Geschichte einer infantilen Neurose. *GW XII*. S. 27–153.

Freud, S. (1916/17): Vorlesungen zur Einführung in die Psychoanalyse. *GW XI*.

Freud, S. (1923a): »Psychoanalyse« und »Libidotheorie«. *GW XIII*. S. 209–233.

Freud, S. (1923b): Bemerkungen zur Theorie und Praxis der Traumdeutung. *GW XIII*, S.299–314.

Freud, S. (1924): Der Realitätsverlust bei Neurose und Psychose. *GW XIII*. S. 361–368.

Freud, S. (1933): Neue Folge der Vorlesungen zur Einführung in die Psychoanalyse. *GW XV*.

Freud, S. (1937): Konstruktionen in der Analyse. *GW XVI*. S. 41–56.

Freud, S. (1939a): Abriß der Psychoanalyse. *GW XVII*. S. 63–138.

Freud, S. (1939b): Der Mann Mose und die monotheistische Religion. *GW XVI*, S. 103–246.

Geier, M. (2012): *Aufklärung. Das europäische Projekt.* Reinbek (Rowohlt).

Geissmann, C. & Geissmann, P. (1992/1998): *A History of Child Psychoanalysis.* Forewords by Serge Lebovici, Anne-Marie Sandler and Hanna Segal. London / New York (Routledge).

Gianino, A. & Tronick, E. (1988): The mutual regulation model: The Infant's self and interactive regulation and coping and defensive capacities. Th. Field et al (1988): *Stress and Coping.* New York, 47–68.

Gronau, J. C. (2016): *»Where reason fades«. Formen und Leistungen des Nichtverstehens bei John Keats. Studien zur Englischen Romantik* (Neue Folge) Band 18. Trier: Wissenschaftlicher Verlag Trier (wvt).

Grotstein, J. (2007): *A Beam of Intense Darkness. Wilfried Bions Legacy to Psychoanalysis.* London (Karnac).

Hartmann, H. (1939/1960): *Ich-Psychologie und Anpassungsproblem.* Stuttgart (Klett).

Hegel, G.W.F. (1813/16): *Wissenschaft der Logik II.* Herausgegeben von Georg Lasson. Hamburg 1969 (Felix Meiner).

Hurry, A. (Hrsg.). (2002): *Psychoanalyse und Entwicklungsförderung von Kindern.* Frankfurt a. M. (Brandes & Apsel).

Jack, I. (1990): *English Literature 1815–1832. Scott, Byron, and Keats.* Oxford (Clarendon Press).

Keats, J (1958a): *The Letters of John Keats 1814-1821.* Volume I 1814–1818. Edited by Hyder Edward Rollins. 1958. Cambridge (University Press).

Keats, J (1958b): *The Letters of John Keats 1814–1821.* Volume II 1819–1821. Edited by Hyder Edward Rollins. 1958. Cambridge (University Press).

Kittler, E. (2019): Der Psychoanalytiker, die Fehler und die Lehranalyse. *Zeitschrift für psychoanalytische Theorie und Praxis.* 34.Jg. 1/2019, S. 83–98.

Klein, M. (1932/1997): Die Psychoanalyse des Kleinkindes. *Melanie Klein Gesammelte Schriften.* Band 2. Stuttgart-Bad Canstatt (frommann-holzboog).

Kohut, H. (1973): *Narzißmus.* Frankfurt a. M. (Suhrkamp).

Kondylis, P. (1986): *Die Aufklärung im Rahmen des neuzeitlichen Rationalismus.* München/Stuttgart (DTV / Klett-Cotta).

Küchenhoff, J. (2021): Potentiale der Wiederholung. Repräsentationstheoretische und klinische Gedanken zum Todestrieb. In: S. Keßeler- Scheler & V. Bouville (Hrsg.): *Jenseits des Lustprinzips. Zur theoretischen und klinischen Aktualität 100 Jahre danach.* Frühjahrstagung 2021. Deutsche Psychoanalytische Vereinigung. Gießen (Psychosozial). S. 114–128.

Laplanche, J. (2022): *Nachträglichkeit.* Gießen (Psychosozial).

Lemma, A. (2018): *Der Körper spricht immer. Körperlichkeit in psychoanalytischen Therapien und jenseits der Couch.* Frankfurt a. M. (Brandes & Apsel).

Loewald, H. (1970): Die psychoanalytische Theorie und der psychoanalytische Prozess. In: H. Loewald (1980/2007): *Psychoanalyse. Aufsätze aus den Jahren 1951-1979.* Mit einem Einführungstext zur Neuauflage von Werner Bohleber. Gießen (Psychosozial). S. 270–296.

Loewald, H. (1971): Über Motivation und Triebtheorie. In: H. Loewald (1980/2007): *Psychoanalyse. Aufsätze aus den Jahren 1951–1979.* Mit einem Einführungstext zur Neuauflage von Werner Bohleber. Gießen (Psychosozial). 81–119.

Loewald, H. (1977): Triebtheorie, Objektbeziehungen und psychische Strukturbildung. In: H. Loewald 1980/2007): *Psychoanalyse. Aufsätze aus den Jahren 1951-1979.* Mit einem Einführungstext zur Neuauflage von Werner Bohleber. (Gießen) Psychosozial. S. 193–205.

Loewald, H. W. (1965): Überlegungen zur Wiederholung und zum Wiederholungszwang. In: Loewald, H. W. (1986/2021): *Psychoanalyse. Aufsätze aus den Jahren 1951–1979.* Mit einem Einführungstext zur Neuauflage von Werner Bohleber. Gießen 2021 (Psychosozial). S. 65–80.

Loewald, H. W. (1986/2021): *Psychoanalyse. Aufsätze aus den Jahren 1951-1979. Mit einem Einführungstext zur Neuauflage von Werner Bohleber.* Gießen 2021: (Psychosozial).

Loewenberg, P. & Thompson, N. L (2019): *100 Years of the IPA. The Centenary History of the International Psychoanalytic Association 1910–2010. Evolution and Change.* London / New York (Routledge).

Müller-Brühn, E. (1998). Geschichte und Entwicklung der analytischen Kinder- und Jugendlichen-Psychotherapie. In: U. Jungbloed-Schurig & A. Wolff (Hrsg.) (1998): *Denn wir können die Kinder nach unserem Sinn nicht formen. Beiträge zur Psychoanalyse des Kindes- und Jugendalters.* Frankfurt a. M. (Brandes & Apsel), S. 17–51.

Music, G. (2022): The body as the new royal road to the unconscious. In: J. Stubley & L. Young (eds.): *Complex Trauma. The Tavistock Model.* London / New York (Routledge). S. 74-92.

Ogden, T. (1992): *The Matrix of the Mind. Object Relations and the Psychoanalytic Dialogue.* London (Karnac).

Ogden, T. (2005): *This Art of Psychoanalysis. Dreaming Undreamt Dreams and Interrupted Cries.* London & New York (Routledge).

Ogden, T. (1997): *Reverie and Interpretation. Sensing Something Human.* London et al. (Rowman & Littlefield Publishers).

Passig. K. & Scholz, A. (2010): *Verirren. Eine Anleitung für Anfänger und Fortgeschrittene.* Berlin (Rowohlt).

Pedrina, F., Mögel, M., Garstick, E. & Burkard, E. (Hrsg.) (1994): *Spielräume. Begegnungen zwischen Kinder- und Erwachsenenanalyse.* Tübingen (edition diskord).

Piaget, J. (1964): Sechs psychologische Studien. In: J. Piaget (1972): *Theorien und Modelle der modernen Erziehung*. Wien (Molden). S. 185–351.

Rycroft, C. (1956): The Nature and Function of the Analysts Communication to the patient. *Int. J. Psycho-Anal,* 37, S. 469–472.

Sandler, A.-M. (1998): Deutung und Holding. In U. Jongbloed-Schurig & A.Wolff (Hrsg.) *Denn wir können die Kinder nach unserem Sinne nicht formen. Beiträge zur Psychoanalyse des Kindes- und Jugendalters.* Frankfurt a. M. (Brandes & Apsel).

Staehle, A. (2019): Transformationen des analytischen Feldes. Psychoanalytische Arbeit mit Kindern und Erwachsenen. *Forum der Psychoanalyse*, Bd. 35, H.1, März 2019, S. 37–52.

Steinbeck, J. (1962): *Travels with Charley in Search of America.* With an Introduction by Jay Parini. London (Penguin Books)

Tähkä, V. (1993): *Mind and its Treatment. A Psychoanalytic Approach.* Madison CT (Universities Press Inc).

Tronick, E. & Gianino, A. (1986): Interactive mismatch and repair. Challenges to the coping infant. Zero to Three: *Bulletin of the National Center Clinical Infant Program*, 5, S. 1–6.

Tronick, E., Gold, C. M. (2020): *The Power of Discord. Why the ups and down of relationships are the secret to building intimacy, resilience, and trust.* Melbourne & London (Scribe)

Walter, A. (2010): Entwicklungslinien psychoanalytischer Entwicklungspsychologie und Entwicklungstheorie – Von der Entwicklungsstörung zur Entwicklungstherapie. In: S.K.D. Sulz & S. Höfling (Hrsg.): *»... und er entwickelt sich doch«. Entwicklung durch Psychotherapie* (S. 71-116). München (CIP-Medien).

Walter, A. (2012a): Symbolisierung als »Kind« der Beziehung. In: T. Timmermann & H.U. Schmidt (Hrsg.): *Symbolisierung in Musik, Kunst und Therapie.* Wiesbaden (Reichert). S. 35-48.

Walter, A. (2012b): Trauma und Symbolisierung. Zur psychoanalytischen Behandlung von traumatisierten Kindern, Jugendlichen und Erwachsenen als entwicklungsoffener Prozess. In: T. Timmermann & H. U. Schmidt (Hrsg.): *Symbolisierung in Musik, Kunst und Therapie.* Wiesbaden (Reichert). S. 49–80.

Walter, A. (2012c): Zwischen Skylla und Charybdis. Psychoanalytische Anmerkungen zur innerpsychischen und externalisierenden Selbstregulation. *Psychotherapie in Psychiatrie, Psychotherapeutischer Medizin und Klinischer Psychologie* (17). München (CIP-Medien). S. 306–316.

Walter, A. (2015a): Die therapeutische Beziehung in der psychodynamischen Kinder- und Jugendlichenpsychotherapie. *Psychotherapie in Psychiatrie, Psychotherapeutischer Medizin und Klinischer Psychologie* (20) 2015 München (CIP-Medien), S. 306–316.

Walter, A. (2015b): Externalisierung als therapeutisch bedeutsamer Faktor in der psychoanalytischen Behandlung von Jugendlichen. In: Allert, G., Rühling, K. & Zwiebel, R. (Hrsg.) (2015): *Pluralität und Singularität in der Psychoanalyse. Frühjahrstagung 2015 Deutsche Psychoanalytische Vereinigung.* Gießen: Psychosozial. S. 299–316.

Walter, A. (2016): Psychoanalytisches Arbeiten mit Kindern und Jugendlichen als gemeinsam getragenes Inszenieren und »Träumen« der Not des Patienten. *Psychotherapie in Psychiatrie, Psychotherapeutischer Medizin und Klinischer Psychologie* (21) 2016 München (CIP-Medien). S. 35–60.

Walter, A. (2019a): Spielen zwischen Latenz und Sich-zeigen-wollen. Reflexionen zum Spielen als externalisierende, szenische Mitteilung und Beziehungsinszenierung im psychoanalytischen Kontext. In: P. Bründl / H. Timmermann (Hrsg.) (2019): *Geschlechterdifferenzen im Spielraum. Entwicklung und therapeutische Prozesse bei Mädchen und Jungen.* Jahrbuch der Kinder- und Jugendlichen-Psychoanalyse, Band 8. Frankfurt a. M. (Brandes & Apsel), S. 154–195.

Walter, A. (2019b): Über die allmähliche Entstehung der Deutung im psychodynamischen Prozess. Implizite und explizite Deutungen im psychotherapeutischen Beziehungsgeschehen. In: Salamander, C. / Kudritzki, S. (2019): *Behandlungstechnik in psychodynamischen Therapien.* Frankfurt a. M. (Brandes & Apsel), S. 171–188.

Walter, A. (2021): Aktive Parteinahme für latenten Entwicklungsdynamiken. Zum »Entwicklungsobjekt« (V. Tähkä) und seiner Konzeptualisierung. In: C. Rexroth & I. Rexroth (Hrsg.): *Entwicklungsraum Zukunft. Psychodynamische Psychotherapie von Kindern, Jugendlichen und ihren Familien in Klinik und Praxis, Fort- und Weiterbildung, Forschung und Lehre.* Frankfurt a. M. (Brandes & Apsel), S. 149–156.

Winnicott, D. W. (1960): Die Theorie von der Beziehung zwischen Mutter und Kind, in: D.W. Winnicott (1984): *Reifungsprozesse und fördernde Umwelt. Studien zur Theorie der emotionalen Entwicklung.* Frankfurt a. M. (Fischer), S. 47–71.

Winnicott, D. W. (1963): Störungen aus dem Bereich der Psychiatrie, bezogen auf kindliche Reifungsprozesse. In: Winnicott, D. W. (1984): *Reifungsprozesse und fördernde Umwelt. Studien zur Theorie der emotionalen Entwicklung.* Frankfurt a.M. (Fischer), S. 303–319.

Winnicott, D. W. (1971): Therapeutic Consultations in Child psychiatry. *The Collected Works of Winnicott.* Vol. X. Oxford (Oxford University Press).

Winnicott, D. W. (1973): *Vom Spiel zur Kreativität.* Stuttgart (Klett).

Wolf, E.-S. (1988/98): *Theorie und Praxis der psychoanalytischen Selbstpsychologie.* Frankfurt a. M. (Suhrkamp).

Ellen Lang-Langer
(Frankfurt a. M.)

Die Abwendung von der Welt der Objekte

»Jedes der Kinder suchte, sobald es den Behandlungsraum betrat, augenblicklich Bausteine, Spielsachen und andere Dinge zusammen, ohne den anwesenden Personen die geringste Aufmerksamkeit zu widmen. Es wäre falsch zu sagen, dass sie sich der Anwesenheit anderer Personen nicht bewusst gewesen seien. Doch solange diese das Kind in Ruhe ließen, spielten sie keine andere Rolle als der Tisch, das Buchregal oder der Aktenschrank. Das Kommen und Gehen anderer, selbst der Mutter, blieb scheinbar völlig unbeachtet.«
Leo Kanner, 1943

»Den Kern unserer Arbeit bildet also nicht ein besonderes Wissen oder ein bestimmtes Verfahren, sondern eine innere Einstellung zum Leben und zu den Menschen, die in den Lebenskampf genauso verwickelt sind wie wir.«
Bruno Bettelheim, 1967

Einführung

Im Folgenden werde ich versuchen, die den Autismus auszeichnende Abwendung vom Objekt psychodynamisch zu begreifen. Eine Fallvignette wird dies verdeutlichen. Vorweg unternehme ich einen Versuch der historischen Einbettung.

Überlegungen zur Geschichte der Autismusforschung

Die psychodynamische Erforschung des Autismus erfolgte nach der Entdeckung des Syndroms durch Kanner mit den Schriften Bruno Bettelheims. Auch Mahler et al. in Amerika und Winnicott und Melanie Klein in England interessierten sich schon früh für die Behandlung des frühkindlichen Autismus.

Der Autismus war ansonsten vereinnahmt von der psychiatrischen Sicht, die von neurologischen und genetischen Ursachen ausging. Bettelheims Sichtweise wurde in der Folge verunglimpft mit dem Vorwurf, er spreche die Mütter autistischer Kinder schuldig (Rimland, 1964). Dies führte zu einer Diffamierung der psychodynamischen Sichtweise insgesamt. Ja, man kann schon sagen, es kam zu einer Tabuisierung der psychodynamischen Sichtweise, einem Denkverbot, einem Brachliegen der Forschung. Dieses Denkverbot spiegelt gleichsam die von mir vermutete Abkapselung traumatischer Erfahrungen bei Eltern autistischer Kinder – die Übertragung des Phänomens auf die Erforschung des Autismus. Autistische Kinder unterlagen nicht mehr denselben Gesetzen wie alle anderen Kinder. Das Wort Beziehung, vor allem zur Mutter, kam einem Tabubruch gleich.

Die unbewusste Ursache dieser grandiosen Tabuisierung spricht von der unbewussten Macht eines als unerträglich erlebten frühen Schmerzes von Eltern autistischer Kinder, für den es keinen Raum gab. Immer wieder wurden Eltern autistischer Kinder als »normal« beschrieben. Das ist ja im Grunde eine verdrehte Annahme, weil es darum gar nicht geht. Es geht, wie es der psychodynamischen Sichtweise eigen, um das Verstehen und das Herstellen von Zusammenhängen. Es wurde nun aber die Herstellung jeglichen Zusammenhangs als Schuldzuweisung erlebt. Und unbewusste Gefühle von Schuld sind ja gerade zentral für alle Traumata.

Bis zu den Forschungen von Frances Tustin befand sich die Forschung selbst jahrelang in einem quasi autistischen Zustand, in dem es nicht mehr möglich war, Bedeutungen zu geben, nachzudenken, ja zu forschen.

Eine Ausnahme stellen z.B. die Forschungen des Psychiaters Gerhard Bosch dar, der in den 1950er-Jahren, im Anschluss an die Arbeiten Kanners, noch vor Bettelheims Veröffentlichungen, über sechs Jahre hinweg 13 Kinder mit der Diagnose »frühkindlicher Autismus« beobachtete. Frühkindliche Kriegserfahrungen, Bombenangriffe und Flucht bildeten den Hintergrund der Kinder und ihrer Familien. Bosch spricht von erstarrten familiären Lebensformen. Hirnorganische Schädigungen waren bei den Kindern ausgeschlossen worden. Bereits als Baby, so schildert es eine Mutter, habe ihr Kind »sich nicht richtig zugewandt, so getan, als sehe sie nichts, habe sich stundenlang mit kleinen Bändchen beschäftigt« (Bosch, 1962, S. 15). Beschrieben wird die zunehmende Entleerung der kindlichen

Gesichter im Verlauf der Jahre, eine fortschreitende Verschlimmerung des autistischen Zustandes bis zur Schlussuntersuchung nach sechs Jahren. Bosch kommt zu folgender interessanter Schlussfolgerung: »Schließlich könnte man analog dem Schwachsinn, einer Behinderung der intellektuellen Leistungsfähigkeit und Entwicklung durch ungenügende Förderung und andere negative Milieueinwirkungen, auch einen rein umweltbedingten Pseudoautismus annehmen.« (ebd., S. 119)

Im Grunde hielt einzig in Frankreich, im Zuge der Forschungen Lacans und in der Folge Doltos, die intensive Beschäftigung mit der Psychodynamik des Autismus an. Es kam auch hier zu heftigen Angriffen von Elterninitiativen, die die Herstellung jeglichen Zusammenhangs zwischen Eltern und autistischem Kind ahndeten. Der Begriff der »Kühlschrankmutter«, der bereits in der Diskussion um Bettelheim eine Rolle gespielt hatte und vehement kritisiert worden war, tauchte wieder auf. Tatsächlich ist das eine Wortbildung, die sich auf eine Beobachtung Kanners bezieht. Eltern, schrieb er, seien distanziert wie »ein Kühlschrank, der nicht auftaut« (Kanner, 1943, S. 250).

Die Geschichte des Autismus ist auch eine Geschichte der Eltern autistischer Kinder, aber auch von Patienten, die sich heftig gegen psychodynamische Hypothesen verwahren. Eine ähnlich heftige gesellschaftliche Bewegung gibt es im Kontext keiner anderen psychischen Erkrankung. Federführend von Rimland in den USA in Gang gesetzt, breitete sich diese Sichtweise umstandslos in Europa aus. Bernard Rimland, ein amerikanischer Psychiater, griff in den 60er-Jahren des vergangenen Jahrhunderts die psychodynamische Sicht auf den Autismus scharf an. Selbst Vater eines autistischen Sohnes, begriff er Autismus als ausgelöst durch biochemische Defekte, etwa Blei- und Schwermetallvergiftungen, Impfungen und unabhängig von postnataler Versorgung. Vitamine und Mineralien, auch die Gabe des Hormons Sekretin sah er als wesentlich für die Behandlung des Autismus an, aber auch Konditionierung. Viele Eltern autistischer Kinder wandten sich mit ihrem Schicksal an Rimland und fühlten sich von ihm verstanden.

Wie ich bereits erwähnte, blieb dies nicht ohne Auswirkung auf die wissenschaftliche Forschung. Versuche, das autistische Phänomen zu verstehen, versiegten mehr und mehr.

Man muss konstatieren, dass es der psychodynamischen Sichtweise niemals gelungen ist, ihre Erkenntnisse in einer Weise zu transportieren, die den Eltern autistischer Kinder verständlich gewesen wäre und nicht als Angriff hätte erlebt werden müssen. Gleichzeitig ist es so, dass alle einzelnen Forscher, die sich, angefangen mit Kanner, der berichtete als Kind selbst unter der Störung gelitten zu haben, mit dem Phänomen des Autismus beschäftigten, auf der Suche nach Erklärungen für ein kaum zu fassenden Krankheitsbildes waren. Die sich hieraus ergebenden Spaltungen und unversöhnlichen Kämpfe spiegeln möglicherweise die entwicklungsgeschichtlich frühe Zeit, der das Phänomen entstammt.

Ich gehe, wie ich an anderer Stelle ausführlich darstellen werde, davon aus, dass es abgewehrte Traumata der Eltern sind, die sich beim autistischen Kind in spezifischer Weise spiegeln. Es geht um schicksalhafte Erfahrungen und Verflechtungen zwischen dem Schicksal der Eltern und der Entwicklung ihrer Kinder. »Vielleicht könnte man sagen: Die Geschichte der Eltern hat etwas von Schicksal für das Leben ihrer Kinder. Denn ist es nicht so, dass die Geschichte der Eltern, unabhängig von deren Willen und Fähigkeit, einen Schatten auf das Leben ihrer Kinder wirft und ihre Entwicklung bestimmt? Dieser Prozess geht ohne Worte vonstatten, denn es sind unbewusste Erwartungen und Gefühle, die sich an die Existenz des Kindes knüpfen und von diesem ebenso unbewusst aufgenommen werden.« (Lang-Langer, 2003)

Der genetisch/neurologische Ansatz ist, im Gegensatz zu den psychodynamisch orientierten Ansätzen Tustins und Alvarez', noch immer dominant.

In Wikipedia kann man folgendes lesen:

> »Leo Kanner, der 1943 kindlichen Autismus beschrieb, hielt es für möglich, dass Autismus auf einen Mangel an mütterlicher Wärme zurückzuführen sei. Fortgeführt wurde diese Theorie vor allem durch das Buch »Die Geburt des Selbst« (1967) des Psychologen Bruno Bettelheim. Aufgrund dieser Theorie, Autismus werde durch psychische Faktoren verursacht, litten Eltern autistischer Kinder in der Vergangenheit unter ungerechtfertigten Vorwürfen. Teilweise werden auch heute noch Eltern von ihrer Umgebung für das autistische Verhalten ihrer Kinder verantwortlich gemacht. Mittlerweile steht fest, dass Autismus neurologische Ursachen hat und man geht davon aus, dass er möglicherweise genetisch bedingt ist.«

Auch Institute, die speziell mit autistischen Kindern arbeiten, verfolgen in der Regel keinen psychodynamischen Ansatz. In psychoanalytischen Instituten läuft Autismus häufig als unbehandelbar. Die psychoanalytischen Leitlinien (Adler-Cormann et al., 2023) sind äußerst knapp und zurückhaltend formuliert: Die Störung der Kommunikation und der Bezogenheit »kann erstes Anzeichen einer tiefgreifenden Kommunikationsstörung aus dem autistischen Formenkreis sein. Die Diagnose Autismus-Spektrum-Störung sollte allerdings mit großer Vorsicht gestellt werden.« (ebd., S. 372)

Ein Kongress der Kinder- und Jugendlichen-Psychotherapeuten zum Thema Autismus im Jahre 2017 bestätigt das. Stellvertretend zitiere ich im folgenden Wolfgang Oelsner (AKJP-Tagungsheft, S. 208): »… die Wahrnehmung dieser Kinder ist auch nicht deshalb verzerrt, weil sie unzureichende Objekterfahrungen gemacht hätten oder weil sie ihr eigenes Verhalten nicht ausreichend gespiegelt bekommen hätten. Diese Defizite mögen hinzugekommen sein, aber sie begründen nicht primär das Störungsbild. Die Begründung ist neuropsychologisch. Ein umgangssprachlicher Begriff trifft ihn recht anschaulich: sie sind anders gepolt.«

Ähnlich lautet die S-3 Leitlinie (2021) des AWMF (AG der wiss.-med. Fachgesellschaften). »Heute besteht Konsens darüber, dass dem frühkindlichen Autismus bzw. den Autismus-Spektrum-Störungen neurobiologische Ursachen zugrunde gelegt werden müssen.«

Es geht insofern nicht um die Behandlung des Autismus, sondern um die Unterstützung autistischer Kinder in Teilbereichen, wie etwa Musiktherapie, Logopädie, Ergotherapie. Das Üben von Fähigkeiten mittels positiver Verstärkung und Training der Eltern für den Umgang mit dem Kind stehen im Mittelpunkt.

Die vielen, hier nur ansatzweise aufgeführten, stets wechselnden, verworfenen, wieder aufgegriffenen Versuche, das autistische Phänomen zu begreifen, ähneln einem Kuriositätenkabinett.

ABA (applied behavioral intervention for young children with autism)/ Konditionierung mit Belohnung: Eltern autistischer Kinder haben mir immer wieder Videos vor allem aus USA gezeigt, wo Kinder wie kleine Maschinen Farbe, Tiere etc. benennen lernen und durch gezielte Belohnung mit Süßigkeiten eine Art von seelenloser Fokussierung erreichen.

Auch von MMS (magical mineral supplement) habe ich häufig von Eltern gehört. Die Mineralien sollen einer durch Impfen entstandenen Schwermetallvergiftung entgegenwirken, die Autismus auslöst.

Im *Ärzteblatt* (11/2020) ist von einer schwedischen Studie die Rede, die vom erhöhten Autismusrisiko durch Valproinsäure spricht.

Im *Ärzteblatt* (8/2020) wird eine kanadische Studie vorgestellt, in der es um die Erhöhung des Autismusrisikos in der Schwangerschaft durch Cannabiskonsum geht.

Es ist mein Eindruck, dass im Nachklang der Schriften Frances Tustins Anfang der 90er- und Ende der 80er-Jahre des letzten Jahrhunderts eine lebhafte Diskussion über die Möglichkeit, autistische Kinder psychoanalytisch zu behandeln, stattfand, die inzwischen vollkommen versandet ist.

Im Themenheft Autismus der *Kinderpsychoanalyse* (1990) berichten Maria Rhode und Jochen Stork in beeindruckender Weise von der Behandlung autistischer Kinder. »Es spricht von den Glücksfällen, die man genau studieren kann (Storck bezieht sich hier auf die Behandlung eines zweijährigen Mädchens, E. L.-L.), um unsere Fähigkeit in der Behandlung zu bereichern… (Wir erkennen) … dass diese Kinder eben nicht aufgegeben werden müssen, sondern auch erfahrungsfähig sind oder werden können.« (Storck, 1990)

Mit der sogenannten evidenzbasierten Forschung, der Formulierung von Leitlinien, OPD, startete der Versuch, Psychodynamik zu erden, was auch bedeutete, mit den Psychiatern um Krankheitsbilder zu konkurrieren. Es liegt in der Dialektik eines solchen Versuches, dass die sogenannten Erfordernisse der Realität die Kreativität beschädigen. Unbewusst wird das eigene Revier beschädigt, die psychodynamische Sichtweise ihrer Potenz beraubt. Im Falle des Autismus wird dies in besonderer Weise deutlich. Die klare Tendenz ist, Autismus erneut als etwas zu sehen, was jenseits von allem ist. Autismus wird beiseitegelegt, es gibt Berührungsängste und damit verbunden die Tendenz, die Betroffenen mit verhaltenstherapeutischen und psychiatrischen Maßnahmen zu behandeln. Sie werden abgespeist, denn worum es wirklich ginge, ware die Auseinandersetzung mit der Möglichkeit autistischer Kinder, Beziehungserfahrungen zu machen.

Sowohl bei Tustin als auch bei Alvarez wird die Sorge deutlich, die Mütter autistischer Kinder zu beschuldigen und sozusagen mit Bettelheim in eine Schublade geworfen zu werden. Sie betonen, wie Schweres diese Mütter mit ihren Kindern durchmachen müssen.

Allerdings entwickeln beide ein Modell, in dem die Genese des Autismus in frühen Beziehungsabbrüchen gesucht wird, verknüpft mit einer nicht näher beschriebenen »Sensibilität des Kindes«.

Beide berichten von faszinierenden Beobachtungen im Zusammensein mit autistischen Kindern, die sie teilweise über Jahrzehnte behandelten. Ähnlich wie bei dem Film über Anni Bergmanns jahrzehntelange Behandlung eines autistischen Mädchens kam es mir vor, als hätten sie allerfrüheste Begegnungen (mühsam) noch einmal vollzogen, etwas, was nicht stattgefunden hatte, den Dialog der Mutter mit dem Baby, nachzuholen getrachtet.

Die heutzutage vorherrschende Diskreditierung der Schriften Bruno Bettelheims betrifft, wie ich bereits ausführte, letztlich die Diskreditierung des psychodynamischen Ansatzes insgesamt. Die Forschungen von Tustin und Alvarez werden kaum außerhalb psychoanalytischer Kreise, und auch da nur randständig, wahrgenommen.

Tatsächlich habe ich *Die Geburt des Selbst*, die ich vor meiner psychoanalytischen Ausbildung gelesen habe, nun noch einmal gelesen und bin nach wie vor beeindruckt von der minutiösen Beschreibung der allerfrühesten Mutter-Kind-Interaktion, des Stillens vor allem und den hier sich einstellenden Brüchen, an die Tustin m. E. anknüpft. Ebenso wichtig erscheint mir die Bedeutung, die sowohl Bettelheim als auch Tustin dem schwierigen psychischen Background der Bezugspersonen zukommen lässt. Hier würde ich gerne anknüpfen und mich mit der transgenerationellen Weitergabe von Traumata im Falle des Autismus beschäftigen.

In den Diagnosekriterien (ICD-10) wird zwischen frühkindlichem Autismus, dem atypischen Autismus und dem Aspergersyndrom unterschieden, das sich oftmals erst nach dem dritten Lebensjahr bemerkbar macht. In der Änderung (ICD-11) – wie schon im DSM-5 – sollen die verschiedenen Ausprägungen und Schweregrade des Autismus zum Begriff des Autismusspektrums bzw. der Autismusspektrumstörung zusammengefasst werden. Genaue Abgrenzungen innerhalb des Spektrums sind oft nicht möglich, da die Übergänge zwischen verschiedenen Ausprägungen fließend sind.

Im DSM-5 heißt es: »Die Symptome müssen bereits in der frühen Entwicklungsphase vorliegen (sie manifestieren sich aber möglicherweise erst dann, wenn die sozialen Anforderungen die begrenzten Möglichkeiten überschreiten. In späteren Lebensjahren können sie durch erlernte Strategien überdeckt sein).« (S. 34)

Alle Erscheinungsformen des Autismus werden also in der Autismusspektrumstörung zusammengefasst. Grund hierfür ist die zunehmende Erkenntnis, dass eine klare Abgrenzung von Subtypen nicht möglich ist, und man stattdessen von einem fließenden Übergang zwischen milden und stärkeren Autismusformen ausgehen sollte.

Man muss die Formulierung des DSM-5 auf dem Hintergrund der historischen Entwicklung als eine Art von Fortschritt begreifen. Implizit könnte man die Ausführungen lesen, als seien Tustins Forschungen über autistische Barrieren bei Neurotikern miteingeflossen.

Die Spur der traumatischen Verletzung

Ich verstehe die autistische Symptombildung als Abwehrformation. Abgewehrt wird ein unerträglicher, multipel bedingter traumatischer Schmerz. Die autistische Symptombildung ist die Spur einer traumatischen Verletzung.

Diese Verletzung fand statt in einer allerfrühesten, nicht-erinnerbaren Zeit und resultierte in der Abwendung von der Welt der Objekte. Tatsächlich sind verschiedene traumatische Faktoren wirksam und verweben sich in einer so dichten Weise, dass ihre Ursprünge kaum zu erkennen sind. Es handelt sich um das Verweben 1. des Traumas des Babys, 2. des Traumas der Eltern, 3. des transgenerationellen Traumas.

Unter dem Trauma des Babys verstehe ich eine bereits in der pränatalen Zeit sich ankündigende Einsamkeit, eine Existenz im Angesicht der nahezu vollkommenen Präokkupiertheit der Objekte. Die Einsamkeit steigert sich noch mit dem Zerschneiden der Nabelschnur, dieses physischen Zusammengebundenseins. Die lebensnotwendige Fortdauer der Nabelschnur auf der psychischen Ebene scheitert. Weder im sinnlichen Berühren noch im Schauen, noch im lustvollen Trinken, noch im Erträumtwerden gelingt die Begegnung mit dem Objekt. Der Grund hierfür liegt zumeist in transgenerationell wirksamen, vorwiegend kumulativ traumatisierenden Verletzungen der Objekte.

Sprachlosigkeit, sowohl auf der verbalen als auch auf der emotionalen Ebene, beherrscht die innere Welt der Eltern. Eine Art von Lähmung und Vereisung hat von ihnen Besitz ergriffen, die sie in den Augen ihres Kindes potenziert wiederfinden werden. Die Folge dieser Vorgänge ist eine furchtbare, unvorstellbare Einsamkeit des Babys. Diese Einsamkeit ist so unvorstellbar, wie die Symptombildung folgerichtig, die sich daraus entwickelt.

Mit der autistischen Abkehr vom Objekt schützt sich das Baby. Es stirbt nicht, aber es wird zu einem lebenden Toten.

Die Unmöglichkeit seiner traumatisierten Eltern, mit ihm in Kontakt zu treten, wendet das autistische Kind in eine Aktivität seinerseits und folgt damit der Spur seiner Eltern. Eine ergänzende Weise, die Szenerie zu betrachten, ist die Folgende: Die Eltern geben in einem Akt der projektiven Identifizierung abgespaltene Teile ihrer selbst in das Baby hinein. Was ich sagen will: Auch wenn es Eltern und Kind nicht gelingt, in Beziehung zu treten, werden Gründe erkennbar, warum das so ist.

Die autistische Symptombildung ist also unbewusst das Resultat des Scheiterns der Beziehung. In einer rätselhaft anmutenden Weise jedoch spricht sie über Beziehung und ist Ausdruck einer spezifischen Art von aus bestimmten Gründen nicht zustande kommen könnender Beziehung. Was ich mit dieser Beschreibung des autistischen Kindes antizipiere, ist die Darstellung, der **vor** der Abkehr vom Objekt einmal stattgefunden habenden Begegnung, die in dieser Abkehr mündete. Die autistische Symptombildung hat keinen Sonderstatus, sie ist kein unergründlich dunkles Loch, sie ist entstanden.

Während meiner Überlegungen zur Erforschung des Autismus als früher Abwehrformation bin ich immer wieder auf das Phänomen des plötzlichen Kindstodes gestoßen, der meines Erachtens eine ähnliche Fixierungsstelle hat wie die autistische Symptombildung. Der radikale Rückzug vom traumatisierenden Objekt, den das autistische Kind vollzieht, wird bei Kindern, die des plötzlichen Kindstodes sterben, in einer endgültigen Weise vollzogen. Sie hören auf zu atmen. Es sind viele Gründe gefunden worden, warum es dazu kam: Das Kind lag auf dem Bauch, es war allein in einem Raum, die Mutter war Raucherin, Impfungen. Meine Hypothese ist, dass auch die Eltern der Kinder, die eines plötzlichen, unerklärlichen Todes sterben, aus schicksalhaften Gründen, die in unbewussten Traumatisierungen zu suchen sind, nicht in der Lage waren, ihre Kinder zu halten und ihnen etwas zu geben, was sie zum Bleiben hätte veranlassen können. Mitte der 1990er-Jahre haben sich Martin Dornes und Hildegard von Lüpke mit dem Thema beschäftigt:

> »Nichts spricht derzeit gegen die Annahme, dass ein chronisches und tiefgreifendes Einanderverfehlen von Mutter und Kind über eine Beeinträchtigung des Wohlbefindens und eine vorübergehende funktionelle Störung hinaus noch wei-

ter, bis hin zu einer allgemeinen Reifungsblockade, lebensbedrohlichen neurophysiologischen Fehlregulationen und letztendlich zum Aufgeben des Säuglings führen kann.« (Dornes/von Lübke, 1995, S. 323)

Autistische Kinder lernen nicht zu sprechen, weil ihnen die Basis der nichtsprachlichen Kommunikation fehlt. Der Austauschprozess mit dem Objekt wurde nicht durchlaufen. Das Objekt bleibt fremd und angsterregend. Seine Signale konnten nicht gelesen und aufgenommen werden, den potenziellen Empfänger nicht erreichen. Die Präokkupiertheit des Empfängers, des durch unbearbeitete traumatische Erfahrungen destabilisierten Objekts, verhindert einen frühen Dialog. Es ist, um hier einen Gedanken Bions aufzugreifen, ein Scheitern des Präkonzepts, mit dem wir es bei dem autistischen Kind zu tun haben. Unter Präkonzept verstand Bion ein Konzept vor aller Erfahrung, einer unbewussten Erwartung vergleichbar. Nur mit der Realisierung der Präkonzeption können erste seelische Verbindungen mit dem Objekt entstehen. »Trifft die Präkonzeption nicht auf ausreichende Realisierungen, fühlt sich das rudimentäre Selbst permanent von Auflösung und Vernichtung bedroht.« (Nissen, 2014, S. 85)

Im Folgenden interpretiere ich die Idee des Präkonzepts im Kontext der pränatalen Zeit. In den meisten Fällen ist die physische Versorgung des Ungeborenen, aber auch das seelische Geborgensein in den Träumen seiner Eltern, sichergestellt. Mit dem Durchschneiden der Nabelschnur und der Versorgung durch die Brust greift das Kind spontan zurück auf seine Erfahrung der pränatalen Vorgänge. Fehlt nun dem autistischen Kind aufgrund disharmonischer Erfahrungen der pränatalen Zeit das Präkonzept von der Möglichkeit eines antwortenden Objekts? Oder aber kann das Präkonzept aufgrund unzureichenden Gehaltenwerdens in der nachgeburtlichen Zeit nicht realisiert werden? Im Falle des autistischen Kindes gehe ich davon aus, dass die Bruchstelle seiner Verfehlung des Objekts in den vergangenen Erfahrungen dieses Objekts zu suchen ist. Diese Bruchstelle findet ihren Ausdruck sowohl in der pränatalen wie in der nachgeburtlichen Zeit.

Die Behandlung autistischer Kinder führt weit zurück in die Genese seelischen Erlebens. In ersten Ansätzen entwickelt sich die projektive Identifizierung im Behandlungsverlauf tatsächlich häufig schnell, so dass man auf den Gedanken kommen könnte, die nicht-beantwortete Erwartung des Präkonzepts habe im autistischen Rückzug überwintert. Gesten, Blicke, Laute werden ausgetauscht, es entstehen in diesem Kontext Momente des

Glücks. All dies ist nicht haltbar, nicht konstant und von wiederkehrenden, langanhaltenden Rückzügen geprägt. Es sind die Rückzüge, der Nicht-Austausch, der die Stunden beherrscht, die gleichwohl getragen werden von den seltenen Momenten einer flüchtigen Berührung, von der man sich mitunter irritiert fragt, ob sie überhaupt geschehen ist.

Da wir ja davon ausgehen, dass projektive Identifizierung in der Gegenübertragung des Therapeuten zum Ausdruck kommt, stellt sich die Frage, was stattdessen oder gleichwohl im Behandler untergebracht wird. In der Gegenübertragung, so meine Erfahrung, machen sich dominant Leere, Hilflosigkeit, Unsicherheit, Fremdheit, Angst und Ratlosigkeit breit. Auf Seiten des Therapeuten ist es so, dass das Interesse an dem Kind, der Wunsch es zu verstehen, so wie es ist, ihn trägt. Vermutlich trägt dieser Wunsch auch immer wieder das Kind und unterbricht die chaotische, von Fremdheit, Leere und Angst geprägte innere Situation sowohl des Kindes als auch des Therapeuten. Was ich sagen will, ist, dass es in der Behandlung eines autistischen Kindes immer wieder fühlbar wird, dass es gehalten werden will, auch wenn es sich abwenden muss.

Regelmäßig kommt es zu langen Phasen der Stille, die anmutet wie eine tiefe Ruhe, in der sich die beiden Protagonisten zurückziehen und erholen müssen. Ich habe festgestellt, dass diese Phasen des Rückzugs und der Stille wesentlich sind, denn es ist ja so, dass das autistische Kind das Objekt wesentlich als gefährlich, ängstigend und verwirrend erlebt. Die allerkleinste Berührung, die gleichwohl entstand, muss in der Sicherheit des Rückzugs und der Abwendung vom Objekt in weite, weite Ferne gerückt werden. Dies sind auch Momente, in denen unbewusst, passager und wieder verschwindend Verbindungsmomente auftauchen. Mir fällt dazu ein, dass autistische Kinder sich ja obsessiv mit dem Ein- und Ausschalten, dem Öffnen und Schließen von Gegenständen beschäftigen. Die kurz aufscheinenden Verbindungen, die unbewusst entstehen, gleichen den kurzen Momenten des aufscheinenden Lichts oder einer kurz geöffneten Tür.

Untersucht man den Vorgang der projektiven Identifizierung auf Seiten des Objekts, so kann man davon ausgehen, dass die von unbearbeiteten traumatischen Erfahrungen gezeichneten Eltern autistischer Kinder aufgrund ihrer Destabilisierung von dieser in pathologischer Weise Gebrauch machen. D. h. sie benutzen den Säugling unbewusst als Container, als etwas, was ihnen niemals zur Verfügung stand. Archaisch aggressive Bestrebungen, Omnipotenzansprüche, Rache, Kontrolle und Manipulation des

Objekts, so stelle ich mir das vor, entleeren sich ungefiltert und bringen den Säugling in einen Zustand bedrängender psychotischer Erregung. Und tatsächlich ist es ja so, dass massive Relikte dieser Erregung bei autistischen Kindern vorhanden sind. Ich denke da an das Armwedeln, das wie ein perverser Erregungszustand anmutet und signalisiert, dass der Körper nicht in Besitz genommen werden konnte. Vor diesem Hintergrund wird die autistische Abkehr vom Objekt, so seltsam und rätselhaft sie auch erscheinen mag, zu einer intuitiv lebensrettenden Aktion.

»The protective-shield-role of the mother enables the infant to project all the unpleasurable inner stimuli onto her.« (Khan, 1963, S. 293)

Das Konzept des von Khan entwickelten kumulativen Traumas, das sich auf die frühe, nonverbale Kommunikation bezieht, ist ausgesprochen aufschlussreich für die Untersuchung der Genese autistischer Störungen. Mannigfaltige, frühe, sich wiederholende, eine unaufhörliche Kette bildende Verfehlungen von Mutter und Säugling kennzeichnen das kumulative Trauma. Die Mutter kann das Kind nicht vor inneren und äußeren Reizen schützen, ihm keinen Entwicklungsraum bieten. Der frühe Bruch des für den Säugling lebensnotwendigen Schutzschildes wird im Falle des Autismus mit der Abwendung vom Objekt beantwortet.

Die autistische Symptombildung sucht den Schutzschild der Mutter gleichsam zu ersetzen. Das mütterliche Objekt selbst wird zu einem traumatisierenden Objekt. Es ist die gespenstische Stille, die Stummheit, in der all dies geschieht, es ist diese frühe, diese allerfrüheste wortlose Zeit, in der die Genese der autistischen Symptombildung anzusiedeln ist. Dies alles ist zudem noch eingebettet in eine noch tiefere Stille und Stummheit, eine Sprachlosigkeit des Vergangenen. Alles, was Mutter und Vater des Babys während ihrer gesamten Lebenszeit bewusst und unbewusst erfahren haben, betrifft das Baby. Bereits während seines Werdens im Mutterleib teilt es mit seinen Eltern alle Erfahrungen, die diese prägten, die in ihrem Körper und ihrer Seele gespeichert sind, die untrennbar verknüpft sind mit der Luft, die sie atmen. In einer metaphorischen Weise könnte man sagen, das Baby atmet die Luft seiner Eltern. Das Baby macht während der Zeit seines Entstehens ebenso Erfahrungen mit der Gegenwärtigkeit seiner Eltern, ihrer Handlungen und Stimmungen, ihrer Bewegungen, ihrer Liebe und Zuwendung, ihres Getriebenseins, ihrer Angst, ihrer Überforderung, ihrer Todeswünsche, ihrer Verzweiflung. Wenn das Baby auf die Welt kommt, hat es schon viel erlebt und viele Erfahrungen mit seinen Eltern gemacht.

Es ist keineswegs eine Tabula rasa. Stumme, unbewusste, für bedeutungslos erklärte transgenerationelle Traumata bilden den Hintergrund des kumulativen Traumas.

Daniel Stern hat sich mit den Gedächtnisfähigkeiten des Babys beschäftigt, die affektive Ereignisse registrieren. Er schildert einen neugeborenen Säugling, dessen Atmung beim Stillen zufällig durch die Brust behindert worden war und der sich beim nächsten Anlegen von der Brust abwandte. »Die Brustatemnot ist Ergebnis einer enttäuschten Erwartung. Die Erinnerung wird insofern von der Enttäuschung geleitet.« (Stern, 2007, S. 141) Tatsächlich beeinflussen solche Erinnerungen das Verhalten des Säuglings eine Zeitlang und wirken tendenziell wie eine Langzeiterinnerung. Man kann nur vermuten, dass ein Überhandnehmen einer permanenten Erfahrung von Teilnahmslosigkeit und Nicht-Präsenz auf Seiten des Objekts den Säugling in einen radikalen Rückzug treiben könnten.

Entsprechen, einander entsprechen, sich abstimmen, aufeinander abstimmen, antworten, über diese intuitiven Vorgänge berichtet Daniel Stern. Im Zusammensein mit autistischen Kindern wird man gewahr, wie verloren man ohne diese Abstimmung ist. Der Autist wehrt das Objekt ab. Das ist gar nicht vergleichbar der Abwehr des Neurotikers, die immer eine Abwehr des Unbewussten ist und im Verlauf der Entwicklung auftretende Ängste und Phantasien in Bezug auf das Objekt betrifft: Angst, das Objekt zu verlieren, von ihm verschlungen zu werden, kastriert zu werden, bestraft zu werden, bedürftig und hilflos zu sein, triebhafte Regungen nicht kontrollieren zu können. Mit anderen Worten, das Ich des Neurotikers versucht, zwischen Über-Ich-Anforderungen und triebhaften Es-Bedürfnissen zu vermitteln. Es ist, wenn dies geschieht, eine innere Struktur vorhanden. Die Abwehr des Autisten findet vor der Strukturierung der inneren Welt statt, selbst vor so frühen Mechanismen wie Spaltung in gute und böse Brust, ein Modell Melanie Kleins, mit dem sie die chaotische, paranoid-schizoide Position des Säuglings beschreibt. Ich gehe davon aus, dass der Autist der paranoid-schizoiden Position gewahr wird und in dieser keinen Trost erfährt, der guten Brust kaum angesichtig werden kann. Es handelt sich um eine traumatische Situation, in der das überlebensnotwendige Holding nicht erlebt werden kann.

Die autistische Abwehr, die Abkehr vom Objekt ist das Resultat einer traumatischen Erfahrung vor, während und nach der Geburt. Ich gehe davon aus, dass eine lebensbedrohliche, unbewusste seelische Abkehr des

Objekts der Abkehr des Babys vorausgeht. Die Massivität des seelischen Mangels für die Entwicklung wird in der autistischen Symptombildung in besonderer Weise klar und erschreckend vor Augen geführt, einer unaufhörlichen Verwundung gleich.

Die Eltern meiner Patienten erfuhr ich als einsame, ungehörte, ungeschützte Kinder, die nur mittels der seelischen Entleerung ihrer inneren Welt überlebten. Aufgrund der damit verbundenen projektiven Vorgänge betraf dies in hohem Maß die Entwicklung ihrer Kinder, in deren autistischer Symptombildung sie sich unbewusst erkannten. Es ist meine Hypothese, dass das Objekt in seinem antwortlosen Kind unbewusst einen Spiegel erlebt. Die Diagnose einer autistischen Störung, deren Genese einzig in neuronalen und genetischen Ursachen gesucht wird, ist, ich folge hier dem Vokabular Leonard Shengolds, Seelenmord. Die betroffenen Kinder werden auf diese Weise von der menschlichen Gemeinschaft ausgeschlossen. Aber auch den Eltern wird eine Auseinandersetzung mit dem Abgrund, der sich aufgetan hat, verwehrt. Im autistischen Rückzug begegnen wir der Macht der unbewussten Welt des Objekts.

Ich habe versucht, mir die früh entgleisende Szenerie vorzustellen, und ich stelle sie mir vor als eine stumme, gespenstisch sich vollziehende Naturkatastrophe. Es ist, als seien alle Laute eingefroren. In dem Baby selbst aber ist alles laut, schrecklich laut und die gesamte Existenz bedrohend. Es ist, als müsse alles zerbersten. Der Begriff der Naturkatastrophe trifft es auch deshalb, weil es sich um Vorgänge handelt, die mit Vernunft nicht zu begreifen und nachzuvollziehen sind. Sie betreffen die unbewusste Welt und nehmen ihren Anfang bereits im Leib der Mutter. Sie münden im autistischen Rückzug. Mit diesem Rückzug und allem, was ihm voranging, erzählt das Baby auch die bewusst gar nicht vorhandene Geschichte seiner Eltern.

Eine zentrale Bedeutung für das autistische Kind hat – Frances Tustin machte als erste darauf aufmerksam – der Gebrauch autistischer Objekte. Unter autistischem Objekt nun wird ein Gegenstand verstanden, dessen Gebrauch das menschliche Objekt abwehrt. Das autistische Kind wird durch den obsessiven Gebrauch autistischer Objekte (kleine Gegenstände in jeglicher Form) unansprechbar für das menschliche Objekt. Das autistische Objekt ist austauschbar und kann durch ein ähnliches, das die gleiche Funktion erfüllt, ersetzt werden. Das autistische Objekt ist verfügbar. Genau das unterscheidet es vom menschlichen Objekt.

Das Ersetzen des menschlichen durch das autistische Objekt sichert Verfügbarkeit. Das autistische Objekt dient der Abkehr vom menschlichen Objekt. Wenn man beobachtet, wie autistische Kinder häufig sanft über die von ihnen auserkorenen Gegenstände streichen, wie sie ihren Körper zu wiegen verstehen, dann könnte man auf die Idee kommen, sie imitierten die frühe Zuwendung eines mütterlichen Objekts. Es ist, als mache sich etwas wie der Hauch eines menschlichen Objekts in gespenstischer Weise bemerkbar, das gehauchte Relikt einer Zeit, bevor die Verletzung durch das Objekt die Abkehr von diesem einleitete. Dieses Relikt, es könnte der pränatalen Zeit entstammen, es könnte der gespenstischen transgenerationalen Zeit entstammen, es könnte einer verlorengegangenen, sehr frühen Reminiszenz an die Begegnung mit dem menschlichen Objekt entstammen.

Wenn man nun davon ausgeht, dass das autistische Objekt die auf den ersten Blick nahezu unkenntliche Spur eines menschlichen trägt, steht gleichwohl fest, dass es genau dieses menschliche Objekt ist, das mit dem autistischen Objekt abgewehrt wird. Das autistische Kind verhindert mit seiner Beschäftigung mit dem autistischen Gegenstand die Begegnung mit dem Menschen.

Ich gehe davon aus, dass das autistische Kind in der psychotherapeutischen Behandlung beginnt, eines seelischen Austauschprozesses gewahr zu werden, wie es beim Säugling in der normalen Entwicklung der Fall wäre. Das autistische Kind ist ebenso wie der Säugling darauf angewiesen, dass das Objekt fühlt, vorausahnt, was von diesem ersehnt und angenommen werden kann. Ja, die Kommunikation mit autistischen Kindern ähnelt zwar immer wieder der Kommunikation mit einem Säugling, jedoch bricht sie, anders als bei einem Mutter-Säugling-Dialog, immer wieder ab. Das ist deshalb so, weil das autistische Kind schon viel erlebt und seine eigenen Erfahrungen mit dem Objekt gemacht hat, auf eine Geschichte zurückblickt, die zur Abwendung von den Welt der Objekte geführt hatte. Insofern kommt es zu einer andauernden Umschlingung von Einander-Verstehen und sich vom Objekt abkehren.

Fallvignette: Sammy, 4,9 Jahre, zwei Stunden wöchentlich, bislang zweieinhalb Jahre in Behandlung

»Diese Kinder haben Angst davor, sich dem Gefühl menschlich und lebendig zu sein, zu überlassen, weil sie als lebendiger Mensch verletzt werden und sterben können.« (Tustin, 1990, S. 60)

Die Eltern kamen mit einem Packen Papiere in unser erstes Gespräch. »Wir können mit unserem Sohn nirgends hingehen, er macht, was er will, er ist nicht zu halten.« Sie waren verärgert über eine Kollegin, die sie konsultiert hatten. »Keine fünf Minuten war mein Sohn bei dieser Frau, da rief sie schon an, wir müssten ihn wieder abholen. Er habe wahrscheinlich eine Hirnschädigung, sagte sie uns. Wir sind dann gleich zum Neurologen gegangen und haben alles überprüfen lassen. Es gibt keine Hirnschädigung, wir haben die Dokumente dabei.« Ich: »Wie kam die Kollegin auf den Gedanken?« Der Vater: »Na ja, Sammy hat wohl sehr schnell alles durcheinander gebracht, die Sachen aus den Regalen gerissen. Sie ist gar nicht mit ihm klar gekommen.« Ich: »Vielleicht müssen wir aus dieser Erfahrung lernen. Sie haben mir ja erzählt, dass sie es selbst schwer mit ihm haben. Vielleicht ging alles zu schnell. Sammy war plötzlich allein in einer fremden Umgebung.« Er: »Im Kindergarten macht ihm das gar nichts aus. Auf so was reagiert er gar nicht.« Ich: »Meine Idee ist, dass Sie oder ihre Frau – sollte ihr Sohn zu mir kommen – zunächst mit in Sammys Stunden kommen.« Der Vater: »Wir machen alles, alles, um unserem Sohn zu helfen, klar kommen wir mit.« Sammys Mutter sprach kein Deutsch, manchmal versuchte der Vater, etwas für sie zu übersetzen. Ich hatte die Phantasie, dass sie die Hand des Vaters fest umklammert hält.

Der Kindergarten hatte den Eltern folgende Beschreibung mitgegeben: »Meistens springt er im Minutentakt von einem Spiel zum anderen. Zur Zeit brauchen wir eine Betreuungsperson für Sammy alleine, da er sich oft selbst gefährdet: Er geht mit Gegenständen in die Steckdose, rennt aus den Brandschutztüren heraus, rennt ins Bad und macht sich am Waschbecken nass usw. Das geschieht auch in der 1:1-Situation, wenn man einen kurzen Moment abgelenkt ist. Er nimmt keinen Blickkontakt auf. Wenn die Eltern ihn abholen, haben wir nicht beobachten können, dass er sich freut oder auf sie gewartet hat.«

Sammy, ein zierlicher, hübscher Junge mit lockigem Haar kommt an der Hand des Vaters die Treppe hoch. Er schaut nicht zu mir, die ich ihn begrüße. Er fuchtelt wild mit den Armen und reißt an der Hand des Vaters, der ihm die Jacke auszuziehen versucht. Er rast in das Behandlungszimmer und wirft greifbare Gegenstände aus den Regalen und Körben, versucht, den Lichtschalter zu betätigen und eine Steckdose zu erreichen, alles blitzschnell, wie gejagt. Zweimal kommt er kurz zu mir, will, dass ich eine kleine Dose öffne. »Mama, Mama«, sagt er, an mir vorbeischauend, zu mir.

Der Vater und ich sind unablässig in Bewegung, um Sammy in Schach zu halten, zu verhindern, dass er sich verletzt, Dinge zerstört, rausrennt. Es gibt keine ruhige Minute, am Ende der Stunde ist das Zimmer ein Schlachtfeld, ich bin schweißgebadet. Ich bemerke, dass ich von einem starken Kopfschmerz befallen werde, der anhält, bis ich am Abend einschlafe.

Ich denke darüber nach, warum er mich mit »Mama« ansprach. Ist »Mama« ein austauschbares Objekt mit gewissen Fähigkeiten?

Auch in den weiteren Stunden schaut mich Sammy nicht an, wenn er die Treppe hochkommt. Wild und getrieben stürzt er sich in den Raum. Es kommt allerdings zu einer kleinen Begegnung zwischen uns. Sammy steht am Tisch und wirft alle Filzstifte aus den Verpackungen. Er öffnet sie, zieht die Kappe ab und versucht, sie wieder zu verschließen. Ich: »Ganz fest.« Sammy gibt mir den Stift. Ich drücke noch mal auf die Kappe, bis es klickt, und stelle den Stift in ein Gefäß. So geht es weiter mit allen Stiften. Eine kurze Zeit lang ist es sehr ruhig im Raum.

In den folgenden Stunden beschäftigt sich Sammy mit einer Kiste mit Autos. Er wirft sie nach und nach vom Tisch. »Aua«, sage ich, als eines der Autos zu Boden fällt. Das greift Sammy auf. »Aua«, schreit er bei jedem zu Boden fallenden Auto. Ich schreie mit.

Ich merke. dass ich mich Stunde um Stunde mehr auf ihn einstelle. Ich begrenze den Raum, räume Gefährliches zur Seite. Meine Kopfschmerzen lassen nach und verschwinden schließlich ganz. Die überfordernde Szenerie des Anfangs erinnert mich an die verwirrende, chaotische Situation kurz nach der Geburt eines Kindes, den Versuch, sich mit dem Säugling einzurichten und herauszufinden, was er benötigt, wie man ihn beruhigen kann.

Ich bemerke, dass er weniger häufig aus dem Raum zu rennen versucht. Irgendwie findet er sich auch mit mir besser zurecht, nicht nur ich mit ihm. Manchmal wechselt er im Sekundentakt von Gegenstand zu Gegenstand. Manche Gegenstände leckt er ab und bringt sie mir.

Das Spiel mit den Autos geht weiter. Er wirft sie vom Tisch, schreit »AUA« und wedelt mit den Armen. Ich komme auf die Idee, die herunterfallenden Autos in einer Reihe aufzustellen. Sammy sammelt die Autos immer wieder ein und wirft sie erneut hinunter. Ich stelle sie auf, manchmal nebeneinander, als ob sie parken würden. Plötzlich wird mir klar, dass ich mit meinem Enkelkind häufig »Autos parken« spiele.

Einige Stunden später fängt Sammy an, die Autos selbst zu parken. Er beschäftigt sich richtig lange damit, so lange wie bisher mit nichts sonst, vielleicht zehn Minuten, vielleicht auch 15. Was gar nicht geht, ist Sammy anzusprechen, etwas zu fragen. Es ist dann, als wäre ich gar nicht da, als hätte ich keine Stimme.

Ich denke darüber nach, dass ich mit Sammy ein Spiel initiiert habe, das ich mit meinem zweijährigen Enkelkind häufig spiele, und dass es Sammy möglich war, dieses Spiel nach einigen Stunden zu seinem zu machen. Auch wenn wir uns nicht ansahen und nicht miteinander sprachen, war mit diesem Spiel, in dem ich Sammy und mein Enkelkind in einer Rêverie unbewusst verbunden hatte, etwas Warmes in unsere Stunden gekommen.

Der Vater hielt sich in den Stunden sehr zurück. Manchmal wechselten wir ein paar Worte. Es bedrückte ihn, dass er mit Sammy nirgendwohin konnte, dass er ihn auf der Straße quasi festhalten musste. »Wird sich das je ändern? Wird Sammy ein normales Leben führen können?« »Er ist dabei sich zu entwickeln«, bemerkte ich.

En passant erfahre ich, dass Sammy zu Hause sozusagen in einem Stall untergebracht ist, einem mit einer Absperrung versehenen Teil des Wohnzimmers. »Wir kommen sonst gar nicht klar… Sie wissen ja«, bemerkte der Vater.

Ich versuche, den Eltern im nachfolgenden Elterngespräch zu erklären, dass Sammy nichts lernen kann, was für ihn wichtig ist, wenn er in dem Stall eingesperrt ist. »Es wäre sehr wichtig, ihn immer wieder herauszulassen, zu versuchen, ihn zu erreichen. Ich weiß, dass das eigentlich nicht geht, aber wir versuchen es trotzdem. Ich bin davon überzeugt, dass er auf Dauer bemerkt, dass Sie sich bemühen… Es geht ja auch nicht um das Vermeiden, sondern um das Akzeptieren von Begrenzungen, nach und nach… darum, dass etwas Beziehungsvolles entstehen kann, dass man sich in die Augen schaut.« Wir sprachen darüber, wie wichtig es für Sammy ist, einen 1:1-Kontakt zu haben, seine Augen zu suchen und mit ihm zu sprechen, als verstünde er.

Tatsächlich entfernten die Eltern das Gitter sehr schnell. »Es muss gehen«, sagte der Vater, »ich will nichts tun, was meinem Kind schadet.«

Am Vormittag besuchte Sammy zwei Stunden den Kindergarten. Am Tag einer von Sammys Stunden bei mir, hatte man den Vater angerufen, Sammy weine bitterlich, der Vater müsse ihn abholen. »Ich verstehe das gar nicht. So was hat es noch nie gegeben«, sagte der Vater. »Er vermisst sie«, vermutete ich. Ich sah, dass dem Vater Tränen in die Augen schossen. »Glauben Sie wirklich?«, fragte er. »Ja, das denke ich«, bemerkte ich. »Er war dann auch gleich ruhig, als ich da war«, sagte er leise.

Nach und nach wurde mir klar, in welchem Ausmaß hilflos und verwirrt die Eltern waren, wie sie dankbar alles aufgriffen, was wir besprachen. »Warum ist Sammy so, wie er ist?«, fragte mich der Vater. »Er muss wohl, als er noch sehr klein war, etwas für ihn sehr Verletzendes erlebt haben, es ist, als ziehe er sich zurück, um sich zu schützen.« »Sie meinen sowas wie ein Trauma«, sagte der Vater. »Ja, so kann man das nennen«, sagte ich, »ich stelle mir vor, es war etwas, was nur er gespürt hat und was für alle anderen war, als sei es nicht gewesen.«

En passant erfuhr ich von der bevorstehenden Trennung der Eltern und einem daraus resultierenden Kindergartenwechsel. Mein spontanes Erschrecken bemerkend, fragte der Vater: »Denken Sie das schadet ihm? Wird es seine Entwicklung gefährden? Die Trennung hat gar nichts mit den Kindern zu tun.« Ich: »Ich überlege halt, dass dann zwei große Veränderungen in Sammys Leben auf einmal eintreten.«

Ich dachte darüber nach, wie schwer es dem Vater fiel, sich in Sammy einzufühlen, dass er dazu nur mit meiner konkreten Hilfestellung in der Lage war. Ich hatte auch die Phantasie, dass ich ebenfalls aus Sammys Leben wegfallen könnte.

Schon seit einiger Zeit hatte ich ins Auge gefasst, ca. eineinhalb Jahre nach Behandlungsbeginn, Sammy allein zu seinen Stunden zu sehen. Schnell wurde klar, Sammy war viel ruhiger mit mir allein. In dieser Zeit leckte er viele kleine Gegenstände ab, die er mir anschließend in den Mund schieben wollte. Ich bot ihm stattdessen meine ausgestreckte Hand an. Es erinnerte mich an das Spiel eines Säuglings, der sein (Körper-)Inneres mit der Mutter, ihrem Speichel, verknüpfen möchte. Ich finde, das Beispiel zeigt, dass einerseits nachholende, sehr nahe Erfahrungen möglich sind, es zeigt aber auch die Begrenztheit des Nachhinein in der ausgestreckten Hand, die anstelle des Mundes des Objekts angeboten wird.

Beim Schreiben über die Behandlung des Patienten wird mir deutlich, wie stark mein Impuls ist, seine gute Entwicklung zu beschreiben, und wie schwer es ist, von der Zeit zu berichten, in der es keine Verbindung zwischen uns gab. Diese Stunden tauchten immer wieder auf, sie drohten, was ich als Entwicklung erlebte, auszulöschen. Ich zweifelte an meiner Wahrnehmungsfähigkeit, an meiner therapeutischen Kompetenz, an meinem Verstand. Die Leere und Einsamkeit dieser Stunden war unerträglich. Das Schlimmste vielleicht war, dass ich in diesen Zuständen keine Erinnerung an jene Stunden mehr hatte, in denen Nähe fühlbar geworden war. Es war jedes Mal, als wäre nichts gewesen, als hätten sich unsere Blicke niemals gestreift, unsere Gedanken sich nicht berührt. In diesen Stunden beschäftigte sich Sammy stoisch mit Gegenständen. Er blickte mich nicht an und er reagierte auf keines meiner Worte.

Dem Phänomen der Erinnerungslosigkeit, der Verbindungslosigkeit begegnete ich auch immer wieder bei den Eltern. Nur beiläufig erfuhr ich von wichtigen Veränderungen. Häufig hatten wir etwa darüber gesprochen, wie wichtig es sei, Sammy sofort zu trösten, wenn er, was immer wieder vorkam, seinen Kopf gegen die Wand schlug. Wie immer en passant erfuhr ich, dass das nun schon monatelang nicht mehr vorgekommen sei. Es war, als ob erst dann, als ich mein Erstaunen über diese Veränderung äußerte, den Eltern bewusst wurde, dass überhaupt etwas geschehen war.

Dem entsprach eine karge Erinnerung an ihre eigene Entwicklung. Es gab keine Assoziationen, die einen Faden in die Vergangenheit gelegt hätten. Es war, als breiteten sich dürre Worte über einer endlosen Wüstenlandschaft aus. Die Mutter: »Mein Vater hat geschlagen... aber nur wenn er betrunken war... sonst konnte man sich auf ihn verlassen.« Auch die Mutter, so überlegte ich, kann, wie Sammy und ich in unseren Stunden, etwas nicht verbinden. In ihrem Falle ist es der berechenbare und der unberechenbare Vater. Jegliche Assoziation versandete in Erinnerungslosigkeit, man könnte auch sagen: in Objektlosigkeit, in der Abwesenheit der Beziehung zum Objekt. Einmal brach es plötzlich aus ihr heraus: »Ich habe mich immer hinter dem Sofa versteckt«, bemerkte sie leise und war den Tränen nahe. Die innere Verbindung zu einem vergangenen Schmerz war deutlich geworden und genauso schnell verblasst.

Sammys Vater, der emotional präsenter wirkte, auch er war innerlich wie abgeschnitten von seiner Herkunft, von der er – neben einer sich leer anfühlenden Idealisierung seiner Kindheit – einzig erinnerte, dass der Vater die Familie verlassen hatte, als er noch sehr klein war.

Einen Absturz in Verbindungslosigkeit kennzeichnete auch die folgende Episode des therapeutischen Rahmens.

Nach den langen Sommerferien kam Sammy nicht mehr zu seinen Stunden. Es war gleichzeitig nicht zu glauben für mich, und als hätte ich es geahnt. Es hatte Vorboten dramatischer Brüche gegeben. Da war die Trennung der Eltern, da war der plötzliche Kindergartenwechsel. Und ja, es war so: Der Gedanke, ob wohl meine Beziehung zu Sammy und seiner Familie Bestand haben würde, hatte mich gestreift.

Gleichwohl, ich konnte und wollte es nicht glauben, dass ich Sammy nicht wiedersehen würde, auch dann nicht, als weder Vater noch Mutter meine Nachfragen beantworteten. Ich entwarf die Idee, die Familie sei noch im Urlaub in Portugal und werde sich melden, wenn sie zurückkäme. Überhaupt war ich ganz sicher, dass die Familie sich wieder bei mir melden würde. Auch nach vier Wochen hatte ich Sammys Stunden noch nicht neu besetzt. Im Nachhinein vermute ich, ich befand mich in der Übertragung im Zustand eines traumatisierten Kindes, das gegen eine unerträgliche Verlusterfahrung ankämpft. Ich dachte aber auch, hiervon wie abgespalten, in einer analytischen Weise über die Vorkommnisse nach. Ich dachte: Jetzt passiert es, die tiefe Brüchigkeit der Objektbeziehungen, nun trifft sie dich. Wie sollte es anders sein? Man nennt es Übertragung…

Ich erlebte es wie einen Vernichtungsschlag. Sammys Rückzug von der Welt der Objekte war sein Versuch gewesen, sich vor weiteren Traumatisierungen zu schützen. Und tatsächlich, genau in dem Moment, in dem es schien, als begänne sich in der Übertragung die Spur einer Annäherung an das Objekt Ausdruck zu verschaffen, zerschlug sie sich schon.

Sechs Wochen nach dem ursprünglich vereinbarten Termin rief mich der Vater an und bat um Fortsetzung der Therapie, als wäre nichts geschehen. Meinen spontanen Ausruf, den ich nicht hatte beherrschen können (»Oh, Herr C., von den Toten auferstanden!«), ignorierte er. Ich verspürte den starken Wunsch »Nein« zu sagen, mich abzuwenden. »Nicht noch einmal alles von vorn«, dachte ich, »ich kann nicht mehr.« Hierbei vollzog ich, da bin ich sicher, die unbewusste Geschichte meines Patienten.

Sammy wirkte verstört, als ich ihn wiedersah, er wedelte stark mit den Armen und stieß Laute aus, vermied jede Kontaktaufnahme.

Mit den Eltern sprach ich darüber, wie wichtig es ist, Sammy Geschichten aus Vergangenheit, Gegenwart und Zukunft zu erzählen, auf diese Weise Verbindungen zu schaffen und Bedeutung. Die unangekündigte Unterbrechung der Behandlung, das plötzliche Untertauchen der Familie, gewann in unseren Stunden keine tiefere Bedeutung, zumindest nicht auf der verbalen Ebene, die fassadär blieb. Allerdings war der Vater nun, anders als zuvor, in einem dichten telefonischen Kontakt mit mir, um mitunter ausfallende Termine zu besprechen.

Ich war überrascht, wie vehement Sammy wieder anknüpfen konnte und sich zu entwickeln begann. Im Gegensatz hierzu erlebte ich meine innere Sicherheit noch als beschädigt und dachte: »Es kann wieder geschehen.«

Mir fiel auf, dass er mir nun schon im Treppenhaus »Hallo« zurief und auch den Vater laut und deutlich mit »Tschüs« verabschiedete. In einer Stunde holte er die Autos hervor, mit denen wir früher so oft gespielt hatten. »Ah, die Feuerwehr«, bemerkte ich beiläufig. »Das ist nicht die Feuerwehr«, sagte Sammy. Ich war irritiert und dachte plötzlich: O mein Gott, er hat einen ganzen Satz gesagt. Sammy schaute mich an und fing an zu lächeln.

»Kindergarten gehabt«, äußerte Sammy nun manchmal, wenn er zu seinen Stunden kam. Einmal deutete er auf seinen Vater, der ihn gebracht hatte, und sagte: »Frau Langer, das ist Papa.« Ich war wieder einmal perplex, weil ich gar nicht gewusst hatte, dass Sammy meinen Namen überhaupt kannte. Er sah mir jetzt häufig direkt in die Augen.

Die Eltern lebten mittlerweile getrennt, kümmerten sich jedoch gemeinsam um die Kinder. Die Behandlung dauert an.

In der zweiten Hälfte der Behandlung begann Sammy zu malen. Ja, er zeichnete manchmal in mich verblüffender Weise. Er kritzelte nicht, wie ich es vermutet hätte. Er zeichnete geschlossene, kreisähnliche Formen. Frances Tustin vermutete, dass die Form des Kreises beruhigend wirkt und eine rudimentäre Form der Begrenzung vermittelt, und dass Malen insgesamt vom Auftauchen des Selbst erzählt.

Ruhig auf seinem Stuhl sitzend malte Sammy das angefügte Bild, langsam, fast zärtlich, konzentriert.

Er gestaltete einen umschlossenen Innenraum, der spontan stark an das Innere des Mutterleibs erinnert, aber ebenso seinen eigenen Innenraum beschreiben könnte.

Da ist zum einen ein sich entwickelnder und differenzierender Reichtum des Innenraums. Da ist zum anderen das Fest-umschlossen-Sein dieses Raumes. Die geringfügigen Aussparungen im Umschlossen-Sein, so meine Fantasie, ermöglichten den Beginn eines Austauschs mit dem, was jenseits des Umschlossenen liegt, und befruchteten auf diese Weise seinen Innenraum.

Im Bild des Innenraums gestaltet Sammy seine eigene innere Welt und ebenso, in dieser an den Mutterleib erinnernden Form, die Innenwelt, aus der er kam.

Im Festumschlossen-Sein wird das Innere geschützt vor dem unberechenbaren Jenseits des Umschlossen-Seins.

Literatur

Adler-Corman, P. et al. (Hrsg.) (2023): *Psychoanalytische Leitlinien der Kinder- und Jugendlichen-Psychotherapie.* Frankfurt a. M. (Brandes & Apsel).

AWMF (2021): S-3-Leitlinie Autismus.

Bettelheim, B. (1967): *Die Geburt des Selbst.* München (Kindler).

Bosch, G. (1962): *Der frühkindliche Autismus*. Göttingen (Springer).

Dornes, M. / von Lüpke, H. (1995): Psychodynamische Aspekte des plötzlichen Kindstodes. *Kinderanalyse*, 4.

DSM-5 (2020): Hogrefe (Göttingen).

Kanner, L. (1943): Autistische Störungen der affektiven Kontakte. In: *Nervous child*, 2/3.

Khan, M. (1963): The concept of cumulative trauma. In: *The psychoanalytical study of the child*, 18/1.

Lang-Langer, E. (2003): Die unbewusste Bedeutung des Schicksals der Eltern für die Entwicklung ihrer Kinder. In: *Kinder- und Jugendlichen-Psychotherapie*, H. 118, 2. Frankfurt a. M. (Brandes & Apsel).

Nissen, B. (Hrsg.) (2014): *Wendepunkte.* Gießen (Psychosozial).

Rimland, B. (1964): *Infantile Autism.* London (Jessica Kingsley Publishers).

Stern, D. (2007): *Die Lebenserfahrung des Säuglings.* Stuttgart (Klett-Cotta).

Storck, J. (1986): Tödliche Verstrickungen von Mutter und Kind. In: *problemata.*

Tustin, F. (1990): *Der autistische Rückzug.* Frankfurt a. M. (Brandes & Apsel).

Joshua Durban
(Tel Aviv)

»Eine Person machen«

Klinische Überlegungen zu Deutungen von Ängsten bei der Analyse von Kindern aus dem autistisch-psychotischen Spektrum[1]

Abstract

Im Laufe der Psychoanalyse zeigt sich bei einigen Kindern, bei denen zunächst ASD diagnostiziert worden war, dass sie sich innerhalb eines autistisch-psychotischen Spektrums bewegen. Diese Untergruppe oder dieses Spektrum ist von einer Mischung aus paranoid-schizoiden Ängsten und weniger differenzierten autistischen Seinsängsten gekennzeichnet. Solche Kinder könnten daher als Borderline-Autisten bezeichnet werden. Die Deutung der unbewussten Angst erweist sich als entscheidender Faktor in der Analyse dieser Kinder. Sie zeichnen sich durch eine überwältigende Zufuhr vermischter Ängste aus. Daher besteht die schwierige Aufgabe des Analytikers darin zu versuchen, die dominante, vordringlichste Angst aufzuspüren und in ihrer eigenen »Sprache« zu deuten. Es ist hilfreich, dem Kind zu zeigen und zu deuten, wie ein autistischer Rückzug einer weiteren Fragmentierung entgegenwirkt und wie die Fragmentierung eine Zufuhr von lähmenden Seinsängsten verhindert. Darüber hinaus erfordern unterschiedliche Angstzustände auch unterschiedliche technische Überlegungen und Wege – besonders dann, wenn die Art der Angst mit desintegrierten oder unintegrierten Zuständen des Körpers verbunden ist. Anhand von klinischem Material, das aus einer fünf Sitzungen pro Woche umfassenden Analyse eines Jungen stammt, bei dem zunächst ASD und später kindliche Schizophrenie diagnostiziert wurde, wird versucht, die innere

1 © by *International Journal of Psychoanalysis* (IJPA 2019), Vol. 100, No. 5, 921–939. Mit freundlicher Genehmigung.

Dynamik und die technischen Herausforderungen bei der Arbeit mit dem autistisch-psychotischen Spektrum aufzuzeigen.

In den vergangenen 88 Jahren konnten Psychoanalytiker, beginnend mit Melanie Klein (1930), aus ihrer bahnbrechenden Arbeit mit psychotischen und autistischen Kinderpatienten einen bedeutenden Erkenntnisgewinn ziehen. Ein wiederkehrendes Thema ist die zentrale Rolle der unbewussten Angst bei der Entstehung und Symptomatik autistischer Zustände. Die Analytiker entdeckten, dass es neben den stärker organisierten Ängsten und den damit einhergehenden Abwehrmechanismen, die als Borderline oder psychotisch eingeordnet werden können, auch primitivere Angst- und Abwehrmechanismen gibt, die zu autistischen Zuständen gehören (Winnicott, 1952; Tustin, 1972, 1981, 1987, 1990; Meltzer, 1974, 1975; Levine und Power, 2017). Um Bions Unterscheidung zwischen psychotischen und nicht-psychotischen Teilen der Persönlichkeit (1957) zu paraphrasieren, können wir unsere Arbeit erweitern, indem wir das Zusammenspiel zwischen den sich oft überschneidenden autistischen, psychotischen und nicht-psychotischen Aspekten dieser Patienten einschliessen. Wenn wir das umfangreiche Wissen anwenden wollen, das durch die Erkenntnisse der kleinianischen Psychoanalyse über die zentrale Rolle der Objektbeziehungen, der Angst und der unbewussten Phantasie beim Autismus (Rhode, 2018) und die gleichzeitig von den französischen Psychoanalytikern geleistete Pionierarbeit über die Rolle der psychotischen Strukturen, der präpsychotischen Strukturen und der Defizitstrukturen, die Rolle der Körperlichkeit, der Sprache und des Begehrens des Anderen bei der Entstehung und Zerstörung der kindlichen Entwicklung (Lacan, 1966; Haag, 1993, 1997; Bursztejn et al., 2003; Lechevalier, 2003; Houzel, 2004, 2018; Laznik, 2007, 2013) entstanden ist, dann müssen wir bedenken, dass diese Erkenntnisse große und weitreichende klinische Implikationen haben. Jede Erweiterung unseres psychoanalytischen Ansatzes konfrontiert uns jedoch mit zahlreichen diagnostischen, theoretischen und technischen Herausforderungen. Dies ist besonders dann der Fall, wenn wir mit Kindern und Erwachsenen arbeiten, die eine Mischung aus autistischen und psychotischen Ängsten aufweisen, was man als autistisch-psychotisches Spektrum bezeichnen könnte. Analytiker stehen also vor der komplizierten Aufgabe, die Erkenntnisse sowohl der kleinianischen als auch der französischen Schule in ihre tägliche klinische Arbeit zu integrieren. Mein Ziel in diesem Artikel ist es zu zeigen, wie eine solche

Integration erreicht werden kann, indem ich versuche, den verschiedenen, oft verwirrenden und miteinander verflochtenen Ebenen der Ängste innerhalb der Sitzung zu folgen und ihre Sprache zu sprechen.

Das autistisch-psychotische Spektrum und der autistische psychische Rückzug

Eine beträchtliche Anzahl von Kindern, bei denen heutzutage eine Autismus-Spektrum-Störung (ASD) diagnostiziert wird, offenbaren sich im Laufe der psychoanalytischen Behandlung als von einer Kombination aus autistischen und psychotischen Ängsten betroffen, die durch eine autistische pathologische Organisation abgewehrt und maskiert werden. Die pathologische Organisation, die von Steiner (2011, 1993) als starre, fast undurchdringliche narzisstische Abwehrformation beschrieben wird, dient als doppelter Schutz vor paranoid-schizoiden Verfolgungsängsten gegenüber dem Objekt sowie vor den unvermeidlichen Ängsten und psychischen Schmerzen, die die depressive Anerkennung der Realität und des Verlustes beinhaltet. Der autistische psychische Rückzug ist nicht-symbolisch, körperlich, sehr konkret und beobachtbar, dies aufgrund der Symbolisierungsstörung und der Regression auf die symbolische Gleichsetzung (Segal, 1957). Er ist gekennzeichnet durch eine übermäßige Besetzung von Sinneswahrnehmungen, unzureichende oder fehlgeschlagene Spaltungsabwehr und Fragmentierung von Selbst und Objekt. Die autistische pathologische Organisation dient als konkreter Container für eine fragile Konstitution, die von verschiedenen Defiziten geplagt wird und daher oft symbiotisch orientiert ist (Bleger, 2013). Die multiplen Entwicklungsdefizite dieser Kinder erzeugen zudem einen Eltern-Kind-Teufelskreis aus Projektionen und Gegenprojektionen von Verzweiflung, Depression und unmentalisierten psychischen Inhalten (Alvarez, 1992; Durban, 2014). Dieser Teufelskreis wird oft in der Analyse inszeniert und in die inneren Objekte des Analytikers (Brenman Pick, 1985) und in seinen Körper projiziert. Dies führt zu einem verwirrenden und oft überwältigenden emotionalen Hin und Her zwischen Verzweiflung und Hoffnung, sowohl beim Patienten als auch beim Analytiker (Durban, 2014).

Der autistische psychische Rückzug entsteht durch eine unbewusste Phantasie der aktiven »Ummantelung« durch das Objekt (Durban, 2014, 2017a) und der gewaltsamen Aneignung seiner äußeren Schichten (Rhode, 2012a) als Schutz vor »Entmantelung«, d. h. einem passiven Zerbröckeln des psychischen Bindegewebes (Meltzer, 1974, 1992). Die Ummantelung, d. h. die verzweifelte Suche nach konkreten körperlichen und sensorischen Hüllen, schützt das Kind vor der Angst, in Stücke zu zerfallen, sich aufzulösen, die Form zu verlieren, zu erfrieren, zu verbrennen, zu ersticken, zu fallen, seine Membran, sein Empfinden von Kohäsion und Orientierung zu verlieren. Das Kind agiert diese unbewusste Phantasie dann ganz konkret, indem es sich mit autistischen Objekten und Empfindungsformen bedeckt und so in der Phantasie Beziehung, Kommunikation und eine unerträgliche Realität vermeidet (Tustin, 1981, 1990). Der autistische psychische Rückzug hat zwei Phasen: Er zeigt sich zunächst als autistische Abkapselung in Körperteile oder auf unbelebte Objekte. Im weiteren Verlauf der analytischen Behandlung zeigt er sich dann als eine weiterentwickelte Ummantelung, wenn das Kind schneckenartig aus seiner primären Verkapselung herauszukommen beginnt, nur um sich dann wieder in seinen Schutzraum zurückzuziehen. Nichtsdestotrotz ist der Schutzraum in dieser sekundären Ummantelung umgebaut mit der Hilfe von vitalen, annektierten Teilen, die zu einem lebendigen Objekt gehören.

Bei der Psychoanalyse von Kindern mit ASD ist es wichtig, zwischen den verschiedenen Formen des autistischen psychischen Rückzugs zu unterscheiden und entsprechend zu deuten. Der primäre autistische Rückzug der Abkapselung ist körperlich-sensorisch, konkret, unter Verwendung von autistischen Objekten und Empfindungsformen. Er ist durch eine massive Verwirrung zwischen Selbst und Objekt gekennzeichnet als Abwehr der Trennung vom Objekt sowie dessen hinreichender Internalisierung. Der sekundäre psychische Rückzug der Ummantelung impliziert den Beginn der Objektwahrnehmung und -bezogenheit. Die primäre Ummantelung schützt das Kind vor namenlosem Schrecken und katastrophaler Vernichtung infolge eines unzureichenden Gefühls für »den Körper als sichere Mutter« (Durban, 2017b). Die sekundäre Ummantelung schützt vor katastrophalen Veränderungen und psychischen Schmerzen in einer sich abzeichnenden Realität der Abhängigkeit, Vergänglichkeit und Andersartigkeit. Das Objekt wird dann zum traumatisierenden Agens, anstatt der Körper wie im Falle der primären Verkapselung. Der primär verkapselte Rückzug wehrt die »Seinsängste«

ab und lähmt die Bewegung hin zu paranoiden Ängsten. Der Rückzug in der sekundären Ummantelung verhindert die Bewegung hin zu depressiven Ängsten und Trauer. Die beiden Linien der autistischen Abwehrorganisation bringen auf tragische Weise nicht nur die Möglichkeit des psychischen Gleichgewichts (Joseph, 1978, 1989) und die Fluktuationen zwischen paranoiden und depressiven Ängsten (PS-D) zum Stillstand, sondern vor allem auch zwischen den «Seinsängsten» und den paranoiden Ängsten (B-PS).

Klein (1952) beschrieb die ständige Interaktion und Fluktuation zwischen verschiedenen Konstellationen von Ängsten gegenüber den inneren und äußeren Objekten, begleitet von typischen Abwehrmechanismen und unbewussten Phantasien. Um die Nichtlinearität dieser Interaktionen hervorzuheben, konzeptualisierte sie sie als Positionen und nicht als Phasen oder Stadien. Kleins Verständnis der ständigen Hin- und Herbewegung zwischen verschiedenen Angstsituationen wurde von ihren Nachfolgern weiter untersucht, beschrieben und entwickelt. Sie kamen zu dem Schluss, dass der Prozess der psychischen Entwicklung aus der Fähigkeit besteht, diese verschiedenen interagierenden Angstsituationen einzudämmen, zu tolerieren und zu modifizieren, damit sich Denken, Kreativität und Integration (Bion, 1963), Fühlen, emotionales Gleichgewicht und Realitätsprüfung (Joseph, 1978, 1989) entwickeln können. Darüber hinaus wurden die notwendigen Bewegungen in Richtung vorübergehender Desintegrationszustände nicht nur als Schutz vor Integration, sondern als unvermeidlicher Teil der Entwicklung angesehen (Bion, 1963). Gleichzeitig entdeckte man, dass scheinbar besser organisierte depressive Daseinszustände Abwehrorganisationen gegen Veränderungen sind, mit all dem psychischen Schmerz und der weiteren Erregung von Ängsten, die sie mit sich bringen (Steiner, 1987; Britton, 1998). Aus klinischer Sicht beschreibt Brenman Pick (2018) die vielen Schwierigkeiten, auf die der Analytiker stößt, wenn er versucht, die Dinge »zusammenzubringen«, wenn er mit diesen Schwankungen zwischen den verschiedenen Positionen konfrontiert ist. Sie weist auf die Bedeutung des Zeitpunkts der Deutung und die schmerzhafte Natur des Prozesses sowohl für den Analytiker als auch für den Patienten hin, da sie mit Mordlust, Neid, Eifersucht und Schuldgefühlen kämpfen. Im Fall des autistisch-psychotischen Kindes wird diese oszillierende Bewegung durch den Zustrom archaischer körperlicher Ängste und gescheiterter Versuche, binär zu sein, ständig aufgespalten. Dies behindert auf tragische Weise das Entstehen von Denken, Fühlen und von Transformation.

Wie Brenman Pick beschreibt, besteht der Weg, sich diesen unbewussten Ängsten zu nähern und sie »zusammenzubringen«, darin, sie für den Patienten zu deuten und ihn so mit einem Netzwerk von Bedeutung, Denken und Objektbezug zu versorgen und ihm Halte- und Containmentfunktion zu ermöglichen. Im Fall des autistisch-psychotischen Kindes rettet der Akt des Deutens das Kind auch aus seiner extremen, lähmenden Isolation oder verheerenden Einsamkeit. Die Hauptschwierigkeit bei diesen Kindern besteht jedoch nicht nur darin, den richtigen Zeitpunkt für die Deutung zu wählen, sondern auch die geeignete Ebene der Deutung für solche Zustände. Sie sind gekennzeichnet durch massive Verwirrung oder fehlende Selbst-Objekt-Differenzierung (Alvarez, 2012) und gestörte Identifikationsprozesse (Rhode, 2005). Die Deutung wird oft durch eine starke adhäsive Identifikation und das Einfrieren der freien Assoziationen des Analytikers erschwert, wenn nicht gar zeitweise unmöglich gemacht. Diese sind gleichgesetzt mit der Erfahrung des Kindes eingefroren zu sein, mit der Bedrohung durch den elterlichen Geschlechtsverkehr, der ein Baby hervorbringt, und mit dem autistischen Schrecken körperlicher Desintegration. Die mentalen Bewegungen des Analytikers spiegeln also die Angst des Kindes wider, dass Bewegung, ob körperlich oder mental, den Verlust von Körperteilen bedeutet und um jeden Preis vermieden werden muss (Rhode, 2015).

Die manifeste Pathologie des Kindes im autistisch-psychotischen Spektrum ist in erster Linie eine autistische. Sie besteht im Rückzug und in der »Abschottung« des Geistes gegen Getrenntsein, Fragmentierung und Chaos, ausgelöst durch den Todestrieb. Im Verlauf der Psychoanalyse dieser Kinder werden oft eine Öffnung der undurchdringlichen, zwanghaften autistischen Abwehrorganisation und ein Auftauchen von lebhaftem psychotischem Material beobachtet. Dies weist auf eine darunterliegende, zuvor verschüttete, besser entwickelte Selbst-Objekt-Differenzierung, eine bessere Fähigkeit zu Spaltungsmechanismen und sogar zu symbolischem Denken hin. Das Kind errichtet dann eine zweite Verteidigungslinie in Form einer sekundären Ummantelung. Es schwankt zwischen den beiden Formen der Ummantelung, und die Entwicklung ist ernsthaft gefährdet. In den Analysen von Kindern, die primär autistisch sind, ist eine solche Bewegung jedoch selten und tritt, wenn überhaupt, erst viel später in der Analyse auf.

Haag (1993) gibt uns einen weiteren Einblick in diese Bedingungen. Sie schreibt:

> »Meiner Erfahrung nach scheinen die abgekapselten autistischen Kinder, die aus ihrer Panzerung herauskommen, dies in ziemlich langen Übergangsphasen zu tun und einem von zwei Hauptwegen zu folgen... entweder in eine post-autistische Besessenheit oder in eine ungestüme Art, eine so genannte psychotische oder schizophrene, und in jedem Fall in eine hyper-penetrierende Symbiose, die ziemlich destruktiv ist.« (ebd., 63–84)

Sie versucht zu unterscheiden zwischen den schizophrenogenen Elementen, die durch eine Explosion mit Spaltung in kleinste Partikel gekennzeichnet sind, und den Elementen, die sich von manisch-depressiven Problemen ableiten und durch eine nicht-explosive projektive Identifikation gekennzeichnet sind, welche die verschiedenen Körperkompartimente zum Zweck des erneuten Eindringens und der sexualisierten Ko-Erregung nutzt.

Dieser Versuch der Unterscheidung zwischen Schizophrenie im Kindesalter, Autismus und Psychose hat historische Wurzeln. Melanie Klein kämpfte mit diesem Problem, als sie ihren Patienten Dick (Klein 1930) analysierte, den sie halbherzig als an kindlicher Schizophrenie leidend diagnostizierte. Obwohl Dick heutzutage als ASD-Kind diagnostiziert würde, könnte es durchaus sein, dass Klein in gewisser Weise Recht hatte. Obwohl es zum Zeitpunkt von Dicks Analyse die Diagnose Autismus noch nicht gab, zeigte Dick klinisch gesehen eine verwirrende Reihe von autistischen und psychotischen Ängsten und Abwehrmechanismen, die mit einer tragischen Entwicklungsgeschichte von Defiziten und Verlusten zusammenhingen. In den folgenden Jahren wurden in der Psychiatrie, der Entwicklungspsychologie und der Psychoanalyse viele Versuche unternommen, die Unterschiede zwischen Schizophrenie, Psychose und Autismus herauszuarbeiten (Houzel 2018; Rhode 2018). Klinisch sind wir bei der Analyse eines Kindes mit manifesten autistischen Symptomen jedoch nach wie vor täglich mit der Notwendigkeit konfrontiert, die Natur seiner Ängste, Abwehrmechanismen, unbewussten Phantasien und Objektbeziehungen zu verstehen.

Man könnte argumentieren, dass das Problem heute vor allem in einer ungenauen oder zu pauschalen Erstdiagnose des Kindes liegt, die sich an den psychiatrischen ASD-Kriterien orientiert. Darüber hinaus wird diese Diagnose von vielen politischen, finanziellen, sozialen und pharmakologisch-medizinischen Überlegungen beeinflusst. In Israel zum Beispiel steigt die Zahl der diagnostizierten ASD-Kinder ständig an, und diese Kinder haben Anspruch auf beträchtliche finanzielle Unterstützung durch die

Regierung und erhalten von klein auf Zugang zu ausgezeichneten psychoanalytisch fundierten Behandlungsmöglichkeiten. Bei Psychosen im Kindesalter ist dies nicht der Fall. Merkwürdigerweise taucht bei der Diagnose Autismus auch weniger Stigmatisierung auf als bei einer Psychose, da letztere mehr bewusste und unbewusste Ängste hervorruft.

Unsere Erfahrung in Israel zeigt, dass die zugrundeliegende Struktur des Kindes, das zunächst als autistisch diagnostiziert wird, oft erst im Laufe der Analyse aufgedeckt wird. Dies ist ein einzigartiges und charakteristisches Merkmal der Kinderanalyse: Das Kind entwickelt sich nicht nur, sondern wird im Laufe der Analyse »erschaffen«. So kommt es im Verlauf der Analyse häufig zu Oszillationen zwischen Ummantelung – d. h. der Aneignung einer Art von Container, wenn auch oft konkret, falsch, annektiert oder prekär (Rhode 2012a; Durban 2014, 2017a) – und Psychose. Diese ständigen Oszillationen unterscheiden die Kinder auf dem autistisch-psychotischen Spektrum von den stabileren Situationen, die von Haag (1993, 1997) beschrieben werden, in denen Kinder, die aus autistischen Zuständen auftauchen, sich in Richtung Schizophrenie, manische Depression oder Psychose bewegen können; oder wie Tustin (1990) in ihrem letzten Buch, in dem sie von einer Untergruppe von Kindern berichtet, die »eine autistische Zwangsjacke« benutzen, um psychotische Ängste in Schach zu halten (aber nicht umgekehrt). Es gibt eine ständige, schnelle und oft verwirrende Hin- und Herbewegung zwischen Auftauchen und Rückzug, gefolgt von der Bildung von primären und sekundären autistischen pathologischen Organisationen. Diese Kinder sind nicht postautistisch, sondern – um der französischen Klassifizierungsmethode zu folgen – borderline-autistisch: ein »Mischmasch« aus paranoid-schizoiden und autistischen »Seinsängsten«. Sie schweben zwischen autistischer Fragmentierung mit Rückzug, was durch adhäsive Identifikation und sensorische Überbesetzung gekennzeichnet ist, und besser ausgebildeten psychotischen Mechanismen wie Abspaltung und projektiver Identifikation. Diese borderline-autistischen Organisationen entziehen sich linearen ätiologischen Erklärungen. Houzel (2018) schreibt: »Es ist nicht einfach zu akzeptieren, dass man nicht weiß, was die nächste Stufe sein wird oder wann sie eintritt. Und doch ist es die Voraussetzung, um dem prozesshaften Aspekt der psychischen Entwicklung Raum zu verschaffen. Es geht nicht um eine lineare Entwicklung, sondern um eine Evolution in Form einer Spirale, die Progressionen und Regressionen durchläuft. Das Betreuerteam muss intensive Arbeit leisten, um diese Entwicklung richtig einzuschätzen und zu vermeiden, dass eine notwendige Regression als Zeichen einer Verschlechterung oder das Auftreten eines unvermeidlichen psychischen Leidens als Ausbruch von Symptomen angesehen wird, die unterdrückt werden müssen.« (737–738).

Ein kürzlich im British Journal of Psychiatry veröffentlichter Artikel von Larson et al. (2017) von der Universität Cambridge liefert wichtige forschungsbasierte Unterstützung für das Vorhandensein einer solchen Untergruppe. Die Autoren behaupten, dass es möglicherweise einen spezifischen Subtyp von ASD gibt, der mit einer komorbiden Psychose verbunden ist. Ihre Ergebnisse deuten darauf hin, dass sich das Spektrum der psychotischen Erkrankungen bei Erwachsenen mit ASD von dem der Erwachsenen ohne ASD-Diagnose unterscheidet. Sie schlagen weiter vor, dass ihre Beobachtungen das Vorhandensein einer zugrundeliegenden neuroentwicklungsbedingten Anfälligkeit für die Entwicklung von Psychosen bei einigen Menschen mit ASD unterstützen, die vielleicht durch einen noch nicht verstandenen genetischen Mechanismus angetrieben wird und *verbundenen ist mit erhöhten Raten von Depression und Angst.* Der Artikel von Larson et al. hat meine eigenen Eindrücke bestätigt, die ich in vielen Jahren der Analyse von ASD-Säuglingen, -Kindern und -Jugendlichen und der Supervision vieler solcher Fälle gewonnen habe. Ich glaube, dass es tatsächlich zwei Spektren gibt: ein rein autistisches und ein autistisch-psychotisches. Der Hauptunterschied zwischen diesen beiden Spektren *liegt in der Art der Ängste und Abwehrmechanismen.* Das Kind im autistisch-psychotischen Spektrum zeigt eine Mischung aus paranoid-schizoiden und weniger gut differenzierten Seinsängsten wie: sich verflüssigen, sich auflösen, keine Haut oder eine Haut voller Löcher haben, erfrieren, verbrennen, das Gefühl für Zeit und Raum verlieren und in einer zweidimensionalen Welt existieren. Das autistische Kind zeigt vor allem letztere. Die scheinbare Überschneidung dieser beiden Spektren oder die Überlagerung der psychotischen Struktur durch autistische Abwehrmechanismen und umgekehrt führt häufig zu einer theoretischen und klinischen Verwirrung und zu einer übermäßigen Verwendung einer phänomenologisch-psychiatrischen Diagnosesprache anstatt einer psychoanalytischen.

Einige technische Überlegungen

Bei der Analyse eines Kindes auf dem autistisch-psychotischen Spektrum erleben wir ständige Fluktuationen zwischen verschiedenen Ebenen von Ängsten, Abwehrmechanismen und der Selbst-Objekt-Differenzierung und -Integration. So können wir bei ein und demselben Kind und oft in ein und derselben Sitzung Angstzustände antreffen, die von archaischen Seinsängsten über klarer definierte Ängste in Bezug auf Objektbeziehungen von paranoid-schizoider und depressiver Art bis hin zu rudimentären Formen autistischer ödipaler Ängste reichen (Rhode 2012b). Psychotische Ängste können primitive Seinsängste überdecken und binden, während letztere als Rückzug vor psychotischen Ängsten dienen können. Diese Dynamiken sind in unbewussten Phantasien verankert, die für frühe fehlgebildete mentale Zustände charakteristisch sind. Anne Alvarez (2012) schlägt vor, über diese primitiven Zustände entlang der Linien verschiedener Bedeutungsebenen nachzudenken, die verschiedenen Ebenen der Selbst- und Objektintegration entsprechen. Ein solches Verständnis, so behauptet sie, erfordert verschiedene Ebenen der Deutung, die sich vom höheren erklärenden Modus über den beschreibenden Modus bis hin zu dem, was sie den vitalisierenden Modus nennt, bewegen. Ich stimme mit ihrer Beschreibung überein, habe aber im Arbeiten mit solchen Zuständen über viele Jahre erkannt, dass der Schlüssel zum Verständnis des Kindes und zur Schaffung einer gemeinsamen Bedeutung für mich in erster Linie in der Einhaltung des Kleinianischen Prinzips (1932, 1948, 2017) liegt, die dringlichsten, tieferen Ängste aufzuspüren und sie in der Form zu deuten, was man als ihre eigene »Sprache« oder Syntax bezeichnen könnte (Amir 2014). Dies erfordert jedoch nicht nur eine Erweiterung unseres Verständnisses hinsichtlich der Natur dieser tiefsten Ängste, sondern auch dessen, was wir tatsächlich als Deutungen definieren.

Ich möchte einige Beobachtungen teilen, die ich bei der Analyse eines solchen Kindes gemacht habe, als ich, oft intuitiv und unbewusst, das Bedürfnis verspürte, zwischen diesen verschiedenen Formen von Angst und Deutungsmodi zu wechseln. Dies beinhaltete kurze Rückgriffe auf sehr primitive, konkrete und fragmentierte Deutungen, um einen unmittelbaren Kontakt mit diesen tiefen unbewussten Ängsten des zurückgezogenen, fragmentierten, vorleiblichen, nonverbalen und präsymbolischen Kindes herzustellen (Durban, 2014). Diese *Deutungen in Aktion* (Ogden, 1994;

Durban, 2014, 2018; Pollak, 2018) oder *präsymbolischen Realisationen* (Sechehaye, 1970) spiegeln eine besondere Gegenübertragung im Analytiker wider und nehmen verschiedene Formen an: verbal, nonverbal und manchmal eine konkrete Handlung. Sie können nicht als symbolisches Spiel betrachtet werden, sondern eher als Handeln in und aus den Sitzungen heraus und als Abweichung von der traditionellen Technik. Dennoch glaube ich, dass sie ein unvermeidbarer Teil der psychoanalytischen Technik sind, der für die Behandlung solcher unerreichbaren mentalen Zustände erforderlich ist. Tatsächlich sind diese Momente Kinderpsychoanalytikern vertraut und werden traditionell in ihre Spieltechnik einbezogen. Es gibt jedoch auch andere Momente, die nicht als symbolisches Spiel betrachtet werden können, da das Niveau der Selbst-Objekt-Differenzierung und die Fähigkeit des Kindes zur Repräsentation noch nicht entwickelt, angegriffen oder zerstört sind. Auf diese Weise können bestimmte Aspekte des zerrütteten Geistes des Kindes wieder zusammengesetzt, repariert und manchmal sogar virtuell erschaffen werden durch ein »analytisches Objektimplantat« – durch die Einführung des Analytikers als neues, konkretes Objekt, das Entwicklungsdefizite ersetzen kann (Durban, 2017c). Ich denke, eine unserer größten Herausforderungen als PsychoanalytikerInnen besteht heute darin, diese Wechsel zwischen verschiedenen Arten von Deutungen in unserer Arbeit mit erwachsenen Patienten, die vorübergehend oder über längere Zeiträume dieselben oder ähnliche Zustände aufweisen, zu modifizieren und anzuwenden.

Rafael

Rafael ist ein 14-jähriger Junge, der sich seit seinem neunten Lebensjahr in einer Analyse mit fünf Sitzungen pro Woche mit mir befand. Rafael wurde von einem Kollegen aus einem anderen Land an mich verwiesen. Er wurde als Sohn einer israelischen Mutter und eines europäischen Vaters geboren. Im Alter von drei Jahren wurde bei ihm eine low functioning ASD diagnostiziert. Er wies alle Hauptsymptome einer solchen Diagnose auf: minimaler und bizarrer Sprachgebrauch; kein Blickkontakt; Vermeidung von Menschen einschließlich seiner Eltern; mangelnde Körperkoordination und -integration; Wechsel zwischen schlaffen und steifen Zuständen; psychomotorische Unruhe; Selbststimulation durch Verwendung autistischer Objekte, autistische Empfindungsformen und Masturbation; Steifheit und zwanghaftes, sich wiederholendes Verhalten; fehlendes Spiel; mangelndes Einfühlungsvermögen und keine Phantasie.

Rafael begann seine erste Psychotherapie parallel zu einer Verhaltenstherapie und erhielt antipsychotische Medikamente wegen seiner Gewaltausbrüche verschrieben. Als er fünf Jahre alt wurde, hatte sich sein Zustand kaum verbessert, im Gegenteil schien er sich sogar zu verschlechtern. Rafael hatte häufige Wutanfälle, die gelegentlich zu Selbstverletzungen führten. Seine Aggressionen äußerten sich auch in Form von körperlichen Angriffen auf seine Mutter und seinen kleinen Bruder (der geboren wurde, als Rafael vier Jahre alt war). Seine Sprache entwickelte sich langsam und bizarr. Er schrie hauptsächlich nach Essen, der Toilette und dem Fernsehen. Nachdem er zu sprechen begonnen hatte, stellten die Eltern fest, dass er halluzinierte. Er berichtete, dass er verschiedene Formen und Farben sah, er sah, wie die Luft um ihn herumwirbelte, er sah Löcher im Boden und in den Wänden, welche zu reißen und zu bröckeln schienen, sobald er sie berührte. Er klagte auch über laute Geräusche und Stimmen in seinem Kopf, die ihm sagten, er solle sich und seinen Bruder umbringen. Obwohl er zu diesem Zeitpunkt sorgfältig und ständig von seinen Eltern und verschiedenen Betreuern beobachtet wurde, versuchte er mehrmals, sich aus dem Fenster zu stürzen und seinem Bruder etwas anzutun, indem er einmal versuchte, ihn mit einem Kissen zu ersticken, ein anderes Mal, ihn in der Badewanne zu ertränken.

Neurologische Untersuchungen ergaben nichts. Zu diesem Zeitpunkt stimmten die verzweifelten Eltern zu, ihn in eine psychiatrische Kinderabteilung einzuweisen, wo eine kindliche Schizophrenie diagnostiziert wurde. Aufgrund dieser Diagnose erhielt Rafael eine Höchstdosis an antipsychotischen Medikamenten, woraufhin er sich in einen katatonen, autistischen Zustand zurückzog. Beide Eltern suchten Hilfe, da sie schwer depressiv und ängstlich wurden. Sie empfanden Rafaels Diagnose als eine Art »Todesurteil« für das Kind. Im ersten Gespräch mit ihnen fiel mir auf, dass sie diesen Ausdruck benutzten, anstatt z B. von einer »lebenslangen Haftstrafe« zu sprechen. Diese Wortwahl war, wie sich herausstellte, nicht zufällig.

Die Großeltern beiderseits übten großen Druck auf die Eltern aus, Rafael solle in eine spezielle Einrichtung für psychisch kranke Kinder eingewiesen werden, da er das Leben der ganzen Familie ruinieren würde, da er offensichtlich zu Hause nicht tragbar sei. Es gab mehrere Fälle von Geisteskrankheiten auf beiden Seiten der Familie von Rafael. Der Zwillingsbruder der Mutter beging Selbstmord, nachdem er aus der israelischen Armee entlassen worden war, wo er als hochrangiger Offizier in einer Kampfeinheit gedient hatte. Der Bruder wurde als »von der Armee vergiftet« beschrieben, ein israelischer Ausdruck, der verwendet wird, um die extreme Hingabe und Bewunderung für die militanten Aktionen zu beschreiben. Der Vater der Mutter starb an Krebs, als sie noch mit Rafael schwanger war. Das Kind wurde also in einen und aus einem vom Tod durchtränkten Familienschoß geboren, mit all seinen vererbten psychogenetischen, inneren und äußeren Erscheinungsformen (Durban, 2011). Komplizierter Kummer und verkümmerte Trauer waren ständige Schattenbegleiter für Rafael und seine Familie.

Die Eltern, die in der Zwischenzeit eine psychoanalytische Psychotherapie begonnen hatten, bestanden darauf, Rafael zu Hause zu behalten. Sie wechselten sich in der Betreuung ab und begannen, ihn zu Hause zu unterrichten. Beide beschrieben Rafael trotz seiner enormen Schwierigkeiten als liebenswert. Aus verschiedenen Äußerungen während unserer ersten Gespräche wurde deutlich, dass Rafael für die Eltern eine dreifache unbewusste Funktion hatte: Er war ein Korken-Kind, das die durch den Verlust entstandene Leere ausfüllen sollte; ein Röhren-Kind, in das die Mutter ihr unmentalisiertes toxische Material (Beta-Elemente) projizierte und ihn so in ein offenes, undichtes Rohr verwandelte. Rafael litt häufig unter Anfällen von Erbrechen und Durchfall. Außerdem versuchten beide Eltern, durch ihn etwas zu reparieren und auf diese Weise mit ihren zahlreichen Verlusten und ihrer Trauer umzugehen.

Die Mutter beschloss nach Israel zurückzukehren, um ihrer eigenen Mutter und dem Rest ihrer Familie näher zu sein. Auch wollte sie Rafael eine Psychoanalyse zukommen lassen. Es war nicht so, dass sie besonders an die Psychoanalyse glaubte oder viel darüber wusste, aber eine Freundin aus ihrer Kindheit hatte ein autistisches Mädchen, das bei mir in Analyse gewesen war und davon profitiert hatte. Sie erfuhr auch von der Möglichkeit, eine beträchtliche finanzielle Unterstützung von der israelischen Regierung für Rafaels Behandlung zu erhalten (durch den Nationalen Gesundheitsdienst und das Verteidigungsministerium). Daraufhin setzte sich die Familie mit mir in Verbindung, und auf meinen Rat hin, Rafael solle eine Psychoanalyse beginnen, zog die ganze Familie nach Israel. Zu dem offensichtlichen Druck, den Rafaels Krankheit und die geringen Heilungschancen auf mich ausübten, kamen also noch die intensiven Idealisierungen und Erwartungen der Familie an die Behandlung hinzu.

Zu Beginn der Analyse war ich von Rafaels Kooperation angenehm überrascht. Das Vorhandensein früher ödipaler Ängste in Bezug auf Rivalität und Wettbewerb mit seinem Bruder und neidische Besitzansprüche gegenüber der Mutter ermutigten mich ebenfalls. Obwohl Rafael die meiste Zeit unverständlich, kaum lenkbar und zurückgezogen war, erzählte er mir gelegentlich Dinge.[2] Er schien nicht zu wissen, wie man spielt. Während der Sitzungen bewegte er sich unruhig im Zimmer, gab unverständliche Laute von sich, fuchtelte mit den Armen, kratzte sich heftig, schlug den Kopf gegen die Wand, rannte manchmal auf mich zu und versuchte, mich zu beißen oder zu kratzen. Seine Hände waren oft bandagiert, um zu verhindern, dass er sich kratzt und beißt und sich dabei Hautstücke herausreißt. Manchmal sackte er auf dem Boden zusammen und rieb seinen Speichel und Schleim über den ganzen Körper.

Er trug ein Superman-Spielzeug aus Hartplastik bei sich, mit dem er hauptsächlich herumfuchtelte. Damals hielt ich es für sein autistisches Objekt, das ihm Schutz bot, aber die Kommunikation blockierte. Während einer Sitzung biss Rafael jedoch hinein und riss schließlich Supermans Arme aus. Dann geriet er in Panik und murmelte: »Reparieren, reparieren«, und versuchte, verschiedene Materialien und andere abgerissene Teile von anderen Spielzeugen in die Löcher zu stopfen, die durch die herausgerissenen Arme entstanden waren. Als dies nicht gelang, zeigte er auf das Superman-Symbol auf der Brust des Spielzeugs, sagte »Knopf« und bestand darauf, dass ich den Knopf drücke und Superman wieder ganz mache. Rafaels Angst zeigte sich in mir vor allem in Form einer tiefen Verwirrung. Schließlich gelang es mir, diese Verwirrung zu deuten, und ich sagte: »Alles verwirrt. Rafael, Superman, Arme, Brust, Mami, Papi, tot, lebendig.« Rafael drückte weiter auf den Knopf und griff nach meinem Arm, damit ich auch drückte. Dann sagte ich: »Rafael will, dass Joshua Superman repariert, reparieren, Rafael, Papa und Mama reparieren. Rafael hat den Knopf von Mamas Brust und Papas Penis abgebissen. Papa und Mama sind wütend und reißen

2 Rafaels Analyse wurde zunächst auf Englisch, dann in einer Mischung aus Englisch und Hebräisch und schließlich auf Hebräisch durchgeführt.

Rafael in Stücke. Jetzt will Rafael es wieder an seinen Platz kleben und möchte, dass Joshua ihm dabei hilft. Rafael will wieder ganz werden.« Zu diesem Zeitpunkt gab es zwei große Angstzustände, die sich vermischten. Auf einer tiefen autistischen Ebene gab es die Angst, auseinanderzufallen und auszulaufen, wodurch Rafael seinen Körper als voller Löcher erlebte. Gleichzeitig gab es die klarer definierte und objektbezogene Angst, dass Rafael der Brust und dem Penis Schaden zufügt hätte durch seine Aggression und Gier, was zu Vergeltung und Verstümmelung des eigenen Körpers führt. Verkomplizierend kam hinzu, dass ich Rafael auch als ein offenes, undichtes »Röhren-Kind« (Durban, 2018) wahrnahm, durch das die Projektionen und Traumatisierungen der früheren Generationen weiterleben. Aus dieser Perspektive stand das zerstörte Superman-Spielzeug auch für seinen Onkel mütterlicherseits, den Soldaten-Helden, der Selbstmord beging. Aufgrund der vermischten Natur seiner Ängste und der primären und sekundären autistischen Abwehrmechanismen (der Rückzug in die eigenen Körperflüssigkeiten, die Bandagen, das harte Superman-Spielzeug) war es für mich schwierig und oft gar nicht möglich, die entsprechende Angst zu finden und zu deuten.

Rafaels Sadismus und Aggression, die durch seine inneren, angegriffenen Verfolgungsobjekte noch verstärkt wurden, lenkten sich nach außen, wenn auch auf passive Weise. Er humpelte in und aus dem Behandlungszimmer, zertrat die Blumenbeete davor, als ob er sie nicht bemerkte, riss Blätter aus, ohne auch nur auf seine Hände zu schauen, und schien völlig unaufmerksam und abgelenkt zu sein. Häufig ging Spielzeug zu Bruch, und wann immer er sich mir näherte, schwangen seine Hände hin und her und trafen mich.

Rafael war terrorisiert von und hatte panische Angst vor seiner eigenen Destruktivität und fühlte sich gleich seinem allmächtigen, tödlichen Über-Ich, das die Oberhand hatte. Bald machte er mich mit geheimen »Dingen« bekannt, die sehr böse, verfolgend und gefährlich waren. Diese »Dinge« bestanden aus geraden und ungeraden Zahlen. Die geraden Zahlen, insbesondere 2, 4 und 22, galten als gut und beschützend, obwohl sie mit einem primitiven sadistischen Über-Ich gleichgesetzt waren.

Er behauptete, sie hätten ihm oft die Sprache genommen und ihm verboten, andere Menschen anzuschauen. Dann sei er stumm geworden und habe die Augen nach oben gerollt, um nichts zu sehen oder von niemandem gesehen zu werden. Die ungeraden Zahlen 3, 5 und 7 galten als besonders bösartig und schädlich. Die Zahlen 1 und 0 galten als sehr gut, da die 1 der 2 ähnlich war (»fast Zwillinge«, sagte er), und die 0 war ein Zeichen für ihn, sich zu entspannen und ruhig zu sein. Wenn er unter dem Einfluss der Zahl Null stand, wirkte Rafael kataton und unerreichbar.

Damals habe ich vor allem Rafaels symbiotischen Wunsch interpretiert, mit seiner Mutter und mir eins zu sein, ohne jede Differenzierung oder Konkurrenz. Dies wurde durch die geraden »Zwillingszahlen« dargestellt, die sich gegenseitig replizierten. Jede Bedrohung durch eine Trennung oder durch Unterschiede wurde als Angriff empfunden. Rafael schlug dann zurück und versuchte, entweder die bedrohlichen Vertreter der Trennung oder seine eigene Wahrnehmung und seinen Verstand auszulöschen. Die Null stand für seinen Wunsch, die symbiotische Einheit zu erreichen und so die Realität loszuwerden, in der die Dinge von ihm und voneinander getrennt und unkontrollierbar waren. Sie drückte auch seinen Todeswunsch aus: aufhören zu existieren, um nicht mehr so viel Angst und Hass zu empfinden. Rafael reagierte gut auf diese Deutungen und begann, mich »Herr Nicht-Zahl« und manchmal »Herr Null« zu nennen. Ich wurde zu einer Figur, die außerhalb der Reichweite der bösen Zahlen lag, aber gleichzeitig für einen todesähnlichen, eingefrorenen Zustand stand. Er sagte, ich sei dumm, eine Null, womit er mich nicht nur mit Hilfe und Erleichterung, sondern auch mit Vernichtung und Gedankenlosigkeit gleichsetzte. Ein anderes Mal sagte er, ich sei drei Personen auf einmal. So wurde ich auch zur bedrohlichen Zahl drei, die für die gefürchtete ödipale Dreiecksbeziehung stand.

Im weiteren Verlauf der Analyse verbesserte sich Rafaels Verhalten zu Hause, seine Gewaltausbrüche nahmen ab und schließlich konnte er sogar eine Sonderschule besuchen. Es stellte sich heraus, dass er ein intelligentes Kind war, das in der Schule hervorragende Leistungen erbrachte. Im Behandlungszimmer schien er jedoch noch mehr auseinanderzufallen. Er schwieg lange Zeit, nahm meine Existenz kaum wahr, murmelte vor sich hin, spielte mit erhobenen Fingern, spuckte und leckte sich und versteckte sich unter den Sesseln. Ich hielt Rafaels Besserung außerhalb des Behandlungszimmers für bedenklich. Sie war nur dadurch möglich, dass er sich selbst weiter spaltete und seine Verrücktheit einkapselte, die er dann in der Analyse deponierte. Er zog sich in seinen primären autistischen Schutzraum zurück und benutzte mich und die Analyse gelegentlich als zweiten Schutzmantel. So begann er, wenn er kurzzeitig aus seinem Rückzug und der Verwendung von selbst erzeugten Empfindungsformen auftauchte, mich zu imitieren, meine Deutungen zu wiederholen und darauf zu bestehen, sich mit einer Decke zuzudecken, die auf meiner Couch lag. Nachdem er einige Minuten zugedeckt geblieben war, begann er, die Decke zu zerknüllen, warf sie auf den Boden und versuchte, sie unter die Couch zu schieben. Er sagte, die Decke sei schlecht und stinke. Er sagte dies auf Hebräisch und die Art, wie er das Wort »Decke« (Smicha) aussprach, klang wie das Wort »Gespräch« (Sicha). Es war sehr schwer für mich, das zu ertragen. Wie Rafael fühlte ich mich hin- und hergerissen zwischen dem, was in der Analyse vor sich ging, und den positiven Rückmeldungen seiner Eltern, die sehr anerkennend und dankbar waren. Manchmal zweifelte ich, was real war und was nicht und wurde gegenüber der äußeren »Decke« in paranoider Weise misstrauisch.

Bei näherem Nachdenken begriff ich, dass ich durchtränkt und durchdrungen war von Rafaels Erfahrungen mit Paranoia und Derealisation, die das Ergebnis einer massiven Spaltung und einer projektiven und adhäsiven Identifikation sind. Ich ertappte mich dabei, wie ich, wie er, in Taubheit und mentale Lähmung abdriftete, gepaart mit psychomotorischer Unruhe und Überempfindlichkeit.

Bis zu diesem Punkt in Rafaels Analyse gehörten die meisten seiner Ängste zur paranoid-schizoiden Position, mit einigem Material, das sich auf die frühe ödipale Situation bezog, und ich versuchte daher, den Kontakt zu seinem Unbewussten herzustellen, indem ich die Ängste direkt innerhalb der Übertragung deutete. Bei der Arbeit in Bereichen, in denen ein gewisses Maß an Differenzierung zwischen Selbst und Objekt und die Fähigkeit vorhanden ist, Spaltungs- und projektive Mechanismen zu nutzen, ist es effektiv, innerhalb der gesamten Übertragungssituation zu deuten. Diese «erklärenden Deutungen», wie Alvarez (2012) sie nennt, werden üblicherweise so verstanden: Was ist der Inhalt der unbewussten Ängste und Phantasien des Patienten; wer tut was mit wem und warum, und was ist die Rolle und Positionierung des Analytikers innerhalb dieses Dramas von Objektbeziehungen? Rafael reagierte tatsächlich gut auf solche Deutungen. Dennoch wiesen die Hartnäckigkeit von Rafaels Symptomen in der Analyse und das Vorhandensein einer beträchtlichen Menge von Seinsängsten darauf hin, dass es viel unbewusstes Material gab, gegen das er sich durch Fragmentierung wehrte und mit dem ich zu diesem Zeitpunkt noch keinen besseren Kontakt herstellen konnte.

»Was ist eine Person?« Das weitere Hervortreten von primitiven Seinsängsten

Während des zweiten Jahres der Analyse fragte mich Rafael oft: »Bist du eine Person? Was ist eine Person? Bin ich eine Person?« Er fing an zu schreien, biss sich selbst und sagte: »Da ist überall Blut, wo ist das Blut? Ist es drinnen oder draußen? Blutest du? Das ist AIDS.« Die Eltern erzählten mir, dass er sich oft selber biss, um zu sehen, dass »Blut drin war«, und wenn er es dann sah, meinte er: »Ich habe AIDS.« Ich interpretierte seine Angst so, dass er hauchdünn war und nichts zwischen innen und außen hatte. Erst als er das Blut sah, konnte er glauben, dass er ein Inneres hat und somit ein Mensch ist. Nachdem er sich selbst so viel Leid und Schmerz zugefügt hatte, wurde ihm jedoch auch klar, wie krank er war, und er hatte Angst, dass seine Krankheit unheilbar sein könnte wie AIDS. Das war ein Gefühl, das ich damals insgeheim mit ihm teilte. Ich erinnerte mich auch an die Geschichte über die »Vergiftung« seines Onkels durch den Tod und die Armee, die zu dessen Selbstmord geführt hatte. Ich fragte mich, ob Rafael unbewusst von zu viel psychogenetischem Tod in seinem psychischen System angegriffen wurde.

Als Rafaels Ängste, kein Inneres zu haben und auszulaufen, nachließen, kam er zu den Sitzungen und sagte, er sei jetzt Joshua und ich sei Rafael. Das klang nicht wie ein Spiel, sondern eher wie eine Überzeugung. In diesem Moment wurde mir klar, dass er versuchte, uns zu verschmelzen und unsere Rollen zu vertauschen, um die Gefühle von Getrenntheit und Abhängigkeit abzuwehren, die in ihm aufkamen. Diese gewaltsame Verschmelzung durch die Vernichtung unserer getrennten Existenz nahm die Form von perversen homosexuellen Phantasien an, in denen wir uns gegenseitig penetrierten und so ein kombiniertes, gefährlich bizarres Objekt schufen, das zu unserem Tod führte. Er versuchte, imaginäre Raketen auf mich zu richten, hauptsächlich auf meine Augen, meinen Mund und meinen Anus. Dann rannte er auf die Toilette, machte Stuhlgang und weinte, dass seine Eingeweide explodieren würden. Ich deutete seine Angst, dass ich in ihn penetriert hätte, um ihn zu bestrafen und seine Eingeweide explodieren zu lassen. Ich dachte auch, dass er ein Problem mit seinem und dem psychischen Immunsystem seiner Mutter beschrieb, bei dem die Umwandlung (Verdauung) der von Tod durchtränkten äußeren und inneren mütterlichen Umgebung während der Schwangerschaft fehlgeschlagen war. Ich denke, dass er wahrscheinlich die Plazenta der Mutter und ihr Immunsystem als angreifende Zell-Flugkörper erlebte. Die Mutter hatte über »einige seltsame Empfindungen« während der ersten Zeit ihrer Schwangerschaft berichtet. Rafael behauptete oft, dass er sie nicht kenne und dass sie nicht seine Mutter sei. Das Vertraute und das Unvertraute waren also durcheinandergeraten, wie bei manchen Autoimmunerkrankungen (AIDS). Nach der Geburt von Rafael fiel es der Mutter, die sich normalerweise sehr gut und flüssig ausdrücken konnte, äußerst schwer, mit ihrem nichtresponsiven Baby zu sprechen, was das Versagen der gegenseitigen Transformation verschärfte.

Ich verstand, dass Rafael sich verschlechterte, um sicherzustellen, dass wir am Ende der Behandlung nicht getrennt sein würden. Indem er zwischen sich und mir, innerlich und äußerlich, Verwirrung schuf und ein einziges blutiges Durcheinander machte, wollte er auch sagen, dass die Analyse und ich ein Teil von ihm wurden, wie Blut, und dass es ihn umbringen würde, wenn er das verlor. Dies konnte jedoch nur in einer konkreten psychotischen Form erlebt werden, nicht als von Gedanken begleitete Affekte. Ich habe ihm das in vielen Sitzungen gedeutet, und das hat eine gewisse Erleichterung gebracht. Die visuellen Halluzinationen beruhigten sich. Während einer Sitzung, in der er sich in die Hände biss, bemerkte ich, dass er die Bisse aufmerksam betrachtete, als ob er nach etwas in seinem Körper suchte. Er nahm auch die abgebissenen Hautstückchen und hielt sie sehr vorsichtig in beiden Händen. Da er zu diesem Zeitpunkt nicht sprach und ich seine archaische Angst vor dem Auslaufen und Verflüssigen bereits gedeutet hatte, sagte ich nun, dass er danach suchte, was in ihm vor sich ging. Diese neu aufkeimende Unterscheidung zwischen Innen und Außen ermutigte mich, und ich beschloss, eine Deutung in Bezug auf innere Objektbeziehungen zu geben. Ich schlug vor, dass er ein Leck erlebte infolge seiner unablässigen Angriffe auf seine Mutter und ihren Körper, den er mit seinem eigenen gleichsetzte, weil er keinen Container oder keine Haut hatte, die ihn zusammenhielt. Er hatte auch das Gefühl, dass seine Mutter und sein Vater in ihm verbluteten und dass er versuchte, sie herauszuholen und vielleicht sogar zu retten. Ich sagte: »Keine Mutter mit einem Körper und keinen Vater zu haben, der sie beschützt, ist für dich dasselbe, wie keinen Körper zu haben, niemand zu sein.« (*Im Original: »... is the same for you as having no body, being nobody.«*)

Nach dieser Phase der Behandlung entwickelte er so etwas wie ein rudimentäres Spiel. Rafael berührte dabei meine Nase und dann seine, meinen Mund und dann seinen, meine Ohren, Hände und Beine und dann seine eigenen. Anfangs war ich von diesem Körperkontakt überrascht und versuchte ihn zu unterbinden, wie ich es bei jedem Versuch eines Patienten, mich zu berühren, getan hätte. Rafael versuchte jedoch immer wieder beharrlich, dieses Ritual zu initiieren, das er »eine Person machen« nannte. Er tat dies – was nicht seine Gewohnheit war – auf eine sehr sanfte und nicht-erotisierte Weise und hielt dabei einen ungewöhnlich langen Augenkontakt. Die Beiträge zweier prominenter französischer Kliniker, die mit ASD-Säuglingen und -Kindern arbeiten, haben mir in dieser Zeit sehr geholfen. Die erste war Marie Christine Lazniks Arbeit über die Rolle des *Aufforderungstriebs* (2013) und die entscheidende Rolle der mütterlichen Prosodie dabei. Laznik behauptet in Anlehnung an Lacan (1966), dass es das Begehren des Anderen ist, das das Kind in das Reich der Beziehungen und Identifikationen ruft. Das Fehlen dieses Rufs bei autistischen Kindern ist ihrer Meinung nach die Basis des Autismus. Dem autistischen Kind gelingt es nicht, die Aufmerksamkeit und Anerkennung seiner Bezugspersonen zu gewinnen. Die zweite Inspiration waren die umfangreichen Arbeiten von Genevieve Haag über *intrakorporale Identifikationen* (1985) und das Versagen des autistischen Kindes beim Aufbau eines *Hintergrundobjekts der Identifikation* (1985). In Anlehnung an Grotstein (1986) beschreibt sie die Bedeutung der Möglichkeit, mit dem Anderen durch den Blick zu kommunizieren und dabei das Gefühl zu haben, dass das, was projiziert wird, zurückgespiegelt wird, nachdem es einen festen Hintergrund berührt hat. In der Analyse von zurückgezogenen Kindern wird dies oft erlebt, wenn es dem Psychoanalytiker gelingt, mit dem Kind zu kommunizieren und sich ihre Blicke treffen. In der Folge kann sich allmählich eine psychische Haut bilden, die es dem Kind ermöglicht, Zugang zur Dreidimensionalität und zur Symbolisierung zu gewinnen, und das Kind fühlt sich gehalten.

Allmählich begriff ich, dass es sich dabei um einen weiteren Versuch von Rafael handelte, sich durch mich als eigenständiges, differenziertes Wesen zu erschaffen. Dieses Mal verwendete er den Vergleich mit meinem eigenen Körper. Es ist wichtig hinzuzufügen, dass Rafaels eigene Differenzierung zwischen Körperteilen und -funktionen von Anfang an beeinträchtigt war. Er schloss sehr oft die Augen bei einem lauten Geräusch oder legte seine Hände an die Ohren, wenn er etwas Erschreckendes sah. Er verwechselte ständig rechts und links, war oft desorientiert und stieß mit Dingen zusammen. Jedoch trat diese grundlegende Verwirrung zwischen seinen Körperteilen erst auf, nachdem weiter entwickelte Ängste vor seinen inneren Objekten gedeutet geworden waren. Es gab eine klarere Bewegung zwischen paranoid-schizoiden und archaischeren Seinsängsten, während er sich mit dem Gefühl seiner Existenz als begrenztes, getrenntes Wesen in Zeit und Raum befasste.

Als wir uns der Sommerpause näherten, entwickelte sich Rafaels wachsendes Erkennen weiter, dass er und ich getrennte, wenn auch verbundene Wesen sind. Zu diesem Zeitpunkt bekam er wieder Angst vor Menschen, vielleicht weil er sich mehr der Gefahr bewusst war, sie zu verlieren. Obwohl er in der Schule einige Freunde fand, brach er jeglichen Kontakt zu ihnen ab, weigerte sich, zur Schule zu gehen, und zog sich wieder von menschlichem Kontakt zurück. Eines Tages erzählte er mir, er habe seine Mutter umgebracht, weil sie nicht seine Mutter und sehr böse sei. Er drohte, auch mich zu töten. Er nahm seine Selbstverstümmelungen wieder auf, diesmal als Folge unerträglicher psychotischer Schuldgefühle über seine eigene Aggression und Mordlust gegenüber seinen Objekten. Ich deutete, dass er lieber tötet, als durch Verlust und Schuldgefühle getötet zu werden. Es war verlockend, diese Seinsängste auf der paranoid-schizoiden Ebene zu interpretieren, aber ich entdeckte bald, dass dies bestenfalls wenig hilfreich war und schlimmstenfalls nur dazu diente, die Kluft zwischen mir und Rafael zu vertiefen.

Eine gewisse Verbesserung wurde allmählich durch eine besondere Art der analytischen Deutung erreicht, die sich meinen versunkenen Geisteszustand zu Nutze machte: seine Erinnerungen, Erfahrungen, Körperempfindungen und meine Fähigkeit zu denken, zu fühlen, in Beziehung zu sein, zu integrieren. Mit anderen Worten, es ist die Aufgabe des Analytikers, dem Kind eine Ummantelungs- und Verknüpfungsfunktion zu bieten, die zu einem sicheren Bewohnen seines eigenen Geistes führt. Verknüpfen bedeutet, aktiv und konkret die desintegrierten Proto-Elemente der unbewussten Phantasie zu verknüpfen. Dies ist eine der kompliziertesten Aufgaben in dem Sinne, dass der Analytiker ständig und aktiv die fragmentierten Sinne, Gefühle, Handlungen, Absichten und Gedanken zu einer einzigen Sequenz oder Kette zusammenfügen muss.

Um die Funktion des Analytikers als umhüllendes und verbindendes Objekt zu erreichen, das vom Kind verinnerlicht werden soll, muss er/sie bei Patienten mit einer desintegrierten oder verwirrenden Körperrepräsentation möglicherweise eine aktive Konstruktion eines *körperlichen Containers* (Pollak, 2009) in Betracht ziehen. Deutungen sollten darauf abzielen, dem Patienten bei der Unterscheidung zwischen Körperteilen, Innen und Außen, Selbst und Objekt zu helfen, bevor integriertere Deutungen Sinn machen. Ein Beispiel dafür ist das von Rafael entwickelte Spiel »Ich mache eine Person«, an dem ich viele Sitzungen lang aktiv teilnahm, bevor eine Deutung im Sinne von »Du« und »Ich« vollständig gebildet werden konnte.

Darüber hinaus muss der Analytiker Momente der Wiedergutmachung oder der Deutung in Aktion nutzen. Dabei geht es um das Einführen einer Handlung, einer Geste, die auf nahezu konkrete Weise die Möglichkeit des Verstehens der präverbalen und präsymbolischen Erfahrung signalisiert und die Integration und Wiedergutmachung fördert. Im Fortschreiten von Rafaels Analyse kamen weitere Ängste an die Oberfläche als Ergebnis meiner vorangegangenen Deutungsarbeit. Diese machte weitere Änderungen der Technik notwendig.

Rafaels Überschreitung

Im dritten Jahr der Analyse war ich nach einer einwöchigen Abwesenheit wieder zurück. Während ich auf ihn wartete, hörte ich Rafael draußen schreien und weinen. Ich öffnete die Tür und sah ihn wie gelähmt dastehen, unfähig hereinzukommen. »Was ist denn los?«, fragte ich ihn. Er zitterte und zeigte auf den Boden. »Hast du vor irgendetwas hier Angst?«, fragte ich weiter, da ich nicht in der Lage war, zu denken oder sein Weinen zu verstehen. Rafael nickte und deutete weiter auf den Boden. Als ich seinem Finger mit dem Blick folgte, sah ich einen Spalt zwischen meiner Eingangstür und dem gepflasterten Weg, der zu ihr führte. Das war mir vorher noch nie aufgefallen. »Ein Riss?«, fragte ich. Rafael schrie: »Der Grand Canyon, der Grand Canyon!« Erst später erzählte mir sein Vater von einem Film, den er am Wochenende angeschaut hatte. Der Protagonist bleibt in einer großen Schlucht stecken, weil ihm ein Felsen den Weg versperrt und seinen Arm eingeklemmt hat. Um sich selbst zu retten, muss der Held seinen Arm mit Hilfe eines Taschenmessers amputieren. Der Vater habe zu spät bemerkt, dass Rafael zitternd in der Tür gestanden und diese schreckliche Szene mit angesehen habe. Ich sagte zu Rafael: »Du willst mir damit sagen, dass dir der Spalt unter meiner Tür wie der Grand Canyon vorkommt, unüberwindbar, gefährlich.« Rafael weinte, und ich dachte, er hätte wieder Halluzinationen. Er schrie immer weiter, das sei der Grand Canyon. Ich war sehr besorgt, nicht zuletzt, weil Rafaels Schreie so laut waren, dass die ganze Nachbarschaft sie hören konnte. Ich sagte: »Wir haben uns so lange nicht gesehen und es fühlt sich an, als wäre eine unüberbrückbare Schlucht zwischen uns. Aber jetzt sind wir beide hier. Ich warte auf dich; bitte komm herein.« Rafael rührte sich nicht und weinte und schrie weiter. »Wie sollen wir sie überqueren?«, fragte ich, inzwischen ziemlich am Boden zerstört. Rafael streckte seine Arme nach mir aus. Ich drehte mich um und bot ihm an, auf meinen Rücken zu klettern. Er sprang schnell auf, und wir betraten das Zimmer.

In diesem Moment war mir intuitiv klar, dass Rafael meine körperliche Unterstützung brauchte, um den Raum betreten zu können. Er musste spüren, dass ich durch unsere Trennung nicht verletzt war und dass ich für ihn da war. Außerdem wollte ich das tun, was ein Vater intuitiv getan hätte – ihn in die Arme nehmen. Das war jedoch nicht möglich, da er ein großer Junge und schwergewichtig war und ich keine Übererregung bei ihm erzeugen wollte, indem ich mich ihm von Angesicht zu Angesicht näherte. Erst später, als ich vom Vater erfuhr, was geschehen war, konnte ich diesen Akt des »Überschreitens«, der Überbrückung der Lücke und der erneuten Bestätigung meiner Präsenz in Verbindung bringen mit Rafaels gewalttätigen, unbewussten Phantasien von unserer Trennung als einer sich gegenseitig aneinander rächenden Verstümmelung: einer Amputation von Gliedmaßen. Darüber hinaus gab es in den folgenden Sitzungen genug Material, um zu erkennen, dass Rafael während meiner Abwesenheit das Gefühl hatte, von einer Leerstelle in seiner Mutter verschluckt zu werden, die sich als die tödliche Zahl Null herausstellte. In der nächsten Sitzung begann er ein Spiel, bei dem wir beide sehr vorsichtig gehen mussten, um nicht in ein bodenloses, gefährliches Loch im Raum zu fallen. Er behauptete, das Loch befände sich im Inneren eines riesigen Raumschiffs, aus dem winzige Außerirdische kämen, um die Welt zu zerstören. Dann zeichnete er das Loch und es sah aus wie eine große Null. Erst dann konnte ich zu einer vollständigen verbalen Deutung kommen und den gesamten Prozess verknüpfen, den wir durchlaufen hatten, seit ich in Urlaub gegangen war.

Diese in den Therapiestunden kreuz und quer verlaufende Bewegung zwischen den verschiedenen Ängsten und deren Deutungen führte zu einer deutlichen Verbesserung von Rafaels Zustand. Er besucht derzeit eine reguläre Schule, wird mit einer minimalen Dosis antipsychotischer Medikamente behandelt, hat keine gewalttätigen Ausbrüche mehr und findet allmählich mehr Anschluss an die turbulente Realität eines Adoleszenten seines Alters oder, in seinen eigenen Worten, wird »eine Person werden«. Diese Verbesserung ist jedoch stets prekär, da die raschen Schwankungen zwischen Seinsängsten, psychotischen und depressiven Ängsten und zwischen autistischen und psychotischen Abwehrrückzügen anhalten, wenn auch in besser gehaltener und besser kommunizierter Form.

Einige abschließende Gedanken

In diesem Artikel habe ich Folgendes versucht darzustellen:

(1) Im Laufe der Analyse stellt sich heraus, dass einige Kinder, bei denen zunächst ein ASD diagnostiziert wird, sich auf einem autistisch-psychotischen Spektrum bewegen. Dieses Spektrum ist durch eine Mischung aus paranoid-schizoiden Ängsten und weniger differenzierten autistischen Seinsängsten gekennzeichnet. Daher könnte man diese Kinder auch als borderline-autistisch bezeichnen.

(2) Die Deutung unbewusster Ängste und der sie begleitenden Abwehrmechanismen ist von zentraler Bedeutung für den psychoanalytischen Heilungsprozess bei Kindern aus dem autistisch-psychotischen Spektrum.

(3) Es gilt, das ständige Wechselspiel zwischen depressiven, paranoid-schizoiden Ängsten und Seinsängsten zu berücksichtigen. Das Kind auf dem autistisch-psychotischen Spektrum ist gekennzeichnet durch einen überwältigenden Zustrom von miteinander vermischten Ängsten. Daher ist es die schwierige Aufgabe des Analytikers, die dominante, vordringlichste Angst aufzuspüren und sie in ihrer eigenen »Sprache« zu deuten. Darüber hinaus ist es hilfreich, dem Kind zu zeigen und zu deuten, wie der autistische Rückzug eine weitere Fragmentierung verhindert und wie die Fragmentierung einen Zustrom von lähmenden Seinsängsten verhindert.

(4) Unterschiedliche Angstzustände erfordern unterschiedliche technische Überlegungen und Mittel. Dies gilt insbesondere dann, wenn die Art der Angst mit desintegrierten oder unintegrierten Zuständen des Körpers zusammenhängt.

Eine Hauptschwierigkeit ist das Fehlen oder die wiederholte Zerstörung von Raum und Zeit bei Autismus und bei schweren Psychosen. Innen und Außen, Selbst und Objekt sind verschwommen, verwirrend oder angegriffen. Infolgedessen ist die Verortung von Erfahrung (Freud, 1900), was mit wem, warum und wo geschieht, diffus, schwer fassbar und oft unauffindbar.

Wenn man im Bereich solcher autistischen oder psychotischen Übertragungen arbeitet, hat man das Gefühl, in einer alptraumhaften virtuellen Realität zu leben, in der alles Menschliche nicht wirklich menschlich ist und ein Gefühl des Unheimlichen vorherrscht (Freud, 1919). Da außerdem Sprache und Symbolik kaum vorhanden sind oder auf autistischen Gleichsetzungen beruhen und unbewusste Phantasien langsam in ihre Bestandteile zerfallen, ist der Analytiker manchmal völlig verloren in der Sphäre des Unbeschreiblichen (Bion, 1979).

Komplexität, Verbindungen und Vielfalt, die für den geistigen Raum charakteristisch sind, kollabieren zu konkreten »Dingen« und Handlungen. Dies übt einen enormen Druck auf den Analytiker aus, der mit diesem »Ding-Sein«, mit Erregungen und Handlungen gleichgesetzt und manchmal auch identifiziert wird. Was in der Sitzung auftaucht, liegt sehr oft im Bereich der sensorischen Empfindungen, Wahrnehmungen und Handlungen. In der Analyse können verbale Deutungen – anstatt Kontakt herzustellen – sowohl vom Analytiker als auch vom Kind als unwirklich, unverständlich, aufdringlich oder psychotisch erlebt werden, und zwar sowohl innerhalb als auch außerhalb der Therapiestunde.

Die gesammelten Erfahrungen, die durch die Analyse von psychotischen und autistischen Erwachsenen und Kindern wie Rafael gesammelt wurden, zeigen, dass wir verschiedene Ebenen von repräsentationsfördernden und objektbildenden Deutungen in Aktion schaffen und nutzen müssen. Dazu gehört die Bewegung zwischen verschiedenen Ebenen nichtsymbolischer und symbolischer Deutungen, je nachdem, welche Art von Angst und welches Entwicklungsniveau gerade gegenwärtig sind. Diese Deutungen beginnen auf den grundlegendsten, primitivsten Ebenen körperlicher Erfahrung und Integration. Sie erfordern eine sehr konkrete Bewegung zwischen dem, was Klein in ihren klinischen Seminaren (2017) als »Absorption« in das unbewusste Material des Patienten bezeichnete, und der Loslösung von diesem Material, um eine Deutung bilden zu können. Gleichzeitig ist es die allmähliche Konstruktion eines guten inneren Objekts durch den Einsatz der gesamten körperlich-geistigen Präsenz des Analytikers, was schließlich die Repräsentation und Konsolidierung eines solchen guten inneren Objekts fördert.

Wenn ödipale Inhalte vorherrschend zu sein scheinen, erweisen sich neben historischen Rekonstruktionen vor allem Übertragungsdeutungen als hilfreich. Wenn depressive oder paranoid-schizoide Ängste am stärksten ausgeprägt sind, dann ist es die Deutung der gesamten Übertragungssituation, die den direkten Kontakt zum Patienten herstellt. Ist die Sitzung jedoch mit Seinsängsten durchtränkt, muss man sich hauptsächlich auf die Stabilität, Kontinuität und Grenzen des Settings verlassen. Patienten, die unter einem Übermaß an Seinsängsten leiden, sollten ermutigt werden, so viele Sitzungen wie möglich in der Woche zur Analyse zu kommen. Ich habe die Erfahrung gemacht, dass fünf bis sechs Analysesitzungen pro Woche eine wesentlich schnellere und tiefgreifendere Veränderung zum Besseren bewirken als solche mit weniger Sitzungen pro Woche. Gerade bei diesen Patienten sollten wir versuchen, zusätzliche Formen der Deutung der Angst zu nutzen.

Übersetzung aus dem Englischen
von Karin Trübel, Bern

Literatur

Alvarez, A. (1992): Live Company. Psychoanalytic Psychotherapy with Autistic, Borderline, Deprived and Abused Children. London: Routledge. Dtsch.: *Zum Leben wiederfinden. Psychoanalytische Psychotherapie mit autistischen, Borderline-, vernachlässigten und mißbrauchten Kindern.* Frankfurt a. M. (Brandes & Apsel).

Alvarez, A. (2012): The Thinking Heart. London: Routledge. Dtsch.: *Das denkende Herz. Drei Ebenen psychoanalytischer Therapie mit gestörten Kindern.* Frankfurt a. M. (Brandes & Apsel).

Amir, D. (2014): *Cleft Tongue: The Language of Psychic Structures.* London (Routledge).

Bion, W. (1957): »Differentiation of the psychotic from the non-psychotic personalities.« *The International Journal of Psychoanalysis* 38: 266–57.

Bion, W. (1963) *Elements of Psycho-Analysis.* London (Heinemann).

Bion, W. (1979): *A Memoir of the Future, Book Three: The Dawn of Oblivion.* London (Karnac), 1990.

Bleger, J. (2013): *Symbiosis and Ambiguity, A Psychoanalytic Study.* London (Routledge).

Brenman Pick, I. (1985): »Working through in the countertransference.« *The International Journal of Psychoanalysis* 66: 157–166.

Brenman Pick, I. (2018): »Bringing Things Together.« In: *Authenticity in the Psychoanalytic Encounter. The Work of Irma Brenman Pick*, edited by F. M. Davids and N. Shavit, 192–209. London (Routledge).

Britton, R. (1998): »Before and After the Depressive Position: PS(n)-D(n)-Ps(n + 1).« In: *Belief and Imagination*, 69–81. London (Routledge).

Bursztejn, C., B. Golse, and R. Misès (2003): »Classifications en psychiatrie de l'enfant.« In: Encycl Méd Chir, Psychiatrie/Pédopsychiatrie, 37-200-B-10, 2003, 1–9. Paris (Éditions Scientifiques et Médicales, Elsevier SAS).

Durban, J. (2011): »Shadows, Ghosts and Chimaeras: On Some Early Modes of Handling Psycho-GeneticHeritage.« *The International Journal of Psychoanalysis* 92: 903–924.

Durban, J. (2014): »Despair and hope: on some varieties of countertransference and enactment in the psychoanalysis of ASD (autistic spectrum disorder) children.« *Journal of Child Psychotherapy*, 40:187–200.

Durban, J. (2017a): »The Very Same is Lost«: In: Pursuit of Mental Coverage. When Emerging From Autistic States. In: *Engaging Primitive Anxieties of the Emerging Self: The Legacy of Frances Tustin*, edited by H. B. Levine, and D. G. Power, 129–150. London (Karnac).

Durban, J. (2017b): »Home, Homelessness and ›Nowhere-Ness‹ in Early Infancy.« *Journal of Child Psychotherapy* 43: 175–191.

Durban, J. (2018): »The Pipe Child.« Paper read at the Psychoanalytic Institute Berlin, 28th September, 2018.

Freud, S. (1900): »The Interpretation of Dreams.« *SE 4*: 1–310.

Freud, S. (1919): The Uncanny. *SE XVII.* London (Hogarth Press).

Golse, B. (2013): *Mon Combat Pour les Enfants Autistes.* Paris (Odile Jacob).

Grotstein, J. (1986): Splitting and Projective Identification. London (Northvale, NJ: Jason Aronson).

Haag, G. (1985): »La mère et le bébé dans les deux moitiés du corps.« *Neuropsychiatrie de l'enfance* 33 (2–3): 107–114.

Haag, G. (1993): »Fear of Fusion and Projective Identification in Autistic Children.« *Psychoanalytic Inquiry* 13: 63–84.

Haag, G. (1997): »Psychosis and Autism: Schizophrenic, Perverse and Manic-Depressive States During Psychotherapy.« In: *Psychotic States in Children*, edited by M. Rustin, M. Rhode, A. Dubinsky, and H. Dubinsky, 189–211. London (Karnac).

Houzel, D. (2004): »The Psychoanalysis of Infantile Autism.« *Journal of Child Psychotherapy* 30: 225–237.

Houzel, D. (2018): »Autism and Psychoanalysis in the French Context.« *The International Journal of Psychoanalysis* 99 (3): 725–745.

Joseph, B. (1978): »Different Types of Anxiety and their Handling in the Analytic Situation.« *The International Journal of Psychoanalysis* 59: 223–228.

Joseph, B. (1989): Psychic Equilibrium and Psychic Change. London (Routledge).

Klein, M. (1930): »The Importance of Symbol Formation in the Development of the ego.« In: Love, Guilt and Reparation and Other Works, 219–233. London (The Hogarth Press).

Klein, M. (1932): *The Psychoanalysis of Children. The Writings of Melanie Klein*, Vol. 2. London (Hogarth Press).

Klein, M. (1948/9): »On the Theory of Anxiety and Guilt.« In: *The Writings of Melanie Klein, Vol. 2*, 25–43. London (Hogarth Press).

Klein, M. (1952): »Some Theoretical Conclusions Regarding the Emotional Life of the Infant.« In: *The Writings of Melanie Klein, Vol. 2*, 61–94. London (Hogarth Press).

Klein, M. (2017): *Lectures on Technique*, edited by J. Steiner. London (Routledge).

Lacan, J. (1966): *Ecrits. Translated by B. Fink.* New York (Norton), 2006.

Larson, F. V., A. P. Wagner, P. B. Jones, D. Tantam, M.-C. Lai, S. Baron-Cohen, and A. J. Holland (2017): »Psychosis in Autism: Comparison of the Features of Both Conditions in a Dually Affected Cohort.« *The British Journal of Psychiatry* 210 (4): 269–275.

Laznik, M. C. (2007): »Joint Mother–Baby Treatment with a Baby of 3 Months who Shows Early Warning Signs of Autism.« In: *Signs of Autism in Infants. Recognition and Early Intervention*, edited by S. Acquarone, 139–170. London (Karnac).

Laznik, M. C. (2013): »Lacan et l'autisme.« *La revue lacanienne* 14: 81–90.

Lechevalier, B. (2003): »Autistic Enclaves in the Dynamics of Adult Psychoanalysis.« http://www.francestustin-autism.org/eng/pal/pal/Detail.php.

Levine, H. B., and D. G. Power (eds.) (2017): *Engaging Primitive Anxieties of the Emerging Self: The Legacy of Frances Tustin.* London (Karnac).

Meltzer, D. (1974): »Adhesive Identification.« In: *Sincerity and Other Works: Collected Papers of Donald Meltzer*, edited by A. Hahn, 335 350. London (Karnac), 1990.

Meltzer, D. (1975) : »The Psychology of Autistic States and of Post-Autistic Mentality.« In : *Explorations in Autism*, edited by D. Meltzer, J. Bremner, S. Hoxter, D. Weddell, and I. Wittenberg, 6–32. Strath Tay: Clunie Press. Dtsch.: *Autismus. Eine psychoanalytische Erkundung.* Frankfurt a. M. (Brandes & Apsel).

Melzer, D. (1992): The Claustrum: An Investigation of Claustrophobic Phenomena. Strathclyd / Perthshire (Clunie Press). Dtsch.: *Das Claustrum. Eine Untersuchung klaustrophobischer Erscheinungen.* Frankfurt a. M. (Brandes & Apsel).

Ogden, T. H. (1994): »The Concept of Interpretive Action.« *The Psychoanalytic Quarterly 63*: 219–245.

Pollak, T. (2009): »The ›Body-container‹: A New Perspective on the ›Body-ego‹.« *The International Journal of Psychoanalysis* 90: 487–506.

Pollak, T. (2018): *Interpretation in action.* In press.

Rhode, M. (2005): »Mirroring, Imitation, Identification: The Sense of Self in Relation to the Mother's Internal World.« *Journal of Child Psychotherapy* 31 (1): 52–71.

Rhode, M. (2012a): »Whose Memories are They and Where do They go? Problems Surrounding Internalization in Children on the Autistic Spectrum.« *The International Journal of Psychoanalysis* 93: 355–376.

Rhode, M. (2012b): »The ›Autistic‹ Level of the Oedipus Complex: Some Implications for Problems Surrounding Sense Perception.« *Bulletin of the British Psychoanalytical Society*, March 2012.

Rhode, M. (2015): »›Paralysed Associations‹: Countertransference Difficulties in Recognising Meaning in the Treatment of Children on the Autistic Spectrum.« *Journal of Child Psychotherapy* 41 (3): 218–230.

Rhode, M. (2018): »Object Relations Approaches to Autism.« *The International Journal of Psychoanalysis* 99 (3): 702–724.

Sechehaye, M. A. (1970): *Symbolic Realization; A New Method of Psychotherapy Applied to a Case of Schizophrenia.* Translated by Barbrö Würsten and Helmut Würsten. New York (International Universities Press) (Original work published 1947).

Segal, H. (1957): »Notes on Symbol Formation.« *The International Journal of Psychoanalysis* 38: 391–397.

Steiner, J. (1987) : »The Interplay between Pathological Organisations and the Paranoid-Schizoid and Depressive Positions.« *The International Journal of Psychoanalysis* 68: 69–80.

Steiner, J. (1993): *Psychic Retreats. The New Library of Psychoanalysis.* Hove / New York (Brunner / Routledge).

Steiner, J. (2011): *Seeing and being Seen.* London / New York (Routledge).

Tustin, F. (1972): *Autism and Childhood Psychosis.* London (Hogarth Press).

Tustin, F. (1981): *Autistic States in Children.* London and Boston, MA (Routledge). Dtsch.: *Der autistische Rückzug. Die schützende Schale bei Kindern und Erwachsenen.* Frankfurt a. M. (Brandes & Apsel).

Tustin, F. (1987): *Autistic Barriers in Neurotic Patients.* London (Karnac Books). Dtsch.: *Autistische Barrieren bei Neurotikern.* Frankfurt a. M.: Brandes & Apsel.

Tustin, F. (1990): *The Protective Shell in Children and Adults.* London (Karnac Books).

Winnicott, D. W. (1952): »Ego Integration in Child Development.« In: *The Maturational Processes and the Facilitating Environment*, 56–64. London (Hogarth Press), 1982.

Merav Roth
(Tel Aviv)

Wahre Liebe als die Liebe zur Wahrheit

Abstract

Von Anfang an bis zu seinem Ende unseres Lebens sehnen wir uns nach der mythischen Vereinigung mit dem Anderen, die auf einer Kombination von Momenten nahezu perfekter Harmonie zwischen Mutter und Kind in der frühen Kindheit und unbewussten Phantasien über eine ideale Verbindung und vollständige Befriedigung beruht (Klein 1963). Gleichzeitig gibt es eine ganze Reihe von Aggressionen, Ängsten und Abwehrformationen gegenüber dem schlechten, frustrierenden Objekt. Der Kampf und das Gleichgewicht zwischen diesen beiden Haltungen sind die Wurzeln der wahren Liebe. In diesem Beitrag geht es um einige Hauptfaktoren, die der wahren Liebe im Wege stehen, und um die psychologischen Bedingungen, die eine dauerhafte Liebe ermöglichen können: Die Liebe zum »Anderssein« des Anderen, die Bewältigung der ethischen Herausforderung, die in der sexuellen Begierde steckt, und vor allem und als erstes – die Liebe zur Wahrheit. Ein klinisches Fallbeispiel aus Stephen A. Mitchells Buch *Kann denn Liebe ewig sein?* wird in einer Analyse geträumt, die mit der Autorin dieser Arbeit stattfindet. Es veranschaulicht die vorgestellten Hauptideen und die Art und Weise, wie sie im Kopf der Analytikerin durch projektive Identifikation erforscht und in der analytischen Begegnung durchgearbeitet werden.

Ein neues Leben beginnt. Ein neugeborenes Baby ruht in den Armen seiner Mutter. Es ist hungrig und blökt wie ein kleines Lamm. Die Mutter hält es fest in ihren Armen, sein Kopf ruht in der Wölbung ihres Arms, während es ihr zugewandt ist. Sie passt die weiche Brust an die Öffnung seines Mundes an und es beginnt, den warmen Milchstrom zu saugen. Ihre Haut, ihre Stimme, ihr Atem und ihr Körper umhüllen das Baby. Ihre Milch füllt es aus, seine kleine Hand ruht auf ihrer Brust. Seine Augen sind wie Angelhaken, die sich an den ihren festhalten. Für das Baby ist sie seine erste Zeugin. Das Leuchten in ihren Augen gibt ihm sein Spiegelbild zurück: sein Spiegelbild mit einem zusätzlichen Leuchten in den Augen des Anderen (Winnicott 1971, S. 111–119). Das Blöken eines Lamms, das ein Paradies geschaffen hat, ein Bedürfnis, das sorgfältig erfüllt wurde, Verständigung ohne Worte, perfekte Übereinstimmung, ein gut orchestriertes sinnliches Vergnügen, eine mythische Vereinigung.

Von da an und das ganze Leben lang sind wir zur Sehnsucht verurteilt. Die Sehnsucht ist ein der Liebe inhärentes Gefühl, und damit impliziere ich unweigerlich, dass der Liebe auch die Abwesenheit inhärent ist. Die ewige Kluft zwischen Einheit und Getrenntheit, zwischen Zweisamkeit und Einsamkeit, zwischen voller und partieller Befriedigung, zwischen Ewigkeit und Endlichkeit.

In ihrem letzten Aufsatz mit dem Titel »Über das Gefühl der Einsamkeit« schreibt Melanie Klein:

»Eine befriedigende frühe Beziehung zur Mutter ... setzt einen engen Kontakt zwischen dem Unbewussten der Mutter und dem des Kindes voraus. Dies ist die Grundlage für die vollständigste Erfahrung des Verstanden-Werdens und ist wesentlich mit dem präverbalen Stadium verbunden. So befriedigend es im späteren Leben auch ist, Gedanken und Gefühle gegenüber einer sympathischen Person auszudrücken, so bleibt doch eine ungestillte Sehnsucht nach einem Verstehen ohne Worte – letztlich nach der frühesten Beziehung zur Mutter. Diese Sehnsucht trägt zum Gefühl der Einsamkeit bei und entspringt dem depressiven Gefühl eines unwiederbringlichen Verlustes.« (1963, S. 300–314)

Dennoch ist der Beginn des Lebens nicht gänzlich in ein Paradies der Vollkommenheit eingebettet. Die Wurzeln der Liebe mögen aus diesen Momenten der Vollendung stammen, aber daneben erleben wir auch Ängste und Schmerzen. Letztere werden begleitet von der Phantasie eines schlechten, schädlichen Objekts, von Gefühlen der Wut und Frustration oder von Trauer und Kummer.

Von Beginn des Lebens an gibt es also ein zentrales Objekt für Liebe und Hass, für Hoffnung und für Angst.

In ihrem Aufsatz »Liebe, Schuld und Wiedergutmachung« stellt Klein fest, dass »wenn das Baby hungrig ist und seine Wünsche nicht befriedigt werden, oder wenn es körperliche Schmerzen oder Unbehagen verspürt, dann ändert sich plötzlich die ganze Situation. Hass und aggressive Gefühle werden geweckt und es wird von den Impulsen beherrscht, genau die Person zu zerstören, die das Objekt all seiner Wünsche ist und die in seinem Geist mit allem verbunden ist, was es erlebt – sowohl im Guten wie im Schlechten... Liebe und Hass kämpfen im Geist des Babys miteinander; und dieser Kampf dauert bis zu einem gewissen Grad das ganze Leben lang an und kann zu einer Quelle der Gefahr in menschlichen Beziehungen werden« (S. 307–308)

In diesem Beitrag möchte ich mich auf die wahre Liebe konzentrieren: die Liebe, die Romanautoren und Dichtern so wohlgesonnen ist, uns Psychoanalytiker jedoch etwas unartikuliert und verlegen zurücklässt. Stephen Mitchell hat in seinem Buch, das mich zu diesem Beitrag inspiriert hat, einen mutigen Versuch unternommen, die romantische Liebe zu konzeptualisieren. Ich werde versuchen, die von ihm aufgeworfene Frage: Kann Liebe andauern?, zu beantworten, indem ich meine Antworten auf die Theorie von Melanie Klein stütze. Kleins Werk könnte man auch beschreiben als einen jahrelangen Versuch, die Kräfte zu definieren, die die Liebe behindern, und die Wege, diese Hindernisse zu behandeln.

Ich werde versuchen, die zentralen Faktoren aufzuzählen, die der Liebe im Wege stehen, und ich werde auch wagen, eine Reihe von Bedingungen vorzuschlagen, unter denen die Liebe sich durchsetzen könnte. Schließlich werde ich dies anhand einer klinischen Fallstudie eines Mannes demonstrieren, der in der Liebe zu kämpfen hatte.

Das Paradox der Abhängigkeit

Der Kern der Schwierigkeit zu lieben ist das Paradox der Abhängigkeit. Ich bin vom Anderen abhängig, während der Andere sich dadurch definiert, dass er nicht Ich ist; er definiert sich durch die Autonomie seines Andersseins. Ich bin von meinem Geliebten abhängig, ich möchte mich mit seiner Gesamtheit vertraut machen, um zu wissen, was mich erwartet, wenn ich meine Hoffnungen auf ihn setze. Doch seine Andersartigkeit birgt auch ein Geheimnis in sich. Ich werde ihn niemals in seiner Gesamtheit erfassen können. Wenn ich die Andersartigkeit des Anderen, sein Getrenntsein von mir anerkenne, bin ich auch gezwungen anzuerkennen, dass ich nicht diejenige bin, die die gute Brust schafft. Dass es in Wirklichkeit keine solche Einheit gibt, in der eine bedingungslose Präsenz ohne Worte geschaffen wird, um meine Bedürfnisse zu stillen, mich zu lieben, meine Ängste und den Aufruhr meines Geistes zu bändigen, meine Wut und Destruktivität zu verzeihen. Dem Anderen steht es frei sich zu weigern und er hat die Freiheit zu gehen. Dabei wird langsam ein Unterschied zwischen der Phantasie der Liebe und ihrer Realität deutlich. Das Liebesobjekt der Phantasie ist eine unerschöpfliche Ressource des Guten, während der tatsächliche Andere, ähnlich wie ich, eine partielle Ressource ist. In der unbewussten Phantasie gehört das Liebesobjekt mir allein, es ist ewig und unendlich. Doch auch das beste Futter geht einmal zu Ende, und in erwachsenen Beziehungen hat der Andere eine Reihe eigener Bedürfnisse, Wünsche und Ängste. Wir stehen uns gegenüber, ein Anderer steht einem Anderen gegenüber, Abhängigkeit steht Abhängigkeit gegenüber, und wir wollen uns miteinander verweben und ein Band der Liebe knüpfen. So einfach ist es nicht.

Zwei paradigmatische Gefahren stehen der Liebe zum Anderen gegenüber: Er könnte mich zerstören. Ich könnte ihn zerstören. Bei der ersten Gefahr, »Er könnte mich zerstören«, die Klein mit der paranoid-schizoiden Position in Verbindung bringt, projiziere ich meinen eigenen Hass und meine Aggression auf den Anderen und erlebe ihn als verfolgend. Diese Position ist durch die Dominanz von Abspaltung, Projektion und Verleugnung gekennzeichnet. Phantasien über das böse geliebte Objekt sind im Überfluss vorhanden: Das böse Objekt könnte mich verschlingen, kontrollieren, betrügen, benutzen, entleeren, verlassen, demütigen, seelisch und manchmal sogar körperlich töten. Aus dieser Position heraus entsteht eine Reihe von psychischen Manövern, die darauf abzielen, die Realität, wie sie ist, zu vermeiden: Grandiosität, sadomasochistische Organisation, perverse Dynamik, schizoide Organisation, Essstörungen, chronische Lüge und Täuschung, zwanghafter Neid, tyrannische Kontrolle und zwanghafte Abhängigkeit, Gewalt und Selbstmordtendenzen. In gewisser Weise könnte man sagen, dass jede Pathologie ein Schutz vor den Gefahren der Liebe ist.

Die zweite Gefahr – »Ich könnte ihn zerstören« – ist mit der psychischen Position verbunden, die Klein »depressiv« nennt und die durch eine bessere Integration der Realität gekennzeichnet ist. Infolgedessen werde ich mir der Tatsache bewusst, dass sowohl ich als auch der Andere einerseits durch Liebe und die Fähigkeit zur Wiedergutmachung und andererseits durch Hass und die Fähigkeit zur Zerstörung gekennzeichnet sind. Die zentrale

Angst in der depressiven Position ist die vor der eigenen Aggression (in der Realität und in der Phantasie) und die Angst, das geliebte Objekt dadurch zu verlieren – weil es entweder zerstört wird oder geht. Diese Angst ist durch eine Dominanz von Schuld und Schmerz gekennzeichnet. Es ist möglich, aus dieser Angst in manische Abwehrhaltung zu verfallen, doch wenn man die Angst eindämmt und ihre Komplexität verarbeitet, ist es auch möglich, sie zu entblößen und sie sogar als wichtigen materiellen Bestandteil der Liebe zu nutzen. Interessanterweise weist Klein darauf hin, dass Schuldgefühle und die Angst vor dem Verlust des Objekts nicht nur ein Hindernis für die Liebe sind, sondern auch (wenn sie nicht überhandnehmen) eine wesentliche Grundlage für die Liebe darstellen. Sie sagt:

»Meine psychoanalytische Arbeit hat mich davon überzeugt, dass ein sehr wichtiger Schritt in der Entwicklung gemacht wird, wenn im Geist des Babys der Konflikt zwischen Liebe und Hass auftaucht und die Ängste vor dem Verlust der geliebten Person aktiv werden. Diese Schuldgefühle und Ängste treten nun als neues Element in das Gefühl der Liebe ein. Sie werden zu einem inhärenten Bestandteil der Liebe und beeinflussen sie sowohl qualitativ als auch quantitativ tiefgreifend... Neben den zerstörerischen Impulsen im Unterbewusstsein des Kindes und des Erwachsenen existiert ein tiefer Drang Opfer zu bringen, um geliebten Menschen, die in der Phantasie beschädigt oder zerstört wurden, zu helfen und sie wiederherzustellen. In der Tiefe des Geistes ist der Drang, Menschen glücklich zu machen, mit einem starken Gefühl der Verantwortung und Sorge für sie verbunden, welches sich in echter Sympathie für andere Menschen und in der Fähigkeit sie zu verstehen, wie sie sind und wie sie fühlen, äußert.« (S. 311)

Der Geliebte erreicht seine Geliebte und sie ihn mit zwei schweren Lasten, die sie seit ihrer Kindheit und ihr ganzes Leben lang getragen haben: die Last ihrer Hoffnungen, die durch ihre positiven Erfahrungen genährt wird, und die Last ihrer Ängste, die durch negative Erfahrungen genährt wird. Auch die Sexualität ist mit den frühen Bedingungen der Liebe verwoben und verkörpert sie. Aus diesem Grund ist es wichtig, die sexuellen Phantasien und sexuellen Beziehungen des Patienten als Wegweiser zum Verständnis der inneren Sprache der Liebe zu verstehen. In der Liebesbeziehung, wie auch in der Behandlung, findet ein Prozess statt, bei dem die frühen Objektbeziehungen durch Übertragung rekonstruiert werden. In der Klinik hören wir täglich von den Liebesbeziehungen unserer Patienten und ihren engen Verbindungen zu den Liebesbeziehungen und Störungen, die sie am Anfang ihres Lebens erlebt haben. Wir hören von ihrem täglichen Rückzug vor der Wahrheit der reifen Liebe, da diese mit unvermeidlichem Schmerz verbunden ist.

Ich möchte nun drei Herausforderungen nennen, die, wenn sie erfüllt werden, der Liebe die Möglichkeit geben könnten zu überdauern: die Liebe zur Wahrheit, die Liebe zum Anderssein und das psychische Gleichgewicht zwischen Ethik und Begehren.

Wahre Liebe und die Liebe zur Wahrheit

Ich möchte vorschlagen, dass die Vorbedingung für wahre Liebe die Liebe zur Wahrheit ist. Die Voraussetzung, die den Weg des Liebenden inmitten der weitläufigen Pfade im Garten der Liebe bestimmt, ist seine Bereitschaft mit der Wahrheit in Kontakt zu kommen.

Der Philosoph Alain Badiou nennt dies in seinem Buch *Lob der Liebe* »Liebe als Wahrheitsverfahren« (2009, S. 38). Er schreibt, dass das Wahrheitsverfahren anerkennt, dass die Liebe eine Szene für zwei ist, während die Verleugnung zu einem Versuch führt, den Anderen zu objektivieren und eine Illusion der Einheit zu schaffen – entweder durch die Kontrolle des Einen über den Anderen oder durch eine falsche Illusion der Einheit zwischen den beiden. Badiou beschreibt die Liebe als ein kontinuierliches Ereignis der Anerkennung der Differenz. Damit unterscheidet er auch die Liebe von der Lust:

»Liebe streckt sich nach dem Ontologischen aus. Während das Begehren sich auf den Anderen konzentriert, immer in einer etwas fetischistischen Weise, auf bestimmte Objekte, wie Brüste, Pobacken und Schwänze... konzentriert sich die Liebe auf das Wesen des Anderen, auf den Anderen, der hineingeplatzt ist in mein Leben, voll bewaffnet mit seinem ganzen Sein, und es so entstellt und neu gestaltet hat.« (S. 21)

Wahrheit ist gleichzeitig ein illusorischer und ein übersättigter Begriff. Es ist notwendig, hier sofort einen Vorbehalt anzubringen und daran zu erinnern, dass auch der Kontakt mit psychischer Wahrheit angesichts der Existenz des Unbewussten immer vergänglich und partiell ist. Diese Erkenntnis bringt uns paradoxerweise der Wahrheit näher, während sie gleichzeitig die

Trauer über ihre Vergänglichkeit in sich trägt. Trotzdem bestand der Versuch von Klein und ihren Nachfolgern im Wesentlichen darin vorzuschlagen, dass die psychische Entwicklung aufgrund der Wissbegierde unterschieden werden kann, und wenn wir vorschlagen, dass es möglich ist zu wissen, gehen wir auch von der Annahme aus, dass es wahr und falsch gibt, und dass es einen Weg gibt sie zu unterscheiden. Es geht hier nicht um eine metaphysische Wahrheit, sondern um den Wunsch des Menschen, sich selbst und seine Welt zu kennen. Ein Wunsch, der nach Klein konstitutionell ist – Epistemophilie – und durch übermäßige Angst und Hass behindert werden kann.

Was findet das Kind, wenn es das Leben wahrheitsgemäß erforscht?

Jedes Kind ist dazu verurteilt, die schmerzhafte und angstauslösende Wahrheit anzuerkennen, dass das ödipale Dreieck nicht gleichseitig ist und dass das Kind außerhalb des sexuellen Paares steht. Daraus ergibt sich eine Reihe von narzisstischen Verletzungen, Ängsten und Eifersüchten, die das Selbst zugunsten der Wahrheit überwinden muss. In der Folge lassen sich gesundes und pathologisches Liebesleben anhand der Bereitschaft unterscheiden, die Wahrheit zu erkennen, die einerseits Schmerz und Angst hervorruft, andererseits aber auch zu psychischer Entwicklung, Kreativität und Wiedergutmachung führt. Zu diesen Wahrheiten gehört die Erkenntnis, dass ich den Anderen brauche und sogar von ihm abhängig bin, obwohl ich keine Herrschaft über ihn, keine exklusive Kontrolle, keine Besitzansprüche, kein Versprechen und keine Garantie habe. Wahres psychisches Wissen beinhaltet auch die Erkenntnis, dass ich den Anderen verletzen und von ihm verletzt werden könnte; dass es Befriedigung immer nur teilweise gibt und alles endlich ist; dass wir bezüglich Liebe und Hass, Leben und Tod in einem ständigen inneren Konfliktzustand sind. Doch daneben gibt es auch die Möglichkeit, etwas zu verbessern, zu schaffen und zu reparieren. Aus all dem ergibt sich eine weitere belastende Wahrheit, nämlich dass eine aktive Verantwortung auf meinen Schultern ruht, ein konstruktives Gleichgewicht zwischen all diesen dialektischen Kräften in meinem Leben und in meinen Beziehungen zu Anderen zu finden.

Ich möchte weiter vorschlagen, dass die Verwandtschaft der wahren Liebe mit der Liebe zur Wahrheit nicht nur die Beziehungen zwischen Paaren betrifft. Sie berührt auch, und vielleicht zuallererst, das individuelle existenzielle Projekt des Einzelnen. Die Bereitschaft, Endlichkeit und Unvollkommenheit zu akzeptieren, kann es einem erlauben, die Veränderung und das Altern des Körpers, die fehlende Kontrolle und die Einsamkeit als konstituierende existentielle Grundlagen zu betrauern. Im Trauerprozess kann man trotz und vielleicht auch wegen dieser existenziellen Wahrheiten das Ästhetische und Erhabene finden. Darüber hinaus könnte man die ästhetische Qualität des alltäglichen Lebens entdecken und die immense Kraft, die in der Bereitschaft liegt, das zu pflegen, was in jedem Augenblick da ist – dies aus einer gleichzeitigen Unterwerfung unter die Möglichkeiten des Lebens ebenso wie unter seine Grenzen.

Ich betrachte die Bereitschaft, mit diesen komplexen Wahrheiten in Kontakt zu kommen, als Voraussetzung für die wahre Liebe zu einem Anderen. Solange man nicht bereit ist sie zu akzeptieren, wird man ihre Erscheinungsformen in der geliebten Person zwangsläufig verabscheuen. Er wird sie ablehnen, wenn sie krank wird, er wird vor den Altersfalten zurückschrecken, er wird ihre Verletzlichkeit verabscheuen und ihre Abhängigkeit als einschüchternde Widerspiegelung jener Aspekte der Existenz kritisieren, die er in sich selbst nicht anerkennen möchte. Ein solcher Mann wird sich auf der Suche nach dem idealen Objekt, mit dem er die Realität der Unvollkommenheit leugnen kann, von einem Liebesobjekt zum nächsten hangeln oder das Liebesobjekt wegen seiner Schwächen angreifen, da diese narzisstische Verletzungen seiner Omnipotenz darstellen. Die Bewegung zur Wahrheit ist also eine Bewegung zur Liebe.

Diese Affinität besteht auch in umgekehrter Richtung: Die Bereitschaft, dem Anderen nahezukommen trotz der narzisstischen Verletzungen, die dies mit sich bringt, eröffnet ein Hören auf die existenzielle Wahrheit, die jenseits des Selbst liegt. Sinn finden in den Liebesbeziehungen in ihrer ganzen Komplexität erhellt den Sinn des Daseins.

Die andere Morgendämmerung – die Liebe zum Anderssein

Die Liebe erfordert eine zusätzliche Bedingung, nämlich die Bereitschaft zu wissen und sogar zu lieben, dass der Andere immer flüchtig ist. Der Andere ist mir nie vollständig bekannt. Er ist immer »die andere Morgendämmerung«. Dieser Begriff ist eine Paraphrase auf einen Begriff des Philosophen Maurice Blanchot »die andere Nacht«. Blanchot, der stark von Heidegger beeinflusst ist, verwendet den Begriff »die andere Nacht«, um auf poetische und dichte Weise die Affinität zum Tod als Beziehung zum Unbekannten zu beschreiben. Eine Beziehung zu einem Geheimnis, von dem man sich bei jedem Versuch es zu erobern weiter entfernt. Doch seine Anerkennung durch jeden, dessen Geist dafür offen genug ist, führt zu Veränderungen und bietet der eigenen Existenz einen neuen Sinn.

Blanchot schreibt: »Die andere Nacht ist immer die andere, und derjenige, der sie wahrnimmt, wird der Andere. Wer sich ihr nähert, entfernt sich von sich selbst, ist nicht mehr derjenige, der sich nähert, sondern derjenige, der sich abwendet... Derjenige, der in die erste Nacht eingetreten ist, sucht unerschrocken zu ihrer tiefsten Intimität, zum Wesentlichen vorzudringen.« (1982, S. 149)

Blanchots Analogie des Todes zur Nacht verleiht dem Leben die Analogie des Tageslichts, so dass diejenigen, die alles, was darin enthalten ist, erkennen wollen, auch das Dunkel der Nacht einbeziehen.

Ich möchte vorschlagen, dass es in der Liebe einen ähnlichen Dualismus gibt. Das aufgeklärte Selbst beinhaltet auch ein Bewusstsein für das Geheimnis und die Andersartigkeit des Anderen. Es ist bereit, sich auf die tiefste Intimität zuzubewegen, trotz und vielleicht gerade wegen der Tatsache, dass es unmöglich ist, das Wesen des Anderen zu erfassen, zu besetzen und zu kontrollieren.[1] Es ist eine aktive Bewegung, ein Träumen, das sich von einem Moment zum anderen entfaltet und die Wahrheit der Andersartigkeit einschließt. Es ist eine Liebe, die von einer Suche nach

1 Dieser Gedanke findet sich auch in Meltzers Aufsatz »Der Ästhetische Konflikt« (1988) wieder. Dort erörtert er die Bereitschaft, das Objekt der Leidenschaft zu kennen, anstatt es sich anzueignen. Er beschreibt die »negativen Fähigkeiten«, einen Begriff, den Bion von dem Dichter John Keats entlehnt hatte, um einen Zustand der Offenheit, der kreativen Wahrnehmung, der Fähigkeit, Nichtwissen und Geheimnis zu tolerieren, zu beschreiben. Meltzer schlug vor, dass sich im Kern der negativen Fähigkeiten »Schönheit und Wahrheit treffen«.

dem Anderen geprägt ist, deren Ziel nicht das Finden ist, sondern aus der Freude heraus, durch einen Raum zu wandern, dessen Grenzen unbestimmt sind. Dieser Aspekt der Liebe kommt auch im Eros zum Ausdruck, der den Anderen nicht berühren will, um ihn zu besitzen, sondern aus dem Vergnügen heraus sein Anderssein zu berühren. In Levinas Formulierung: »Es ist keine Intentionalität der Enthüllung, sondern der Suche: eine Bewegung hin zum Unsichtbaren« (1969, S. 258). Dies steht im Gegensatz zum sexuellen Begehren, das die ständige Spannung mit einer Entladung zu lösen versucht, auch wenn sie nur für einen Moment Entspannung und Erleichterung von der klaffenden, erregten und ungelösten Sehnsucht bringt.

Das Verlangen und die ethische Forderung

Die wahre Liebe, die auf die Liebe zur Wahrheit antwortet, bringt eine weitere Herausforderung mit sich: die ethische Forderung, die sie an mich stellt. Es ist die Bereitschaft, dem Geliebten wahrhaftig zuzuhören, was auch heisst, mich meiner eigenen Bedeutung für ihn zu stellen; dem Bedürfnis des Anderen nach mir und der Möglichkeit, dass ich ihn verletzen könnte, echte Aufmerksamkeit zu schenken. Seine Abhängigkeit von mir ist mir durch meine Abhängigkeit von ihm vertraut, und deshalb ist mir auch ihre volle Bedeutung und ihr ganzes Gewicht zugänglich und stellt eine ethische Forderung dar. Mit den Worten von Levinas: »Der Ausdruck, den das Gesicht in die Welt bringt, widersetzt sich nicht der Schwäche meiner Kräfte, sondern meiner Fähigkeit zur Macht.« (ebd., S. 198)

Aber wir hören hier nicht auf. Die Liebenden sind mit der Herausforderung konfrontiert, den ethischen Anspruch mit der libidinösen Freiheit zu verbinden. Die Liebe findet nicht in den obersten Regalen einer Bibliothek statt. Sie ist weder ein spirituelles noch ein moralisches Ereignis. Liebe ist eine Praxis, die es im Alltäglichen auszuüben gilt.

Melanie Klein schlägt vor, dass leidenschaftliche Liebe zwischen einem Paar erst dann möglich wird, wenn der Trieb mit seinen aggressiven und kraftvollen Komponenten nicht mehr als zerstörerisch erlebt wird. Mit anderen Worten: Die Herausforderung besteht darin, die Andersartigkeit und meine Handlungsfähigkeit ihr gegenüber anzuerkennen, ohne die instinktive Offenheit sowohl in der sexuellen Beziehung des Paares als auch in ihrem Diskurs zu kastrieren. Dies schließt die Freiheit ein, Wut zu empfinden, zu verletzen, zu protestieren, zu beneiden, zu begehren und sich frei und kreativ im täglichen Leben und in der Sexualität auszudrücken. Die gegenseitige Aufmerksamkeit des Paares beim Sex und im Gespräch, die nicht aus Abwehrangst, sondern aus Offenheit entsteht, wird es ihnen ermöglichen, ihre Vertrautheit zu vertiefen und ihre Begegnung im Laufe der Jahre zu verbessern.

Ist dagegen die Angst vor dem Sterben, vor dem Anderssein oder vor der Verantwortung für den Geliebten zu groß, dann überwiegt der Versuch zu kontrollieren statt der Bereitschaft zur innigen Liebe. Dieser Versuch der Kontrolle wird sich zwangsläufig in einer Weise entfalten, die es dem Anderen nicht erlaubt, in seiner Andersartigkeit zu bleiben. Für das Geheimnisvolle, für die unendliche Neugier auf den Anderen, der nie ganz zu fassen ist, ist dann kein Platz mehr. Anstelle von Liebe, die an die Liebe zur Wahrheit gebunden ist, werden Mechanismen der Verleugnung und Kontrolle aktiviert, die das Leben mit einem weißen Licht überfluten und keinen Raum für Schattierungen oder Träume lassen.

In der Behandlung wie in Liebesbeziehungen gehen wir davon aus, dass selbst hinter den kompliziertesten Lösungen des Geistes eine (wenn auch gut versteckte) Sehnsucht nach einer stärkenden Liebe und eine Hoffnung auf Wiedergutmachung verborgen liegt. Selbst wenn wir einen Wiederholungszwang erkennen, der uns in wiederkehrende Beziehungsverstrickungen mit Schmerz, Vermeidung und Widerstand gegen Wahrheit und Liebe bringt, geht die kleinianische Theorie immer noch davon aus, dass man zum Tatort zurückkehrt in der Hoffnung, dass einmal eine Veränderung eintreten möge. Es besteht immer die Hoffnung, dass es dem neuen Objekt gelingen möge, das Selbst aus den Kreisläufen von Hass, Misstrauen und Schmerz zu befreien, dass es gelingen möge, die zersetzende Wirkung der Kommunikation zu halten, ihre Brüche neu zu kodieren, die Ursprünge des Schmerzes und der Angst zu dechiffrieren und sie zu einer haltgebenden Begegnung umzuformen, die Substanz und Trost bietet. Das ist die Grundlage der Hoffnung in jeder Behandlung, der Grund für Übertragungsbeziehungen und meiner Meinung nach ein verborgenes Element bei allen Störungen der Liebe, wo auch immer sie sein mögen.

In vielen Fällen ist eine psychoanalytische Behandlung erforderlich, um die Abwehrstrukturen, die der Liebe im Wege stehen, aufzulösen. Es wird davon ausgegangen, dass diese Strukturen in der Übertragungsbeziehung mit dem Analytiker rekonstruiert werden und somit eine Gelegenheit für den Therapeuten und den Patienten darstellen, die Elemente, die der Liebe im Wege stehen, zu erleben, zu verstehen, zu interpretieren und zu verarbeiten.

Klinischer Fall: Harold (basierend auf einem Fallbeispiel aus Stephen A. Mitchells Kann denn Liebe ewig sein?)

Im folgenden Abschnitt werde ich versuchen, die Art und Weise zu beobachten, in der der Geist des Therapeuten als Kompass bei der Suche nach Gräben auf dem Weg des Patienten zur wahren Liebe dient.

Ich werde mich auf einen Fall beziehen, den Mitchell in seinem Buch vorstellt, den Fall von Harold, einem Mann, der zu Mitchell in Behandlung kam, weil er trotz seiner Liebe und Bewunderung für seine Frau keinen Sex mit ihr haben konnte.

Zu Beginn ihrer Beziehung fühlte er sich zu ihr hingezogen, doch nun verspürte er trotz seines Wunsches nach ihrem Glück kein Verlangen mehr nach ihr, und wenn er Sex initiierte, wurde er impotent. Er masturbierte nur noch zu Pornografien von promiskuitiven Frauen. Mitchell schreibt, dass Harolds Eltern in einem Londoner Vorort lebten, wo sie sich in ihrer Umgebung fremd und abgelehnt fühlten. Sein Vater wurde zum Alkoholiker und seine Mutter litt unter Depressionen. Gleichzeitig, so erinnert sich Harold, zog sich seine Mutter aufreizend an und brauchte dringend seine Aufmerksamkeit. Er wurde hochsensibel für ihre Stimmungen und spürte ihre Depressionen sogar durch geschlossene Türen hindurch.

In der Behandlung stellt Mitchell gemeinsam mit Harold fest, dass die Kluft zwischen ihm und seiner Frau eine unbewusste mentale Formation ist. Während der Behandlung entdecken sie, dass Harold von »ihren Gefühlen, ihren Leidenschaften, ihren Vergnügungen« (2002, S. 62) so sehr eingenommen ist, dass er es nicht zulässt, in ihrer Gegenwart Freude zu empfinden, eine Freude, die Harold als egoistisch bezeichnet. Mitchell zeigt, wie Harold eine Spaltung zwischen dem Vertrauten und dem Aufregenden, zwischen der respektablen Ehefrau und der promiskuitiven Frau geschaffen hat. Mitchell erklärt (als Paraphrase von Freud): »Wo Harold liebte, begehrte er nicht; wo er begehrte, konnte er nicht lieben.« (ebd., S. 63)

Ich werde diese begrenzte Information nutzen, um uns einen Einblick in die Art und Weise zu geben, wie die Übertragungsbeziehungen in der Behandlung es uns ermöglichen, verschiedenen Schichten psychischen Wahrheit zu begegnen, deren Durcharbeitung eine Wiederherstellung der Liebesfähigkeit ermöglicht. Die Fähigkeit, Wahrheit zu ertragen, beinhaltet die Fähigkeit, psychischen Schmerz zu ertragen. Wenn ich von »Wahrheit« spreche, beziehe ich mich daher auf die Fähigkeit, mit den eigenen Gefühlen, Bedürfnissen, Impulsen, der Abhängigkeit und dem Anderen in Kontakt zu sein, ohne übermäßige Angst vor psychischem Schmerz zu entwickeln und ohne massive Abwehrmechanismen dagegen zu aktivieren.

Wir lesen, wie beängstigend es für Harold ist, von seiner Frau abhängig zu sein, und wie berührend die Kluft zwischen seiner Liebe zu ihr und der Unfähigkeit, diese zu verwirklichen, ist. Seine wahre Liebe wird durch massive Abwehrmechanismen behindert – und in einem tiefen Sinn auch geschützt. Anstatt seine Frau zu erkennen (was im biblischen Hebräisch auch bedeuten würde, mit ihr Geschlechtsverkehr zu haben), hat Harold Geschlechtsverkehr mit ihrem Spiegelbild und blockiert sie durch seine Projektionen. Anstatt ihr als »anderer Morgendämmerung« gegenüber offen zu sein, projiziert er die Morgendämmerung seiner Kindheit in sie hinein und füllt ihr Anderssein mit seinem inneren Bekannten auf. Je schmerzhafter die Situation ist, umso mehr schützen die vertrauten und kontrollierbaren Gestaltungen. Aus diesem Grund erstarrt Harolds offene und neugierige Bewegung in Richtung seiner Geliebten, und das Paar ist stattdessen gefangen im Wiederholungszwang, in einer symptomatischen Fixierung.

Im Folgenden träume ich eine therapeutische Begegnung zwischen Harold und mir, deren Beschreibung auch von Erfahrungen mit meinen eigenen Patienten geprägt ist, die unter ähnlichen Schwierigkeiten gelitten haben. Anhand dieses Träumens werde ich versuchen, den Prozess zu veranschaulichen, den die Therapeutin durchläuft, um die generelle Freiheit des Patienten und insbesondere seine Freiheit zu lieben freizusetzen.

Ich stelle mir das folgendermaßen vor:

Harold kommt zu mir in die Behandlung. In der Anfangsphase der Behandlung werde ich von ihm – wenn auch unbewusst – eingeladen, seine inneren Objektbeziehungen kennenzulernen, und zwar durch das, was Mitchell als »Strukturierung« seiner Beziehung zu mir bezeichnet.

Er begegnet mir mit großem Respekt, hält sich genau an die Regeln der Analyse und erzählt mir mit Verlegenheit und Angst von seinen Wünschen. In dieser Phase der Behandlung empfindet er eine enorme Begeisterung für die Sitzungen, aber später verliert er allmählich das Interesse daran, schweigt oft und erklärt, dass er nichts zu sagen hat. Er hat ein schlechtes Gewissen, kann die Situation aber nicht ändern. Vielleicht, so denkt er, ist es an der Zeit zu gehen. Ich, die ich mich anfangs gefreut habe ihn zu sehen, fühle mich nun zurückgewiesen und enttäuscht. Ich fühle mich ängstlich vor seinen Sitzungen, während ich ihn im Gegensatz dazu in der Tiefe meines Herzens als irgendwie kastriert, leer und langweilig erlebe. Vielleicht erwäge ich sogar, seinem Vorschlag zuzustimmen, die Behandlung zu beenden. Aber ich beginne auch, mich über diese Dualität zu wundern: einerseits stellt er sich als hilflos dar, andererseits bin ich diejenige, die sich allmählich für ihn wertlos fühlt, so sehr, dass er sich nicht mehr danach sehnt zu mir zu kommen, während es ihm gelingt, an anderer Stelle Interesse zu entwickeln. Unmerklich beginne ich mich mehr anzustrengen; ich schmücke mich mit gewagten Interpretationen, versuche neue Gesprächspositionen, während er unnachgiebig bleibt. Ich fühle mich ziemlich unglücklich, hilflos, ängstlich und verwirrt.

Die anfängliche Gestaltung unserer Beziehung in den Mustern seiner inneren Beziehungen ist abgeschlossen.

Aus kleinianischer Perspektive ist die projektive Identifikation der Schlüsselmechanismus, der diese klinische Situation inszeniert: Wir gehen davon aus, dass der Patient sowohl seine eigenen Erfahrungen und Gefühle auf mich projiziert als auch die der Figuren, die seinen Geist bevölkern und mit denen er innere Beziehungen unterhält. Und genau hier, an dem Ort, an dem die Beziehungen im wirklichen Leben gefangen sind, beginnt die Suche in der Behandlung. An dem Ort, an dem diese Inszenierung abgeschlossen ist, stellt sich die Frage: Welche Geschichte erzählt die Gesamtsituation, die sich in den Übertragungsbeziehungen zwischen uns gebildet hat? Welche Art von Beziehung stellt sie wieder her?

Indem ich mich in meinen Bemühungen, Harolds zunehmendem Rückzug zu begegnen, zurückgewiesen und verloren fühle, kann ich die Anstrengung und die Angst, die Harold, das Kind, angesichts seiner depressiven Mutter empfindet, in mir selbst nachvollziehen. Während ich versuche, ihn mit verführerischen und faszinierenden Interpretationen zu verführen, erlebe ich für einen kurzen Moment seine zurückgewiesene Mutter/Ehefrau in mir. Ich spüre die ödipalen Gefahren eines Jungen, dessen Mutter an ihm klammert und die sich durch verzweifelte und unpassende Verführungskünste die Liebe zurückholen will. In der Phantasie würde er, wenn er auf ihr Werben eingeht, die zerstörerische, inzestuöse Belohnung gewinnen, die einen ebenso zerstörerischen Sieg über einen geliebten Vater ankündigt, der schwach und krank ist. Vielleicht spüre ich auch in mir selbst, wie ausgebeutet und verwirrt er sich fühlen muss, während er in eine schmerzhafte und durchlöcherte Nähe verführt und erregt wird.

In ähnlicher Weise kann ich aus seiner Impotenz in der Behandlung – als die männliche Kraft seiner Worte zum Schweigen gebracht wird – erkennen, dass die sexuelle Impotenz nicht nur ein Ausdruck von Hilflosigkeit ist, sondern auch ein Ausdruck von Wut über den unangemessenen Missbrauch seiner Kräfte und seiner Liebe durch eine verinnerlichte Mutter, die seine Aufmerksamkeit einfordert, anstatt ihm ihre zu geben. Sein Rückzug wird nun auch als Rache für seine verlorene und gestohlene Kindheit verstanden. Außerdem verstehe ich, dass er sich aus dem aggressiven, überlebenden Sexualtrieb heraus, der in mir geboren wurde, als ich ihm gegenüberstand, unbewusst vor mir zurückzieht, auch um mich vor all der Wut und Sexualität zu schützen, die ihn überfluten und die mir schaden könnten. Er schützt mich und auch seine Geliebte, indem er sein Verlangen abspaltet und zurückzieht und es in die sichere Zone der Pornografie lenkt.

Ich möchte darauf aufmerksam machen, dass die projektive Identifikation eine Möglichkeit ist, eine enge Verbindung zur inneren Wahrheit aufrechtzuerhalten, wenn auch auf eine verwickelte Art und Weise. Der Verstand versucht die Wahrheit und das Objekt zusammenzubringen, aber er kann dies nicht direkt tun. Dies geschieht auch in Liebesbeziehungen im wirklichen Leben. So ruft Harold durch projektive Identifikation, durch seine Impotenz, in seiner Frau wahrscheinlich die gleichen unerträglichen Gefühle hervor, die ihn quälen, so dass sie durch ihr inneres Erleben Zeugin seiner intimsten Erfahrungen wird. In diesem Sinne ist selbst in den pathologischen Formen des Liebeslebens ein heimlicher Wunsch nach Verbindung enthalten. Wenn dieser Wunsch nicht erfüllt wird, suchen unsere Patienten eine Behandlung auf.

Auf dem Schauplatz der Behandlung ist die Analytikerin die erste, die sich der Herausforderung einer solchen Liebe stellen muss, welche kreative und impulsive Freiheit mit ethischer Verantwortung verbindet. Nur dadurch, dass ich mich den Ereignissen unterwarf – der Angst, dass er gehen könnte, der Versuch, ihn zum Bleiben zu verführen, der Wut, wenn er sich vor mir zurückzog, die Unterschätzung ihm gegenüber, das Gefühl abgelehnt und gedemütigt zu werden und vieles mehr – nur dadurch konnte ich den Schwierigkeiten, die ihn bewusst dazu brachten, sich in Behandlung zu begeben, einen Sinn geben: die unfruchtbare Begegnung zwischen ihm und seiner Frau. Diese Art von Begegnung, die auch zwischen uns reinszeniert wurde, wird von den Bühnenbildnern und Regisseuren des Theaters des Unbewussten entworfen. Wir sind dabei die Schauspieler in einem alten Stück, in welchem Harold die Gelegenheit gegeben werden muss, dem Stück einen Sinn einzuräumen, seine Schmerzen zu betrauern und sich aus seinem Griff zu befreien.

Erst nach einer tiefgreifenden Verarbeitung seiner zentralen Ängste und seiner Versuche, dem Schmerz auszuweichen, die ihm den Weg zur Liebe versperren, und erst nachdem die Ängste zurückgegangen sind und durch Bedeutung ersetzt wurden, kann sich der Geist des Patienten weit genug öffnen, um die Qualen der Liebe den Schmerzen des defensiven Rückzugs aus der Verbindung mit dem Anderen vorzuziehen. Nach der Trauer, der Integration und der Bereitschaft, mit der psychischen Wahrheit in Kontakt zu treten, holt der Patient schließlich die verlorenen Teile seines Selbst aus dem Exil zurück. Ein Teil dieser Veränderung hat mit der Akzeptanz der Tatsache zu tun, dass wahre Liebe immer mit unvermeidlichem Schmerz verbunden ist.

Ein letztes Traumbild: In der letzten Sitzung erzählte mir Harold, dass er in der Nacht zuvor, nachdem seine Frau eingeschlafen war, neben ihr lag, sie einfach nur ansah und spürte, wie sein Herz klopfte. Er konnte nicht sagen, ob es Angst oder Liebe war. Es ist beides, sagte ich zu ihm.

Ende der Träumens.

Ich glaube, dass Harold im weiteren Verlauf des Prozesses um seine verlorene Kindheit getrauert und sich über seine Entdeckungen aufgeregt hätte, aber auch seinen verwundeten verinnerlichten Eltern und sogar sich selbst verziehen hätte. Ich wünschte, er hätte nach diesem Prozess gewagt, seine Frau, mit der er sich sehr verbunden fühlt, mit offenen Augen zu betrachten, ohne die Bilder seiner Vergangenheit, die wie ein Schattentheater auf sie projiziert werden, zu objektivieren oder ihr aufzuzwingen.

Ich wünschte, Harold hätte sich der Leidenschaft geöffnet, seine Frau wirklich kennenzulernen, und dabei die ethische Herausforderung einer libidinösen Verbindung, die aus der Verantwortung erwächst, ausgehalten.

In dieser Situation werden Sexualität und Liebe schließlich integriert. Dies ist keine dauerhafte und stabile Errungenschaft, Harold und seine Frau würden nicht »glücklich bis ans Ende ihrer Tage« leben. Aber vielleicht wären sie in der Lage gewesen, ihre Positionen als »die andere Morgendämmerung« füreinander zu erneuern, wobei die paranoid-schizoide Einsamkeit, die eine Realitätsverweigerung beinhaltet, einer existentiellen Einsamkeit weicht, die die Nähe des Anderen als depressive Annäherung sucht. So wie der traurig-schöne Klang einer Oboe in der Musik, der unvermeidlicher Teil der Sehnsucht in der Zugehörigkeit ist, einer Sehnsucht, deren tiefste Antwort vom Anbeginn unseres Lebens bis zu seinem Ende die wahre Liebe in beiden Bedeutungen ist.

Übersetzung aus dem Englischen von
Dr. med. Karin Trübel / Bern (Schweiz)

Literatur

Badiou, A. & Truong, N. (2009): *In Praise of Love.* Translated by Peter Bush, London (Profile Books), 2012.

Blanchot, M. (1955): *The Space of Literature.* Translated by Ann Smock, London (Univ. of Nebraska Press), 1982.

Klein, M. (1937): Love, Guilt and Reparation, In: *Love, Guilt and Reparation and other works 1921–1945* (S. 306–355), London (Vintage), 1998.

Klein, M. (1963): On the Sense of Loneliness. In: *Envy and Gratitude and Other Works 1946–1963* (S. 300–314), London (Vintage), 1997.

Levinas, E. (1961): *Totality and Infinity: An Essay on Exteriority.* Translated by Alphonso Lingis, Pittsburgh (Duquesne University Press), 1969.

Meltzer, D. & Williams, M. (1988): *The apprehension of Beauty: the role of aesthetic conflict in development, art and violence.* Perthshire (Clunie Press). Dtsch.: *Die Wahrnehmung von Schönheit. Der ästhetische Konflikt in Entwicklung und Kunst.* Frankfurt a. M. (Brandes & Apsel).

Mitchell, S. (2002): *Can Love Last? The Fate of Romance over Time.* New York & London (W. W. Norton & Company).

Winnicott, D. W. (1971): *Mirror-Role of Mother and Family in Child Development. In: Playing and Reality* (S. 111–119), London & New York (Routledge).

Carla Maria Weber
(München)

Das Unsagbare berühren

Frühe Subjektivierungsprozesse im Spannungsfeld von Entwicklung und Trauma

»Es ist der Fluss, der uns verbindet,
nicht die Brücke, die darüber führt!«
(Carla Maria Weber, 2012)

Im psychoanalytischen Prozess mit Kindern und Jugendlichen begegnen uns zunehmend Formen psychischen Leids, die sich entwicklungszeitlich vor der klassischen Form der Ich-Organisation bewegen und uns Entwicklungsarretierungen in ihren frühsten Anfängen offenbaren. Im gemeinsamen Übertragungsfeld taucht diese Leid zunächst nur im Atmosphärischen, im somatischen Symptom oder im Seinserleben des Analytikers selbst auf. Auch scheinen diese Ebenen des Leids sich einer sprachlichen Interpretation zu entziehen. Eine altersgemäße Ansprache dieser Kinder und Jugendlichen droht offensichtlich dort zu verfallen, wo das affektive Erleben eines Kindes oder Jugendlichen zu früh, zu roh, zu unverbunden geblieben war. Diese Kinder und Jugendlichen können sich somit noch nicht ausreichend in der Welt der Menschen und der Sprache als fühlend, denkend und sprechend verorten. Als Subjekt in der Welt zu sein, scheint für sie nur bruchstückhaft oder einfach noch zu wenig möglich geworden zu sein.

Ben, Monty, Leo und Sona stehen in diesem Beitrag stellvertretend für Kinder und Jugendliche, die durch ihre frühen Entwicklungstraumata sehr spezifische Erfahrungen in das gemeinsame analytische Feld einbrachten. Ihre jeweilige Erfahrungswelt wirkte wie eine Hintergrundmatrix, die alles durchzog. Diese Kinder und Jugendlichen zeigten mir, auf welche Weise sie mich an ihrer Seite brauchten. Die Kontaktebene, die sie benötigten, erinnerte mich an den Umgang und die Fürsorge mit sehr jungen Säuglingen.

Mir waren die Entwicklungsbewegungen der Säugling mit ihrem Hin-und-Her-Wechseln zwischen noch-nicht-integrierten und integrierten Zuständen zugänglich. Diese sich mehr in der Schwebe befindlichen körpernahen Zustände unterschieden sich jedoch deutlich von jenen weitaus desintegrierteren, bisweilen erstarrten und leblosen Zuständen, die durch den Seins-Modus des Überlebens verformt worden waren. Diese inneren, aber auch äußeren Zustände, in der analytischen Beziehung mit Kindern und Jugendlichen zu erleben, differenzieren und halten zu können, erforderte eine spezifische Form der analytischen Präsenz und Sprache. Mit diesen Kindern und Jugendlichen, die sich in ihrer Entwicklung offenbar noch wenig gespürt hatten oder als Subjekte verkannt worden waren, analytisch zu arbeiten, bedeutete, sehr frühen Erlebnisspuren in mir selbst zu begegnen. Es erforderte, Spuren von nicht-symbolisierten Affekten zuzulassen und ihnen eine Zeit lang zu folgen. Da diese Patienten vorrangig über die körpernahe psychische Ebene kommunizierten, musste ich zulassen, diese spezifischen Gegenübertragungsphänomene im Kontakt mit diesen Kindern und Jugendlichen auch als solche zu erkennen. Neben den Zuständen träumerischer Gelöstheit, in der Phantasieren, Spüren und Denken möglich war, galt es, Zustände von Nirgendwo-Sein, von Nicht-Existieren und Zerfallen in mir zu erleben und zu halten. So begegnete ich dem Schreckensmoment beim Gefühl, aus der Welt und aus der Zeit zu fallen und dem Schmerz des Ausgelöscht-Seins und der Qual des Verkannt-Werdens und lernte sie in mir zu bewegen.

Wo kann ich dich finden, wenn es weder für ein Ich noch für ein Du einen Ort gibt?

Für klassische Übertragungsangebote und verbale Deutungen schienen diese Kinder und Jugendlichen zunächst nicht empfänglich. Sie wirkten psychisch taub oder reagierten hoch aversiv auf verbale Ansprache, erkrankten somatisch oder zogen sich anhaltend zurück, sodass ein Kontakt erst gefunden werden musste. Zudem waren sie einem Maße selbst- oder fremdbeunruhigend, dass ich Sorge hatte, ob eine analytische Psychotherapie hier überhaupt hilfreich sein konnte. Dazu begleitend war ich mit der immanenten Ungewissheit konfrontiert, ob meine Interventionen nicht noch mehr Schmerzen verursachten, ihre Not also vergrößerte und ihre psychische und auch körperliche Weiterentwicklung mehr verhinderte als unterstützte. Dies auch als Gegenübertragungsphänomene lesen zu lernen und die Geduld, die diese Kinder auch mir gegenüber aufbrachten, hat mir ermöglicht zu lernen, sie in der Isolation aufzufinden, und wie wir gemeinsam ins symbolische Feld zurückkehren konnten, jeweils beide verwandelt als menschliche Subjekte. Im Kontakt mit ihnen ließ sich das bei genauerer Analyse als Ausdruck eines tieferliegenden, nicht vollzogenen Subjektwerdungsprozesses erkennen. Es zeigten sich Anzeichen einer Geburt des Subjekts (i. S. v. Rudolfo 2004), die nicht vollendet oder noch nicht wirklich begonnenen wurde. Der Jugendliche, den ich hier Ben nenne, fasste es später folgendermaßen in Worte: »Ich bin kein Mensch, ich bin ein Kind, und vielleicht noch nicht mal das.« Das Latenzkind, das ich in diesem Beitrag Sona nenne, fragte mich nach langer gemeinsamer Arbeit einmal: »Weißt du noch, wie es am Anfang war? Da konnte ich nicht reden und auch die Wörter nicht aushalten. Da hast du gesagt, meine Nase würde von mir erzählen, weil ich immer geschnieft hab'. Das hab' ich gar nicht gemerkt.«

Und was soll das jetzt heißen?

Aufmerksam auf die Prozesse der frühen Subjektivierung des Menschen machte mich Ben, der nach einigen Stunden, in denen er mir lange schweigend und misstrauisch gegenüber gesessen war und jeden meiner Versuche, ihm sprachlich zu antworten, laut schreiend mit den Worten zurückwies: »Und? Und was soll das jetzt heißen?« Eine Zurückweisung, die mir zeigte, dass Sprache für ihn zu früh, zu invasiv, zu unaushaltbar war. So saßen wir beide wie in einem Gefängnis, in dem es schien, dass selbst das Atmen erst errungen werden musste. Sowohl das Atmen als auch das Schweigen schien der Junge zumindest nach einer Weile besser tolerieren zu können als Worte. Es wirkte auf mich, als brauche er Raum zum Atmen und als würde jedes Wort, das ich äußerte, ihn unmittelbar wie ein Messer im Innersten treffen und als könne er darauf nur mit lautem Schreien und körperlicher Aktion reagieren. So verließ er den Raum, zerriss Papier, zerbrach Stifte, zerkratzte Oberflächen wie die Haut oder ließ Gegenstände und sich selbst fallen. Erst das gemeinsame Atmen – das bloße Sein in einem gemeinsamen Schweigen – schien für ihn tolerierbar, und er begann sich etwas zu entspannen. Er kommunizierte zunächst vorrangig durch seine Verletzungen, die er regelmäßig mitbrachte. Er konnte die dazugehörigen Schmerzen allerdings zu diesem Zeitpunkt noch nicht selbst fühlten. Auch erinnerte er deren Ursprünge oft nicht. So kam er eines Tages mit einer, wie er sagte, »nur leicht geprellten Hand«, weil er sich auf dem Weg in die Praxis »abgestützt« hatte, als er gestolpert sei, in seine Stunde. Er zeigte keinerlei Schmerzempfinden. Ich war zunächst versucht, seine Verletzung nicht ganz so ernst zu nehmen. Fast so, als wollte ich ihn und seine Erzählung übergehen. Dennoch entschied ich, seine Hand in Augenschein zu nehmen, und bot ihm schließlich ein Kühlpack für seine Hand an, die von außen noch unversehrt wirkte. Er legte sich das Kühlpack auf die Hand, die jetzt merklich anzuschwellen schien. Seine Hand war unter unserer gemeinsamen Aufmerksamkeit zu einem Objekt der Fürsorge geworden und schwoll an, als würde der Körper den Schmerz erst durch die symbolisierende Aufmerksamkeit des Anderen realisieren können. Unmittelbar danach fiel der Junge augenblicklich in einen tiefen, schockähnlichen Schlaf. Mich überkam unvermittelt die Phantasie, er sei verstorben. Diese Diskrepanz von »Es ist nicht wirklich etwas passiert« und der Sorge, er sei verstorben und mir säße nun ein toter Junge gegenüber, erschreckten mich ganzkörperlich und fast unbegrenzt. Als ich den Jugendlichen schließlich im Tiefschlaf erreichte und er wieder aufzuwachen begann, erzählte er mir, dass er zu Hause nicht schlafe und er froh sei, hier schlafen zu können. Deutlicher wurde nun auch, dass sein Handgelenk vermutlich schwerer verletzt war, als er zunächst wahrnehmen konnte. Die Szene berührte eine zentrale Erfahrungskonstellation, die André Green als »verinnerlichtes Negatives« bezeichnet hat. Einen Zustand psychischer Entleerung, in dem das Subjekt nicht einmal mehr abwehren kann, weil es noch gar nicht ist (Green 1993). Ben kollabierte nicht durch Überforderung, sondern weil die Matrix des psychischen Apparats selbst nicht ausreichend strukturiert war, um affektive Erfahrungen zu halten.

Es war etwas zwischen uns aufgetaucht, das sich noch lange in der Therapie zeigen sollte. Immer wieder schlief der Patient ein und ich war mit der intensiven Sorge beschäftigt, dass er sterbe oder schon verstorben sei. Als ich diese Sorge in der Gegenübertragung besser regulieren konnte, tauchten zunehmend Assoziationen von Noch-nicht-Sein, Noch-nicht-geboren-Sein und von Noch-nirgends-angekommen-Sein in mir auf. Ich erschrak darüber, wie wenig der Junge seinen Körper bewohnte und wie sehr seine psychische Haut fehle. Vor mir saß ein Jugendlicher, der in meiner Gegenwart noch nicht fühlen, denken oder gar sprechen konnte. Er war mehrerer Schulen verwiesen worden und nach verschieden Aufenthalten in psychiatrischen Kliniken und Jugendhilfemaßnahmen schließlich nur noch zu Hause. Wie konnte ich hier als Analytikerin hilfreich sein? Was brauchte der Junge, um die Blockade seiner Gesamtentwicklung zu überwinden und sich auf eine Welt der menschlichen Beziehungen überhaupt einzulassen und sich später darin zurechtzufinden?

Angeregt durch dieses intensive Übertragungs-Gegenübertragungsgeschehen im analytischen Feld begann ich, zu den Anfängen der menschlichen Subjektwerdung in der psychoanalytischen Theorie und Behandlungstechnik zu forschen. Zunächst beschäftigten mich dabei folgende Fragen: Was sind die relevanten frühen Entwicklungsspuren im Zusammenhang mit Subjektivierungsprozessen und Symbolbildung? Wo und wie zeigen sich Subjektivierungsbedürfnisse im analytischen Feld? In welchen Momenten kann das Subjekt sich finden, um sich mit der Zeit in Anwesenheit des Anderen zu bilden? Wie kann es gelingen, von einem Zustand des Noch-nicht-Seins in ein Erleben von Da-Sein, Lebendig-Sein zu kommen? Wie jemanden begleiten, für den die Möglichkeit, sich selbst auf einer so ursprünglichen Ebene zu fühlen, noch nicht erreicht war? Wie war das Sich-Wahrnehmen mit dem symbolisierenden Denken verbunden, damit Ben seine Sprache als Medium des Selbstausdrucks und auch des zwischenmenschlichen Austausches entdecken konnte?

Subjektivierung und frühe Symbolisierungsprozesse

Aus psychoanalytischer Sicht sind wir als Subjekte nicht gegeben, sondern werden erst zu diesen. Um sich als Subjekt erleben zu können, bedarf es der Fähigkeit, sich wahrzunehmen, zu fühlen, zu denken und zu symbolisieren. Das bedeutet nicht nur, Dinge oder Erfahrungen mit Worten zu benennen, sondern Erlebtes innerlich zu erkennen, zu halten, zu verarbeiten, d.h. es zu verwandeln und in einem geteilten Raum mit Anderen zu repräsentieren. Beide Prozesse, die Subjektivierung und die Fähigkeit zu symbolisieren, sind aufs Engste miteinander verschränkt. Subjekte sind in psychoanalytischen Theorien und Konzepten, die vor allem die ontologische Dimension Psychoanalyse ausloteten, als fluide somato-psychische Instanzen der menschlichen Psyche konzipiert, die sich, ausgehend vom somato-psychischen Raum des Anderen, in einem emergenten, zwischenleiblichen Geschehen zu formen beginnen und sich von dort aus ablösen müssen, um sich schließlich zu konstituieren (Bion 1962; Bock 1968; Winnicott 1971; Anzieu 1989; Ogden 1992; Roussillion 1999; Récamier 2000; Durban 2020). Diese paradoxen Bewegungen sind im analytischen Prozess des analytischen Paares von Kind und Analytikerin wesentliche Momente der Veränderung. In ihnen liegen die Potenz für Transformation und der Beginn von symbolisierender Integration. Gleichzeitig entsteht in ihnen ein potenzieller Raum für die Subjektwerdung und Kreativität.

Aufmerksamkeit zwischen Gewahrwerden und primärem Realitätsverlust

Den Beginn könnte man als ein somato-psychisches Gewahrwerden beschreiben, das vermutlich bereits der Fötus im Uterus erlebt, in dem er von bestimmten Bedingungen umgeben ist. Es ist anzunehmen, dass er dort von Zustands- und Rhythmusänderungen, die seine sich entwickelnden Sinne reizen, abhängig ist. Was wir nicht wissen, ist, ab wann er in der Lage ist, diese Änderungen als solche wahrzunehmen. Gedanklich könnten wir uns diesen Moment imaginieren, in dem der Embryo erstmals in der Lage ist, Veränderungen wahrzunehmen. Wir können uns dies als einen grundlegenden Bruch in einem relativen Kontinuum vorstellen. Und es könnte auch verbunden sein mit einem leichten Aufschrecken, einem inneren Aufmerksam-Werden, wenn die Dosis des Differenzerlebens erträglich bleibt. Es kann aber als erschütternd und tief verstörend erlebt werden, wenn das Differenzerleben zu überflutend für das individuelle Reizverarbeitungsvermögens des werdenden Menschen wird. Susanna Maiello entwickelte das

Konzept des Klangobjekts (Maiello 1999, 2013) und beschreibt eine prä- bzw. perinatal auditiv-rhythmische Struktur, die als Grundlage für spätere Ich- und Objektpsychogenesen fungieren könnte. Sie argumentiert, dass das Hören und Reagieren des Fötus auf die mütterliche Stimme und auf körpereigene Rhythmen wie Herzschlag, Atem, Verdauung bereits eine Form der Proto-Objekterfahrung hervorbringt, lange bevor die visuelle Erfahrung möglich sei. Bion bezeichnet diese noch ungerichtete Aufmerksamkeit als Neugierimpuls (Bion 1962), der uns angeboren ist. So sammelt das Kind im Mutterleib und später in seiner neuen Umgebung Erfahrungen mit sich ändernden Sinnesreizen. Es entwickelt eine Erwartungshaltung für verschiedene Veränderungen im Sinne von: »Da war was« – »Jetzt ist es weg« – »Kommt es wieder«. Es können sich Spuren von »weg« und »da« bilden und bereiten den Embryo damit auf ein Differenzerleben im Sinne von »Jetzt ist es anders« vor, das später als zentraler Grundbaustein für die spätere Subjektentwicklung dient und ein Kernelement dessen ist, was wir im analytischen Feld gemeinsam in Bewegung bringen können.

Neugierimpuls und die notwendige Lücke im Kontinuum

Dieses »weg« ist nun für das Lernen von Neuem und seine spätere Symbolisierung von besonderer Bedeutung. Dieses »etwas ist weg« können wir uns als Lücke, als Denkraum, als Raum für Neues, der ein kreatives Moment bereithält, vorstellen. Den Zustand, den wir dann beim Wahrnehmen oder auch beim Erlernen von Neuem erleben, können wir uns einerseits als Zustand von Offenheit oder Leere, anderseits auch als eine Abwesenheit von etwas und vielleicht auch als etwas, das fehlt, vorstellen (Green 1993). »Lernen ist nur möglich, wenn es einen Mangel gibt, eine Leerstelle – denn dort, wo alles schon investiert ist, kann nichts Neues aufgenommen werden.« (Green 1993, S. 158) Wenn das Reizerleben erträglich ist, löst diese Lückenerfahrung beim Kind vermutlich eine angeborene Bereitschaft aus, sich dafür genauer zu interessieren. »Die Lücke ist das, was zwischen dem Begehren und seiner Erfüllung liegt. Ohne Lücke keine Metapher, kein Denken, keine Begehren.« (Green 1993, S. 150) Wenn das Reizerleben im Kind allerdings ein bestimmtes Maß überschreitet, erlebt es dies vermutlich, ähnlich wie wir auch, als beunruhigend und mit zunehmender Reizintensität körperlich quälend. Der Zustand der Offenheit, der Neugierde, des Interesses und Begehrens ist damit erst einmal beendet. Ein anderer Modus übernimmt: der Modus der Selbsterhaltung, den Analytiker landläufig Abwehr nennen und der primär eine Schutzfunktion aufweist. Wenn die Reizintensität allerdings überwältigend wird, kann dieser Reizschutz durchbrochen werden und es tauchen Zustände auf, die nur noch dem Überleben dienen und später mit der Unfähigkeit zur symbolischen Repräsentation einhergehen können. In solchen Momenten ist das psychische System des Kindes offenbar nicht mehr in der Lage, sich ausreichend vor den Reizstärken, die seine sich entwickelnde Ich-Struktur torpedieren oder die auch zu lange fehlen, zu schützen, und es kommt zum Zusammenbruch. In solchen Momenten erleben wir im therapeutischen Kontext, wie die Fähigkeit der Kinder, Affekte zu regulieren, sie zu transformieren oder gar sie zu symbolisieren, verfällt. Der strukturierende Halt fehlt. Das psychische System reagiert mit einer »organismischen Panik« (Bion 1962). Wilfred Bion verwendet diesen Begriff, um besonders ursprüngliche Zustände zu beschreiben, in denen die Person das Gefühl hat, in ihrem gesamten psychischen und körperlichen System auseinanderzufallen. Es handelt sich dabei nicht um eine gewöhnliche Angst, sondern um ein Erleben der totalen Desintegration. Ein Zustand, der keine mentale Verarbeitung mehr zulässt und in dem das sich bislang gebildete Ich als strukturierendes Prinzip zusammenbricht. Die notwendige Lücke, die das Lernen von Neuem erst ermöglicht, wird als immanent bedrohlich verankert. Damit verfällt auch die Potenzialität für die anstehende Subjektentwicklung. Die Diskontinuität, die eine erste Erfahrung von Differenz und innerer Zeitlichkeit bilden könnte und damit zum Fundament der Subjektwerdung werden könnte, kann vor diesem Hintergrund bereits mit einem drohenden Zusammenbruch (i. S. v. Winnicott 1974) assoziiert werden.

Verfall der Lücke und Entwicklungszusammenbruch

Die Eltern beschreiben, Monty sei ganz zerdrückt zur Welt gekommen, was sie beide erschreckt habe. Monty sei ein ruhiges Baby gewesen, das viel schlief und seiner Mutter gegenüber sehr einfühlsam gewesen sei. Im Unterschied zu dieser sehr harmonischen Zeit im Säuglingsalter erkannte die Mutter ihren Sohn nun nicht wieder. Seit er in den Kindergarten gekommen sei, habe sie ihn nicht mehr verstanden. Sie beschrieb, wie wütend sie auf ihn werde und dass sie Angst vor ihm bekomme. Der Vater erlebte sich nach der Geburt von Monty als außenstehend und empfand seinen Sohn seither als einen Fremden. Dass Monty nicht spreche, ärgere ihn und mache ihn auch traurig. Er klagt, dass Monty alles falsch angehe und zu plötzlichen Ausbrüchen neige, die für beide Eltern sehr fordernd seien. Monty werfe dann seine Spielsachen wild herum oder mache sie kaputt. Daher hätten sie alle Spielsachen aus dem Kinderzimmer verbannt. Nun renne er häufig vollkommen ohne Ziel durch die Wohnung und kreische schrill. Er sei außer sich und in diesem Zustand für niemanden mehr zu erreichen.

In einer Spielsituation saß Monty vor einer Kiste mit Bausteinen und Figuren, blickte abwechselnd auf die Therapeutin und in den Kasten. Er sagte nichts. Sie sprach ihn an und motivierte ihn, etwas damit zu bauen. Die Zeit schien endlos und schließlich machte sie es ihm vor. Er kam nicht in Aktion, sah auf die Materialien und dann stumm vor sich hin. Er schien kein Interesse zu haben, nichts deutete darauf hin, dass sich etwas in ihm regte, dann senkte er seinen Kopf und verharrte in diesem Zustand.

In dieser kurzen Szene können wir erkennen, wie umfassend manchmal der Neugierimpuls und damit die Grundlage für Exploration und Entwicklung eines Kindes eingeschränkt sein können. Monty konnte die ihm angebotenen Materialien nicht zum Selbstausdruck nutzen oder sich von der Therapeutin zu einem gemeinsamen Spiel einladen lassen. Vermutlich brachte Monty einen unbewohnbaren inneren Ort zur Anschauung. »The patient may re-create, rather than remember, the unendurable affective states that preceded the development of his capacity for symbolization.« (Ogden 2014, S. 438) Monty erlebte seine Therapeutin in diesem Moment vermutlich eher als jemanden, der etwas von ihm forderte. Er konnte weder dialogisch auf den angebotenen Kontakt antworten, noch aus der Starrheit, in die er versunken war, herauskommen. Seine eigenen Impulse und Affekte waren ihm vermutlich zu oft als nicht zu verstehen oder als bedeutungslos zurückgespiegelt worden. Um seinen Neugierimpulsen nachgehen zu können, brauchte Monty aber die Erfahrung, dass auch er Sinn und Bedeutung, Verstehbares und Nachdenkenswertes erzeugen konnte. Sein

Selbstschutz drohte in der Blockadehaltung zu erstarren. Die Blockierung seiner Neugierimpulse bewahrte ihn zwar vor neuerlichen Verunsicherungen, verhinderte aber nachhaltig seine Denk- und Sprachentwicklung. Den Reizschutz, den Monty brauchte, um neue Versuche zu starten, die noch nicht ausreichend vollzogene Subjektbildung noch einmal aufzunehmen, stellten beide Elternteile noch nicht ausreichend zur Verfügung. Gerieten sie selbst an eigene, noch nicht ausreichend symbolisierte Affekte, konnten sie diese vermutlich noch nicht gut in sich halten. Montys Entwicklungsbedürfnis, im geschützten Raum etwas in sich aufzunehmen, war hier noch nicht zu erkennen. Hier schien ihn wenig durch seinen Schutzwall hindurch wirklich zu erreichen. Als sein Kopf schließlich herabsank, war dies vermutlich der somatische Ausdruck eines proto-affektiven Geschehens, das nur gehalten und zu diesem Zeitpunkt aber noch nicht gedeutet werden konnte. Einzig eine revitalisierende Begleitung (i. S. v. Alvarez 1992), die ihn eventuell hätte erreichen können, wäre: »Puh!« So dissoziierte er vermutlich und erstarrte wie in einer Gegenbewegung zu den desintegrierten Zuständen, in die er zu Hause und im Kindergarten oft geriet. Dieses ziellose Herumlaufen und schrille Schreien halfen ihm zwar, sich für Andere ungenießbar zu machen und damit nicht mehr so schnell vereinnahmt zu werden. Es verhinderte aber auch, dass er innehielt, verweilte, sich auf etwas einließ oder etwas lernte. Seine Negativ-Capability (i. S. v. Bion 1962) konnte sich angesichts der so auch weitgehend unreguliert bleibenden hohen Reizintensitäten nicht entwickeln. Dazu musste er erst erfahren, wie er psychisch sicherer gehalten werden konnte.

Gehaltensein und Subjektwerdung

Doch wie entwickelt sich die Erfahrung, sich gehalten zu fühlen und damit auch die Fähigkeit, innere Spannungszustände in Fühlbares zu transformieren und diese Zustände damit auch zunehmend selbst halten und regulieren zu können? Bereits im Mutterleib begegnet der Embryo, wie im Konzept des Klangobjekts von Susanna Maiello (1995) beschrieben, der Diskontinuität. Diese Erfahrung bahnt späteres Differenzerleben und innere Zeitlichkeit. Mit diesem Wechselspiel von Anwesenheit und Abwesenheit bereitet sich das Kind auf seine spätere Subjektwerdung vor. Der Verlust der Kontinuität bei der Geburt, d. h. das plötzlichen Fehlen des mütterlichen Raums und seiner rhythmischen und haltenden Qualitäten, wird überbrückt durch die Stimme der Mutter und durch die feinfühlige körperliche Fürsorge, Fütterung und Ansprache. Der Säugling nimmt tastend, verletzlich und indirekt Form an. Die Figuration wird von zwei Seiten aus gestaltet. Einerseits durch die Weise, wie er durch den Anderen gehalten und behandelt wird, und anderseits durch seiner Kapazität, diese Erfahrungen in sich aufzunehmen und mitzugestalten. Der Säugling befindet sich somit auch nachgeburtlich noch eine Zeit lang in einer Art somato-psychischen Hüllenwelt, die die körperliche Trennung von seiner Mutter überbrückt, wie z. B. die Wechsel von Anwesenheit und Abwesenheit der mütterlichen Stimme dies vor- und nachgeburtlich anregt. Die frühe Subjektwerdung wird demnach weitergeführt von einer Phase des mütterlichen Holdings (Winnicott 1960). In ihm werden Kontinuitäts- und auch Diskontinuitätserleben erträglich zugemutet. Unvermeidliche Brüche im Seinserleben des werdenden Subjekts werden, wenn es ausreichend gutgeht, immer wieder aufgefangen. Auf diese Weise erlebt der Säugling sich in der Welt gehalten oder auch aufgefangen. Hat er nun genug Ruhe für sich selbst, entsteht eine Art Zwischenraum, den Winnicott als Phänomen des Übergangs, in dem »Subjekt und Objekt noch nicht getrennt sind« (1953, S. 3), aber auch nicht mehr als abhängige Einheit gedacht werden. Die Wahrnehmung dieser entscheidenden Differenz, die bereits im intrauterinen Diskontinuitätserleben vorbereitet wurde, wird nun zunehmend spürbar und als Lücke oder auch als Zwischenraum erlebt: ein Raum, der nicht zerstört. Ein Raum, der mit seiner haltenden Potenz zunehmend vom Kind verinnerlicht werden kann, das wir daran erkennen können, dass das Kind sich ein Übergangsobjekt erschaffen kann zusammen mit seiner Umwelt. Begleitet wird diese Entwicklung vermutlich von Zuständen von Noch-Nicht und Nicht-Sein. Donald Winnicott beschreibt diese Zustände des Nicht-Seins als Momente reiner Bedürftigkeit und unstrukturiertem Sein. Die innere Bewegung vom Nicht-Sein zum Sein, die der Säugling nun vollzieht, indem er auf seine Bedürfnisbefriedigung etwas länger warten kann, ist, dass er beginnt sich zu fühlen und wir hier die allmähliche Entstehung des sich erlebenden Subjekts beobachten können. Dieses Fühlen ist ein präsymbolisches Fühlen, das zur Welt gebracht werden kann, wenn es gemeinsam gehalten und bezeugt werden kann.

Als ich Ben das Kühlpack für seine Hand anbot und er daraufhin einschlief, könnte er dies als ein erstes gutes Halten erlebt haben und ihm dies eine kurze Illusion eines subjektiven Objekts ermöglicht haben, das den Schlaf bewacht und ihn hält, nicht fallen lässt; das ihm ermöglicht, einen Schlaf zu erleben, der ihn stärkte, wie er bemerkte. Ein subjektives Objekt, das nicht ganz innen, nicht ganz außen zu verorten ist, sondern im Zwischenraum. Sein Schlaf wäre demnach keine Flucht, sondern eine erste Antwort auf ein Gehalten-Werden. Gleichzeitig könnte die Szene auch als eine Ausprägung einer autistischen Objektbeziehung gelesen werden. Demzufolge würde Ben in einer körpernahen, vorsymbolischen Sphäre leben, in der Objekte nicht als »anders«, sondern als sensorische Umschließungen fungieren, wie Meltzer (2011) dies beschreibt. Es ist durchaus beides denkbar. Unsere gemeinsame Aufmerksamkeit brachte augenscheinlich eine Schwellung hervor, eine somatische Reaktion auf ein resonantes, affektives Gegenüber.

Kolonialisierung des werdenden Subjekts und das Nicht-Ich

Es könnte gut sein, dass das Subjekt in diesem Halbdunkel des Nochnicht-Seins seinen paradoxen Anfang nimmt. Denn dieser Zwischenraum, der »potential space« (i. S. v. Winnicott 1971, S. 40), ist nicht ganz leer. Er ist zunächst gefüllt mit somatischen Spuren, aber auch schon früh mit Symbolsplittern und Übertragungen aufgrund von vorgeburtlichen und nachgeburtlichen Erfahrungen in und mit der Welt, die den Säugling und später das Kind umgibt. Damit sind diese Zustände hochgradig übertragungsfähig, d. h. das Kind oder der Jugendliche bringt sein Nicht-Ich (i .S. v. Green 1993; Récamier 2000) ins Feld und lässt es vom Anderen erspüren, damit es nachträglich integriert werden kann. Das Nicht-Ich als Grenzphänomen erkannte und beschrieb Sigmund Freud bereits 1923. Er konzipierte das Nicht-Ich primär in Abgrenzung zum Ich, das zunächst alles umfassen würde und sich erst langsam differenzieren würde. Alles, was nicht integriert werden könne, so Freud, würde ausgelagert ins Nicht Ich. Freud betonte, das Nicht-Ich sei notwendig, weil es die Ich-Grenze mitbegründe. Jeanne Récamier erweiterte dieses Konzept auf frühe Subjektivierungsprozesse, v. a. in pathologischen Entwicklungsbedingungen (1992, 2000). Sie beschreibt Momente drohender Auflösung des psychischen Seins werdender Subjekte und den damit einhergehenden unerträglichen Zustände wie Angst, Leere, Chaos und Desorganisation. Mittels projektiver Identifizierung, durch Entfremdung von Körperteilen und Affekten oder durch pathologische Introjekte fungiere das Nicht-Ich nun als pathologischer Spiegel, der die Entwicklung massiv beeinträchtigt (Récamier 1992, 2000). Das Nicht-Ich also als Teil des Selbst, als Teil, der nie bezeugt wurde, der nicht leben darf, nicht erinnert und nicht gespürt werden darf. Sie beschreibt damit das Nicht-Ich ähnlich wie André Green (1993), der das Nicht-erlebt-werden-Können als Leere und Entleerung beschreibt. Der Zwischenraum wird auf diese Weise starr oder kann bisweilen kaum entstehen. Die Grenzschicht gleicht einer Vernarbungsfläche, die wenig flexibel und auch potenziell schmerzhaft bleibt. Dennoch ist es mir wichtig festzuhalten, dass diese Entwicklung immer auch durchdrungen ist von einem angeborenen Begehren nach Resonanz und vor allem auch nach Ausdruck. So können wir uns erklären, warum diese Kinder und Jugendlichen trotz ihrer Entwicklungsschmerzen die therapeutische Arbeit auf sich nehmen und in der Regel auch durchhalten, bis sich Licht am Ende des Tunnels zeigt und das Subjekt in ihnen wieder atmen kann.

In seiner ersten Therapiestunde hatte Monty ein kleines Auto mitgebracht, dessen Teile ich einzeln benannte, als er sie mir zeigte. Daraufhin zeigte ich ihm, dass es solche Autos auch im Spielzimmer gab. Er holte eines heraus, das dem seinen ähnlich war, klickte fachmännisch die Motorhaube auf, schaut hinein und meinte: »Kaputt!« Diese beiläufige Benennung eröffnet vermutlich einen Raum für eine symbolische Vermittlung, setzte das Objekt, das er mitbrachte, in Beziehung zur Sprache und damit zur Repräsentation, die er nutzen konnte. Monty teilte mir auf diese Weise mit, dass er sich als beschädigt und dysfunktional erlebte.

Diese Selbstbeschreibung in Form eines Objektkommentars verwies auf eine vermutlich frühe Selbstrepräsentanz, die von seinen Eltern bis zu diesem Zeitpunkt noch nicht korrigiert werden konnte. André Green beschreibt dies als Form der »psychischen Entstellung« des Subjekts, die noch nicht durch eine symbolisierende Funktion aufgefangen wird und damit direkt im Selbstbild verbleibt (Green 2000, S. 134).

Fallen und Subjektwerdung

Die Subjektwerdung etabliert sich, so Winnicotts Überlegungen, über eine schrittweise Ablösung vom sogenannten subjektiven Objekt hin zur Erfassung eines äußeren, ganzen, eben objektiven Objekts. Dieses subjektive Objekt beschreibt Winnicott als paradoxes Phänomen, das der Säugling aus der eigenen Erfahrung hervorbringt und sich durch die mütterliche Feinfühligkeit für die Bedürfnisse des Säuglings bildet. »It is assumed here that the baby creates the objekt, but that this objekt is nevertheless found at the same time.« (Winnicott 1971, S. 89) Das subjektive Objekt ist damit Ausdruck einer illusionären Omnipotenz, die durch die feinfühlige Verfügbarkeit des Objekts getragen wird, ohne diese Illusion zu zerstören. Gleichzeitig ist es keine autonome Konstruktion, sondern relational hervorgebracht, d. h. es bedarf einer haltenden Umwelt, die das Objekt rechtzeitig zur Verfügung stellt, so dass der Säugling den Eindruck behält, es selbst hervorgebracht zu haben. Das objektive Objekt hingegen zeichnet sich durch die Anerkennung seiner unabhängigen Existenz durch den Säugling aus und bildet sich über zunehmende Wahrnehmung der Bezugsperson in ihrer eigenen Subjekthaftigkeit, die – so paradox es klingt – auch den Säugling mehr als ein eigenes Subjekt erfahrbar werden lässt. Eine Wahrnehmung, die durch den Säugling immer auch konflikthaft erlebt wird und mit paranoiden und depressiven Ängsten einhergeht (Winnicott 1975).

Die schrittweise Bewegung vom subjektiven zum objektiven Objekt wird begleitet von Übergangsphänomenen. Diese erzeugen einen ersten somato-psychischen Zustand, der einen Zwischenraum generiert, eine Lücke, die mit der Potenz des Noch-Nicht ausgestattet ist. Ein Raum zwischen »Da war was!«, »Jetzt ist es anders!«, »Was jetzt?«. Ein Raum, der das Nicht-Sein und das Sein verbindet und später ein Warten zunächst auf die Bezugsperson, auf die Bedürfnisbefriedigung, auf ein Äquilibrium möglich macht, ohne als lebensbedrohlich erlebt werden zu müssen. Später erlaubt es dem Kind, auf einen eigenen Impuls oder auf einen Einfall zu warten. Diese psychische Errungenschaft des Gehalten-Seins im Anders-Sein hilft, die drohenden Brüche im Kontinuum des Seinserlebens des frühen Subjekts zu ertragen. Es kann mit der Zeit besser warten und es ermöglicht mit der Zeit bei Abwesenheit des bedeutsamen Anderen sich selbst zu halten, ohne zu zerfallen. Eine repräsentierte Abwesenheit innerlich halten zu können bedeutet, dass eine Spur, eine Vorstellung, eine Proto-Repräsentanz, die die Vorläufer für unser Selbst-Gefühl bilden, entstehen konnte. Für Jeanne Récamier (2000) ist Subjektivierung ein immer fragiler Prozess, bei dem der Mensch nicht die Anwesenheit, sondern die Abwesenheit des Anderen innerlich repräsentieren können muss. Das Subjekt sei, so vermutet sie, eine Antwort des Menschen auf die Abwesenheit eines Anderen. Nur wer die dadurch entstehende Leere auch halten könne, könne Subjekt werden. Mit dieser Erfahrung von Leere, die auch als ontologischer Kern der Subjektwerdung betrachtet werden kann, entsteht der notwendige Zwischenraum und in diesem das innere Selbst. Dies ermöglicht dem werdenden Individuum, Beziehungen nicht mehr als verschmelzend, sondern dialogisch orientiert auszubilden und psychischen Schmerz nicht mehr nur zu agieren, sondern zunehmend zu symbolisieren. Somit werden Noch-Nicht und Nicht-Sein als notwendige Durchgangsstadien in der Subjektbildung verstanden.

Negativ-Capability zwischen Verwirrung und Einfall

Die elementare Fähigkeit, einen Zustand auszuhalten, der noch nicht verstanden oder gedacht ist, sondern offen bleibt für mögliche Besetzungen, nennt Wilfred Bion die Negativ-Capability (Bion 1962), die Toleranz für Ungewissheit oder wohl eher im Bion'schen Sinne, weil paradox, die Fähigkeit zur Unfähigkeit. Zu ihr gehört die Bereitschaft, die Sicherheit von schon Bekanntem und Benanntem aufzugeben und bisher gedachte Zusammenhänge loszulassen, um neue zu finden und – dadurch veranlasst – neue Gedanken zu integrieren; d.h. wir trennen uns in dieser Situation von Vertrautem. Damit die so entstandene innere Gleichgewichtsstörung fruchtbar bleibt, muss die damit ausgelöste Unsicherheit für das Kind oder den Jugendlichen erträglich bleiben. Von pathologischem Erleben und Wahrnehmen sprechen wir, wenn wir aus dem Gefühl der Unerträglichkeit heraus unablässig versuchen, diese Lücke, die hierbei immanent entsteht, um jeden Preis zu schließen, nur um einen starken psychischen Schmerz nicht spüren zu müssen.

Wenn wir im analytischen Feld den Schmerzzonen der Kinder und Jugendlichen nahekommen, erleben wir ungehaltene Zustände, und sie erscheinen momenthaft unerreichbar, können sich nicht mehr erinnern oder verlieren die Orientierung, als sei ihnen innerlich ein Stück haltender Grund weggebrochen und sie befänden sich im freien Fall. Es wirkt, als habe das Kind oder der Jugendliche etwas mit seiner Wahrnehmung angestellt, sie verstellt oder gar abgestellt. Es kommt schneller als sonst der Gedanke auf, es einfach aufzugeben, sich abzuwenden, auch ob der Gegenübertragungsphänomene, die verwirrend und belastend sind. Wir spüren im Kontakt manchmal, wie viel Aggression und auch Hass auf die Realität sich hinter der äußeren Teilnahmslosigkeit oder ihrem gedankenlosen Tun versteckt. Wir spüren auch die Verzweiflung und Scham der Vergeblichkeit.

Wenn es gutgeht, bleiben wir offen für die reale Not des Kindes. Durch dieses Innehalten trotz des spürbaren Handlungsdrucks kann es gelingen, das Kind in seiner Isolation nicht allein zu lassen, so dass es seine ins Stocken gekommene Entwicklung wieder aufnehmen kann. Gelingt dies nicht, drehen sich Kinder und Bezugspersonen oft jahrelang in einem destruktiven Kreislauf aus gegenseitiger Entwertung, aus Missverständnissen und Misserfolgserwartungen, aus Scheitern, Enttäuschung und Wut sowie häufig auch aus Resignation und Depression. Dieser Kreislauf droht den notwendigen Neugierimpuls im Hinblick auf Lernen von Neuem oft im Keim zu ersticken. Beim Lernen von Neuem ist es aber notwendig, diesen Neugierimpuls, diese Lücke für Momente offen zu halten und die damit verbundenen Gleichgewichtsstörungen auszuhalten.

Feinabstimmung als Hilfe zur Selbstregulation

Was brauchen wir also, um die Lücke, die wir für das Lernen von Neuem brauchen, ausreichend lange offen zu halten, damit Bedeutung gefunden, sprachliches und räumliches Denken entstehen, Einfälle kommen, neue Verbindungen wahrgenommen werden oder Lösungsideen auftauchen können? Hilfreich ist eine innere Repräsentanz von Gehaltensein in der Unsicherheit, von Beruhigung trotz eines tobenden inneren Sturms. Wie können Kinder dies entwickeln? Gehen wir noch einmal zurück zum Säugling: Er ist vielfach überflutenden Erfahrungen ausgesetzt. Die körperliche Trennung von seiner Mutter und die Schritte in die Autonomie erfordern vom Kind die Entwicklung seiner Selbstregulation. Der Säugling reagiert auf schmerzvolle oder überflutende Erlebnisse zunächst mit Bewegungen, Sich-Anspannen und Schreien. Von Beginn an lassen wir uns von diesen Signalen des Kindes anstecken, d.h. in uns klingt ein ähnliches affektives Erleben wie im Kind an. Wir regulieren zunächst uns selbst. Bleibt parallel zu der aufgenommenen Unruhe unser innerer Zustand ausreichend beruhigt, dämpfen wir störende Reize im Außen, dann kann sich das Kind im Austausch mit uns für neue Erfahrungen von seiner anfänglichen Unruhe erholen und sich wieder öffnen.

Ausreichend emphatische Eltern oder Bezugspersonen geben dem Säugling in einer nachahmenden Weise seinen eigenen Affekt in leicht veränderter Form zurück. Das Gegenüber mischt dem ursprünglichen Affekt des Kindes eine beruhigende Note bei, die dem Kind signalisiert: »Ich merke, wie es Dir geht, aber es darf und kann sich wieder verändern. Es ist schlimm, aber nicht sooo schlimm.« Dadurch gibt die Betreuungsperson dem Kind auch einen Hinweise auf die notwendige Veränderung, die das Kind dann jeweils selbst zu bewältigen hat. Das Kind übernimmt bereits sehr früh einen sehr aktiven Part in seiner Selbstregulation und damit in seinem Subjektivierungsprozess. lm Sinn der optimalen Frustration können wir überlegen, wie genau man sich einfühlen muss, um das Kind zu ermutigen, seine vorhandenen Fähigkeiten zur Selbstregulation einzusetzen, ohne es dabei zu über- oder unterfordern. Erlebt das Kind immer wieder gelingende Beruhigung, entwickeln sich Affektregulation und Frustrationstoleranz. Wilfred Bion (1962) spricht hier von der Übernahme der Alpha-Funktion der Mutter, die unerträgliche Beta-Elemente in erträgliche transformiert. Es wird demnach ein gesamter Verarbeitungsprozess verinnerlicht, nicht dessen verwandelte Elemente.

Misslingende Feinabstimmung und das Wiedereintreten ins symbolische Feld

Was passiert nun, wenn die frühe Spiegelung und das frühe Halten des Kindes in seinem aufgelösten Zustand häufig misslingen? Was geschieht, wenn die Pflegeperson das Kind sich selbst überlässt, weil sie selbst regelmäßig durch das Schreien des Kindes in einen überfluteten Zustand gerät, hilflos, wütend und verzweifelt wird, das Kind schüttelt, sie ihrerseits in ungehaltene Wut gerät oder, um die Situation zu beenden, sich vom Kind abwendet? Was passiert, wenn die Eltern dem Kind nicht seine selbst erlebten Affekte gemildert zurückgeben, sondern ihm regelmäßig ihre eigenen Affekte wie Ekel oder Wut, Trauer oder Angst zumuten? Was ist, wenn ein Kind mit einer angeborenen Vulnerabilität für Trennungserleben und Reizverarbeitung keine ausreichend Passung erfährt? Bei Kindern, die auf diese Weise nur ungenügend haltende und spiegelnde Beziehungserfahrungen verinnerlichen konnten, ist zu beobachten, dass in ihnen die Panik vor Vernichtung schnell ansteigt. Bleiben solche Erfahrungen vorherrschend, entwickelt das Kind eine nach außen erkennbare Intoleranz für Frustration. Doch was passiert innerlich? Als Folge der fehlenden Selbstregulation wird die Negativ-Capability, die Toleranz zur Ungewissheit als eine Voraussetzung für Lern-, Denk- und Sprachentwicklung zunächst als starkes Missempfinden oder Unlustgefühl erlebt. In gesteigerter Form können die Kinder und Jugendlichen diese Erfahrung als unerträgliche Zumutung erleben und sich sogar existentiell bedroht fühlen. Die Erfahrung, das eigene Angsterleben nicht ausreichend regulieren zu können, verhindert die notwendige Offenheit und Risikobereitschaft, den eigenen Neugierimpulsen nachzugehen.

Sind die Defekte in der Selbstregulation umfassend, dann kommt es verstärkt zur Desintegration als Selbstschutz. Dabei werden Sinneseindrücke nicht mehr zu Gedanken verarbeitet und zu Bedeutungen verbunden, Verwirrtheitszustände persistieren. Das Erinnern wird auf diese Weise gewissermaßen unmöglich. Schließlich beginnt das Kind und später der Jugendliche, die eigene Wahrnehmung und deren Weiterverarbeitung zu torpedieren, der Neugierimpuls wird immer wieder gebremst oder auch umfassend blockiert, so dass die äußere Realität und auch die innere nur ungenügend oder zu oberflächlich erforscht werden.

Oft sind es nur sehr feine Unterschiede zwischen der notwendigen Zumutung von Differenz und Trennung einerseits, die eine Bedingung der Subjektwerdung darstellt, und einer Überwältigung andererseits, die die Subjektentwicklung potenziell entgleisen oder gar verhindern kann. Ob der Grad der Anforderung für den Säugling noch tolerierbar und damit potenziell entwicklungsfördernd oder schon als überflutend und damit potenziell eher entwicklungshemmend erlebt wird, ist individuell sehr verschieden.

Wir sprechen hier auch von einer Passung, die sich zwischen Kind und Bezugsperson einstellen kann oder eben auch misslingt. Ob sich vor diesen individuellen Hintergründen ein psychischer Ort entwickeln kann, der hilft, affektives Erleben zu integrieren, zwischen Eigenem und Fremdem zu unterscheiden und Affekterleben zu symbolischen Bedeutungen zu verarbeiten, bleibt damit immer auch eine immanente Unwägbarkeit jeder Entwicklung.

Monty saß am Tisch und malte Kreise. Er wirkte beunruhigt. »Falsch gemacht! Ich kann nicht! Ich weiß nicht.« Als ich bemerkte, dass es für mich wie ein Mund aussehe, strahlte er mich an und malte immer größere Kreise. Er tönte lustvoll: »So groß Mund! Alles, alles Essen!« Ich dachte, Monty ist bereit, etwas aufzunehmen. Seine Zeichnung wirkte wie ein Urknall. Er arbeitete jetzt mit seinem ganzen Körper. Ich schaute ihm aufmerksam zu. Im wilden Schwung riss er das Blatt auf und es entstand ein kleines Loch. Wir erschraken beide. Dann schaute Monty abwechselnd zu mir und auf sein Blatt, das nun ein kleines Loch hatte. Er schien sich zu beruhigen. Ich beschrieb, was gerade passiert war. Er wackelte mit dem Kopf und wedelte mit dem Blatt in der Luft. Er markierte das kleine Loch immer wieder mit seinem Finger, drückt es zu und blickte mich fragend an. Ich meinte: »Ja, ich bin auch erschrocken. Du weißt noch nicht, ob das Loch bleiben darf. Willst es wieder zumachen?« Erleichtert nickte er, nahm kleines Stück Klebestreifen, das ich ihm gab und half ihm, das kleine Loch zuzukleben. Er forschte mit seinem Finger, ob er das Loch noch spüren konnte. Es schien ihn zu beruhigen, dass er die Stelle fand. In mir bewegte sich ein wilder Mix aus Traurigkeit, Scham und Neugierde. Ich wartete ab und auch Monty schien unsicher, wie es nun weitergehen konnte. Langsam fuhr er mit dem Finger am Rand des äußersten Kreises entlang und holte schließlich eine Schere. Ich spüre eine enorme Angst in mir, er könnte, wie oft, alles in Einzelteilchen zerschneiden und überall verteilen, wie panisch im Zimmer herumrennen und alles aus den Kisten über sich werfen. Vor katastrophischen Ängsten flüchtet sich Monty oft in desintegrierte Zustände. Die tiefe Beunruhigung war für mich nun spürbar. »These patients frequently communicate their inner state by evacuating into the analyst, who may experience a nearly uncontainable sense of annihilation or fragmentation. Bitterness, persecutory guilt, and the unbearable experience of being a bad object may be projected into the analyst in such a way that it becomes nearly impossible für the analyst to metabolize the experience without the help of supervision or one's own analysis.« (Durban 2007, S. 224) Doch Monty begann mit klaren, festen Schnitten in das Blatt zu schneiden. Ich war für einen Moment so von meiner Selbstregulierung absorbiert, dass ich erst nachträglich bemerkte, dass Monty am Rand geschnitten hatte. Ich war vermutlich mit dem inneren Objekt von Monty identifiziert, das sich nicht vorstellen konnte, dass er allein etwas Sinnvolles zustande bringen könnte. Monty hob das Blatt über den Kopf, meinte er sei fertig. Er rannte zur Stehlampe und hüpfte davor auf und ab. Ich verstand, dass er den »Mund« in ihren Lichtschein hängen wollte, was wir dann beide zusammen taten und sein Werk dort voller Freude betrachteten. Deutlich wurde, dass Monty Mut schöpfte und die Subjektentwicklung in Gang gekommen war. Zu Beginn bewegte ihn vermutlich noch die tiefgreifende Erfahrung von Inkohärenz, die seine fragile affektive Selbststruktur immer wieder in den Vordergrund brachte. Recamiére beschreibt dies als »zone de non-représentation« (2000, S. 71), die einen psychischen Zustand beschreibt, in dem die Realität noch nicht von einem psychischen Apparat aufgenommen werden konnten, der fähig war, eine Form zu geben. Gleichzeitig war Montys Fähigkeit, Ungewissheit zu ertragen, deutlich gewachsen, sein Neugierimpuls und die notwenige Lücke konnte er gemeinsam mit mir lange genug offen halten, um Raum für Spüren und Selbstausdruck zu finden. Neben der aktualisierten oralen Symbolik sind ritualisierte Subjektivierungsbewegungen, beginnende Sinnstruktur, gerichtete Handlung und schöpferischer Akt, der nicht zersetzt, sondern formt, erkennbar. Durch diese Momente der »figuration«, d. h. durch erste Formungen und Sinnbilder, die auftauchen, nimmt das Subjekt die Beziehung zur Welt, zum Andern und – in unserem Zusammenhang vielleicht am zentralsten – auch zu sich selbst wieder auf (Récamier 2000, S. 129). Monty begann, seine symbolisierende Funktion, die Integration von Affekt und Symbol, wieder aufzurichten und ins symbolische Feld zurückzukehren.

Subjektentwicklung und die Potenz der Nachträglichkeit

Der Riss im Blatt brachte etwas zur Anschauung, das wir als symbolischen Bruch verstehen können, einen Bruch, der immer auch mit tiefem Erschrecken einhergeht und die psychotische Angst der Leere auslösen kann. Ich vermute, das Monty hier auch ein Zeichen eines unrepräsentierten Mangels (i. S. v. Récamiere 1992) begegnete, der nun durch die affektive Mitbewegung eines Anderen gehalten werden konnte. »The hole is not an absence of representation, but a representation of absence« (Green 1986, S. 166). Das »Loch« verstehe ich in diesem Fall als eine ehemals reale psychische Erfahrung, die im Sinne der Nachträglichkeit virulent und bearbeitbar werden konnte. Dem werde ich nun etwas genauer nachgehen. Das Subjekt entsteht nicht linear, sondern nachträglich. Diesen zusätzlichen Aspekt im Hinblick auf diese frühe Entwicklung des werdenden Subjekts kommt aus den Arbeiten von Jean Laplanche. Er denkt die Subjektwerdung in diesem Sinne als immer auch enigmatische Message des Anderen, als zunächst Unübersetzbares, das erst nachträglich Bedeutung hervortreten lässt, d.h. frühere Erfahrungen, die das Kind zunächst nicht oder zumindest nicht vollständig verstehen kann, werden in der Nachträglichkeit zum Anstoß einer inneren Bewegung, die zwischen Affekt, Fragment, Bedeutung und schließlich Symbol vermittelt. Diese Bewegung erachte ich für meine Fragestellung von besonderer Relevanz, weil diese Bewegungen und der Ort, an dem sie stattfinden, nämlich der Zwischenraum, der ontologische Kern der Subjektbildung sind. Wie ist das zu verstehen? Die mit unbewusster Sexualität der Erwachsenen aufgeladenen Botschaften des Anderen, die den Säugling primär versorgen, sind für ihn zunächst unverständlich, eben weil sie u. a. auch mit unbewusster Sexualität durchdrungen sind, die das werdende Subjekt noch nicht integrieren kann. »The enigma is constituted by a message from the adult which is not simply misunderstood by the infant, but radically non-understood, because it is supported by the unconscious of the adult.« (Laplanche 1999, S. 137) Diese Botschaften wirken traumarisierend im Sinn von »zu früh« und fordern das Kind heraus, ohne ihm eine symbolisierende Antwort zu ermöglichen. Dadurch entstehen entwicklungsimmanente Lücken zwischen Erfahrung und Verstehen, die erst nachträglich, d. h. diese früh empfangenen Botschaften werden erst in einer späteren Entwicklungsphase entschlüsselt und symbolisiert. Diese nachträgliche Bearbeitung ist der Ort, an dem sich die Psychoanalyse nach Laplace überhaupt erst vollziehen kann. Nachträglichkeit ist demnach ein zweistufiger psychischer Prozess, in dem eine frühere Erfahrung, die zunächst nicht verstanden, sondern nur passiv, meist als Körper- oder Affekterlebnis, eingeschrieben wurde, später rekonstruiert, umgedeutet und symbolisiert wird. Diese psychische Bewegung ist zeitlich nicht-linear, weil das Frühere nur durch das Spätere überhaupt bedeutungshaft werden kann, und potenziell traumatisierend, weil die erste Szene ein Übermaß an Erregung, Fremdheit und Bedeutung enthält, die das Kind nicht zu verarbeiten vermag und damit konstitutiv für das Unbewusste ist, indem es einen inneren Bruch erzeugt, der ständig neu bearbeitet werden muss. Dies nachträgliche Hervortreten von Bedeutung durch die angestoßene Bewegung des unverarbeitete Affekts oder eines somatischen Fragments ist für die Behandlungstechnik bei Subjektivierungsprozessen wesentlich. »Nachträglichkeit does not simply refer to a deferred effekt but to a transformation of the original inscription. The first event is not simply recalled but re-signified.« (Laplanche 1999, S. 122) Nachträglichkeit ist demnach kein bloßes Erinnern, sondern ein zentrales Moment der Subjektkonstruktion.

Wo bist du? – Subjektivierung im Nichts und Nirgends

Was aber, wenn die Abwesenheit vom Säugling nicht gehalten werden kann, weil der Andere zu früh, zu abrupt oder zu traumatisch verschwindet und Abwesenheit daher für den Säugling nicht haltbar ist, sondern wie eine Auslöschung, wie ein Absturz in ein vernichtendes Nichts oder Nirgends wirkt? So bleibt das werdende Subjekt in der Verwicklung mit dem Anderen stecken, um nicht unaufhörlich ins Leere, in die Fragmentierung zu fallen, und baut narzisstische Pseudobeziehungen auf. Jeanne Récamier beschreibt den Raum, in dem das Selbst sich dann befindet, als entleert. Er würde nur noch die »Spur der Auslöschung« tragen. In der Übertragung würde ein psychisches Echo davon, das auf Beziehung hofft, auftauchen. Die so Verwundeten, so schreibt sie, tragen in sich »eine Leere, die nicht leer ist, sondern voll der Möglichkeit, jemand zu werden« (Récamier 2000, S. 77). Es scheint hier eine Art Zwischenzeit des Subjekts zu geben, in der das Ich nicht aktiv handelt, sondern auf Resonanz wartet oder auf ein weiteres Verstummen als Schutz.

Leo war ein Junge, der von Lebensbeginn an multiple körperliche und seelische Traumata erlitten hatte. Er wirkte erschöpft, klein und hatte einen schmächtigen Körper, der immer unter Spannung war. Leo sorgte dafür, dass innerhalb von Minuten alles um ihn herum von Krümeln und von Kleinsteilen aus mitgebrachtem Essen, die er selbst produzierte, übersät war. Inmitten dieser Krümel blieb er dann meist liegen. Ich hatte bei unserem ersten Kontakt den Eindruck von einem liegen gelassenen Säugling, einem wunden Wesen, das einzig aus den tiefen Höhlen in seinem Kopf bestand und mit einem leeren Blick durch mich hindurchschaute, so, als sei ich nicht vorhanden. Ich dachte: »Aha! Niemand zu Hause.«

Die Szene wirkte verlassen und kann rückblickend als ein fragmentierter Erfahrungsraum verstanden werden, in dem mir Leo zeigte, das er als Subjekt noch nicht als bewohnter Ort etabliert war, sondern nur als »verlassene Szene« erfahren wird (Laplanche 1999). Folgt man Laplanche an dieser Stelle, könnte in dieser Begegnung eine nachträgliche Aktivierung einer »ursprünglichen Szene« stattgefunden haben, deren Bedeutung im Jetzt erst provoziert wird, ohne dass Leo sie bewusst erfassen könnte. Die leere Blickbegegnung könnte man als Moment verstehen, in dem das Unaussprechliche erneut im Zwischenraum aufgerufen wird.

Zunächst unschlüssig, wie ich ihn in diesem Chaos ansprechen konnte, aber auch sicher, dass ich nicht würde warten können, setzte ich mich neben ihn auf den Boden und schaute zwischen ihm und den entstandenen Krümeln hin und her, suchte immer wieder seinen Blick und schaute dann wieder auf das Werk um ihn herum. »Oha!«, sagte ich, »Ich sehe, hier hat es heute schon eine kleine Party gegeben!« Er krallte seine Hände zusammen und griff mehrmals mit geöffneter, angespannter Hand, wie in Zeitlupe, in Richtung meines Gesichtes. Es wirkte, als rudere er durch eine zähe Masse, unsicher im Hinblick auf sein Ziel. Ich hatte nicht das Gefühl, dass er mir das Gesicht zerkratzen wollte, dass es aber hätte passieren können. Ich hatte eher den Eindruck, dass er etwas suchte, von dem er noch nicht wusste, wo und ob er es finden würde. In diesem Greifen liegt ein vor-symbolischer Suchprozess, wie Roussillon ihn beschreibt: Das Noch-Nicht-Subjekt versucht, im Anderen einen Ort für sein Werden zu finden (1999). Nachträglichkeit (i .S. v. Laplanche 1999) bedeutet in dieser Szene, dass die Geste sowohl gegenwärtig als auch vergangen ist und als ein körperliches Echo auf frühe, unerfüllte Erwartung gelesen werden kann.

Ich legte eine Hand näher an seine, und er schlug unmittelbar mit seiner Faust darauf, zunächst nur leicht spürbar, dann erneut, aber heftiger. Ich sagte: »Da bin ich!« Als er wieder zuschlagen wollte, hielt ich seine wirklich sehr kleine Faust in der meinen fest. Er wurde munterer und drehte seine Faust in der meinen. Es wirkte erst einmal nicht so, als ob er herauswollte. Er entspannte sich kurz. Dann wurde seine Bewegung wieder heftig und ich hatte den Eindruck, er wollte seine Faust wieder zurück. Also ließ ich langsam los. Die kurzen Momente, Wechsel zwischen Anspannung und Entspannung, könnten proto-dialogische Momente darstellen (i. S. v. Roussillon 1999), in denen Berührung zu einer ersten Spur von Gegenseitigkeit und damit vermutlich ein möglicher Ausgangspunkt für spätere symbolische Repräsentationen in dieser Begegnung auftauchen.

Ich meinte zu ihm: »Du kannst es spüren jetzt, an deiner Hand. Meine Hand erinnert sich auch an deine Hand.« Ich deutete auf die Stelle auf meiner Hand, auf die er heftig geschlagen hatte. Er boxte daraufhin mehrfach in die Luft, deutlich in meine Richtung. Ich sagte: »Wo ist etwas zum Festhalten?« Er wurde ungehalten und laut, schimpfte, dass ich ja wohl völlig behindert und verrückt sei. Er wirkte jetzt, als spräche er mit einer fremden, erwachsenen Stimme und Sprache, in sprachlichen Formaten, die mit dem Kind vor mir irgendwie verwoben zu sein schienen, irgendwie oder auch nicht dorthin passten.

Dieser verdichtete Moment von Nachträglichkeit aus der Subjektentwicklungsgeschichte von Leo, die sich durch die plötzliche Stimmveränderung ankündigt und eine eingelagerte Botschaft aus einer früheren Szene zu Tage gebracht haben könnte – eine Art fremde Signatur (i. S. v. Laplanche 1999), die ins Kindliche eingedrungen war und dort weiterlebt. Green könnte darin einen Moment des »besetzten Ichs« sehen,[3] oder man könnte diesem Moment auch einen Durchbruch einer traumatischen Sequenz (i .S. v. Laub) lesen, die keine eigene Sprache hat und daher auf fremde Worte zurückgreift.

Dieser Einbruch des psychischen Seins in die Begegnung hat in der Regel umfassende Folgen für das werdende Subjekt. Zunächst fällt auf, dass das Kind oder später der Jugendliche mit dem Anderen wie verklebt erscheint, der notwendige Zwischenraum für Symbolisierung der Abwesenheit, die die Voraussetzung für die weitere Subjektentwicklung wäre, nicht ausreichend entsteht oder immer wieder zusammenbricht. Die Abwesenheit wird durch ein falsches Selbst (i. S. v. Winnicott 1971) ersetzt, in dem das Kind die Versorgung für sich selbst übernimmt und z. B. den eigenen Körper und dessen Funktionen als Außenwelt besetzt und den Anderen dadurch ersetzt anstatt ihn zu integrieren. Donald Melzer beschreibt ein verwandtes klinisches Phänomen. In seinen Arbeiten zur autistischen Organisation und zur projektiven Identifizierung analysiert er, wie frühe Objekte nicht als Andere, sondern als innere Räume des Selbst erlebt werden. In Explorations in Autism hält er fest: »In the autistic encapsulation, the self does not recognize the object as other, but as a container or reflection of its own state.« (Meltzer 1975, S. 55) Das Objekt kann hier nicht verwendet werden, indem es als Repräsentation eines Anderen dient und damit beim Symbolisieren unterstützt, sondern es wird zur affektiven Selbsterhaltung verwendet, indem es in Form eines innerlich besetzten Hohlraums fungiert, der einschließend und vereinnahmend und nicht symbolisierend wirkt. Meltzer beobachtete, dass in bestimmten psychischen Organisationen das Objekt nicht externalisiert wird. Es wird nicht als etwas Anderes erlebt, sondern als innerer Ort erschaffen, in dem sich das werdende Subjekt verbirgt, und zwar nicht vor der Realität, sondern vor der Nicht-Verfügbarkeit des Anderen. Das Objekt wird hier nicht benutzt, um etwas zu denken oder zu symbolisieren, sondern schützt das Selbst, um nicht auseinanderzufallen, v. a um das affektive Fragmentieren zu verhindern. Das Objekt wird in diesem Fall nicht dialogisch, sondern instrumentell verwendet und gebraucht. Ein Funktionsobjekt ohne Zwischenraum, ohne symbolischen Spielraum. »The claustrum appears as a place of refuge from the dangers of objectrelatedness, yes it is populated by these very objects, not as internalized spaces rather than as persons.« (Meltzer 1992, S. 12) Es entsteht kein Zwischenraum, keine Übergangsbewegung, sondern es bleibt eine abgekapselte Identifikation, die das Objekt auf seine Funktion als Hohlraum reduziert. So wird der Andere ein Aufbewahrungsort des Selbst, ohne eines Zwischenraums, den es bräuchte, um eine echte Beziehung zu ermöglichen.

Im Gegensatz zu Winnicotts Übergangsobjekt, das als Brücke zwischen Ich und Du fungieren kann, ist das Claustrum-Objekt ein geschlossenes Kreissystem, das Differenz, Ambiguität, Frustration und damit jede Form der symbolischen Vermittlung verweigert. »The claustrum is the phantasy of a container which does not transform, but merely entraps.« (ebd., S. 13)

Ich schaute Leo an und sagte: »Festhalten ist gefährlich. Festhalten ist aber auch wichtig. Puh! So eine Aufregung!« Er beschimpfte mich, und er schien kein Ende zu finden. Ich meinte schließlich, dass er mich vertreiben wolle und er prüfe, ob ich Angst vor ihm bekäme und dann einfach wegbliebe. Er beruhigte sich langsam und schaute mich schließlich erst an und sprach dann eher in den Raum zwischen uns als direkt zu mir: »Du bist irgendwie immun gegen den Atomkrieg.« Ich antwortete – einer bei mir ankommenden Neugier folgend: »Atomkrieg? Na, das ist wirklich sehr ernst. Und lebensgefährlich.« Dann fügte ich nachdenklicher hinzu: »Wenn es einen Atomkrieg gäbe, wären alle verstrahlt, und ich wäre es auch und du auch.« Er überlegte lange und meinte, nach sichtlich langem Nachdenken ruhiger: »Okay, das stimmt, aber du bist irgendwie weniger verstrahlt.«

Die metaphorische Figur »immun gegen den Atomkrieg« könnte den Wunsch nach einer unzerstörbaren Container-Funktion ausdrücken und nach einem Erleben, dass der Andere bestehen bleibt, auch wenn extreme affektive Angriffe stattfinden. Die Frage, ob darin auch ein erster Keim einer symbolischen Objektkonstanz gelesen und die Figur des »weniger verstrahlt« als eine partielle Re-Investition des Objekts interpretiert werden kann, muss an dieser Stelle offen blieben. Ich vermute, dass Leo mit mir zusammen beginnt, die fremde Botschaft »Atomkrieg« teilweise zu transformieren (i. S. v. Laplanche 1999).

Psychoanalytiker:innen wie Wilfred Bion, André Green, Jeanne Récamier, Riccardo Lombardi, Didier Anzieu und Joshua Duban haben diesen Raum des Noch-Nicht aus unterschiedlichen Blickwinkeln beschrieben. Gemeinsam ist ihnen die Auffassung, dass das psychische Subjekt nicht aus sich selbst entsteht, sondern aus einer Beziehungsform, die es erst werden lässt. Wilfred Bion hat v. a. in seinem späteren Werk eine ontologische Theorie der Subjektkonstitution entworfen, die für schwer traumatisierte oder strukturell entgrenzte Subjekte besondere Bedeutung gewinnt.

Denken und das Paradox des Noch-Nicht

Bevor ein Subjekt, wie Leo momenthaft am Ende seiner ersten Stunde mit mir, sich im Denken selbst begegnet, muss es zuvor in einem Zustand des Nicht-Seins gewesen sein – eines Seins, das nicht durch Begriffe oder Repräsentationen vermittelt war, sondern durch ein leiblich-affektives Geschehen. Für Wilfred Bion ist dieser Zustand kein pathologischer Abgrund, sondern ein notwendiger Ursprungspunkt psychischen Lebens: ein Ort vor dem Denken, vor dem Subjekt, vor der inneren Ordnung. In seinem Begriff des namenlosen Schreckens (nameless dread) beschreibt er eine rohe

Erfahrung, die noch keine Form, keine Richtung, keinen inneren Ort hat (Bion 1965). Sie ist nicht erinnerbar, nicht erzählbar und doch real in einem erschreckenden Sinne. Es ist das, was geschieht, wenn das affektive Erleben auf kein denkendes Ich trifft, wenn kein Anderer da ist, der hält, spiegelt oder verwandelt. In diesen Momenten erlebt sich das Selbst nicht als Subjekt, sondern als Ort des Überwältigt-Werdens. Diese Leere ist nicht neutral, sondern potenziell zerstörerisch, es sei denn, sie wird gehalten.

In der Analyse mit Leo gab es nach einer Phase der relativen Ruhe Wochen von immensem Geschrei und heftigen Ausbrüchen. Ich vermutete für ihn hörbar, dass wir uns nun mitten im Atomkrieg befänden. Leo relativierte und sagte: »Es ist ein Kampf ums Leben! Der Kampf um den Tod! Ein Kampf zwischen zwei Brüdern.« Das »Noch-Nicht« der Subjektivierung (i. S. v. Roussillon 2011) wurde in diesem Überlebenskampf inszeniert. Die symbolische Differenz zwischen Leben und Tod war noch nicht stabil verankert. Die »zwei Brüder« erschienen mir wie innere Objekte, die um Dominanz rangen, während das Selbst des Jungen in Gefahr war, zwischen ihnen zerrieben zu werden.

Denken, wenn das Nicht-Ich den Raum betritt

Nach einer größeren Therapiepause erzählte die Mutter von Leo, dass er, sobald er auf dem Weg zu mir im Auto sitze, zu jammern beginne, dass ich ihn heute wieder töten würde und ich vermutlich eine Mörderin sei. Man könnte hier von einer Projektion in den Anderen sprechen, die den »negativen Narzissmus« aufrechterhält. Das Subjekt erlebt sich hierbei nur über die Bedrohung durch das Objekt (Green 1991). Die Figur der »Mörderin«, die den Übergang vom prämentalen Erleben zu einer ersten symbolischen Form markiert, ist eine Personifizierung des noch unintegrierten Schreckens, mit der sich Leo auf der Fahrt zu mir in die Praxis immer wieder in für ihn reale Gefahr begab, bis es vermehrt in die Stunden direkt in die Übertragung kommen konnte (Roussillon 2011). Als ich versuchte, die Angst im Ansatz zu markieren, formulierte er sehr klar, ich würde überhaupt nichts verstehen, und das bringe ihn schließlich noch um. Dann spuckte er mir die Worte regelrecht ins Gesicht: Es gehe hier um ein Mörderkind, das lache, wenn andere stürben; das wäre dem Kind ganz egal, das würde lachen, wenn andere Schmerzen hätten. Das sei wichtig!

Das »Mörderkind« als Externalisierung eines abgespaltenen, nicht integrierbaren Selbstanteils zu deuten, wäre zu früh gewesen, doch konnte sich etwas zeigen und im Zwischenraum des analytischen Feldes gehalten werden. Sowohl Therapeuten als auch Kinder haben – neben anderen – auch mörderische Gefühle auf den jeweils Anderen gerichtet. Und vielleicht auch die Hoffnung, dass nicht gleich jemand oder etwas sterben muss. Leo wusste, so vermute ich, dass dieses Mörderkind »nicht passt«, es ist verworren, aber erzählbar durch das haltende Reframing, dass Mörderphantasien als Teil des Menschseins bekannt werden, als Figur, die eine symbolische Funktion hat, indem sie das innere Reale anerkennt, ohne es abzuwehren oder zu entwerten (i. S. v. Roussillon 1999). Ab diesem Zeitpunkt war das mörderische Erleben mehr im gemeinsamen Raum zwischen uns beiden, in dem es auch zunehmend gehalten werden konnte. Es ging in dieser Zeit viel um die existentiellen Zustände und Ängste, umgebracht zu werden, Andere umzubringen, und dann auch um die Ängste, zu sterben und vermutlich auch um die Ängste, am Leben zu bleiben. Allmählich hatte sich zwischen uns eine Containerfunktion etabliert (i. S. v. Bion 1962) und der gemeinsame Raum konnte zunehmend die rohen Affekte aufnehmen. Die in das analytische Feld eingebrachten Figuren waren nicht mehr nur agiert, sondern standen teilweise schon in einem symbolisierten Austausch miteinander. Parallel dazu wurde die Inszenierung eines »Nicht-gelebten Lebens« (i. S. v. Winnicott 1974; Ogden 2014), das sich in tödlichen Bildern artikulierte, immer wieder virulent. Das Lachen, das Leo tatsächlich häufig nutzte, um über den Schmerz des Anderen zu lachen, erlebte ich als Abwehr gegen eine ständige Bedrohung der eigenen Existenz.

Wie gelangt nun das Kind vom leiblich-affektiven Geschehen zum Spüren, Wahrnehmen und Denken? Die Alpha-Funktion (alpha function), wie Bion sie nennt, ist jene psychische Fähigkeit, rohe Sinneseindrücke, Affekte und proto-mentale Inhalte in träumbares Material zu verwandeln. Doch diese Fähigkeit steht dem Kind anfangs noch nicht zur Verfügung. Sie muss zu Lebensbeginn und später in der Therapie vom jeweils Anderen ausgeübt werden – idealerweise von einer haltenden Mutter oder einem mitschwingenden, aber nicht verschmelzenden Gegenüber. In dieser frühen Beziehung entsteht das Grundmodell von Subjektivität: nicht durch Autonomie, sondern durch einen wechselseitigen Austauschprozess zwischen Container/Contained. Der Analytiker oder Elternteil wird zum Container, der das Contained, die unformulierte Erfahrung, aufnimmt, verdaut, verwandelt und in einer neuen, verdaulichen Form an das Kind zurückgibt. Nur so kann aus dem chaotischen Innenleben ein Erleben von Subjektspuren, ein werdendes Ich entstehen, das sich als »denkender Ort« erlebt. Bion stellt das Denken damit nicht an den Anfang der Entwicklung, sondern an eine zweite Stelle. An erster Stelle steht das Gehaltenwerden, das innere Erleben, dass jemand da ist, der das bislang unverwandelte, rohe Erleben denken kann und es damit stellvertretend psychisch werden lässt. Ohne diese Erfahrung bleibt Denken leer oder zersetzend. Das Subjekt wird nicht gedacht, es ist nicht einfach »da«, es ist kein Gegebenes, sondern es konstituiert sich in einem intersubjektiven, affektiven und symbolischen Raum, einem Raum, in dem ein Anderer das Subjekt als solches anerkennt, es meint, es hält, es denkt, bevor es selbst denken kann. Das Denken des Anderen ist kein kognitives Erfassen, es ist ein affektiv-symbolisches Denken, ein Mitspüren, das im zwischenleiblichen Raum wurzelt.

Geburtsschmerzen des Subjekts

Während einer gesundheitlichen Zuspitzung auf der Seite des Kindes erlebte ich eine immense Hilflosigkeit, war konfrontiert mit Phantasien von meinem und seinem Tod und der Sorge, dass es vielleicht kein Wiedersehen und keinen Abschied geben könne. Leo erzählt mir, als wir uns schließlich wiedersahen, von einem Traum von zwei Räumen. Er beschrieb: »In dem Einen ist es wie in einer Höhle, dort gibt es gute Nahrung und es ist gemütlich. In dem Anderen ist es lebensgefährlich.« Er rollte sich ganz klein zusammen und meinte: »Hier ist manchmal gut, und manchmal ist alles bedrohlich.« Er könne sich dann nicht genug verstecken, und rauskommen könne er auch nicht, weil dann wäre er sowieso tot. Wie kann hier noch gedacht werden? Ich vermute nur mithilfe Dritter. André Green, dem ich bei der Behandlung von Leo viel verdanke, schreibt in diesen Zusammenhängen von »Todeszone«, in der das Selbst weder ganz verschwindet, noch ganz leben kann (1991) und die psychische Existenz stillsteht, bis sich ein dialogischer Raum aufrichten kann und Spüren wieder möglich wird. Leos symbolische Repräsentationen waren noch nicht tragfähig genug, sodass Rückzug und Erstarrung für ihn regelmäßig auch als Überlebensformen dienten. Dennoch wird deutlich, dass das Subjekt nun nicht mehr nur fragmentiert auftaucht, sondern beginnt, topografisch zu unterscheiden, also innere Zustände zu kartieren. Während der »Höhlenraum« als eine frühe Container-Erfahrung zu lesen ist, birgt der gefährliche Raum den untransformierten, rohen affektiven Zustand des Traumas, der nun in der Behandlung dem »O« näherkommt. Réne Roussillon bezeichnet diese Bewegungen als »Spurensymbolisierungen« (2011), d.h. das Psychische beginnt, sich zu organisieren, und zwar entlang von Spuren, die im Anderen Widerhall finden. Dabei oszillierte Leo zwischen Symbolisierbarem und Nicht-Symbolisierbarem im gemeinsamen Raum. Ein Prozess, der das »Noch-Nicht« in der Subjektivierung deutlich macht. Green würde hier vermutlich von einer »Todeszone« in der Behandlung sprechen, in der das Selbst weder ganz verschwinden noch ganz leben kann.

Bedrohung des Subjekts durch das eigene Denken

Ab diesem Zeitpunkt wurde das Wort »Angst« bedeutsam und bedrohlich zugleich. Obwohl er es selbst immer wieder wie zufällig aussprach, erlebte er es auf einmal als für ihn giftig. Er gab mir vor, ich dürfe es nie mehr aussprechen. Nur er könne dies, würde es aber nie wieder in den Mund nehmen. Er schrie mich regelrecht wie unter großen Schmerzen nieder, wenn es mir doch einmal über die Lippen kam, was ab und zu passierte, bis ich schließlich erschöpft sagte: »Okay, die Angst kann nun erst einmal bei mir wohnen und ich hebe sie auf, bis wir wieder darüber sprechen könnten.« So begann er, sich in jeder Stunde nach ihr zu erkundigen, wie nach einem alten Freund, der ihn verletzt und enttäuscht hatte, den er bald wieder treffen wolle, nur einfach jetzt noch nicht.

Die Angst in ihrer rohen Form war für Leo unaushaltbar, und er empfand selbst die sprachliche Repräsentation als »vergiftend«. Das Verbot, selbst das Wort »Angst« auszusprechen, verstand ich als eine Form der »negativen Halluzination« (i. S. v. Bion 1965). In ihr wollte Leo das bedrohliche Erleben aus der psychischen Szene verbannen, indem er das Wort zunächst aus unserem gemeinsamen Symbolraum ausschloss, um es sich dann mit eigenen Subjektspuren, d.h. gespiegelten und gemeinsam gehaltenen Affekten und somatischen Erinnerungsfragmenten zu sich zurückzuholen. Mein Angebot, sie zunächst stellvertretende für ihn zu halten, erlebte er vermutlich als stellvertretende Symbolisierung, die ihn deutlich zu entlasten schien. Als ich mitspielend oder vielmehr mitträumend den Affekt in Verwahrung nahm, begann er unmittelbar danach, damit zu spielen, wie er es wohl schaffen könnte, die Angst in das eigene psychische System zurücknehmen und integrieren zu können. Einmal kam er in die Stunde und hatte sich Buchstaben verteilt auf den Arm geschrieben. Als er sie dann alle zusammen mit mir zusammen las, konnte er sich nicht erinnern, dass er selbst das Wort Angst geschrieben hatte. Er behauptete steif und fest, dass das nicht so gewesen sei. Die Frage, wie er sich der immensen Angst in ihm nähern konnte, sollte ihn tatsächlich sehr lange beschäftigen. So suchte er immer wieder andere und mich als Denker für seine noch unbedachten Gedanken.

Subjekte brauchen Lücken und Pausen für Atmen und Spüren

Bion formulierte die Idee, dass Gedanken schon im Raum sein können, bevor es jemanden gibt, der sie denken kann. Er spricht von Gedanken ohne Denker, die nach einem Container suchen. »Thoughts without a thinker exist before the thinker is developed to think them.« (Bion 1962, S. 83) In seinem Spätwerk radikalisierte Bion diese Überlegungen und überführte seine Konzepte in eine ontologische Dimension der Psychoanalyse. Hierzu tritt das Konzept von O zunehmend in den Vordergrund: O für im Bion'schen Sinn keine Repräsentation, sondern ein reines Sein, das sich dem Wissen entzieht. Man kann O nicht kennen, man kann nur in Beziehung zu ihm sein. Die Erfahrung in O sei dabei keine kognitive Leistung, sondern eine existenzielle Öffnung. Sie verlange vom Kind und von der Analytikerin die Bereitschaft, sich der Ungewissheit, dem Nicht-Wissen, der Leere auszusetzen. Bion formulierte: »To approach O requires abandonment of memory, desire, and understanding.« (Bion 1970, S. 43) Es ist ein Zustand einer Präsenz, in dem das Subjekt nicht mehr durch Wissen definiert ist, sondern durch seine Fähigkeit, sich verwandeln zu lassen. Diese Verwandlung bezeichnet Bion als »transformation in O«. Anders als Transformationen in K (knowledge) oder D (desire) beschreibt »transformation in O« einen ontologischen Wandel, einen Übergang vom Denken zum Sein. Es ist ein Geschehen, in dem das Subjekt nicht länger ein Objekt seiner eigenen Gedanken ist, sondern Teil einer gemeinsamen, zunächst nicht-narrativen Wahrheit.

Die anfängliche Schweigephasen in Bens Therapie waren begleitet von einer gemeinsamen rhythmischen Atmung, die als rückzugsartige Schutzformation verstanden wird, eine psychische Enklave, wie sie bei autistisch organisierten Zuständen beschrieben wird (Meltzer 1975; Tustin 1986). Sprache wurde lange Zeit für Ben nicht als bedeutungstragend erlebt, sondern als oft invasive Störung. Ein Phänomen, das Donald Meltzer als toxisch-persekutorische Projektion in Kontakt mit dem Symbolischen beschreibt (2011). Ein wiederkehrendes Element in der Behandlung mit Ben war das Einschlafen in Momenten psychischer Aktivierung. Immer wieder sank der Junge in einen plötzlichen Schlaf, aus dem er nur mit direkter, lauter Ansprache wieder zu wecken war. Diese wiederholten Einschlafzustände des Jungen wiesen auf Zustände tiefer psychischer Desintegration hin, in denen das Ich für Momente völlig entglitt. Parallel dazu kam Ben lange Zeit regelmäßig mit leichten und auch schweren Verletzungen in die Praxis. Es schien, als habe er seinen Körper noch so wenig in der Welt verortet, dass er regelrecht die äußere Welt in ihren materiellen Gegebenheiten brauchte, um sich anstoßen und dadurch überhaupt im Raum verorten zu können. Es schien, als fühle Ben weder Angst, sich zu verletzen, noch hielten ihn die Verletzungen von weiteren Unfällen ab. Ben selbst schien seinen Körper noch nicht sicher zu bewohnen. Zunehmend empfand ich Schmerzen, wenn er mir gegenübersaß oder auf der Couch lag. Ben schlief immer wieder wie unter Schock ein, wenn er den Raum des Psychischen betreten hatte. Ben kommunizierte mit mir über Symptome, über Affektleere, über Einschlafzustände. Sein Körper sprach dort, wo Worte versagten. In diesen Momenten wurde mein Körper zum Speicherorgan für eine Erfahrung, die noch keiner innerpsychischen Organisation unterlag. Wie Jeanne Récamier vermutet, sind dies keine klassischen regressiven Zustände, sondern Ausdruck einer ontologischen Unruhe, in der das Subjekt weder vollständig anwesend noch abwesend ist. Ben oszillierte zwischen Nirgends und Noch-Nicht.

In Bions Begriffen übernimmt hier der Analytiker die Funktion der Alpha-Funktion: Das Unverdauliche, Roh-Affektive (Beta-Elemente) wird gehalten, verdaut, symbolisierbar gemacht.[4] Solche Prozesse markieren eine sehr frühe Form von Symbolisierung – keine narrative, sondern eine leiblich-affektive Spur. Die Psychoanalytikerin Piera Aulagnier spricht in diesem Zusammenhang von der Notwendigkeit, dass das Subjekt seinen Diskurs als eigenen, sein eigenes unbewusstes Sprechen als sein eigenes anerkennen muss. Dies könne aber nur gelingen, wenn das Subjekt zuvor nicht vom Diskurs des Anderen besetzt wurde (1975). In diesen Therapieszenen wird deutlich: Das Subjekt kann sich nur dort bilden, wo es Raum gibt, der noch nicht gedeutet, erklärt oder interpretiert wurde, sondern nur gehalten.

Subjektbewegungen sind ansteckend

Einmal, als er gerade eingeschlafen war, begann ich, nachzudenken über die Zwangsläufigkeit einer anstehenden Therapiepause und dem damit verbundenen Abschied von Ben. Gleichzeitig war ich mit einer tiefen, noch nicht verorteten Trauer beschäftigt und spürte auf einmal meinen Arm nicht mehr, was mich erschreckte. Als der Patient kurz darauf von selbst erwachte, begann er, sich den Arm zu reiben und ihn in der Luft zu bewegen und wie unter Schmerzen zu verrenken. Ich fragte ihn, ob er Schmerzen habe, weil es für mich so aussehen würde. Er zog seinen Arm zum Körper heran und lag einige Zeit ruhig auf der Couch. Dann erzählte er, wie er früher oft nicht nach Hause habe gehen wollen. Einmal habe ihn daher jemand den Arm anhaltend verdreht, um ihn auf diese Weise nach Hause zu zwingen. Ben meinte im Anschluss überrascht, dass er dieses Ereignis gar nicht mehr gewusst hätte. Dann setzte er sich mit einem Schwung auf, schaute auch mich überrascht an, als bemerke er erst jetzt, dass auch ich im Raum sei, wirkte kurz verwirrt und später, als wir gemeinsam über den Vorfall sprechen konnten, auch wütend darüber, was ihm geschehen war.

Diese wechselseitige somatische Besetzung von Körperteilen in Übertragung und Gegenübertragung verweist auf die vor-symbolische Ebene der Kommunikation, wie sie Jeanne Récamier (2000) als narzisstische

Resonanzübertragung beschrieben hat. Die Dissoziation in mir verstehe ich heute als Widerhall des nicht erinnerbaren Schmerzes von Ben. »The analyst must be able to tolerate and hold the necessary void in order for subjectivity to emerge in the patient.« (Durban 2013, S. 663) Durch mein haltendes, resonantes, aber nicht eindringendes inneres Setting konnte sich allmählich ein Raum öffnen, in dem sich Ben als Subjekt nicht weiter verlieren musste, sondern aufmerksam wurde und sich zu spüren begann.

Vor dem Hintergrund von Bions Überlegungen könnten wir den gemeinsam erinnerten Armschmerz von Ben und im Zuge dessen ein erstes Verbinden mit einem Übergriff als ein tastendes Annähern an das »O« verstehen, das einen unrepräsentierbaren Wahrheitskern der Erfahrung, der zunächst noch nicht in Worte gefasst werden kann, auftauchen lässt. Für Ben war dies zunächst mit dem Affekt der Überraschung begleitet, der noch vor der Wut und der Trauer, die viel später erst kam, das Auftauchen begleitet hatte. In der analytischen Psychotherapie konnte sich dieser Moment als stille, fast unmerkliche Wende vollziehen. Er tauchte zunächst als Verstummen auf, das nicht leer, sondern voller Resonanz gewesen war, und auch als Schmerz, der gemeinsam gehalten wurde, konnte gespürt und beginnend benannt werden. In solchen Augenblicken wird das Ich nicht interpretiert, sondern geboren. »Transformation in O takes place only when thinking ceases and being becomes possible« (Bion 1970, S. 67). Für Bion wäre der »Atomkrieg« in Leos Welt vermutlich ein Bild für die Unmöglichkeit, das »O« direkt zu ertragen, so dass es zunächst in destruktive Bilder zerlegt wird (1970).

Bens Eltern konnten zu Beginn der Behandlung über die Schwangerschaft nur Unauffälliges berichten. Nachfolgend zu Bens Einschlafepisoden und seinem Erinnern an die körperlichen Übergriffe im Grundschulalter, konnten auch die Eltern von schweren Vertrauensbrüchen seitens des Vaters gegenüber der Mutter erzählen; und auch über den schweren Schock und die tiefe Enttäuschung, die die Mutter empfand, und auch über die Angst, dass das Kind im Bauch vielleicht verstorben sei, sprechen. Dieser Schockzustand habe bis in die Zeit nach der Geburt von Ben gewirkt. Viel später in der Zusammenarbeit, lange nach dieser Erzählung, konnten die Eltern erinnern und erzählen, wie Ben zu Beginn seines Lebens immer wieder den Atem angehalten hatte und deswegen mehrfach in der Klinik behandelt werden musste. Das traumatische Echo dieser frühen Atemstillstände ließ sich als somato-psychisches Fragmentierungsereignis verstehen – Zustände im analytischen Feld mit Ben, die nicht durch narrative Sprache, sondern durch Gegenübertragungsreaktionen und Körperaffekte kommuniziert wurden. Bens Mutter hatte Ben mit Schrecken und auch mit innerer Distanz in diesen Momenten des Atemstillstands gehalten und beatmet, bis Ben von selbst wieder zu atmen begann.

Subjektwerdung als Resonanz auf das Unverfügbare

In der Begegnung mit traumatisierten oder strukturell entgrenzten Kindern und Jugendlichen zeigt sich, wie entscheidend dieser ontologische Zugang ist. Dort, wo Worte versagen, wo keine Geschichte erzählt werden kann, weil kein Subjekt sie erlebt hat, bleibt nur ein Raum – ein getragener Zwischenraum, in dem O wirksam werden kann. Jeanne Récamier beschreibt diesen Raum als Ort der »symbolischen Umschrift«, in dem das Nicht-Ich zur Figur werden kann (Récamier 2000). Riccardo Lombardi spricht von einer »heimlichen Geburt des Subjekts«, in der das Denken aus einer geteilten Leere hervorgeht (Lombardi 2011). Wenn dieser Raum entlang der beschriebenen Entwicklungsgenese des Subjekts gedacht werden kann, braucht es zunächst den inneren Raum in der Therapeutin, der die Leere hält. In ihm wird das sich entwickelnde Subjekt mit seinen nicht-symbolisierten Spuren, die sich in körperlich-affektiven Zuständen melden. Die Therapeutin erlebt erstmals in sich den prä-symbolischen Rest, den das Kind oder der Jugendliche immer wieder in der Beziehung virulent werden lässt, weil dieser nicht im symbolischen Feld eingebettet wurde und dort ruhen kann, sondern ständige körperliche und psychische Schmerzen verursacht.

Sona saß am Tisch und malte. Ich saß neben ihr, schaute ihr erst aufmerksam und dann mit der Zeit etwas entspannter und innerlich etwas abgegrenzter zu, d. h. mit mehr Raum für eine Lücke, und freute mich über sie. Sie war, wie zu dieser Zeit häufig, nur mit Unterhemd und Hose bekleidet, in ein Bettlaken gehüllt, das sie fest um sich gebunden haben wollte. Plötzlich schaute sie mich direkt mit Augen erst voller Schrecken an und wurde dann so intensiv erfasst von einer existentiellen Schamwelle, dass ich diese unmittelbar miterlebte. Dann schrie sie mich an und schimpfte: »Warum bin ich nur jemals hierhergekommen? Du hast einen Fehler gemacht. Du hast alles, alles falsch gemacht.« Ich konnte sie in diesem Moment kaum noch halten und hatte die Phantasie, sie fallengelassen zu haben. Und doch gelang es uns beiden, sie zu regulieren. Niemand hatte etwas falsch gemacht. Doch das Gefühl, die Angst, vielleicht etwas falsch zu machen, sei doch echt gewesen. Sie hatte gemalt und sich wohlgefühlt und ich war neben ihr gesessen und hatte ihr erst aufmerksam und dann etwas mehr zurückgenommen zugesehen. Es hatte sich jetzt für einen Augenblick so anfühlt. Etwas war dagewesen, das so schmerzhaft sei. Die Angst, zurückgewiesen, verkannt und erneut von Fremdem besetzt zu werden, dachte ich, hatte sich gemeldet und war als tiefes Erschrecken ins Erleben und in die Übertragung eingesickert. Sona hatte sich vermutlich als tatsächlich Vorhanden erlebt in einem Raum mit mir. Eine Erfahrung, die ihr eine Höllenangst machte, wie sie später sagen konnte, weil das Risiko der Überfremdung und ihre Sorge, sich nicht wehren zu können, immer noch bestanden. Wie in dieser Szene zu erkennen, können diese noch nicht symbolisierten Reste in der Übertagung wie narzisstisch geprägte Widerstände und als Abwehr gegen Symbolisierungslücken wirken, wie sie René Roussillon beschreibt (1999). Sie stammen allerdings nicht aus der Ich-Organisation, sondern aus nicht-integrierten, früh-strukturell traumatisierten Teilen, die sich als inneres Fremdes melden. Sie unterscheiden sich deutlich von der normalen Selbstwahrnehmung, weil sie von einem Nicht-Ich-Anteil (i. S. v. Green 1993) gesteuert werden und Ausdruck eines symptomhaften Abwehrmodus sind. Sie sind meist zu erkennen an ihrer rohen, d. h. körperlichen, sensorischen und affektiven Form. Die dafür spezifische Übertragungsform ist die sogenannte dritte Präsenz zwischen Kind und Analytikerin, wie Jeanne Récamiere (2000) sie konzipiert hat. Sie dient als Resonanzkörper für einen nicht-integrierten Zustand, der zunächst wie etwas Fremdes im Eigenen auftaucht und der einer frühen Abwehr zuzuordnen ist, die sich als Abwesenheit einer integrativen Symbolisierung zeigt und sich oft in der Gegenübertragung spiegelt. Das Erleben kann in diesen Momenten tiefe Verwirrtheitszustände hervorrufen, Verlust von Zeit und Raumerleben verursachen oder so wie in der Szene mit Sona der gesamten Begegnung die Bedeutung entziehen. »Warum bin ich nur jemals hierhergekommen?«

Doch sind die Reaktionen der Kinder und Jugendlichen nun ausschließlich Abwehr? Roussillon vertritt deutlich, dass nicht jede Blockade im psychischen Prozess Abwehr ist. So ist es manchmal auch ein vitaler Versuch, psychisches Leben überhaupt zu erhalten, bevor die Chance auf Symbolisierung möglich wird. So verstehe ich Bens erste Reaktionen auf meine Zuwendung im Hinblick auf seine Verletzungen der Hand. Ich würde sein Einschlafen heute als primären Affektzustand der Selbsterhaltung, der sich aus der Lust am Überleben, aus dem Bedürfnis nach affektiver Sicherheit und aus dem Drang zur sensorischen Selbstregulation ableiten lässt, verstehen. So war es keine Abwehr im klassisch-psychoanalytischen Sinn, sondern es waren basale Lebens- und Integrationskräfte, die den Aufbau erster Selbst- und Objektrepräsentanzen tragen.

Werden all diese Momente im gemeinsamen Feld gehalten, so kann mit der Zeit und auf diese Weise ein gemeinsamer Zwischenraum entstehen. In diesem kann gespürt, wahrgenommen, gefühlt und gedacht werden. »The birth of meaning takes place in the space between the not-yet and the never was.« (Durban 2020, S. 345) Der ursprüngliche Neugierimpuls und das Vertrauen in die Mit-Welt können wieder angeregt oder auch erstmalig auftauchen und gemeinsam gehalten werden. Auf diesem Weg finden diese Kinder und Jugendlichen schließlich zu einem Ort in sich selbst, an dem sie sein, sich besser wahrnehmen und symbolisieren können. Gleichzeitig war auch beobachtbar, wie fragil und störanfällig diese gemeinsamen Bewegungen im analytischen Feld immer auch sind. Wie schnell es zur unabsichtlichen oder voreiligen Bedeutungssetzung durch mich als Therapeutin kommen konnte und wie immens schmerzhaft diese Form der Verkennung oder ein verfehltes Container/Contained sein kann: ein Schmerz, der die Hoffnung auf Entfaltung bei den Kindern und Jugendlichen auch schwinden lässt.

Subjektivität ist in diesem Sinne nicht das Produkt eines autonomen Ichs, sondern eine Antwort auf eine Präsenz, die gehalten, gespürt, durchlitten wurde. O ist kein Wissen, sondern eine Erfahrung, jenseits der Abwehr, jenseits der Repräsentanz, jenseits der Wiederholung. Es ist eine Erfahrung, in der das Selbst sich in seiner Möglichkeit erfährt.

Literatur

Anzieu, D. (1989): *Le Moi-peau.* Dunod.

Aulagnier, P. (1975): *La violence de l'interprétation.* Paris (Presses Universitaires de France).

Alvarez, A. (1992): *Live company, Psychoanalytic psychotherapy with autistic, borderline, deprived and abused Children.* London (Routledge). Dtsch.: *Zum Leben wiederfinden. Psychoanalytische Psychotherapie mit autistischen, Borderline-, vernachlässigten und mißbrauchten Kindern.* Frankfurt a. M.: (Brandes & Apsel), 2. Aufl.

Bick, E. (1968): The Experience of the Skin in Early Object Relations. *International Journal of Psychoanalysis*, 49, 484-486.

Bion, W. R. (1962): *Learning from Experience.* London (Heinemann).

Bion, W. R. (1965): *Transformations.* London (Heinemann).

Durban, J. (2013): On Early Autistic States. *International Journal of Psychoanalysis*, 94(4), 655–676.

Duban, J. (2020): Between the Not-yet and the Never-was. On the analyst's internal setting and the birth of meaning. *Psychoanalytic Inquiry*, 40(5), 337–351.

Green, A. (1986): *On Private Madness.* London (Karnac).

Geen, A. (1991): Lebens- und Todesnarzissmus. In: M. Ehrmann (Hrsg.): *Die tote Mutter*. 59–91. Stuttgart (Klett-Cotta).

Green, A. (1993): *Das Werk des Negativen.* Frankfurt a. M. (Suhrkamp).

Faßbinder, B. (2005): *Einführung in die Theorie Piera Aulagniers. Sprache, Geschichte und psychische Struktur.* Gießen (Psychosozial).

Laplanche, J. (1999): *Essays on Otherness.* London (Routledge).

Maiello, S. (1995): The Sound-Object. A Hypothesis about Prenatal Auditory Experience and Memory. *Journal of Child Psychotherapy*, 21, 23-41.

Meltzer, D. (1988): *The apprehension of beauty.* Perthshire (Clunie Press). Dtsch: *Die Wahrnehmung von Schönheit.* Frankfurt a. M.: Brandes & Apsel.

Meltzer, D. (2011): *Autismus. Eine psychoanalytische Erkundung.* Frankfurt a. M. (Brandes & Apsel).

Ogden, T. H. (2014): Fear of Breakdown and the Unlived Life. *International Journal of Psychoanalysis*, 95 (2), 205–223.

Ogden, T. H. (1992): *The Primitive Edge of Expierience.* London (Karnac).

Récamiere, J. (1992): *La répétition, figures et symbolisation.* Paris (Presses Universitaires de France).

Récamiere, J. (2000): *L'épreuve du temps et le travail de figurabilité.* Paris (Presses Universitaires de France).

Récamier, J. (2000): Der innere Fremde – Über das Verschwinden des Subjekts in der Übertragung. *Psyche – Z Psychoanal*, 54(8), 763–788.

Récamier, J. (2006): *Psychotische Prozesse in der analytischen Beziehung*. Gießen (Psychosozial).

Rodulfo, R. (2004): *Die lange Geburt des Subjekts*. Gießen (Psychosozial).

Roussillon, R. (1999): *La symbolisation primaire*. Paris (Presses Universitaires de France).

Roussillon, R. (2011): *Le plaisir et la répétition*. Paris (Presses Universitaires de France).

Roussillon, R. (2015): Paradoxien und Grenzbereiche der Symbolisierung in psychischen Prozessen. In: Roussillon, R.: *Affekt, Grenze und Repräsentation*, 111–134. Gießen (Psychosozial).

Winnicott, D. W. (1953): Transitional Objekts and Transitional Phenomena. A Study of the First Not-me possession. *International Journal of Psychoanalysis*, 34, 89–97.

Winnicott, D. W. (1971): *Playing and Reality*. London (Tavistock).

Winnicott, D. W. (1974): Fear of Breakdown. *International Review of Psychoanalysis*. 72, 267–277.

Winnicott, D. W. (1975): Hate in the Countertransference. *International Psycho-Analytical Library*, 100, 194–203.

Sabine Prentl
(Rosenheim)

»Der Skorpion! Der bin ich!«

Ein Fallbericht

Einleitung

Es wird eine für mich emotional sehr belastende, dreieinhalbjährige psychoanalytische Behandlung mit einem bei Behandlungsbeginn fast sechsjährigen Jungen[1] beschrieben, dessen Entwicklungsweg kurz vor seinem Schuleintritt zu eskalieren drohte. Sowohl das Therapiezimmer mit all seinen Gegenständen als auch der innerpsychische Raum der Therapeutin wurde immer wieder von dem Jungen auf das Heftigste attackiert. Dieser analytische Raum war in seiner haltenden Präsenz für den Jungen wesentlich, um innerlich zu reifen und die notwendigen Entwicklungsschritte vollziehen zu können.

1. Die Behandlung

Der zu Therapiebeginn 5,11 Jahre alte Benni wird von seinem sehr in Not wirkenden Vater telefonisch angemeldet, nachdem der Kindergarten als »letzten Versuch« eine Psychotherapie angeraten habe. Benni sei »einfach nicht mehr tragbar«, schreie, trete, tobe und verwüste fast täglich den Gruppenalltag, »es ist ein Horror für uns alle«. Da ich Benni in absehbarer Zeit keinen Therapieplatz anbieten kann und mit einem Erstgespräch weder nicht erfüllbare Hoffnungen bei den Eltern noch Druck in mir erzeugen will, empfehle ich ihm eine Kollegin. Drei Monate später ruft Herr A. wieder an und berichtet vom »Scheitern der Therapie« schon während

1 Persönliche Daten, Namen und Kontexte sind nach nationalen und internationalen Standards und Vereinbarungen für Fachpublikationen anonymisiert worden.

der ersten drei probatorischen Sitzungen. Irgendetwas berührt mich an der Not der Eltern in besonderem Maße, ohne dass ich verstehe, was es ist. Ich beschließe, obwohl ich in absehbarer Zeit keinen regelmäßigen Platz in Aussicht stellen kann, den Eltern einen Termin anzubieten.

Beim Erstgespräch berichten die sehr belastet wirkenden Eltern: »Benni geht es schrecklich, er ist oft so traurig und niedergeschlagen.« Im Kindergarten sei er schon immer extrem aggressiv gegenüber Gleichaltrigen, spiele nicht mit Kindern. Kontakte könne er »nur über Aggression knüpfen«. Zu Hause ginge es etwas besser. Benni würde sich aber nur wohlfühlen, wenn die Familie für sich alleine sei. Es sei einfach schrecklich, wenn er sich unter dem Tisch verkrieche und laut vor sich hin schimpfe oder den Besuch mit Fäkalsprache (Arschloch, Kacka) beschimpfe, bis dieser endlich aus der Türe sei. Aber vor allem sei er zu seiner jüngeren Schwester »katastrophal aggressiv«, würde sie in Streitereien »am liebsten umbringen«.

1.1 Ein schwieriger Anfang

Zur ersten Stunde erscheint ein verweinter, sehr aggressiv-missmutiger und vom äußeren Eindruck babyhaft anmutender Junge, der offensichtlich gezwungen wurde, zu mir zu kommen. Benni gibt sich forsch und ängstlich-selbstbewusst, geht nach einer kurzen Verabschiedung vom Vater mit in das Therapiezimmer. Sofort entdeckt er die Ritterburg, kommentiert »meine ist besser, überhaupt sind deine Spielsachen blöd«, holt sich alle Playmomännchen, fordert mich im Befehlston auf, ihn »ganz ahnungslos« zu besuchen, um von seinen Männchen, die auf der Burg warten, auf hinterhältige Art und Weise verprügelt und gequält zu werden. Das bereitet Benni im Laufe der Stunde immer mehr Spaß und Freude. In der Gegenübertragung erfasst mich spontan ein unerträgliches Gefühl des Ausgeliefertseins, verbunden mit Hilflosigkeit und Ohnmacht. Als ich ihm spielerisch die Befindlichkeit meiner Playmos mitteile, lispelt er höhnisch: »Ist mir scheißegal, geschieht ihnen recht!« Immer wieder fordert er mich freudig erregt auf, ihn auf der Burg zu besuchen. Verweigerungen der Besucher, weil sie sich nicht schlagen und köpfen lassen wollen, beantwortet er mit säuselndem Werben und Bitten oder mit Befehlston: Jedoch im Moment ihres Eintretens werden sie gefangen, gefoltert und eingesperrt, alles in einer extremen sadistischen

Weise. Am Ende der Stunde geht er, den Abschied bedauernd, freudig auf seinen sichtlich überraschten Vater zu und erzählt, wie »geil« es bei mir gewesen sei. Ich bleibe mit einem überwältigenden Gefühl von Verwirrung, Irritation und Hilflosigkeit zurück.

Die folgende Sitzung verläuft entgegen meiner Erwartung: Benni wird von seinem heftig erregten Vater in die Praxis getragen, nahezu gezerrt. Als er ihn absetzt, verschwindet Benni sofort hinter der offenen Tür, die zum Therapieraum führt. Jeder Kontakt zu mir wird schreiend weggebrüllt: »Sei ruhig, ich will dich nicht hören!« Er wolle nicht bleiben, bei mir ist alles blöd. Ich bin irritiert über seine Verweigerung, zumal er sich beim letzten Kontakt freudig und beschwingt von mir verabschiedet hatte und meinte, er freue sich auf die kommende Stunde. Ich erlebe dies wie einen Bruch zwischen uns und bemerke neben meiner hilflosen Irritation auch eine Traurigkeit. Nachdem ich ihn, zwischen Tür und Wand eingeklemmt und mich nicht auf ihn zu bewegend, beruhigen kann, ist er bereit, mit in den Therapieraum zu kommen, findet aber alles, was ich im Angebot habe »Scheiße und blöd«. Er sucht sich schnell die Armbrust, um mir zu zeigen, »wie toll ich schießen kann«, zielt grinsend auf mich, demonstriert mir dabei seine vermeintliche Überlegenheit, um kurze Zeit später zu erklären, dass dies ein blödes Spiel sei und es zu Hause und im Kindergarten viel bessere Spiele gäbe.

Die darauf folgenden probatorischen Sitzungen verlaufen ähnlich: Benni kommt extrem übellaunig und missmutig. Kurze entspannte, auch lustige Momente im Kontakt zu mir werden kurz darauf mit »du bist blöd, ich mag dich nicht« etc. kommentiert, als ob er kontroll- und wirkmächtig diese Kontakte sofort zerstören müsse. In der letzten probatorischen Sitzung entdeckt er zum Stundenende die Murmeln, die er mit lautem Getöse auf den Boden leert. Mit provozierendem Ton sagt er, »die musst Du jetzt alle aufräumen, wenn ich weg bin«. Phantasmatisch zwingt er mich möglicherweise dazu, dass er mich in Beschäftigung hält, um sich (in der Übertragung vor mir und meinen Übergriffen) zu schützen. Er fängt an, die Szene zu genießen, und leert mit einem Armwischen alle Figuren aus dem Regal auf den Boden, so dass ein heilloses Chaos entsteht, das er erregt und befriedigt betrachtet. In mir steigt zum ersten Mal in unserer Begegnung eine fast mörderische Wut hoch. Ich phantasiere Abwehr und Ausstoßung, kann mich nur schwer regulieren, möchte ihn einfach nur loswerden bei gleichzeitigen, mich dabei fast überflutenden Liebesgefühlen. Ich vermutete schon in der Probatorik, dass Benni mir von Anbeginn unserer Begegnung zeigt, wie es ihm mit seinen Primärobjekten ergangen ist bzw. immer noch geht. Ich nehme bei Benni zum ersten Mal eine große Beziehungssehnsucht bei gleichzeitiger hochaggressiver Beziehungsabwehr wahr, die mich noch lange nach dieser Stunde beschäftigt und sehr traurig macht.

Auf Grund der Heftigkeit meiner Gegenübertragungsgefühle und der massiven Symptomatik des Kindes hatte ich große Vorbehalte und Bedenken, ob ich der Therapie gewachsen sei, zumal ich eine Vorstellung entwickelt konnte, was auf mich zukommen könnte. Mit dem Entschluss, Unterstützung in Form von intensiver Supervision von Beginn an in Anspruch zu nehmen, fühlte ich mich in der Lage, Benni und somit auch seinen Eltern einen Therapieplatz anzubieten. Die Therapie begann einmal wöchentlich, mit der Vereinbarung sie zweistündig fortzusetzen, sobald dies terminlich möglich werden würde. Trotz der schwierigen Gefühle, die in der Beziehung zwischen Benni und mir – aber auch in mir selbst – auftauchen, entschloss ich mich zu einer analytischen Behandlung. Das Erleben dieser Gefühle verschaffte mir einen bislang unverstandenen Zutritt zu seiner inneren Not und bewirkte in mir sowohl Hoffnung als auch Zuversicht. Diese Qualität in der Gegenübertragung beschreibt D. Pflichthofer (2007, S. 345) mit den Worten: »Die Analytikerin ist zunächst auf ihre eigene Gefühlswelt angewiesen, sie muss fühlen lernen, was ihr Analysant nicht fühlen kann, und sie wird – auf eine ganz besondere Weise – hineingezogen, in die ›gemeinsame‹ Aufführung.«

Zudem erschienen mir die Eltern, trotz ihrer hohen Ambivalenz und Abwehr, glaubhaft motiviert und interessiert, innerhalb der Behandlung über sich und ihr Kind mehr zu erfahren, um dadurch einen besseren Zugang zu ihrem Kind zu finden.

Benni attackiert weiter mich und meinen Therapieraum, fast ein ganzes Jahr hindurch. Immer wieder beschimpft er mich auf das Heftigste und droht mir damit, meine Materialien im Raum zu zerstören und Chaos anzurichten. Insbesondere vor dem Stundenende wirft er einige Male Spielsachen aus den Regalen in den Raum. Zudem droht er mir auch immer wieder Schläge an. Häufig zwingt er mich, ihn konkret zu begrenzen und zu halten. Deutungen und Benennen von Affekten sind zu diesen Zeiten nicht möglich (»Hör auf, ich verbiete Dir zu sprechen«, »Ich will Deinen Scheiß nicht hören«). In der Gegenübertragung ist es für mich oft unerträglich anstrengend und strapaziös. Meine innere Reaktion fühlt sich so an, als ob ich um mein eigenes Überleben ringen muss. Als könne nur einer überleben: er oder ich. Als hätte seine vernichtende Abgrenzung für ihn lebensrettende Funktion. Ich und meine personale Existenz sollen vernichtet werden. Ich darf nicht als »Andere« wahrgenommen werden, da jede Dissonanz eine Gefahr für seinen Narzissmus und seine Existenz bedeuten. Die Wahrnehmung der Getrenntheit, im Sinne einer tödlichen Gefahr, muss deshalb als Böses vernichtet werden.

Nach Winnicott beinhaltet Aggression immer die Errichtung von Grenzen zwischen Ich und Nicht-Ich. Er betont dabei die Notwendigkeit, dass die aggressiven Attacken des Kindes vom Objekt überlebt werden müssen, in dem Sinn, dass sich das Objekt nicht zerstören lässt und nicht rächt. Aggression schafft im Grunde die Realität durch die Phantasie der Objektzerstörung. Winnicott spricht davon, in der Therapie eine für die Entwicklungs- und Wachstumsimpulse des Patienten förderliche Umwelt zur Verfügung zu stellen. Die psychoanalytische Therapie habe »vor allem Bedingungen zu schaffen ..., die es dem Patienten ermöglichen, dem Analytiker respektive Therapeuten die Last der internalisierten Umwelt zu übergeben, und so ein höchst abhängiges, aber reales, unreifes Kind zu werden« (D. W. Winnicott 1973, S. 173).

> »Für die Gegenübertragung bedeutet dies eine strapaziöse Zeit des Nicht-Verstehens, Haltens und Aufnehmens der Projektionen und Externalisierungen des Patienten, der nicht zu erreichen ist, sondern eher geschützt und gebändigt werden muss in seinen ungefilterten Aggressionen.... Durch das Zulassen der negativen Übertragung und dem Patienten ein haltendes und ein sich nicht rächendes Objekt zur Verfügung zu stehen und ... erst damit wird es möglich, dem geschwächtem Ich des Patienten einen Halt zu geben in der Hoffnung, diese machtvolle negative Übertragung.... später verbalisieren zu können.... einen Schritt hin zur Fähigkeit Konflikte zu symbolisieren und zu mentalisieren« (J. Raue, S. 24)

Die Externalisierung ist gleichbedeutend mit einer permanenten, immer wiederkehrenden konkreten Gefährdung meines Therapieraumes. Meine zentrale Aufgabe besteht darin, dass Benni und ich unversehrt bleiben, was mich im ersten Therapiejahr immer wieder an meine Grenzen des Aushaltbaren bringt. Oft ärgere ich mich über ihn, entwickle manchmal mörderische, aber auch liebende Gefühle. Vermutlich soll ich dies auch tun, im Sinne einer evozierten emotionalen Reaktion. Benni tritt in Umkehr der realen eigenen Ohnmacht und Verzweiflung wirkmächtig in die Rolle des mich Beherrschenden und versetzt mich in seine abgewehrte und abgespaltene Befindlichkeit. Ich, als Therapeutin, erlebe nun die Ohnmacht, Hilflosigkeit, Wut, Verlassenheit, Verzweiflung und die ganze Palette der unangenehmen Gefühle, die die existentielle Bedrohung begleiten.

1.2 Der Skorpion

Immer wieder versuche ich das, was Benni mir zu verstehen gibt, zu verdauen und teilweise zu verbalisieren, vor allem seine Angst vor der Beziehung zu mir. Auf Äußerungen meinerseits droht er mir immer wieder mit anal gefärbten Ausdrücken oder mit Hohn und Spott, so dass ich mich wieder sehr zurücknehme. Insgeheim bemerke ich beschämt, dass ich wirklich existentielle Angst vor diesem kleinen Jungen habe. Ich fange an zu verstehen, mit welchem Grundgefühl mein Patient in die Welt geht. Langsam beginnt Benni den Raum zu explorieren, die Gegenstände zu betrachten und sich für die Figuren im Regal zu interessieren, bis in der Stunde, direkt nach den Weihnachtsferien, folgendes geschieht:

Ich höre seinem Wüten und Abwerten zu, begleitete ihn mit den Augen, bleibe auf meinem Stuhl sitzen. Benni kommt nahe an mich heran, geht wieder weg zum Regal und betrachtet sich die Figuren (Dinos und Monster). Er fragt – »kennst du den?« – und geht dabei überraschend ruhig mit der Figur auf mich zu. Es ergibt sich folgender Dialog:

Th.: »Ja, ein Tyranosaurus Rex.«
Pat.: »Nein, hahaha ist es nicht… Pech gehabt. Fleisch- oder Pflanzenfresser?«
Th.: »Fleischfresser.«
Pat.: »Haha …«
(Benni holt nach und nach alle Dinos aus dem Regal und fragt mich nach Namen und ob sie Fleisch- oder Pflanzenfresser sind.)
Pat.: »Du weißt gar nichts, haha.«
(Wobei ich heute denke, dass er in Bezug auf ihn und die Situation in gewisser Weise sogar Recht hatte.)
T

Th.: »Irgendwie höre ich von dir andere Dinge, als ich gelesen oder gelernt habe.«
Pat.: »Alles, was Du gelesen hast, habe ich geschrieben.«
(Im Sinne von: Die Therapeutin ist nur ein Etwas, wäre sie etwas Eigenes, wären wir also getrennt, müsste ich Angst vor ihr haben, denn sie ist angstgefüllt von meinen Vernichtungswünschen.
Benni findet im Regal einen Skorpion mit hochgestelltem Stachel und wirkt interessiert.)
Pat.: »Schau mal, was ist das?«
Th.: »Ein Skorpion.«
Pat.: »Kennst Du so was?«
Th.: »Ich habe so einen Skorpion schon gesehen.«
Pat.: »Was ist dann passiert?«
(Ich überlege kurz. Eine Szene kommt mir in Erinnerung und plötzlich wird mir etwas klar.)
Th.: »Wir sind beide voreinander ganz heftig erschrocken und er hat seinen Stachel aufgestellt.«
(Benni wird zappelig und unruhig.)
Pat.: »Warum?«
Th.: »Ich glaube, dass der Skorpion soooo viel Angst vor mir hatte, dass er mit seinem Stachel gedroht hat, um mir Angst einzujagen. Aber ich glaube, er war dabei selber ganz, ganz furchtbar ängstlich.«
(Benni fängt an zu strahlen. Seine Stimme überschlägt sich fast vor Aufregung.)
Pat.: »Weißt du was, das war ich der Skorpion, den du da getroffen hast. Jaja, der war die ganze Zeit ich!«

Benni springt auf und läuft im Zimmer umher. Ich bin so verwundert und so stark berührt, dass ich nichts sagen kann. Dann brüllt er plötzlich und unvermittelt: »Wie lange dauert die blöde Stunde denn noch?« Diese Sequenz scheint für Benni eine hoch bedrohliche Erfahrung zu sein, wie der Verlust der omnipotenten Kontrolle und daraus resultierend der Versuch, sie wiederzugewinnen, um seine Angst zu besiegen. In der Gegenübertragung erlebe ich in diesem Augenblick eine starke Traurigkeit, gleichzeitig das Gefühl, etwas Wichtiges verstanden zu haben, wodurch unausgesprochen erstmals ein tiefes Berühren und eine große Nähe zwischen uns möglich ist.

1.3 Der Saustall

Besonders schwierig sind die Stundenenden und die Ferienzeiten. Benni gestaltet den Abschied aggressiv und abwehrend: »Ich bin froh, wenn diese Scheißstunde endlich zu Ende ist!« Oft fängt er schon nach 20 Minuten an, die Minuten zu zählen, bis seine Mutter ihn pünktlichst abholt. Mit Grauen sehe ich dem Stundenende entgegen, da mir immer wieder dieselbe Szene bevorsteht, gleich einem Ritual, das ich nicht verhindern kann:

Pat.: »Ich mache wieder Saustall.« (Er fängt an, die Murmeln, Tiere und Bauklötze aus dem Regal usw. im Raum zu verteilen.)
»Du darfst erst aufräumen, wenn ich weg bin.«
Th.: »Vielleicht machst du heute eine besonders große Sauerei, damit ich noch ganz lange beim Aufräumen an dich denke, auch wenn du schon lange nicht mehr hier bei mir bist.«
Pat.: »Ja genau!« (Er springt ganz aufgeregt im Zimmer umher.)
»Ich will dass du hundertmillionen Jahre noch an mich denkst und noch ganz lange mehr.«
(Er lacht und läuft zu seiner Mutter, die gerade die Praxis betritt. Ich verabschiede mich, schließe die Türe, beginne mit dem Aufräumen und kämpfe dabei mit meinen Tränen.)
Plötzlich kommt Benni nochmals herein und brüllt: »Erst anfangen, wenn ich unten nochmals läute!« (Er rennt nach draußen. Auf der Straße angekommen läutet er Sturm.)

Benni zeigt mir damit sehr eindrücklich, wie wichtig es ihm ist, in der Trennungssituation in der Therapeutin lebendig zu bleiben, während sie konstruktiv und sehr konkret mit ihm beschäftigt ist. Gleichsam als ob er sein gefährdetes Selbst damit zur Aufbewahrung gäbe.

1.4 Die Zipfelmütze

Die stündlichen Explorationen im Therapieraum führen ihn eines Tages auch zu dem Regal, in dem die Bastelmaterialien zu finden sind: »Da mir nichts besseres einfällt und wenn ich schon bei Dir sein muss, kann ich ja auch etwas machen, was mir Spaß macht.« Ich greife in meiner Verzweiflung über mein inneres »Nicht-Wissen« seine Idee zu kneten freudig auf. Benni ist zum ersten Mal spürbar begeistert von seinem konstruktiven und kreativen Einfall. Die ersten Figuren erscheinen unförmig und unbeholfen. Ich erlebe mich in der Gegenübertragung sehr angespannt und ertappe mich dabei, zu überlegen, wie ich Bennis Frustrationen mildern könnte, und bin damit beschäftigt, Aggression und Enttäuschungswut zu regulieren. Er ist sehr enttäuscht von seinen Ergebnissen. Ein hoher Erwartungsdruck bei gleichzeitiger Furcht vor dem Scheitern baut sich bei ihm auf: »Das wird doch alles nichts, alles hier ist Scheiße, auch das, was ich hier knete!« Ohne erkennbaren äußeren Anlass entsteht die Fantasie, er würde alles, was wir inzwischen aufgebaut haben, wieder zerstören, alles in Frage stellen und mich wieder attackieren. Plötzlich betrachtet er die Knete in seiner Hand, wir sehen uns an, lachen und meinen gleichzeitig: »Wie eine Zipfelmütze.« Wir haben in diesem Augenblick Kontakt und Spaß miteinander, lachen über seine witzigen und sehr intelligenten Einfälle, die jetzt nur so aus ihm heraussprudeln. Immer wieder möchte er von mir hören, dass ich seine Ideen toll finde.

Die darauf folgenden Stunden ist er wie getrieben von seiner Produktionslust. Im Befehlston fordert er immer wieder, dass ich ihm den Ton weich knete, während er im Raum umherstreift und sich Anregungen bei den Figuren im Regal sucht. Ich fühle mich durch seine Forderungen wie »angeklebt« am Arbeitstisch, darf nicht aufstehen und ihn begleiten. »Irgendwie möchtest du, dass ich dir nicht folge. Du möchtest das Regal alleine erkunden«, war meine Vermutung, die er mit »ja genau« beantwortet. Drei Stunden später passiert etwas Überraschendes. Benni kann seine Umgebung explorieren, ohne mich als ein ihn ängstigendes oder ihn aggressiv verfolgendes Objekt bekämpfen und kontrollieren zu müssen. Sichtlich begeistert sucht er sich ein Tier nach dem anderen aus, das er formen möchte, »damit ich, wenn ich nicht mehr zu Dir komme, oft an uns denken kann«. Zunächst blieb mir diese Wende verborgen, aber nach der Stunde wurde mir bewusst, dass Benni zum ersten Mal mich als getrenntes Objekt und unsere Beziehung wahrnehmen kann.

1.5 Die Transportkiste

Unsere Vereinbarung, dass alles, was er in den Therapiestunden »produziert«, in einer Kiste bei mir verwahrt bleibt, beschäftigt ihn mehr und mehr. Er wolle seine »Sachen mit nach Hause nehmen«, oder er fragt vor anstehenden Ferien: »Wenn ich wiederkomme, sind meine Sachen noch da?« Seine »B.-Kiste« wird zu einem wichtigen Ort in unserer therapeutischen Beziehung. Die Kiste lässt er bei mir und sie wird jede Stunde wieder durchsucht, ob »noch alles heil ist«. Er äußert den Wunsch, den Inhalt der Kiste »oder doch gleich die ganze Kiste« mitzunehmen. Wir ringen schwer miteinander, während ich innerlich zwischen mehreren Gefühlen schwanke. Zum einen spüre ich, dass sich Benni ein Übergangsobjekt wünscht, um sich an die Stunden (und mich) erinnern zu können, und zum anderen verspüre ich die Sorge, dass seine gewonnene Selbstdifferenzierung wieder verloren gehen könne. Nach langem Ringen finden wir eine Kompromisslösung. Er darf einige Teile mitnehmen und ich behalte die Kiste bei mir und verspreche ihm, dass ich gut darauf aufpassen werde. Benni hat die Idee, eine »Transportkiste« einzuführen, um einige der Schlangen, Krokodile und Zipfelmützen zwischen Therapie und Familie hin und her zu transportieren. Nach den Ferien (»Du hast mir überhaupt nicht gefehlt, ganz im Gegenteil, und es ist mir egal, ob Du an mich gedacht hast«) knüpft Benni an das Kneten an, als ob es keine Pause gegeben hätte. Mit Begeisterung und hoher Kreativität gestaltet er ein Tier nach dem anderen. Außerdem formt er »Spuren, die die Tiere hinterlassen« oder, wie ich meine, »Spuren der Tiere, die sich aneinander erinnern, wenn sie sich nicht sehen. So wie wir beide in den Ferien.« »Ja genau!«, stimmt er zu.

Zu dieser Zeit kann Benni die Therapieferien erstmals, wenn auch noch sehr verschämt und abwehrend, als Objektverlust benennen. Zugleich entwickelt sich ganz langsam ein therapeutischer Kontakt, in dem ich seine Befindlichkeit, die er mir zeigt, verbalisieren darf, worauf er entweder zustimmend oder heftig abwehrend reagiert. Während er knetet beginnt er immer mehr, über seine Gefühle und seinen Schulalltag zu sprechen und über seine Frustrationen in der Familie, vor allem über seine Schwester, die von der Mutter »immer alles bekommt«. Er beschreibt, wie isoliert er sich dabei fühlt. Kurz vor den Sommerferien droht er, im neuen Schuljahr nicht mehr zu kommen. Ich sei ihm »total egal«, er hasse mich, und keiner würde seine Wünsche nach Beendigung der Therapie respektieren, ist dabei aber überraschend aggressiv-weinerlich. Als ich ihm sage, dass es ihm schwerfalle, mich in den Ferien nicht zu sehen, und er vielleicht Angst habe, ich sei danach nicht mehr da, beginnt er im Zimmer umherzulaufen und beginnt kurze Zeit später wieder zu spielen.

1.6 Die Babyschlange

Zunehmend versichert sich Benni während der weiteren Behandlung der Objekte und meiner selbst als Therapeutin, so dass er seine innere Entwicklung mehr in Symbolik und Beziehung darstellt. Insgesamt scheint Bennis Fähigkeit zur Mentalisierung deutlich zu wachsen:

Benni kommt ganz aufgeregt die Treppe hoch: »Da ist eine Babyschlange im Treppenhaus!!« Ich reagiere ungläubig, zumal meine Praxis mitten in der Stadt liegt. Die Mutter, die ihren Sohn nach oben begleitet, bestätigt die Aussage. Ich folge beiden ein Stockwerk tiefer, wo auf der Stufe tatsächlich eine kleine Schlange liegt, die wir lange beobachten. Zurück in den Praxisräumen ist Benni voller Aufregung, läuft im Therapiezimmer auf und ab, kann sich nicht beruhigen. Ich gebe seinem Drängen nach und wir betrachten nochmals die Schlange, die sich plötzlich hochbäumt und züngelt. »Die rächt sich, die rächt sich!«, ist Bennis Erklärung. Zurück im Therapiezimmer beginnt er die Geschichte der Schlange zu erzählen, die ich als Buch mitschreiben solle: *Die kleine Schlange war alleine und verlassen im Treppenhaus. Sie war sehr wütend und sie rächt sich.* An diesem Punkt kann Benni die Geschichte nicht mehr weiter phantasieren.

Die phantasierte Fähigkeit der Schlange, sie könne töten, wenn sie in den Kampfmodus gerät, dürfte in diesem Augenblick einen Schrecken mit traumatischen Aspekten in Benni ausgelöst haben. Gleichzeitig bemerke ich in einer konkordanten Gegenübertragung, dass mir mein phantasmatischer Raum, mit ihm zu phantasieren und zu entwickeln, nicht zur Verfügung steht: Die Wut der Schlange, die gleichzeitig auch seine ist und die ihn zu überfluten droht, führt kurzzeitig zu einer inneren Katastrophe und zu einem paranoiden Modus. Verschiedene Aspekte aus unterschiedlichen Entwicklungsstufen werden spontan aktiviert, die sich gegenseitig blockieren und einen Zusammenbruch mit der Gefahr des Verlassenseins und des Ausgeliefertseins reaktivieren. Die Hoffnung auf Hilfe und Unterstützung wird damit kurzzeitig vernichtet und dadurch das Einfrieren des

»hilflosen Ausgeliefertseins« bewirkt. Die Umwelt und die Beziehungen in ihr bedeuten keinen Ort der Hilfe und lassen eine tiefe Verlassenheit in der Mutter-Kind-Beziehung vermuten.

Schnell ist seine Aufregung verflogen und er ergreift ein Regelspiel, da »wir ja so wenig Zeit haben«.

In den folgenden Stunden erlebe ich Benni weitaus weniger attackierend. Er wechselt zu Regelspielen, stolz darauf, sie schnell zu begreifen. Bei anderen Gelegenheiten, insbesondere in äußerlich ruhigen und entspannten Sequenzen, ist sein Spiel wieder sehr aggressiv, wobei er immer wieder die Regeln und Spielabläufe willkürlich verändert. In der Gegenübertragung erlebte ich Verwirrung und Hilflosigkeit.

Benni bringt erfreut ein neues Spiel von zu Hause mit (»Wer wars?), das ich trotz großer Anstrengung nicht verstehe. Er reagiert nicht nur enttäuscht darüber, sondern auch mit einem angsterfüllten Hass, als ob ich ein grundlegendes Bedürfnis von ihm nicht verstehen würde und damit seine Phantasie der geteilten Grandiosität zu zerbrechen droht. Benni ist noch nicht soweit wahrzunehmen, dass er es mit realen Menschen und nicht mit »Göttern« zu tun hat. Uns gelingt es in dem Ringen um das Spiel nicht, ein Team zu bilden (denn: Drei ist nur möglich, wenn Zwei funktioniert). Bei mir landen alle evozierten unerträglichen Gefühle wie Unsicherheit, Hilflosigkeit, Ohnmacht, und auch das Gefühl restlosen Versagens machte sich in mir breit. Als ich dies verbalisierend auf sein Erleben beziehe, wehrt er zunächst ab, reagiert dann mit einem verkniffenen und beschämten »Manchmal geht es mir auch so«.

Parallel zum Einführen der Regelspiele beginnt Benni, wie aus heiterem Himmel, die schon über ein Jahr praktizierte Zweistündigkeit der Therapie zu verhandeln, als ob er in dieser Phase seine Autonomie testen wolle.

Benni weigert sich wieder einmal in die Praxis zu kommen und bleibt im Treppenhaus stehen. Die Mutter versucht ihn zu mir zu schieben, was wie ein massiver Zwang auf mich wirkt. Sie hat keinen Erfolg und bespricht mit ihm, dass er im Treppenhaus bleiben könne. Da schalte ich mich ein und erkläre der Mutter, dass ich meiner Aufsichtspflicht nicht nachkommen könne, wenn ihr Sohn im Treppenhaus bleibt. Zudem könne und wolle ich ihn auch nicht festhalten oder einsperren. Die Mutter ist verwundert. Benni schreit und tobt, will nicht bleiben. Ich bemerke, dass ich ihn, im Gegensatz zur Mutter, nicht zwingen möchte. Ich bitte spontan beide gemeinsam in die Praxis zu kommen, um zu besprechen, wie wir mit der Situation umgehen wollen. Nach einiger Zeit sagt Benni, dass seine Wünsche nie gehört werden und immer die Erwachsenen über ihn bestimmen. Wir finden schließlich einen Kompromiss: bis zum Sommer die Therapie zweistündig, ab da einstündig bis zum Ende des Stundenkontingents abzuhalten. Er will zuerst ganz aufgeregt den Vertrag nicht unterschreiben, traut sich schließlich doch und geht erleichtert aus der Stunde.

1.7 Das moderne und das alte Schiff – der Abschied naht

In der folgenden Stunde sucht Benni sich das Regelspiel *Verrücktes Labyrinth* aus, um es »uns beiden ganz schwierig zu machen«. Er besteht darauf, nicht nur meine, sondern auch seine Figuren mit behindernd gelegten Straßen einzumauern, worauf ich anmerke »wir sollen uns wohl auf keinen Fall bewegen können«, was er bejaht. Mit großer Sorgfalt legt er die Mauern fest, was viel Zeit beansprucht. Wir können das Spiel daher nicht zu Ende führen. »Schade, dass wir so wenig Zeit haben«, sagt er mit Bedauern, was ich als Ausdruck seiner inneren Ambivalenz bezüglich der neuen Vereinbarung wahrnehme. Ich entgegne: »So wie wir ja auch nach den Ferien weniger Zeit miteinander zur Verfügung haben werden.« In der nächsten Stunde setzt sich Benni im Flur an ein Kleinkindspiel und wirkt völlig versonnen. »Du kannst es auch mit ins Zimmer nehmen«, biete ich ihm an. Plötzlich lässt er das Spiel fallen und sagt: »Igitt so ein Babyspiel nehme ich nicht mit!«, als ob er in der Ambivalenz hängt zwischen Regressionswünschen, die er fürchtet, und seiner Progression. Er besteht wieder darauf, Labyrinth zu spielen, das er »aber ganz genau nach den Regeln spielen« möchte. Somit signalisiert er mir klar: Ich bin ein Latenzkind.

Wieviel Zeit wir miteinander verbrachten und welche Zeit uns noch bleibt, wird zu einem wichtigen Thema in unserer Beziehung. Benni entdeckt Stunden später das Piratenschiff, ein ganz »altes und unmodernes, mit kaputten Segeln«, wie er regelmäßig bemerkt, worauf ich ihm erkläre, dass dieses Schiff »wohl schon durch viele Stürme und Kämpfe segeln musste, so wie wir beide«. Liebevoll wird das Schiff mit Männern und Waffen bestückt, segelt durch den Raum, entdeckt Inseln (Bodenkissen) und fremde Welten, ist zum Kampfe bereit. Die alten Kanonen werden mit Papierkugeln (»So ein alter Scheiß!«) ausgestattet, wobei Benni ganz begeistert ist, wie weit er damit schießen kann. Er begleitet sein Spiel mit lauten Geräuschen.

In einer der Folgestunden bringt er sein neues Schiff von zuhause mit, mit »ganz feinen filigranen Werkzeugen und Waffen, auf die du beim Kampf gut aufpassen musst«. Spontan fällt mir dabei ein, wie sehr er sein ödipal-phallisches Werkzeug vor der Zerstörung schützen muss, und wie sicher er sich bereits in unserer Beziehung fühlt. Ich solle »das Alte« bestücken, dann sollen beide Schiffe aneinander vorbeisegeln. Unsere Waffen sind gezückt, wir liegen unter schwerem Beschuss, ohne den Anderen zu beschädigen: Die Schiffe umkreisen sich, nehmen Kontakt zueinander auf, drohen einander, Kanonenkugeln werden abgeschossen und die Schiffe bewegen sich wieder voneinander weg. Sein Schiff ist natürlich der Sieger, da es »das modernere und jüngere ist«. Deutlich kann er unseren Generationsunterschied und die damit verbundene ödipale Rivalität benennen.

In die darauf folgende Stunde bringt er sehr stolz ein neues Tier mit: einen Seedrachen. Er weist mich sofort in seine Geschichte ein: Ich soll mit meinem »sehr alten Piratenschiff« versuchen, die Schätze im Hafen zu holen. Der wütende und hoch aggressive Drache bewacht aber die Hafeneinfahrt. Die Piraten versuchen vergeblich, mit allen Angriffstechniken an dem Drachen vorbeizukommen. Schließlich gibt der wütende Drache zu erkennen, dass es ein Geheimnis gibt:

Pat.: »Es gibt einen geheimen Ort, an dem mein Geheimnis versteckt ist. Ihr kommt nur vorbei, wenn ihr das Rätsel löst.«
Th.: »Wo sollen wir suchen?«
Pat.: »An diesem Ort.«
(Er baut mit Kissen eine Insel. Piraten schleichen sich mit einer Tarnkappe unbemerkt auf die Insel.) Th.: »Was ist das?«
Pat.: »Ihr seid nahe an meinem Geheimnis.« (Benni gibt weitere Anweisungen.)
Th. »Da ist ein Schalter.«
Pat.: »Dieser Schalter ist mein Wutschalter. Wenn ihr ihn drückt, werde ich zu einem zahmen Monster, aber es braucht viel Zeit und Geduld, ihn immer wiederzufinden.«
Th. »Kannst Du ihn auch selber drücken?«
Pat.: »Manchmal schon, manchmal auch nicht, aber es ist viel leichter, ein Wutmonster zu sein.«
Th. »Warum denn das?«
Pat. »Alle fürchten sich vor ihm und das Monster kann sein Geheimnis besser bewachen.«

Th. »Aber das Monster hat deshalb vielleicht auch keine Freunde!«
Pat.: »Ja, das ist sehr schade. Gute Fahrt!«

1.8 Abschied

Die letzte Therapiesitzung und somit unser Abschied waren bereits ein halbes Jahr vorab festgelegt. Die gemeinsame Entscheidung fällt auf den letzten Tag vor den Ferien. Wochen vorher höre ich oft von ihm, dass er endlich froh ist, diesen »Scheißtermin nicht mehr zu haben«. Auf Nachfrage meint er, »der war nie mein Wunsch, den haben meine Eltern mit dir ausgemacht«. Diese Beteuerung lässt mich immer wieder aufs Neue in meiner Gegenübertragung sehr traurig werden, weil er mir zu verstehen geben will, dass die gemeinsame Zeit nichts mit ihm zu tun haben und ich als Person keine Bedeutung haben solle. So als müssten die Angst vor der depressiven Position und die damit verbundenen Gefühle von Schuld, eigener Verantwortung, Aufgabe der Grandiosität nochmals wirkmächtig abgewehrt werden, aus Angst, ohne das vertraute Abwehrgerüst schutzlos zu sein. Meine Sorge, dass die Therapie als ein noch nicht ausreichend integriertes Objekt vorzeitig zu Ende geht, regt sich deutlich.

Die letzten Wochen sucht sich Benni meist ein Regelspiel, das er in höchster Konzentration zu spielen weiß. Atmosphärisch bekomme ich den Eindruck, er genießt die Zeit und findet sogar Spaß daran, sich mit mir zu messen. Er kann seine Frustrationen viel besser aushalten, denn ihm ist es zuweilen sogar möglich, ein Spiel zu verlieren und widerstrebend anzuerkennen: »So schlecht bist du ja gar nicht.« Immer mehr fällt mir auf, dass er das Stundenende zunehmend bedauert: »Schade, jetzt geht unsere Zeit zu Ende.« Nachdem ich verstehe und es Benni zu verstehen geben kann, dass er in diesem Bedauern seiner Ambivalenz zu unserem Abschied Ausdruck verleiht, kann er gestehen: »Irgendwie schon, aber ich habe es ja so gewünscht. Und dabei bleibt es! Basta!« Innerlich bin ich sehr damit beschäftigt, mich soweit zu regulieren, ihn nicht überreden zu wollen, sondern mein Bedauern über den anstehenden Abschied zu formulieren.

Drei Stunden vor den Ferien beginnen wir, seine Kiste zu sichten. Seine anfängliche Neugier weicht einer heftigen Gereiztheit. Er wolle diese »Scheißfiguren nicht mit nach Hause nehmen, nichts soll mich erinnern«. Immer wieder nimmt er die einzelnen Tonfiguren heraus, wirft sie wieder in die Schachtel zurück, bis eines der Tiere bricht. Mein Schreck ist groß, und ehe ich mich versehe, nimmt er alle Tiere und meint »genau richtig, was da passiert, das sind meine und jetzt entscheide ich, dass sie alle kaputt gehen sollen«. In meinem Entsetzen darüber fällt mir auf, dass sie *entzwei* brechen, aber nicht zerspringen. Spontan entscheide ich, dass ich nicht eingreife. Ich sammle aber alle Teile wieder ein und verstaue sie in seiner Kiste. »Ich befehle, dass die Kiste weggeworfen wird«, schreit er außer sich vor Wut. Ich bestehe aber darauf, »dass ich die Teile aufbewahren möchte«. Benni meint, nachdem er sich beruhigen kann, mit seiner mir sehr vertrauten Häme, die ich als seinen verzweifelten Versuch verstehe, seine eigene Beschämung zu regulieren: »Ist mir egal, sind ja sowieso kaputt.«

Zum Stundenende kommen beide Eltern dazu und bringen ein kleines Geschenk mit. Benni reagiert darauf völlig überraschend mit heftiger Wut, zerrt an seinem Vater und ruft: »Das will ich nicht, ihr sollt euch nicht von ihr so verabschieden!!« Der Vater reagiert in einer Mischung von Wut auf seinen Sohn, gepaart mit Hilflosigkeit und Weinerlichkeit. Die Eltern betonen, wie wichtig ihnen die Behandlung gewesen sei. Benni schreit dabei: »Mir aber nicht, ich wollte das nie, ihr habt mich gezwungen.« Wütend stampft er aus der Praxis und ich bleibe mit einem Gefühl der Überflutung, Ärger auf die Eltern und einer großen Traurigkeit zurück. Ich fühle mich in der Gegenübertragung beschämt, dass der Abschied von Benni durch die Hilflosigkeit der Eltern überflutet wurde, sodass auch ich nicht mehr regulierend oder strukturierend eingreifen kann.

2. Theoretische Überlegungen

Bennis Symptome sind die Folge einer hochbelasteten Beziehungsdynamik und ihrer Lösungsversuche in Form wütender paranoider Angstabwehr. Sowohl der Wunsch nach Beziehung als auch seine unbewusste Verhinderung manifestieren sich in der Szene. Sie werden in der psychoanalytischen Behandlung externalisiert, in der es außer dem Rahmen und dem Therapieraum als Triangulierung keine inhaltlichen Vorgaben gibt. Benni zeigt mir schon in den ersten Sitzungen, was sein Problem ist, was er sich wünscht und was nicht sein darf, obwohl er es möchte, d. h. was er abwehrt. So bringt er von Anfang an sehr deutlich seine Beziehungserfahrungen und Ängste in die therapeutische Beziehung ein. Dieser Zwang, das Alte zu wiederholen, ist zugleich eine Chance. Benni erwartet und befürchtet, dass ich mich ihm gegenüber so wie seine primären Bezugspersonen verhalte, und zugleich hofft er, dass ich mich nicht so verhalte, ihm eine andere Erfahrung anbiete und Progression ermögliche. Daher kann genau an dieser Stelle über eine erneute Beziehungserfahrung der Kreislauf durchbrochen werden (vgl. S. Freud, 1917, S. 460ff.). Mentzos (1999, S. 267) bemerkt dazu: »Psychische Störungen oder Defizite, die durch missglückte oder fehlende Beziehungen entstanden sind, können nur innerhalb einer Beziehung wiederhergestellt oder nachgeholt werden.«

Benni fürchtet sich, meine Praxis zu betreten und mir in diesem Raum zu begegnen. Ich verstehe dies als Inszenierung (vgl. Lorenzer, 2006) seiner, ihn immer wieder überflutenden inneren Erfahrung und Angst vor einem überwältigenden, unmodulierten Kontakt, der sich mit mir wiederholen könnte. Meine Gegenübertragungsreaktionen (z. B. Traurigkeit, Ohnmacht Hilflosigkeit, Wut und überwältigende Liebesgefühle) auf unsere ersten Begegnungen weisen auf ein von mir vermutetes, sehr frühes Beziehungsdilemma hin. Dabei dachte ich schon sehr früh in der Behandlung an die theoretischen Konzepte von Fonagy & Target (2003): Die Entwicklung und die Wahrnehmung von eigenen psychischen Befindlichkeiten beim Kind beruht darauf, welche inneren Vorstellungen die Mutter von ihm hat. Demnach ist die Vorstellung psychischer Befindlichkeit nach Fonagy & Target (2003) ein grundlegend intersubjektives Konzept.

Meines Erachtens geht es bei diesem Patienten um das Fehlen einer frühen Verfügbarkeit des primären Objekts als Subjekt und »seine Empfänglichkeit, seine Fähigkeit, sich ergreifen zu lassen, seine Nähe und sein wahrnehmendes Verstehen, das das Kind an sich zieht, das ihm sich nähert, es lockt und sein Interesse weckt« (Alvarez 2001, S. 51). Diese mütterlichen Gefühle können auf Grund von eigenen traumatisierenden Lebenserfahrungen gestört oder auch unterbunden sein. Bennis Mutter gibt dazu in der Therapie, aus innerer Abwehr und Selbstschutz, keine konkreten Hinweise. Doch was Benni in den Stunden zeigt und damit in mir auslöst, deutet darauf hin, dass die Mutter bzw. die Eltern aufgrund ihrer seelischen Verfassung sowohl mit den frühen kindlichen Affekten als auch mit Konflikten überfordert waren, abwehrend damit umgehen mussten und ihre eigenen Selbstanteile in den Säugling projiziert haben dürften.

»In beiden Fällen (angsterfüllte und angstmachende Bezugsperson) kann das Kind zu dem Schluss gedrängt werden, dass seine eigenen Aktionen als Auslöser für die Gefühlsreaktionen der Mutter anzusehen ist. In ihm selbst scheint damit die einzige als objektiv ansehbare Quelle zu liegen, die für das unangemessene emotionale Verhalten der Bezugspersonen Erklärung bieten könnte.« (Fonagy, 2003 S. 39) Ich gehe davon aus, dass dieses frühe Beziehungsgeschehen in mir Spuren in Form von Phantasien, Impulsen, Körperwahrnehmung usw. hinterlässt, und dass meine *Gegenübertragung* den inneren Konflikt und die innere Problemdynamik des Patienten widerspiegelt (Beziehungssehnsucht vs. Angst vor Vernichtung der Subjekthaftigkeit in der Beziehung). Somit wird der innere Konflikt in die therapeutische Beziehung transferiert und dort, sich wiederholend, sichtbar. Die grundlegende Erfahrung der Gegenübertragungen bestand in dieser Therapie häufig in meinem sehr körperlichen Erleben (Unlust, hoher Puls, hohe Aufgeregtheit usw.).

In der Therapie externalisiert Benni seinen heftigen und für ihn unlösbaren verinnerlichten Beziehungskonflikt. Darum geht es in der Therapie nicht um das Symptom, eine Haltung, die die Elternarbeit im Verlauf manchmal sehr schwierig gestaltet. Benni deponiert seine innere Konflikthaftigkeit, sich selbst entlastend, bei mir als Therapeutin. Die Beziehungsstörung zu containen und die eigenen, dadurch evozierten, oft heftigen Affekte auszuhalten, sind die Voraussetzung dafür, dass er sich innerlich auszudifferenzieren lernt, neue Beziehungsmuster entwickelt und sich auf eine andere, weniger neurotische ich- und befindlichkeitsnähere Beziehungsgestaltung einlassen kann. Mentzos spricht in diesem Zusammenhang, wenn auch nicht bei Kindern, von psychodysozialer Abwehr im Sinne von kollusiven Mustern (s. a. Willi, 1975).

Bei Benni äußert sich die Abwehr in massiven Empfindungen von Überflutung, Verunsicherung, Ohnmacht, Traurigkeit und Einsamkeit, die oft schwerer zu halten waren als die therapeutische Szene an sich. Benni konnte aus seiner Angst heraus, mich als Objekt zu verlieren oder von mir überflutet zu werden, nur attackieren und entwerten, dabei gleichzeitig aber einen sehr intensiven Kontakt mit mir herstellen. Entgegen der Anamnese schien es mir daher durchaus möglich, dass Benni, obwohl ein erwünschtes Kind, durch die hohe innerpsychische und familiäre Belastung der Eltern, die in Bezug auf ihn gehegten Wünsche und Hoffnungen nicht erfüllte, vielmehr Ängste bestätigte, Projektionen auslöste. So entwickelte er eine, von massiver Aggression und sado-masochistischem Größenwahn geprägte Beziehung zu seinen Objekten (s. a. Novick & Kelly-Novick, 2004). Gleichzeitig gelingt es ihm nicht, sich ausreichend von seiner Mutter zu lösen, die ihre eigene Hilflosigkeit und Einsamkeit, gepaart mit Trennungsverlusten und Ängsten, in ihm deponierend wiederbeleben und attackieren kann. Beiden Eltern gelingt es gleichwohl nicht, die ödipale Entwicklungssituation fördernd für ihren Sohn zu gestalten: Der Vater muss aus eigenen unbewältigten Konflikten heraus mit seinem Sohn eine Art »Männer-Koalition« gestalten (z. B. kamen beide in denselben jugendlich wirkenden Armeehosen in eine Sitzung). Damit ist es ihm möglich, die von ihm sehr gefürchteten phallisch-ödipalen Bestrebungen und männlich rivalisierenden Wünsche seines Sohnes abzuwehren. Ein triangulärer Entwicklungsraum bleibt dadurch verschlossen. Benni muss in seiner ödipalen Entwicklung scheitern, klein und analsadistisch entwertet bleiben, um beide Eltern nicht zu verlieren.

Mein behandlungstechnisches Vorgehen war durchgängig geprägt durch Halten (Holding) und gleichzeitigem Aushalten (Containing). In Bennis Fall bedeutet dies: Nicht aufgeben und mich nicht zerstören zu lassen, bzw. konkret, ihn nicht aus der Therapie zu werfen oder im Kontakt Rache zu verüben. Dies geschieht, wie Winnicott es nennt, über die »holding function« des Therapeuten: Der Therapeut muss demnach imstande sein, *die Konflikte des Patienten festzuhalten und zu warten, bis sie sich im Patienten gelöst haben, anstatt ängstlich nach Heilmethoden Ausschau zu halten.*

Der neurotische Gewinn von Bennis Symptomatik in der heftigen Form der aggressiven Kontrolle besteht darin, dass er weder seine Traurigkeit über mangelnden Kontakt noch seine Enttäuschungsaggression oder seine große Beziehungsangst spüren muss.

Grundsätzlich waren Bennis Handeln und sein Kontakt zu mir darauf ausgerichtet, mich zu kontrollieren und zu manipulieren. Oft fühlte ich mich völlig handlungsunfähig und empfand mich »wie festgeklebt« an meinem Stuhl. Mir war es weder phantasmatisch noch real möglich, neben ihm in seiner mächtigen Präsenz einen eigenen inneren Raum oder Handlungsspielraum für mich zu schaffen. Wollte ich nur vom Stuhl aufstehen, schrie er mich an, ich solle sitzen bleiben. Von mir eingebrachte Ideen oder Impulse wurden sofort weggebrüllt und dadurch zerstört. In seiner inneren Vorstellung sollte ich als Person nicht existieren und ihn nicht verfolgen können. So blieb ich während der ersten Phase der Behandlung fest auf meinem Stuhl sitzen, meine Präsenz wahrend, ihn beobachtend und dabei meine heftigen Gefühle regulierend. In meiner Vorstellung begann sich eine Szene von ihn überflutenden und dadurch bedrohlichen Objekten zu entwickeln, die es zu bewältigen galt. Ich habe Benni entwicklungsmäßig noch gar nicht in der Lage erlebt, zwischen Ich und Du zu differenzieren. Dieser Mangel an Differenzierung brachte ihn in eine affektiv unerträgliche Lage. Ich war der Container für diese unerträglich heftigen, projektiv bei mir deponierten Gefühle, und ich musste sie, so gut ich konnte, halten, bis es möglich war, sie in erkennbare und benennbare Elemente umzuwandeln.

Benni konnte im Laufe der dreijährigen analytischen Kindertherapie mehr innere Sicherheit, aber auch Objektkonstanz entwickeln, was ihm ein besseres Ertragen von Frustrationen und Versagungen ermöglicht. Benni ist durch die Beziehungserfahrungen mit seinen stark verunsicherten und ambivalent aggressiven Eltern ein unsicheres und sehr verängstigtes Kind geworden. Sein sadistisch anmutendes, aggressiv-abwehrendes Verhalten ist für ihn ein Wiederholungsmuster, um Kontaktaufnahmen, die ihn affektive Überwältigung fürchten lassen, illusorisch zu kontrollieren.

Es dient ihm auch als Schutz, so dass er Konflikte und Stresssituationen nur mit starker aggressiver Abwehr beantworten kann, die er aber als abgespalten und ich-dyston (»ich schäme mich dann immer«) erlebt.

Dieses innere Drama zeigt sich für die Eltern wohl nur in der Reaktion der sozialen Institutionen bzw. im Außen. Ohne den Druck der Erzieherinnen und der Androhung, Benni könne die Schule nicht besuchen, erkannten die Eltern keinen Bedarf für eine Behandlung. Ein Teil meiner Anspannung war sicher meine phantasmatische Vorstellung, dass sich im realen Alltag eine »Besserung der Symptomatik« einstellen müsse, damit die Eltern einen Sinn in der Therapie sehen könnten. Tatsächlich haben sich im Prozess der Behandlung die Eskalationen im Kindergarten gemildert, Benni konnte sich mit einem Jungen anfreunden. Auch der Schuleintritt verlief erstaunlich problemlos. Benni provozierte die Lehrerin zwar mit seinem Verhalten, aber aufgrund seiner guten kognitiven Fähigkeiten bekam er auch eine narzisstische Aufwertung durch seine guten Zensuren. Er konnte während der Behandlung nur wenige soziale Kontakte knüpfen, Spielkameraden fanden sich vereinzelt in der Nachbarschaft. Diese Kontakte schienen jedoch nur kurzzeitig zu halten und wurden immer wieder nach heftigen Konflikten abgebrochen. Im zweiten Schuljahr forderten die

Eltern von ihm, sich für einen Sportverein zu entscheiden. Nach langer Suche entschied er sich für den Fußballverein, in den er sich erstaunlich schnell integrierte und tatsächlich auch gute Leistungen erbrachte, worauf er immer stolzer wurde. So beruhigte sich, zu meinem Erstaunen und zu meiner Erleichterung, die Symptomatik im Außen und Benni war fähig, sich in den Alltag der Schule zu integrieren und die Grundschule abzuschließen.

3. Fünf Jahre später …

Die Mutter meldet sich telefonisch. Ihr heutiger Anruf geschehe auf Wunsch und im Einverständnis von Benni, der mich über die Mutter fragen lasse, ob ich mich mit »Leistungssport und Wettkämpfen« auskennen würde. Wenn ja, wolle er einen Termin mit mir vereinbaren. Die Mutter berichtet kichernd, dass ihr Sohn, ein mittlerweile sehr erfolgreicher Fußballspieler, immer wieder »Aggressionsausbrüche« habe, wenn er verliere bzw. gegen einen schwächeren Gegner antreten müsse. Mittlerweile sei »sein Ruf für den Verein schwierig«. Schiedsrichter und auch Eltern beschwerten sich über ihn. Im Moment habe er noch eine Schonfrist, weil der Verein aufgrund seiner herausragenden Leistungen nicht auf ihn verzichten könne.

Zu unserem Termin bin ich sehr aufgeregt und ein mir bekanntes Gefühl stellt sich wieder ein, ein »Benni-Tag«. Mir steht ein altersgemäß entwickelter Jugendlicher gegenüber, im Stimmbruch und mit sein Gesicht verdeckenden, langen Haaren. Schnell weicht die anfängliche Verlegenheit einem Gefühl des Vertrauten und es wird klar, dass er ohne seine Mutter mit mir sprechen will.

Benni sieht sich im Zimmer um: »Es hat sich ja nichts verändert.« Er wisse aber nicht so recht, was er eigentlich bei mir wolle. Nach anfänglichem Zögern beschreibt Benni seine Gefühle beim »Verlieren« und seine Wut auf sich, wenn er einen »Schuss versemmelt«. Er komme ja ganz gut damit zurecht, aber ihm mache die Reaktion seines Trainers zu schaffen, den er sehr möge. Dieser habe auf Druck der Mannschaftsspieler und deren Eltern angedroht, Benni dürfe keine Ligaspiele mehr spielen, wenn er seine Ausbrüche nicht regulieren könne. Er verstehe »die ganze Aufregung«

nicht, er tobe eben, auch durchaus sehr lautstark, könne sich aber »dann schon wieder einkriegen«. Im Erzählen lächelt Benni verlegen, wirkt dabei traurig. Ich erinnere mich wieder sehr deutlich an sein aggressives Toben, denn er hat auch in der Therapie oftmals sehr lautstark und hilflos wütend geschrien, und ich gebe ihm zu verstehen, dass wir diese Situation ja beide kennen würden.

In dieser Sitzung sprechen wir anfänglich viel über Leistungssport und die damit verbundenen Gefühle wie Stolz, Scham und Schuld beim Verlieren. Mit der Bemerkung – »darüber haben wir ja auch oft bei unseren gemeinsamen Spielen gesprochen« – versuche ich, eine weitere Verknüpfung zu unserer gemeinsamen Geschichte herzustellen, worauf Benni spontan sehr wach und offen reagiert. Er stellt viele Fragen wie »wie war ich« und »was haben wir besprochen?«. Ich erzähle ihm spontan von dem Kampf der Piratenschiffe, wobei er mir sehr aufmerksam zuhört und meint: »Krass, dass sie sich das alles gemerkt haben.« Wir verabreden noch weitere probatorische Termine.

In der darauffolgenden Sitzung berichtet er kurz darüber, dass er seinen Trainer gebeten habe, ihm im Training Hilfestellungen zu geben, damit er sich mit seinen Gefühlen besser zu regulieren lerne und er in diesem Gespräch erfahren habe, dass sein Trainer ähnliche Gefühle und Situationen gut von sich selbst kenne.

Das Eingangsthema ist für Benni damit beendet. Er wolle aber viel lieber wissen, wie er so war, »als ich ein Kind war«. Wir suchen zusammen nach gemeinsamen Erinnerungen, wobei er sich an wenig Konkretes erinnern kann und ganz aufmerksam meinen Erzählungen folgt. Ich entscheide mich spontan ihm zu berichten, dass ich seine von ihm zerstörten Figuren noch immer aufbewahre. Ich bin mir nicht sicher, wie Benni darauf reagieren wird, da er ja damals »befohlen« hatte, sie wegzuwerfen, und bin innerlich auf eine heftige aggressive Reaktion gefasst. Erstaunt bittet er darum, seine Tiere sehen zu können.

Lange betrachtet er die verschlossene Schachtel, die er vorsichtig öffnet. Er legt behutsam jedes einzelne Teil in seine Handfläche, betrachtet es lange und bedächtig, legt es wieder zurück. Diese Situation berührt mich unglaublich stark. In der Gegenübertragung steigt eine tiefe Traurigkeit hoch, die mich mit den Tränen kämpfen lässt. Benni schaut mich an und meint: »Ich habe noch nie so etwas Schönes gesehen! Ich kann es gar nicht glauben, dass ich all die Sachen gemacht habe. Aber ich kann mich wieder genau daran erinnern. Wie schade, dass ich die Figuren zerschlagen habe.« Ich: »Und dennoch sind sie noch da.« Wir erinnern uns noch über die Zeit des gemeinsamen Knetens, auch über die Zipfelmützen müssen wir wieder schmunzeln. Benni verabschiedet sich mit der Frage: »Darf ich noch einmal kommen, um meine Schachtel anzuschauen?«

Eine Woche später will er die Schachtel unbedingt nochmals sehen. Er will sie aber lieber nicht mit nach Hause nehmen, ich soll sie weiter bei mir behalten. Er erzählt mir, dass die Figuren, die er während der Therapie mit nach Hause nehmen konnte, noch lange Zeit auf seinem Fensterbrett standen und »irgendwann leider kaputt gegangen sind«, was er jetzt sehr bedaure. Ich rufe nochmals unseren Abschied in Erinnerung, wie schwer es damals für ihn war, ohne das Gemeinsame »kaputt zu machen«, die Therapie zu beenden. »Und dennoch sind wir mit unseren Erinnerungen jetzt hier.« Benni kann mir nun erzählen, wie »blöd diese Heulerei« für ihn gewesen sei, und er wollte damals nur schnell weg von mir. Zudem sei für ihn übrigens auch ganz klar, dass er nicht mehr zu einer neuen Therapie kommen wolle, da er sein Problem sehr gut mit dem Trainer klären könne, und der sei ja »schließlich der Experte für Fußball«. Er sei aber bereit, nochmals zu einem letzten Gespräch gemeinsam mit den Eltern zu kommen.

In diesem Gespräch kann Benni den Eltern »klarmachen« dass er keine Therapie brauche, nur mehr Ruhe vor den Eltern und deren Anforderungen und Wünsche an ihn. »Am allerbesten wäre es, wenn ich in ein Sportinternat gehen könnte«, wobei ich den Eindruck hatte, dass dieser durchaus ernstgemeinte Wunsch für die Eltern eine massive Kränkung darstellt und es bezüglich der Umsetzung zu einem neuerlichen Machtkampf kommen könnte.

In einer späteren Rückmeldung der Mutter, die nach einem Therapieplatz für die jüngere Tochter anfragt, höre ich, dass es Benni aktuell erstaunlich gutgeht.

»Irgendwas ist passiert, wir verstehen es nicht, aber es ist gut so.«

4. Literatur

Alvarez A. (2001): *Zum Leben wiederfinden: Psychoanalytische Psychotherapie mit autistischen, Borderline-, vernachlässigten und missbrauchten Kindern.* Frankfurt a. M. (Brandes & Apsel).

Bion, W. R. (1992): *Lernen durch Erfahrung.* Frankfurt a. M. (Suhrkamp).

Fonagy, P. & Target, M. (2003): *Frühe Bindung und psychische Entwicklung: Beiträge aus Psychoanalyse und Bindungsforschung.* Gießen (Psychosozial).

Freud, S. (1917): Die Übertragung, 27. Vorlesung, *GW XI*, Frankfurt a. M. 1986.

Lorenzer, A. (1973): *Sprachzerstörung und Rekonstruktion.* Frankfurt a. M.

Mentzos, S. (1999): *Die Bedeutung des psychosozialen Feldes und der Beziehung für Genese, Psychodynamik, Therapie und Prophylaxe der Psychos.* Göttingen (Vandenhoeck & Ruprecht).

Novick, J. & Novick, K. K. (2004): *Symmetrie der Angst. Entstehung und Behandlung des Sadomasochismus im Kindes- und Jugendalter.* Gießen (Psychosozial).

Pflichthofer, D. (2007): *Die verwundbare Analytikerin.* Gießen (Psychosozial).

Raue, J. (2008): *Aggressionen verstehen. Psychoanalytische Fallstudien von Kindern und Jugendlichen.* Frankfurt a. M (Brandes & Apsel).

Willi, J. (1975): *Die Zweierbeziehung: Das unbewußte Zusammenspiel von Partnern als Kollusion.* Reinbek (Rowohlt), 2005.

Winnicott, D. W. (1973): *Die therapeutische Arbeit mit Kindern.* München (Kindler).

Winnicott, D. W. (2002): *Reifungsprozesse und fördernde Umwelt.* Gießen (Psychosozial).

Doris Mauthe-Schonig
(Berlin)

Die Behandlungspraxis in der Kinder- und Jugendlichen-Psychoanalyse

Mein Buch[1] behandelt im weitesten Sinne die Erkenntnisfunktion der Gefühle von Kindern und Jugendlichen im Austausch mit ihrer Therapeutin.

Im christlichen Kontext sind negative Gefühle wie Neid, Hass und Eifersucht Todsünden. Die Psychoanalyse hingegen hat diesen Gefühlen ihre Berechtigung gegeben. Sie entfalten dann ihre Wahrheit, wenn wir ihnen Worte geben.

Im Rückblick auf meine langjährige Tätigkeit als analytische Kinder- und Jugendlichen-Psychotherapeutin versuche ich mich mit novellenartigen Fallgeschichten der jeweils subjektiven Wahrheit meiner Patienten anzunähern. Mein Ehrgeiz: Ihre Geschichten, ihre zweijährige Behandlung auf eine Art und Weise zu erzählen, dass man wissen will, wie es weitergeht, persönlich, fachwissenschaftlich hinterlegt, poetisch, präzise… die Geschichten so zu erzählen. dass sie einen Sog entwickeln, der trotz der Schwere der Thematik Lesevergnügen bereitet.

Jede der sieben Geschichten beginnt mit einem Zitat:

> »Ich habe meine Mutter so lange nicht gesehen, das letzte Mal bei meiner Geburt,«

sagt zum Beispiel die siebenjährige Amelie, die gleich nach ihrer Geburt weggeben wurde und in eine Pflegefamilie kam.

Anhand ihrer Geschichte, die für diesen Sammelband ausgewählt wurde, wird erlebbar, welch enorme psychische Integrationsarbeit von Kindern mit frühesten Brüchen in ihrer Lebensgeschichte geleistet werden muss. Sie sind getrieben von Ängsten, erneut verlassen zu werden, von der Wut darüber und von Schuldgefühlen, ein nicht liebenswertes Kind zu sein.

---

1 Mauthe-Schonig, Doris (2025): *Die Behandlungspraxis in der Kinder- und Jugendlichen-Psychoanalyse. Sieben Fallgeschichten.* Vorwort von Kirsten Lehmkuhl. Frankfurt a. M. (Brandes & Apsel).

Wie zeigt sich diese Problematik in der Übertragungsbeziehung?

Wir können unmittelbar mitverfolgen, wie sich der unbewusste Hass auf die leibliche Mutter und Ängste, von der Pflegemutter ebenso weggegeben zu werden, in der Übertragungs-Gegenübertragungs-Dynamik mittels Re-Inszenierungen und wechselseitigen Verwickelns manifestieren. Durch das »Überleben« der Psychoanalytikerin ist es nach und nach möglich, diese durchzuarbeiten.

Es bedarf eines Anderen, um sich selbst zu erfahren. Damit wird ein Selbst beschrieben, das nur aus der Interaktion mit einem Anderen entstehen kann. Wie zu Beginn unseres Lebens sind wir lebenslang auf ein Gegenüber und auf sein Echo angewiesen, mehr noch, wenn wir Ferro[2] folgen, entstehen zwischen Patient und Analytiker »konstruierte Narrationen«, die neue Bedeutungen hervorbringen können.

Wie aber kann die bohrende, beunruhigende Frage des Kindes, warum es weggeben wurde, in der Therapie sichtbar werden? Ich kann mit Sicherheit davon ausgehen, dass ich dabei nicht distanzierte Zuschauerin bleibe, sondern dass ich verwickelt werde, ja, mich verwickeln lassen muss. [...] Was heißt das? Was könnte der Inhalt dieser *konstruierten Narration* sein?

Als sie mir eines Tages ins Gesicht spuckt, weil ich ihr etwas zugemutet hatte, was sie nicht hören wollte, ist der schöne Gleichklang, der sich in langen Stunden zwischen uns zuvor eingestellt hatte, schlagartig verschwunden.

Spucke im Gesicht, Spucke eines Anderen im Gesicht, ekliger geht es gar nicht für mich. Jetzt hat sie mich auf die Palme gebracht, jetzt hat sie, so vermute ich, in Szene gesetzt, was sie über sich selbst denkt: Dass sie ein schlimmes Kind ist, das kein Mensch auf der Welt sie gern haben kann und niemand sie behalten will (d. h. sie überträgt eine Befürchtung, die sie aus der Tatsache herleitet, dass sie ein weggegebenes Kind ist, auf mich). Und es stimmt, der Impuls, sie auf der Stelle rauszuschmeißen, ist da. Ich reagiere also auf diese Übertragung mit einem heftigen Gegenübertragungsgefühl, und wenn ich nicht ihre Therapeutin wäre, würde ich sie postwendend vor die Tür setzen.

Nur durch diese wechselseitige Verwicklung ist es möglich, die Mutter, die sie weggegeben hat, heranzuholen. Jetzt ist die leibliche Mutter

2 Ferro, A. (2003): *Das bipersonale Feld: Konstruktivismus und Feldtheorie in der Kinderanalyse.* Gießen (Psychosozial).

im Raum und nicht irgendwo in einem Außen. Jetzt bin ich für einen Moment diese Mutter, ob ich will oder nicht. Man könnte auch sagen, jetzt ist der Hass, die extreme Aggression, die das Kind im Akt des Weggeben-Werdens vermutet, im Raum, in mir.

Ich schmeiße sie natürlich nicht raus, bleibe aber echt und schnauze sie heftig an, um dann mit ihr später herauszuarbeiten, was zwischen uns passiert ist. Und so kann ich ihr am Ende etwas sagen wie, dass sie manchmal nicht daran glauben kann, dass jemand sie wirklich lieb hat und sie auch dann nicht rausschmeißt, wenn sie frech ist. Wie mit dieser Übertragung intersubjektiv – im Sinne einer Koproduktion und Ko-Narration – noch weiter gearbeitet werden kann, wird in der Geschichte von Amelie ausführlich beschrieben.

Amelie

> »Ich habe meine Mutter so lange nicht gesehen.
> Das letzte Mal bei meiner Geburt.«

Ein kleines Mädchen mit Zöpfen stolpert aufgeregt zu mir ins Zimmer. Es sind altmodische Zöpfe, wie aus den 1950er-Jahren. Amelie ist gerade sieben Jahre alt geworden und soll bald in die Schule kommen. Ihr kleines Gesicht scheint nur aus Brille und Augenpflaster zu bestehen. Das gute Auge ist zugeklebt, das schlechte Auge soll sehen lernen. Mit dem offenen Auge schaut Amelie hastig im Zimmer herum. Gleichzeitig versucht sie, die Mutter im Blick zu behalten. Es ist ihre Pflegemutter. Amelie beginnt eine trubelige Inspektionsrunde im Raum, umkreist dabei ihre Pflegemutter. Sie klammert sich immer wieder kurz an deren Beine und startet dann neu. Das alles mit einem Auge. Sie soll nicht gehen, die Mutter.

Mich erfasst die Unruhe dieses Kindes. Ist es eine Gier, alles sehen, alles berühren, alles haben zu wollen? Oder ist es Angst? Steht hier ein kleines Mädchen spannungsvoll zwischen zwei Frauen? Gab es das nicht schon einmal? Hat sie Angst, ich könnte eine Frau sein, zu der sie ein weiteres Mal abgeschoben werden soll? Oder könnte ich vielleicht diejenige sein, die sie weggeben hat?

Als sie sich in der Puppenküche zu schaffen macht und mit dem Rücken zur Mutter steht, signalisiert die Mutter, dass sie jetzt heimlich aus dem Zimmer gehen will. Ich bedeute ihr, dass sie noch einen Moment bleiben soll, und sage zu Amelie: »Schau, deine Mama sieht, dass du hier Spielsachen findest, die du magst, und will jetzt lieber rausgehen. Sie bleibt im Wartezimmer, bis wir fertig sind. Meinst du, das geht – auch wenn du mich noch gar nicht kennst?«

Und husch, ist sie wieder bei ihrer Mutter und stellt ihr vorsichtig einen Fuß auf den Schuh.

Zu Beginn jeder Therapie beobachte ich aufmerksam, wie Kinder und Jugendliche die erste Begegnung gestalten. Suchen sie direkten Blickkontakt und können sie den Blick halten? Können sie schon beim ersten Mal mit der noch unbekannten Therapeutin im Therapiezimmer bleiben? Ich lasse den Kindern in der Regel Zeit und kann warten, bis sie für diese Herausforderung eine Lösung finden.

Bei Amelie mache ich allerdings eine Ausnahme. Ich komme ihr zu Hilfe. *Warum?* Amelie hatte mich mit ihrer Unruhe angesteckt, ihre Angst in mich hineingelegt und mich mit einer Traurigkeit erfüllt, der ich mich kaum entziehen konnte.

Ich wusste aus dem Erstgespräch mit den Eltern, dass sie neulich auf der Straße ihren Kopf in einen fremden Kinderwagen gesteckt und gefragt hatte: »Wie kann man so was Süßes weggeben?«

Also warte ich nicht, sondern helfe ihr über diese Schwelle, indem ich einen großen, braunen Teddybären ins Spiel bringe. Ich nehme den Teddy auf den Schoß und lasse ihn sagen, dass auch er nicht will, dass die Mama geht, weil Amelie sich hier doch noch gar nicht auskennt. So kann Amelie sich aus einer gewissen Distanz heraus anschauen, was gerade passiert, und ihre Trennungsangst überwinden: Sie weist den Bären etwas gouvernantenhaft zurecht, er solle sich nicht so anstellen. Aber dann spricht sie auch mütterlich beruhigend, wie zu sich selbst: »Ich sehe sie bestimmt wieder!«

Sie hat den Teddy also schnell als Seelenverwandten akzeptiert, so wie Christopher Robin seinen imaginären Gefährten in dem Kinderbuch *Pu der Bär* von Alan A. Milne. Und ich habe eine wichtige Information bekommen: Amelie verfügt über eine konstante innere Beziehung zu ihrer Pflegemutter. Sie fühlt sich soweit sicher gebunden, dass sie die Mutter als etwas Lebendiges in ihrem Inneren aufbewahren kann, auch wenn diese das Zimmer verlässt. Gegenüber dem Bären, dem neuen Gefährten an ihrer

Seite – der die Angst angesprochen hatte –, schlüpft sie selbst in die Rolle einer beruhigenden Mutter, fühlt sich stark. Und tatsächlich: Sobald die Pflegemutter draußen ist, beginnt Amelie in gehobener Stimmung auf der Stelle ein Portrait von sich zu malen, schreibt ihren Namen dazu – das kann sie schon – und verziert das Bild mit einem großen Regenbogen, der die kleine Gestalt von oben im Halbkreis schützend umfängt – wie das halbrunde Dach eines Kinderwagens.

Helen I. Bachmann,[3] die Kinderzeichnungen von der ersten Kritzelei über den Kopffüßler bis zum Selbstportrait untersucht hat, sieht in einer Figur, die festen Boden unter den Füßen hat und hoch aufgerichtet beide Arme nach den Seiten ausstreckt – so hatte sich Amelie gemalt – etwas Triumphierendes, etwas Autonomes, eine Position, die kundtut: *Jetzt komme ich!*

Ganz so wie Margret Mahler[4] die Entwicklungsphase Dreijähriger beschrieben hat, in der »(…) das Kind seine autonomen, von der Mutter unabhängigen Fähigkeiten [übt]. Es ist gewissermaßen verliebt in die Welt und in seine eigene Größe und Allmacht.«

Von diesem selbstbewussten Kind war im Erstgespräch mit Amelies Pflegeeltern nicht die Rede. Sie berichteten vielmehr, dass sie sich große Sorgen wegen der bevorstehenden Einschulung machen: »So ein Kind kann man sich doch nicht in einer Schulklasse vorstellen. Sie bleibt auf keinem Stuhl sitzen, sie rennt immerzu herum, redet ununterbrochen, kann nicht warten, nicht zuhören, sich nicht einordnen. Sie will essen, wenn es nicht passt, weint plötzlich ohne Grund. So anstrengend, so tonangebend, wie sie ist …, wie soll das werden?«

Aber Amelie war nicht von Anfang an so laut und fordernd. In den ersten Monaten bei ihnen hatte sie fast nur geschlafen. Sie verharrte ein halbes Jahr in einer beunruhigenden Apathie. »Sie war in einem Dämmerzustand«, sagte die Mutter, »hat nicht geschrien, wenig getrunken, eigentlich nur geschlafen. Nur beim Baden, im warmen Wasser, wurde sie etwas lebendiger. Auf der Haut mochte sie nichts haben. Man konnte sie nur locker in Tücher hüllen. Sie hat sich damals bei uns eingenistet!«

---

3 Bachmann, H. I. (1985): *Malen als Lebensspur. Die Entwicklung kreativer bildlicher Darstellung. Ein Vergleich mit den frühkindlichen Loslösungs- und Individuationsprozessen.* Stuttgart (Klett-Cotta).

4 Mahler, M. S., Pine, F. u. Bergman, A. (1975): *Die psychische Geburt des Menschen. Symbiose und Individuation.* Frankfurt a.M. (Fischer).

»Eingenistet?«, hatte ich zurückgefragt, »wollen Sie mir erzählen?« Und dann erzählte die Mutter eine wahre Kuckuckskindgeschichte:

»Neun Tage nach ihrer Geburt war sie bereits zu uns gekommen. Wir waren nur auf eine Kurzpflege eingestellt, sollten sie bald wieder abgeben. Aber die leibliche Mutter meldete sich nicht, und so blieb sie länger. In diesem ersten halben Jahr hatten wir – glaube ich – keine Amelie, wir hatten ein anderes Kind.«

»Klingt so, als sei sie noch gar nicht richtig auf der Welt gewesen.«

»Das könnte stimmen. Wir hatten nicht viel Arbeit mit ihr.«

Da die leibliche Mutter sich weiterhin nicht meldete, wurden die Pflegeeltern gefragt, ob sie das Kind in dauerhafte Pflege übernehmen würden. Sie stimmten zu.

»Und stellen Sie sich vor«, sagte die Mutter lauter und lebhafter: »Genau von dem Tag an, als der richterliche Beschluss, dass sie bei uns bleiben kann, durch war, wachte Amelie auf; nach einem halben Jahr wachte sie auf, und aus dem ruhigen Kind wurde ein lautes, ein anstrengendes Kind.«

Nach diesem Satz machte die Mutter eine Pause, schaute zur Decke, als müsste sie prüfen, ob sie einfach sagen konnte, was ihr auf der Zunge lag. Dann schaute sie mich an und sagte: »Dann wachte sie auf und begann, uns das Leben schwer zu machen. Man kann es nicht anders sagen!«

Ein Kuckuckskind, das anfangs stillhält, dann aber die ganze Aufmerksamkeit beansprucht, alle anderen Kinder verdrängt und die Eltern aufs Äußerste erschöpft. Die Pflegeeltern hatten bereits zwei eigene Kinder, als Amelie zu ihnen kam, einen zwölfjährigen Sohn aus einer ersten Beziehung der Mutter und einen vierjährigen Sohn aus der jetzigen Ehe.

Weiter mit der ersten Therapiestunde: Amelie beugt sich zufrieden über ihr gelungenes Selbstportrait: »Das schenk ich meiner Mama!«

Jetzt muss ich Amelie noch eine zweite Abgrenzung von der Mutter zumuten: »Sieh mal, du hast hier eine Kiste, da kommt alles rein, was du hier malst oder bastelst.«

Diese neue Ordnung nimmt Amelie überraschend schnell hin. Ist das eine ängstliche Anpassung an meine Wünsche? Oder erkennt sie vielleicht schon das Angebot, hier in der Therapie etwas zu haben, das nur ihr gehört? Sie muss sich als Kind nicht der Pflegemutter schenken.

Wir sitzen nun vor dem großen Sceno-Spielkasten, und ich bin gespannt, was sie aufbauen wird. Zuerst eine fast unübersehbar große Familie. »Die wollen *allens* essen!« Mir fällt auf, dass sie nicht ganz korrekt spricht. Diejenigen, die alles essen wollen, sind vor allem die vielen Kinder. Sie rennt hin und her, zwischen Spieltisch und Puppenküche, holt Teller und Schüsseln herbei, um die hungrigen Kinder zu füttern. Dann allerdings schlägt die Stimmung plötzlich um, und sie verstößt die Kinder der Reihe nach, indem sie sie von der Tischkante in den »Abgrund« wirft.

»Sie *fallt* alles tief runter – in den Abgrund!«

Ich sage erst mal nicht viel, und sage nur »Oh« und »Was für ein Schreck!«, und ich denke, was ihr passiert ist, soll nun auch anderen passieren. Sind es die leiblichen Kinder ihrer Pflegeeltern, die sie aus dem Familiennest drängen will? Oder reinszeniert sie die traumatische Erfahrung unmittelbar nach ihrer Geburt, als die erste vertraute Welt verloren ging? Vielleicht müssen Kinder aber auch in den Abgrund gestoßen werden, wenn sie zu gierig nach Essen verlangen.

In Amelies Pflegefamilie gibt es natürlich keinen Mangel an Essen, so steht Essen vermutlich für alles, was darüberhinaus zum Leben nötig ist: Zuwendung, Liebe, Aufmerksamkeit. Aus Sicht der Pflegemutter bekommt sie eigentlich viel mehr als alle anderen.

Wie geht es in der Stunde weiter? Die Puppenkinder liegen auf dem Boden. Ein kurzer Blick auf diesen wilden Haufen und schon werden die Puppeneltern aktiv, bemühen sich fieberhaft um Rettung und ziehen die Kinder, einzeln an langen Stricken, dabei etwas umständlich – man sieht die Mühe, die sie haben – wieder hoch auf die Spielfläche. Als schließlich alle wieder oben sind, setzen sich die Eltern – wie zu einer verdienten Pause – beide auf die dicke Kuh mit dem prallen Euter. »Die reiten da auf *das* Kuh.«

»Die Eltern haben es jetzt gut, haben die Milch immer bei sich?«, frage ich mit Blick darauf, dass ein Pflegekind auch die Eltern versorgt, mit dem Geld, das sie mit ihm verdienen.

»*Die Kind* ist immer dran, die Milch zu machen«, scheint sie meinen Einfall zu bestätigen, und dann lässt sie die Kinder abwechselnd die Kuh melken. Wer melkt hier wen? Sie kann damit gar nicht aufhören. Steht das Melken für etwas Gieriges, Räuberisches?

Tatsächlich kam Amelie in die Pflegefamilie, weil ihre leibliche Mutter drogenabhängig war und sich und ihre Kinder – Amelie hatte noch einen zwei Jahre älteren Bruder – nicht vor ihrem gewalttätigen Freund schützen konnte.

Inzwischen füttert Amelie die aus dem Abgrund gerettete Kinderschar weiter. Ich denke an den Beginn ihres Lebens, als sie nicht viel trank und nur wenig zugenommen hat. Als müsse sie etwas nachholen, als drohe der Hungertod, beeilt sie sich, hastet zur Puppenküche, holt Schüsseln, Teller und Tassen und stellt den Kindern Essen hin: »*Tellers* brauchen die auch!«

Am Ende dieser ersten Stunde räumt Amelie auf, sie legt alle Figuren sorgfältig zurück in den Kasten. Die Eltern hatten von ihrer angeblich haarsträubenden Unordentlichkeit zu Hause berichtet und ich fühle mich beinahe beschenkt – wohlwissend, dass es in Zukunft auch andere Stunden geben wird, denn mit ihrer Wut hatte sie sich vorerst zurückgehalten, der Wut, keine Mutter wie andere Kinder zu haben.

Das gefährliche Krokodil, das auch zum therapeutischen Spielkasten gehört und das sich gut eignen würde, diese Wut auszudrücken, musste ich auf Amelies Drängen hin aus dem Blick, in eine Schublade, räumen. Amelie war zusammengefahren, als wir den Deckel des Spielkastens geöffnet hatten und sie das Krokodil mit dem aufgerissenen Maul und den großen Zähnen sah. Gleich weg damit! »Sonst kann ich nicht spielen.« Aber am Ende der Stunde streift ihr Blick die Dinosaurier, die im Regal stehen, und sie meldet an, dass sie auch mal mit denen spielen will.

Die erste Therapiestunde ist immer eine besondere. In der Regel entfalten sich bei der allerersten Begegnung auf rätselhafte Weise fast alle Themen, mit denen wir es später zu tun haben werden, nur kann man sie nicht alle gleich erfassen. Geht man die einzelnen Szenen der ersten Therapiestunde durch, dann scheint es, als hätte Amelie das Therapieprogramm für die nächsten zwei Jahre entworfen:

- In der Umklammerung der Mutter die Frage: Ist Trennung möglich und erlaubt?
- Im Selbstportrait der Wunsch nach einer eigenen Identität, der Wunsch gesehen zu werden, sich zeigen zu dürfen.
- Im Regenbogen die Hoffnung, dass die Therapie helfen wird.
- In der Abweisung des Krokodils die Angst vor der Zerstörungskraft ihrer eigenen Aggressionen.
- In der eifrig-geschäftigen Versorgung der Familie mit Essen die Identifikation mit einer guten Mutter, aber auch die Angst, es könnte nicht für alle reichen.

– Im Absturz der Kinder das Trauma ausgestoßen zu werden. Zugleich die Phantasie: Wie wäre es, die leiblichen Kinder der Pflegeeltern rauszuschmeißen und deren Stelle einzunehmen?
–Die Kuh mit dem prallen Euter muss die ganze Familie ernähren, denn alle sind bedürftig und sehr erschöpft. Fast als wollte Amelie mir sagen: »Denk auch an meine Pflegeeltern!«
–Und die Kuh symbolisiert das Stillen, diese besondere Nähe zum vertrauten Herzschlag und der Stimme der leiblichen Mutter.

So, wie der Anfang einer ersten Therapiestunde von Bedeutung ist, so auch das Ende der ersten Stunde. Nachdem sich ein Kind mit all seinen Themen der Therapeutin gezeigt hat und auf jemanden getroffen ist, der ihm mit Verständnis und Anteilnahme begegnet, stellt das Stundenende im Grunde einen Vertrauensbruch dar, je nach Vorgeschichte des Kindes oft eine Reaktivierung schlechter Erfahrungen: Schon wieder wendet sich eine Mutter- oder Vaterfigur ab. Wie kommen Kinder mit dieser Zumutung zurecht? Es gibt viele Varianten: Manche gehen, ohne die Therapeutin eines weiteren Blickes zu würdigen, grußlos. Manche lassen alles fallen und laufen rasch zur Mutter, wie erschreckt, dass sie ihre Mutter vergessen hatten. Manche verstreuen aus Ärger über das abrupte Ende des Kontaktes alle Spielsachen im ganzen Zimmer. Manche wollen gar nicht gehen. Andere, wie Amelie, räumen sorgfältig, fast mustergültig alle Spielsachen weg. Ich denke, sie sorgt dafür, dass sie wiederkommen darf. Schau her! Ich bin ein liebes Kind! Dinosaurier und Krokodile kommen später.

In der nächsten Elternstunde möchte die Mutter weiter von den Mühen der vielen Arzttermine mit Amelie berichten, die nach einer unentdeckten Entzündung auf einem Auge nur noch 20 Prozent sieht. Hinzu kommen die Termine der logopädischen Behandlung. Die Mutter will von ihrer Überlastung und Erschöpfung sprechen. Da ergreift der Vater das Wort, so als wolle er etwas zurechtrücken. Vielleicht hatte er – wie ich – dieses *Dann wachte sie auf und begann, uns das Leben schwer zu machen* noch im Ohr. Der Vater richtet sich auf, rückt den Stuhl etwas nach vorn und erklärt, dass er »die Kleine irgendwie liebgewonnen« habe, obwohl sie so anstrengend sei:

»Sie kann manchmal sehr süß und pfiffig sein, aber meistens ist sie wirklich wahnsinnig anstrengend, bis zum heutigen Tag«, ergänzt er und schaut auf seine Frau. Er fährt fort: »Früher wachte sie fast jede Nacht auf mit panischem Geschrei, an Nachtruhe war damals bei uns nicht zu denken, und jetzt redet sie tagsüber ohne Punkt und Komma, das ist auch anstrengend, manchmal redet sie fortlaufend dasselbe und das in einem Ton, der wie Schreien ist, schrecklich!«, und wieder schaut er seine Frau an.

Der Pflegevater wird es leichter mit dem Kind haben, denn Amelie wird ihre Wut, dass sie von ihrer Mutter weggegeben wurde, vor allem mit ihrer Pflegemutter austragen. Und noch etwas: Der Pflegevater hat in seiner eigenen Kindheit erfahren, wie es ist, wenn man keine Wertschätzung erfährt. Er hatte neben einem älteren Bruder auch einen behinderten Bruder und wurde deshalb in der Familie wenig beachtet, er fühlte sich »als fünftes Rad am Wagen«. Über den gesunden Bruder sagt er: »Der starb!« Und nach einer Pause: »Es wäre besser gewesen, *ich* wäre gestorben.«

Vielleicht bewundert er insgeheim Amelies Auflehnung, die er selbst als Kind nicht gewagt hatte. Ich sage: »Sie haben einen guten Draht zu Amelie. Auch wenn sie so schwierig ist, sie braucht den Papa! Gut, dass Sie am Leben sind!«

»Ich brauche meine Frau«, bezieht er sie schnell mit ein. Ich schaue etwas alarmiert zur Pflegemutter. Vielleicht hatte ich ihre Mühe zu wenig gewürdigt, ihren täglichen Einsatz, wie sie sich unermüdlich ins Zeug legt, wie sie von hier nach dort fährt, zur Sehschule, zum Logopäden, zum Zahnarzt.

»Als ich meine Frau traf«, spricht der Vater weiter, »fühlte ich mich erstmals gesehen und aufgewertet, sie war etwas gegen meine Minderwertigkeitsgefühle. Ich hatte schon vorher eine Ehe, die schiefging, und eine Tochter. Ich war voller Komplexe, meine Haare waren mir schon ausgefallen. Ein Mann mit Glatze!«, lächelt er sie an.

»Und du«, beugt sich die Mutter zu ihm, »du hast mich auch gerettet.« Und dann erzählt sie von damals, als sie in England aus dem Internat geflogen war, als ihre Schwangerschaft mit dem ersten Kind entdeckt wurde. »Du hast mir Sicherheit gegeben und mich mit dem Kind genommen. Ich war ja erst neunzehn. – Von meinem Vater fühlte ich mich nicht geliebt, und meine Mutter war psychisch krank.«

In dieser veränderten Stimmung im Gespräch kann jetzt auch die Pflegemutter etwas Positives über Amelie sagen: »Mit Brille und Augenpflaster kommt sie erstaunlich gut zurecht«, sagt sie. »Dieses Kind hat überhaupt so etwas Entschiedenes an sich, ganz anders als unsere beiden anderen; sie hat zum Beispiel gesagt, sie werde mit fünf Jahren aufhören, ins Bett zu machen. Dann sei sie groß. Und was glauben Sie?«, beugt sich die Mutter vor: »An ihrem fünften Geburtstag hat sie damit aufgehört!«

»Ein ganz besonderes Kind!«, stimme ich ein, und wir freuen uns einen Moment gemeinsam über dieses Kind und lächeln uns an.

»Ja schon«, fährt die Mutter fort, »sie hat sich entwickelt, aber ich kann mich im Haus immer noch nicht von ihr entfernen. Wehe, sie findet mich nicht gleich, dann geht das Geschrei los. Ich fühle mich wie gefesselt. Ich brauche auch mal Ruhe. Das kann doch nicht so weitergehen. Dabei tun wir für sie viel mehr als für die anderen Kinder, und sie kriegt auch mehr, aber von Dankbarkeit keine Spur«, sagt die Mutter und lehnt sich erschöpft zurück.

Dass aber auch dieses Kind es schwer hat, wie viel Unruhe und Besorgnis in ihm steckt, ist der Mutter nur begrenzt verständlich und wird immer wieder Gegenstand der Elterngespräche. Alles, was Amelie bisher erlebt, gefühlt und gedacht hat, muss in der Therapie wiedererlebt, im Spiel dargestellt werden. Dieser Prozess wird nicht aus einem kontinuierlichen Aufwärts, einer zunehmenden Besserung des Befindens bestehen. Mit dem Auftreten der Therapeutin als dritte Person wird die Pflegemutter in ihrer engen und schwierigen Beziehung zur Tochter entlastet. Dennoch besteht der Hauptteil therapeutischer Arbeit in der Bewusstmachung verdrängter Gefühle. Dazu wird die bisherige Lebensgeschichte zur Sprache gebracht, mit Kindern im szenischen Spiel dargestellt. Amelie wird den Schmerz und die Wut darüber, ein weggegebenes Kind zu sein, noch einmal erleben müssen, um mit der Trauer über diese Geschichte auch wieder einen Blick für die Zukunft zu bekommen. Die Wut über ihr Schicksal wird sie in der Therapie gegen mich, aber auch immer wieder gegen ihre Pflegemutter richten, die darauf nicht gefasst war – aus ihrer Sicht hatte sie das Kind doch gerettet.

Die leibliche Mutter hatte Drogen genommen und konnte ein früher geborenes Kind, Amelies Bruder, nicht vor den gewalttätigen Übergriffen ihres Freundes schützen. So wurden ihr beide Kinder genommen, und Amelie kam zu einer Pflegemutter, die in ihrer eigenen Herkunftsfamilie selbst ein ungeliebtes Kind war. Als Pflegemutter gibt sie Amelie nicht wieder weg, auch wenn sie ihr viel Mühe macht. Amelie soll sich nicht als ungeliebtes Kind fühlen.

Ein halbes Jahr nach Beginn der Therapie kommt Amelie in eine Sprachheilschule. Sie hatte erst sehr spät zu sprechen begonnen und macht ganz untypische Wortbildungsfehler für ihr Alter. In der Klasse sind nur wenige Kinder. Sie kann sich besser einfügen als gedacht. Sie lernt sehr schnell lesen und überflügelt damit viele ihrer Mitschüler und auch den um vier Jahre älteren leiblichen Sohn ihrer Pflegeeltern. Mit ihrem einen Auge kann sie mehr, als ich gedacht hätte. Sie kann lesen und lässt sich auch bei kniffligen Dingen nicht aus der Ruhe bringen: Als sie zum Beispiel bei mir ein Nadelkissen aus Filzstücken nähen will, braucht sie keine Hilfe, um das Garn in die winzige Öse zu fädeln.

An einigen Schlüsselszenen aus Amelies Therapie lässt sich illustrieren, was ein Kind mit einer solchen Pflegekind-Geschichte leisten muss, damit es sich zu einer eigenen Person entwickeln kann, die nicht von Kummer, Angst und Wut getrieben oder eingeschränkt wird.

Der Teddybär, der schon in der ersten Stunde zum Verbündeten geworden war, bleibt wichtig. Alles, was sie umtreibt, alles, was ersehnt und gefürchtet wird, und vor allem, alles, was verboten ist, wird mit dem Teddy in Szene gesetzt.

»Er guckt heute wieder so gierig!«, beginnt sie ihr Werk, holt geschäftig den Arztkoffer und verpasst ihm Spritzen in den Bauch und verklebt ihm den Mund – so, als müsse er für etwas büßen, was sie von sich selber kennt. Er sieht beklagenswert aus mit seinem weißen Klebestreifen über dem Mund, wenn auch nicht über dem Auge. Er kann nicht mehr sprechen, so dass ich das Sprechen übernehme: »Er soll den Mund halten, nicht wahr? Dabei hat er vielleicht Angst zu verhungern. Soll ich ihn trösten?« Nichts lieber als das, sagt Amelies Körpersprache. Sie lauscht meinen Worten, als könne man sie essen, meinen Worten, die etwas in der Richtung andeuten wie: *Der Hunger nach Essen könnte auch der Hunger nach Liebe sein, und wenn der Teddy den Hals nicht vollkriegt und zu laut wird, muss er von der Amelie-Mama bestraft werden, nicht wahr? Die wird dann sehr, sehr böse auf den Teddy und muss ihm Spritzen geben, ihm wehtun.*

Eigene orale Wünsche, eigene Gier und Unersättlichkeit können auf den Teddy projiziert werden. So kann Amelie im Rollenspiel darstellen, welche mütterlichen Reaktionen sie befürchtet. Ihre Furcht vor Strafe lässt sie bei der leisesten Zurückweisung erstarren. Sie verfällt in einen Totstellreflex, tut so, als sei sie nicht da, wie in ihrem ersten halben Lebensjahr.

Aber sie zeigt mir auch immer wieder ihre große Bedürftigkeit: Sie versucht, sich besonders attraktives Spielzeug aus dem Therapiezimmer einzuverleiben. Sie sammelt es ein und will es in ihrer Kiste verstauen. Ich kommentiere diesen Wunsch nach sicherem Besitz, aber muss auch Grenzen setzen. Es muss jemanden geben, der dem Räuberischen Einhalt gebietet. Ob sie wohl glaubt, dass Pflegeeltern sich die Kinder klauen, wie es Hexen im Märchen tun?

Mein »Nein« gegenüber ihren »Raubzügen« ist für sie eine schwer zu ertragende Frustration.

Wieder erstarrt sie, statt sich gegen mich zu wenden. Sie kann mir noch nicht widersprechen, kann ihre Wut auf mich noch nicht ausdrücken. Deshalb lasse ich den Teddy sagen, dass er die Therapeutin doof findet mit ihrem »Nein«. Damit ist die Wut im Raum, aber es ist nicht ihre Wut, sondern die des Teddys, so dass sie sich aus ihrer Angststarre lösen kann.

»Jetzt muss ich ihm noch die Zähne ziehen«, sagt sie, nimmt das Klebeband mit einer Arztzange ab, mit der sie auch das Zähneziehen – nicht gerade zimperlich – erledigt. Armer Teddy! Er hätte die Therapeutin, die das gierige Räubern und Horten verbietet, nicht angreifen sollen. Das hätte er nicht sagen dürfen, dass er sie doof findet.

Aber als ich hinzufüge: »Da hat Frau Mauthe aber Glück gehabt, dass nicht *ihr* die Zähne gezogen wurden!«, war das zu viel. Jetzt hatte ich doch ihre Gier und ihren Ärger auf mich angesprochen. Die verbotene Aggression auf die Therapeutinnen-Mutter durfte noch nicht ins Bewusstsein dringen. Erst geht sie stillschweigend darüber hinweg, als hätte ich nichts gesagt, dann dreht sie sich blitzartig um und spuckt mir ins Gesicht.

Ich weiß sofort, dass ich das Spucken keinesfalls dulden kann – vom Ekel ganz zu schweigen! Ich springe mit einem heftigen »Spinnst du?« auf. Während ich mir das Gesicht abwasche, beruhige ich mich und spreche im Geiste das psychoanalytische Mantra: Man muss die Aggression in die Übertragung ziehen – dann kann man sie bearbeiten.

Ich hatte das gefährliche Krokodil aufgeweckt und ihr damit Angst gemacht. Wahrscheinlich hat sie etwas in der Richtung verstanden wie*: Wenn du mir alles wegräubern willst, dann kann man ja verstehen, dass deine Mutter dich nicht haben wollte.* So wird sich der Ärger über ein eigentlich gut nachvollziehbares »Nein« bei Amelie mit einer viel existentielleren Ablehnung vermischt haben. Eine Ablehnung, die ihren Hass hervorruft, Hass auf die, die sie dazu verurteilt haben, ein »Fliegekind« zu sein, keinen sicheren Platz in der Welt zu haben. »Fliegekind«, so nennt sie sich selbst, und verändert damit das Wort Pflegekind entsprechend ihrer größten Befürchtung.

Kinderpsychotherapie hat in diesen Momenten intensiver Übertragung nichts Unbeschwertes. Man erlebt die Übertragung in der Gegenübertragung als ganz reales Gefühl in sich selbst. Indem Amelie mir direkt ins Gesicht spuckt, erreicht sie die Grenze, an der ich tatsächlich gerne mit einem Rausschmiss reagiert hätte.

Man kann diese Form der Aggression in der Kinderpsychotherapie nicht vermeiden, denn wenn das Kind die Aggression nicht ausdrückt, dann kann die Therapeutin sie nicht deuten. Was nicht gedeutet wird, kann auch nicht verstanden werden. Dass Amelie die Wut auf ihre abgebende Mutter auf mich übertragen kann, ihrer Mutter in meiner Person wie leibhaftig im Hier und Jetzt des Therapiezimmers begegnen kann, ist im Grund der entscheidende Wirkmechanismus einer analytischen Therapie.

Wir waren in dieser Stunde heftig aneinandergeraten, ich hatte ihr unterstellt, dass sie am liebsten der Therapiemutter die Zähne ziehen wolle, sie war aggressiv gegen mich vorgegangen, hatte mich angespuckt, ich hatte diese Aggression überlebt, sie hatte den Rausschmiss provoziert, ich hatte mich nicht gerächt. Vielleicht hatte sie die Antwort auf die Frage gesucht, ob sie selbst schuld ist an ihrem Schicksal, ob man weggeben wird, wenn man böse ist.

Als ich mich umdrehe, ist Amelie dabei, sich aus Polstern eine Höhle zu bauen. Sie kriecht hinein und ist nicht mehr zu sehen. Versteckt sie sich, um der Bestrafung zu entgehen? Stellt sie sich wieder tot vor Angst? Oder ist sie noch gar nicht geboren? Wie kann sie an etwas schuld sein, wenn sie noch nicht auf der Welt ist? Mit dem Verschwinden in der Polsterhöhle symbolisiert sie ihre größte Sehnsucht: noch einmal zur Welt zu kommen, ohne weggegeben zu werden.

Indem Amelie mir mitten ins Gesicht gespuckt hat, hat sie in Szene gesetzt, was sie über sich selbst denkt: Dass sie ein schlimmes Kind ist, dass kein Mensch auf der Welt sie gernhaben kann und dass niemand sie behalten will. Und wenn ich nicht ihre Therapeutin wäre, wenn ich nicht ihre Geschichte kennen würde und wenn ich nicht genau mit dem, was hier zwischen uns passiert, würde arbeiten wollen, hätte ich sie tatsächlich postwendend vor die Tür gesetzt.

Diese Reinszenierung, die Übertragung des früheren Erlebens in die therapeutische Beziehung, macht den Kern der psychoanalytischen Arbeit mit Kindern und Jugendlichen aus: Nur durch diese wechselseitige Verwicklung ist es möglich, die Mutter, die sie weggegeben hat, heranzuholen. Jetzt ist diese Mutter im Therapieraum und nicht irgendwo draußen. Und im Raum sitzt auch das Kind, und es ist in seiner Höhle verborgen wie in einer Gebärmutter.

In der Übertragung werde ich zu Amelies leiblicher Mutter. Der Hass, die extreme Aggression, die das Kind im Akt des Weggegebenwerdens vermutet, ist im Raum, ist auf mich projiziert. Werde ich sie erneut weggeben?

Mit der Deutung, dass Amelie manchmal nicht glauben kann, dass jemand sie wirklich lieb hat und sie auch dann nicht weggegeben wird, wenn sie frech ist, können wir uns über diese Angst verständigen. So konnte Amelie erleben, dass wir diesen Konflikt gemeinsam aushalten.

In einem zweiten Anlauf einige Zeit später spreche ich nicht ihre Gier, sondern den von ihr empfundenen Mangel an. Diesmal kann ich sie erreichen, ohne dass sie etwas abwehren muss. Ich überlege laut, was man nur machen könnte, wenn es nicht genug gibt, wenn man Angst hat zu verhungern und schlage vor: »Vielleicht könnte man aus Knete ganz viel Essen machen, das könntest du dann in deine Kiste legen.«

»Für arme Zeiten«, nimmt sie die Idee begeistert auf und macht sich an die Produktion von Würsten, Brezeln und Broten. Was für ein Unterschied, ob im Karton »Raubgut« liegt oder ob er mit Selbsterschaffenem gefüllt ist. Man muss sich nicht vor der Rache der Beraubten fürchten.

In einer der nächsten Elternstunden erfahre ich, dass Amelie die Pflegemutter vors Schienbein getreten hat. Ja, wirklich! Sie tritt ihr zu Hause heftig gegen das Schienbein und riskiert damit ein zweites Mal den befürchteten Rauswurf. Die Mutter ist entsetzt über diesen Tritt und kommt mit ihrem Mann sehr aufgebracht zu mir: »Ist das nun Therapie?« – Vieles war inzwischen, in diesem ersten Jahr der Therapie, besser geworden. Amelie verhielt sich liebevoller, man durfte inzwischen mit ihr auch kuscheln, und sie schlief durch. Und jetzt DAS! Ein gezielter Angriff gegen die Mutter. Die Empörung ist so groß, dass ich in Sorge bin: Die Eltern werden doch die Therapie nicht abbrechen?

Ich weiß, es ist ein Wendepunkt in der Therapie, ein entscheidender Schritt nach vorne, wenn Kinder in die direkte Auseinandersetzung gehen, wenn die Beziehung so gefestigt ist, dass sie wagen, sie auf die Probe zu stellen. Aber für die Mutter ist der Vorfall im wahrsten Sinne des Wortes abstoßend. Werde ich sie mit meinen therapeutischen Einsichten erreichen? Dass Amelie ihre Aggressionen zeigt, wenn auch noch in sehr roher Form, ist ein Zeichen zunehmender Lebendigkeit. Sie stellt sich nicht mehr tot, wenn sie Angst, Angst auch vor ihren eigenen Aggressionen und dem, was sie anrichten können, bekommt.

»Sie haben mir erzählt, dass Amelie sich früher nicht umarmen lassen wollte, aber in letzter Zeit gerne mit Ihnen kuschelt und Ihnen ihre Liebe zeigt. Nun hat sie gewagt, Ihnen den Hass zu zeigen, mit der Frage, kann Hass die Liebe zerstören? Oder ist die Liebe stärker? Und Amelie will herausfinden, ob sie daran schuld ist, dass ihre Mutter sie weggegeben hat. Mit dieser Vorgeschichte werden Sie konfrontiert.«

»Ich war auch ein ungeliebtes Kind«, sagt die Pflegemutter nachdenklich. »Mein Vater hatte aus seiner früheren Ehe zwei Kinder mitgebracht, die ihm viel näherstanden. Und meine Mutter war eine einfältige, suizidale Frau. Die Oma war meine Rettung.«

»Jetzt sind *Sie* Amelies Rettung«, sage ich, und es ist möglich, mit ihr über die Bedeutung des schmerzhaften Tritts vors Schienbein zu sprechen. »So aberwitzig es sich anhört«, sage ich, »dieser Konflikt ist ein Entwicklungsfortschritt.«

»Sie sind die einzige Person auf der Welt, mit der sie die ständig lauernde Frage *Fliege ich raus, wenn ich böse bin*? klären kann. Wen hat Amelie sonst?« Das Wichtigste ist, so erkläre ich der Pflegemutter, dass sie als Mutter diese Attacke überlebt und mit Amelie darüber sprechen kann, auf welche andere Weise sie ihre Wut zeigen könnte und sollte.

Darüber hinaus sage ich auch einiges zu der undankbaren Aufgabe, die Pflegemütter auf sich nehmen, wenn sie es mit einem Kind zu tun haben, das herausfinden muss, warum die leibliche Mutter es nicht haben wollte. *War ich böse? Hat mich die Mama deshalb nicht behalten? Wodurch geht Liebe verloren?* Und so riskiert Amelie mit ihrem Tritt vor Mutters Schienbein etwas, das genau zu dem führen könnte, was sie befürchtet: dass die Liebe verloren geht.

»Sie haben Dankbarkeit und keinen Fußtritt verdient«, setze ich erneut an, »aber Amelie ist noch sehr unreif. Wenn sie wütend ist, kann sie noch nicht sagen: *Du hast mir wehgetan, ich bin böse auf dich*. Sie tritt zu.«

Erst jetzt gibt die Pflegemutter einen Hinweis auf den Anlass zu dieser aggressiven Liebesprobe durch Amelie: »Wir haben vor wenigen Tagen noch ein zweites Kind kurzfristig aufgenommen.« Ich bin sprachlos. Mir wird klar, wie sehr ich versucht hatte, die Mutter in ihrem Selbstwert zu stützen, statt die naheliegendste Frage zu stellen, ob irgendetwas Besonderes in der Familie vorgefallen sei.

Dieses neue Pflegekind, Elli, zwei Jahre alt, wird regelmäßig von ihrer leiblichen Mutter besucht und mit Geschenken überhäuft. Amelie will jetzt natürlich auch ihre Mutter besuchen, möchte ebenfalls Geschenke, und die alte Unruhe bricht wieder aus. Hinzu kommt, dass die Pflegeeltern Sorge haben, dass Elli ihnen wieder weggenommen wird. Das Jugendamt lasse sie hängen. Zu Hause sei der Teufel los.

»Nur gestern wurde es ganz still um Amelie«, erzählt die Mutter: Sie suchte nach ihr und fand sie schließlich – zusammengesunken wie ein Häuflein Elend – in der dunkelsten Ecke des Flurs. Sie hörte sie klagen: »Ich habe meine Mutter so lange nicht gesehen. Das letzte Mal bei meiner Geburt.«

Der Pflegemutter fällt die Einfühlung in Amelies Kummer und Sehnsucht sichtlich schwer. Es scheint auch für sie eine große Belastung, dass sie ihr Pflegekind nicht glücklich machen kann: »Warum ist Amelie oft so traurig? Sie kann doch jetzt viel mehr als früher. Was macht sie bloß so traurig? Sie ist oft ein heulendes Elend, aber immerhin dürfen wir sie jetzt in den Arm nehmen, früher ist sie immer weggerannt.«

Als sich nach einiger Zeit klärt, dass das neue Pflegekind in der Familie bleiben darf, nimmt Amelies Unruhe ab. Sie wirkt nicht mehr getrieben, sie ist mehr bei sich, kann besser spielen, sie knirscht nachts nicht mehr mit den Zähnen, sie geht gern in die Schule und lernt, Geige zu spielen. Sie ist eine sehr gute Schülerin geworden, liest viel, und auch das Sprechen ist besser geworden. Sie befreundet sich mit einer Mitschülerin, die sie zu ihrem Geburtstag einladen darf.

Auch für den Teddy wird eine Feier ausgerichtet: Dazu werden die Vorhänge geschlossen und Kerzen angezündet. Den Teddy legt sie mitten in den Sandkasten und die brennenden Kerzen stellt sie auf den Rand. Es sieht sehr feierlich aus, fast andächtig. Ich denke an eine kirchliche Feier und bin gespannt, wo das hinführt, zudem beeindruckt davon, dass sie alles so ruhig und konzentriert gestaltet. Es sieht aus, als werde jemand aufgebahrt.

Ich sage ihr, dass man noch nicht wissen kann, ob da jemand gestorben ist oder ob es um etwas anderes geht. »Der Teddy hat Geburtstag!«, ruft sie fröhlich, ja sie trompetet es geradezu heraus. Und dann braucht sie die ganze Stunde, um alle in der Puppenküche befindlichen Gefäße, es sind mehr als sechzig kleine Tassen, Töpfe, Schalen, Teller – ich habe sie gezählt – mit Wasser zu füllen. »So viele?«, frage ich.

»Sonst können wir das Fest des Lebens nicht feiern«, sagt sie, und ich denke an Taufwasser, das offenbar reichlich vorhanden ist. Ein Initiationsritus, der ins Leben führt, ein wunderbarer Geburtstag!

Und plötzlich will sie nicht mehr zur Therapie kommen. Sie wird mir böse sein, dass die Therapie bei mir bisher nichts dazu beigetragen hat, dass auch sie ihre Mutter sehen kann, so wie Elli. Die Pflegemutter hat Mühe, Amelie zu mir zu bringen.

Und dann geht nur noch Vorlesen. Über viele Stunden lese ich ihr immer wieder ihr Lieblingsmärchen *Rapunzel* vor: Amelie legt sich in die Polster und spielt die Geschichte mit drei Handpuppen, der Prinzessin, der Hexe und der Mutter, stumm mit.

Im Märchen von *Rapunzel* geht es darum, dass eine Frau, die ein Kind erwartet, süchtig nach dem Kraut Rapunzel ist. Ihr Mann findet dieses Kraut bei einer Hexe im Garten. Aber er kann es nur bekommen, wenn er dafür sein Kind hergibt. Sobald es auf Welt ist, holt sich die Kräuterhexe das Kind und gibt ihm den Namen Rapunzel. Sie zieht es fortan wie ihr eigenes Kind auf. Als Rapunzel zwölf Jahre alt ist, sperrt die Hexe sie in einen hohen Turm, aus dem man nicht entkommen kann. Auch die Hexe kann nur hinauf, wenn Rapunzel ihren langen Haarzopf herunter lässt. An diesem langen Zopf steigt schließlich aber auch ein Prinz zu ihr in den Turm. Die Kräuterhexe ist über die Untreue ihres Pflegekindes so wütend, dass sie es verstößt.

Während Amelie dem Märchen lauscht, denkt sie vielleicht darüber nach, wie es mit ihr selbst weitergehen soll: Ihr Plan, ihre leibliche Mutter zu suchen, könnte daran scheitern, dass die Pflegemutter sie nicht gehen lassen will. Auch die Therapeutin besteht auf der Fortsetzung der Therapie, obwohl Amelie nicht mehr kommen möchte. In dieser Zeit will sie sich die Haare wachsen lassen, »dann kann ich mich zur Not abseilen, ins Freie«.

Trotz ihres immer wieder gespannten Anhörens des Märchens hält Amelies ablehnende Haltung zur Therapie über Wochen an. Erst an ihrem achten Geburtstag schlägt die Stimmung um: Sie will an diesem Tag ausdrücklich zur Therapie kommen, als hätte sie sich diesen Termin selbst gesetzt. Diesmal brennen die Kerzen für sie. Sie erlaubt mir, dass ich dem Teddy *die Geschichte von Amelies Geburt* erzähle: *Von wo sie hergekommen ist, wie es anfangs für sie in der neuen Familie war, wovor sie Angst hatte und heute noch hat.* »Ja«, wendet sie sich an den Teddy, »ich habe immer Angst, wenn ich mich so doll mit meinem Bruder streite, dass Mama mich nicht mehr lieb hat.«

»Du hast doch schon getestet, ob dann was Schlimmes passiert«, sagt der Teddy, »du hast mir den Mund verklebt, ich mag dich trotzdem. Du hast gespuckt, und Frau Mauthe hat dich nicht rausgeschmissen. Du hast Mama getreten, und Mama hat dich nicht weggeschickt.«

»Ja, nix passiert!«, antwortet sie lakonisch. Und dann setzt sie noch nachdenklich hinzu: »Ich weiß gar nicht, ob meine Mutter noch lebt!«

Daraufhin macht sie im Sandkasten ein Feuer aus Papierschnipseln und Holzspänen, als wollte sie mir zeigen, dass ihre Mutter vielleicht schon vom Feuer verschlungen, zu Asche verbrannt ist. »Ein Feuer kann ja sehr gefährlich sein, es steht aber auch für brennende Liebe«, lasse ich den Teddy sagen. Daraufhin umarmt sie ihn stürmisch. Sie lässt nun mit einer großen Kugellampe, die bei mir auf dem Boden liegt, die Sonne auf- und untergehen, indem sie mit einer Decke die Lichtkugel verhüllt und wieder aufdeckt. Viele Male wird es dunkel und wieder hell, was mich sagen lässt: »Das sind deine vielen Tage bei deiner Pflegemama, die jetzt deine Mama ist!«

Fröhlich singend kann sie daraufhin aussprechen: »Wenn ich dann groß bin, such› ich meine Mutter.«

Wenn ich dann groß bin … Noch ist es nicht so weit, aber sie bereitet sich vor. Themen wie Verstoßung und Trennung tauchen in Amelies Therapie sporadisch weiter auf, aber sie beschäftigt sich gegen Ende des zweiten Therapiejahres immer mehr mit alltäglichen Missgeschicken und Freuden. Besonders wichtig ist das Reiten geworden, das ihr mehr Körpergefühl und Sicherheit in der Balance gibt. Ihr immer wieder aufflackerndes Hungergefühl veranlasst sie dazu, den Teddy weiterhin – oft sadistisch – zu bestrafen, durch schmerzhafte Operationen und Spritzen, die er zu ertragen hat; aber inzwischen meldet sich auch mehr Fürsorgliches, wenn sie den »Patienten« vorsichtig verbindet und ihn großzügig mit Essen versorgt.

Dann passiert etwas in der Familie, das dazu führt, dass die Therapie über das vorgesehene Ende hinaus verlängert werden muss: Die Mutter der kleinen Pflegeschwester Elli fordert ihr Kind zurück. Dieser Wunsch wird vom Jugendamt sehr kritisch gesehen, so dass es zu einem Gerichtsverfahren kommt, in dessen Verlauf die Pflegefamilie von einer Gutachterin aufgesucht wird. Die Pflegeeltern reagieren geradezu panisch auf diese Begutachtung, so als würden ihre Fähigkeiten als Pflegeeltern in Frage gestellt. Hier scheint sich ihre frühe Erfahrung, den eigenen Eltern nicht zu genügen, in bedrohlicher Weise zu wiederholen.

Auch Amelie wird von dieser Panik erfasst. Sie entwickelt eine Lernstörung, kann plötzlich nicht mehr rechnen. Durch die drohende Weggabe ihrer kleinen Schwester wird ihre eigene Weggabe durch ihre leibliche Mutter wieder aktualisiert, sie kann Plus und Minus, Zuzug und Weggang, plötzlich nicht mehr berechnen. Sie ist wochenlang wie blockiert. Man kann diese Aufregung verstehen. Soll sie sich wünschen, dass Elli zur leiblichen Mutter zurückkehren darf? Gibt ihr das Hoffnung für ihren Wunsch, die eigene Mutter wiederzusehen? Oder soll sie sich wünschen, dass gerade das nicht passiert? Weil es sie mit Grauen erfüllen muss, dass auch Pflegemütter ihre Kinder hergeben.

Erst als entschieden ist, dass Elli bleiben darf, läuft es in der Schule allmählich wieder.

Als ob Amelie das Kinderbettchen mit der Babypuppe in meinem Zimmer zum ersten Mal wahrnimmt, lässt sie gegen Ende ihrer Therapie den Teddy in der Ecke liegen und widmet sich dem Baby. Sie ist ganz aus dem Häuschen, dass ich im Schrank eine Tasche mit Babysachen habe, und findet dort alles, was sie zum Spielen braucht. Wie sie dem Baby zärtlich die Flasche gibt, wie sie geschäftig durchs Zimmer eilt, um es zu versorgen, wie sie das Baby hegt und pflegt, drängt sich mir unweigerlich das Bild auf, dass sie eine Pflegemutter spielt, die ein Baby bekommen hat.

Ich stehe dabei und dann sage ich etwas, das wie von selbst aus mir herauskommt: »Ich bin richtig dankbar, dass ich mal sehen kann, wie es meinem Baby geht.«

Amelie kann im Spiel mit der Puppe ihre Übergabe von der einen zur anderen Mutter darstellen und geht dabei zurück an einen Ort, den sie bewusst nicht hatte erleben können, der sie seither aber als dunkle Leerstelle tief beunruhigt hat. Die leibliche Mutter bekommt durch mich eine Stimme. *Wie gut es meinem Baby geht, wie es sich wohlfühlt, wie lieb es versorgt wird.* Als ich am Ende dieser Szene schließlich eine Art Dankgebet spreche: »Ich danke Gott, dass es mein Baby so gut getroffen hat!«, kann sie das Baby liebevoll mit einem Kuss zum Schlafen legen und die Stunde in großer Ruhe beenden.

Ein natürliches Liebesverhältnis zur Welt aufzubauen, wie es Kindern möglich ist, die nicht weggegeben oder abgelehnt wurden, war Amelie am Anfang ihres Lebens nicht möglich. In ihrem Spiel kann sie zu diesem Anfang zurückgehen. Hier kann sie die Stimme der Mutter hören, die das Abgeben und den Übergang in ihre neue Familie in Worte fasst.

Auch außerhalb der Therapie kann sich Amelie immer besser in ihrer Welt einrichten. Sie fühlt sich nicht länger als »Fliegekind«. Sie macht ihrer Pflegemutter und ihrem Pflegevater immer häufiger Liebeserklärungen und fühlt sich in deren Zuneigung aufgehoben. So gelingt uns der Abschied besser, als ich gedacht hatte: Sie fühlt sich von mir nicht abgeschoben. Sie hat eine starke Identifikation mit ihrer Pflegemutter entwickelt und bekommt von dieser – wie ich mit der Pflegemutter besprochen hatte – zum Abschied von der Therapie eine Babypuppe geschenkt, die nur ihr gehört.

⌘ ⌘ ⌘

»Das Wissen, dass präverbale traumatische Vorgänge innerlich repräsentiert werden und dass sie überdauern, muss für Therapeuten und Eltern Anlass sein, einen fortgesetzten verbalen Dialog über solche Ereignisse zu führen. Kein Kind sollte gezwungen sein, mit seinen Erinnerungen, gleich welcher Art, allein fertig zu werden.« (Gaensbauer, 495)[5]

5 Gaensbauer, T. (2006): Repräsentationen infantiler Traumata. Klinische und theoretische Implikationen für das Verständnis früher Erinnerungen. *AKJP* 4, 473–500.

Früher Verlust und unsichere Bindung

Auch wenn Amelie eine Odyssee durch Heime erspart geblieben ist, auch wenn sie schon neun Tage nach ihrer Geburt in ihre Pflegefamilie kam, so gab es doch deutliche Brüche zu Lebensbeginn, frühe Unterbrechungen in der »Kontinuität ihres Seins« (Winnicott, 60–67).[6] Ungeborene können schon ab dem vierten Schwangerschaftsmonat hören. Sie sind mit der Stimme der Mutter, auch des Vaters oder der Geschwister vertraut.

Das ist insofern relevant, als Amelie schon die gewalttätigen Übergriffe ihres leiblichen Vaters auf die Mutter und auf den zweijährigen Bruder mit anhören und auch die Angst der Mutter direkt miterleben musste. Schon im Mutterleib reagieren Ungeborene, indem sie sich zurückziehen, ganz still werden, sich durch intensives Daumenlutschen selbst beruhigen (Brisch, 146).[7]

Zwar stellt die Geburt für jedes Kind eine große körperliche Veränderung dar. Aber für Amelie war mit der Übergabe in eine Pflegefamilie ein traumatischer Verlust verbunden: Rhythmus und Tonlage der Mutter, deren Herzschlag und Bewegungen, alles Vertraute ging verloren (Stern).[8]

Nur eines blieb Amelie zunächst erhalten: die Atmosphäre einer ängstlichen Angespanntheit, die Unsicherheit, ob sie bleiben kann. Erst nach einem halben Jahr gab es einen Gerichtsentscheid. Genau an diesem Tag wachte Amelie aus ihrem Dämmerschlaf auf, in den sie sich für Monate in einer frühen Form psychischer Abwehr zurückgezogen hatte. Erst jetzt trat sie in eine lebendige und, wie sich zeigen sollte, sehr fordernde Beziehung zu ihren Pflegeltern ein.

Im ersten Halbjahr zeigte Amelie nur dann Lebendigkeit, wenn ihr kleiner Babykörper in warmem Badewasser lag, so als rege die plötzliche Erinnerung an Vertrautes sie zur Kontaktaufnahme an. Wenn dann das kratzige Handtuch und die Kleidung kamen, zog sie sich gleich wieder in ihren apathischen Dämmerzustand zurück.

6 Winnicott, D. W. (1984a): *Familie und individuelle Entwicklung.* Frankfurt a. M. (Fischer).

7 Brisch, K. H. (2009): Die frühkindliche außerfamiliäre Betreuung von Säuglingen und Kleinstkindern aus der Perspektive der Säuglingsforschung. *AKJP* 142, 143–158.

8 Stern, D. (1995): *Tagebuch eines Babys. Was ein Kind sieht, spürt, fühlt und denkt.* München (Piper).

Der traumatische Verlust der Mutter und die offenkundig empfundene Unsicherheit in ihrer neuen Familie zu Beginn des Pflegeverhältnisses haben für Amelie gravierende Folgen: Mit dem Verschlafen der Lächel- und Lallphasen in den ersten sechs Lebensmonaten verzögert sich ihre Sprachentwicklung. Außerdem können die Eltern keine so enge Bindung zum Kind aufbauen, wie es für die kommenden Phasen kindlicher Entwicklung nötig gewesen wäre.

Die Unsicherheit von Beziehungen, die Angst, erneut verlassen zu werden, das Phantasma, selbst schuld daran zu sein, dass ihre leibliche Mutter sie weggegeben hat, werden zu Entwicklungshindernissen: Amelie schwankt ständig zwischen großer, ängstlicher Anklammerung und aggressivem Protest gegen jeden Versuch, mehr Selbstständigkeit und soziale Einordnung von ihr zu verlangen.

In der therapeutischen Arbeit werden diese Themen im Spiel reinszeniert und können – vielfach wiederholt, gedeutet und besprochen – bewusst werden.

»Sie fallt alle tief runter.« Mit dem Sturz der Puppen von der Tischkante konnte Amelie, inzwischen siebenjährig, ein solches Rausfliegen symbolisch in ihrer ersten Therapiestunde darstellen, als wollte sie sagen, man kann sich noch so gut in einer neuen Familie einrichten: Die Gefahr und die Angst rauszufliegen bleibt immer.

Auch wenn die Puppeneltern in ihrem Familienszenario alles daran setzen, die Kinder an Seilen wieder hochzuholen, ist es Amelie erst zwei Jahre nach dieser allerersten Therapiestunde möglich, das Geschehen auf sich selbst zu beziehen. Solange dauert es, bis sie sich mit dem Weggegeben-worden-Sein, diesem Bruch in ihrer Lebensgeschichte und den daraus folgenden Ängsten selbst konfrontieren kann. Erst dann kann sie, ohne vor Angst zu erstarren, ihre Befürchtung aussprechen: Die Mutter wird mich nicht länger liebhaben, wenn ich zu meinem kleinen Bruder böse bin. Man kann diese Art von Trauerarbeit nicht beschleunigen.

Es ist leicht nachzuvollziehen, dass Amelies Pflegeeltern nicht immer in der Lage sind, in dem lauten und anklammernden Verhalten ihres Kindes dessen Verzweiflung mitzufühlen. Dass sie ihr deshalb auch nicht dabei helfen können, die erlebte Vergangenheit zu verstehen und ihr eine Erklärung dafür zu geben.

»Die Fremdplatzierung«, so Dieter Bürgin, »fordert von den Pflegekindern grundsätzlich große integrative Anpassungsleistungen, und von den Pflegeeltern große Anstrengungen bezüglich emotionaler Zuwendung und kontinuierlicher Verfügbarkeit.« (Bürgin, 146)[9]

Hinzu kommt, dass die unaussprechliche Wut über das Verlassenworden-Sein auf die präsenten Pflegeeltern verschoben wird, »die zumeist auf eine solche Übertragung nicht vorbereitet sind und dieses Erbe rasch zurückweisen« (ebd.).

So konnte die Pflegemutter nicht nachvollziehen, dass Amelie von einer großen Traurigkeit und Sehnsucht ergriffen wurde, als ein weiteres, jüngeres Pflegekind, Elli, in die Familie kam. Dieses bekam häufig Besuch von seiner leiblichen Mutter. Mit Blick auf Amelie fragt die Pflegemutter: »Warum ist sie nur so traurig?«, obwohl sie Amelies Ausspruch *Ich habe meine Mutter so lange nicht gesehen. Das letzte Mal bei meiner Geburt* als Reaktion auf das neue Pflegekind doch gehört und an mich weitergegeben hatte. Dieter Bürgin verweist auf nichtverarbeitete Verluste in der eigenen Lebensgeschichte, die es einer Pflegemutter schwer machen, »ihrem Pflegekind bei seinem Trauerprozess angemessen behilflich zu sein« (ebd., 146).

Mit der psychoanalytischen Therapie öffnete sich für Amelie die Möglichkeit, das Erlebte und die damit verbundenen Affekte und Phantasmen in die Beziehung zur Therapeutin »einzuschreiben« (Bürgin). Durch diese Übertragung werden sie einer Transformation zugänglich und die Eltern erfahren eine Entlastung.

Das Selbstportrait und die Bedeutung des »Nein«

Mit mir alleine im Zimmer zu bleiben, schien Amelie in den ersten Minuten unserer Begegnung schwer vorstellbar. Dann aber lässt sie die Mutter gehen. Die Trennung ereignet sich fast mühelos in dem Moment, in dem Amelie ihr emotionales Erleben in den Teddy ausgelagert sieht und sie aus der Rolle des ängstlichen Kindes in die Rolle der Mutter schlüpfen kann: »Stell dich nicht so an!«, kriegt der Teddy zu hören.

9 Bürgin, D. u. B. Steck (2021): *Seelischer Schmerz bei Kindern und Jugendlichen. Psychoanalytisch-psychotherapeutische Perspektiven.* Frankfurt a. M. (Brandes & Apsel).

Ich hatte überlegt, ob die Unterstützung, die ich ihr durch den Teddybären gab, ihre Angst überdeckt hat und ob es nicht besser gewesen wäre abzuwarten. Ich denke, es wäre möglich gewesen zu warten und es wäre vielleicht sogar besser gewesen, aber zu diesem Zeitpunkt war mein Mitgefühl für ihre frühe Erfahrung des Verlassen-Werdens so groß, dass ich glaubte, ihr unbedingt über diese Schwelle helfen zu müssen.

Was wir trotz meines Eingreifens beobachten können: Die Trennung von Mutter und Kind setzt bei Amelie sofort eine für mich überraschende Kreativität frei. Sie will ein Selbstportrait malen. Während sie die Figur schwungvoll aufs Papier bringt, scheint sie mir sagen zu wollen: *Ich schaffe hier selber etwas, ich schaffe hier etwas Eigenes. Auch ich kann Kinder hervorbringen! Ich möchte das Bild der Pflegemutter schenken.*

Amelie wiederholt hier szenisch ihre Geschichte: Diesmal ist sie es, die ein Kind zur Mutter bringen will, womit sie das passiv Erlebte in eine aktive Handlung verwandelt. Wenn man für die Mutter ein solches Geschenk ist, gehört man ihr dann? Ich sage: *Nein! Was Amelie hier im Therapieraum macht, wird in Amelies Kiste verwahrt. Man muss sich nicht verschenken.*

Dass sie das Bild ohne Protest in ihre Kiste legt, zeigt, dass sie eine solche Vorstellung von Getrenntheit bereits zulassen kann, dass eine Triangulierung durch die Beziehung zu Dritten jenseits der Mutter-Kind-Dyade schon möglich ist.

Das ist insofern von großer Bedeutung, als der Kern des Selbst, die eigene Identität dadurch entsteht, dass man nicht länger mit dem Anderen verschmolzen und verklammert ist, sondern den Anderen als außerhalb von sich selber denken kann.

Ein traumatisches »Nein« stand am Anfang ihres Lebens. Ein *Nein, ich will dich nicht!* Vielleicht war es ein milderes, plausibleres »Nein«, *ich kann dich nicht behalten, ich darf dich nicht behalten, du wirst mir weggenommen.* Wir wissen es nicht. Das Gefühl, dort nicht sein zu können, von wo sie herkommt, bleibt für Amelie eine beunruhigende Tatsache: *Was muss mit mir gewesen sein, dass das passiert ist? Kann sowas wieder passieren? Wer ist diese fremde Frau, die Therapeutin, zu der meine Pflegemutter mich bringt? Werde ich wieder abgeschoben?* Es könnte schon sein, dass sie von dieser Angst ergriffen wurde, als sie zu mir ins Zimmer kam, als sie, von unbeschreiblicher Unruhe getrieben, mit ihrem einen, schwachen Auge, das gesunde war ja abgeklebt, alles kontrollieren musste.

Der »imaginäre Gefährte«

Die meisten Kinder sprechen nicht gern über sich selbst, nicht über ihre Angst und nicht über das, was sie quält, und erst recht nicht über das, was sie nicht können. Im Spiel dagegen können sie sich ausdrücken. Das Spiel ist der Zugang zum Unbewussten.

Auf Stofftiere oder Handpuppen lassen sich Kinder ein, als seien es menschliche Wesen, ein Gefährte auf Augenhöhe, anders als Vater, Mutter oder Therapeutin. Es ist ein Spielzeugtier oder eine Puppe, die spricht, Angst hat, lieber schweigen will. Mit Hilfe dieses imaginären Gefährten lassen sich Loyalitätsprobleme ansprechen, vielfältige Ängste besänftigen – die Angst, ein Geheimnis zu verraten, die Angst, etwas Falsches zu sagen, die Angst, ein böses Kind zu sein.

Das Spiel mit einer solchen Puppe oder einem Stofftier ermöglicht, abgespaltene innere Anteile zu projizieren. Der Teddy ist gierig, nicht Amelie. Auf diese Weise öffnet sich ein Denkraum und es entstehen Integrationsmöglichkeiten des bisher Abgespaltenen. Inge Seiffke-Krenke beschreibt in ihrem Aufsatz »Ein sehr spezieller Freund. Der imaginäre Gefährte«,[10] wie dieser dem Kind Liebe und Unterstützung bietet und wie ein solcher Phantasiefreund das Kind durch die Belastung des Alleinseins und Verlassenwerdens begleiten kann.

In unserer gemeinsamen therapeutischen Arbeit war es enorm wichtig, dass Amelie ihren Teddy mit Liebe umfangen und zugleich auch mit ihren sadistischen Impulsen quälen konnte. Sie konnte ihn für vieles verwenden, mal steht er für sie, mal steht er für mich und manchmal kommt meine Stimme aus dem Off und teilt dem Teddy mit, was gerade geschieht: *Ich glaube, Amelie möchte viele Sachen zusammensammeln, damit sie immer genug hat, Teddy!*

Hier wird eine Deutung mithilfe von jemand Drittem trianguliert übermittelt, von diesem Dritten contained und dadurch verdaulich gemacht. Wenn der Teddy die Deutung erträgt, dann kann Amelie sie vielleicht auch an sich heranlassen.

Der Teddy hilft ihr auf ihrem Weg, Gutes und Böses zunächst aufzuspalten, es auseinanderzuhalten, damit das Gute überdauern kann, wenn

10 Seiffke-Krenke, I. (2000): Ein sehr spezieller Freund: Der imaginäre Gefährte. *Praxis der Kinderpsychologie und Kinderpsychiatrie* 9, 689–702.

das Böse an Macht gewinnt. Wenn Amelie sich zum Beispiel von Hass und Wut und vor allem von oraler Gier überwältigt fühlt, müssen Teddy die Zähne gezogen werden, nicht ihr. Teddy, der Böse – Amelie, die Gute.

Als ich deute, dass die Aggression wahrscheinlich auch mir, der Therapeutin, gilt, war das zu viel. Ich hatte das in Amelie schlafende Krokodil zu früh geweckt, und damit war ihre Abwehr zusammengebrochen. Als ob ich etwas Böses, etwas Toxisches in sie hineingelegt hätte, schleudert sie es mir mit ihrer Spucke wieder zurück.

Rapunzel

In den Turbulenzen dieser Zeit will Amelie plötzlich nicht mehr zur Therapie kommen. Ich bin hochgradig beunruhigt und fühle mich, als hätte *ich* ein Kind verloren. Wir können diese Krise mit stundenlangem Vorlesen überstehen. Es muss immer *Rapunzel* sein, immer das gleiche Märchen, das sie – stumm in den Kissen liegend – mit Handpuppen pantomimisch mitspielt.

Zuerst dachte ich, es geht in dem Märchen von *Rapunzel* hauptsächlich um die Thematik des Loslassens und Festhaltens. Vielleicht geht es auch darum, aber in diesem Märchen gibt es eine Besonderheit: Die klare Aufteilung in Gut und Böse fehlt. Da ist keine gute, wenn auch verstorbene Mutter, wie im Märchen von *Aschenputtel*, die dem Kind vom Himmel aus beisteht in seinem Unglück mit der bösen Stiefmutter.

Die Rapunzel-Mutter im Märchen hat selbst ein Problem. Sie hat ein übernatürliches Verlangen nach einem speziellen Kraut namens Rapunzel, ein abnormes Verlangen, das auf Sucht hinweist und sie sogar mit dem Tod bedroht. *Ich will Rapunzeln, sonst sterbe ich,* sagt sie zu ihrem Mann. Daraufhin besorgt der Mann die »Kräuter-Droge« und überlässt das Kind, das sie erwarten, im Tausch gegen die Droge der Hexe, der Gothel, wie es in manchen Märchenfassungen heißt. Eine Gothel steht im Hessischen für eine Patin, die die Rolle einer Pflegemutter übernimmt. Wenn nun Amelie wieder und wieder wie in Trance dem Märchen lauscht, so will sie sich vermutlich vergewissern, dass es nicht die Mutter war, die ihr Kind böswillig im Stich gelassen hat. Durch ihre Sucht war die Mutter krank, selbst in großer Not und konnte nicht für ihr Kind da sein. Das war kein direktes Nein zum Kind. So kann Amelie das Bild der guten Mutter in ihrem Inneren bewahren. Diese Geschichte von der guten Mutter ist umso tröstlicher, als dass das Kind im Märchen ein lang ersehntes ist: *Es war einmal ein Mann und eine Frau, die hatten sich schon lange ein Kind gewünscht und nie eins bekommen, endlich aber ward die Frau guter Hoffnung.*

Rapunzel wächst bei der Gothel auf. Aber als sie zwölf Jahre alt wird, steckt die Gothel das Mädchen in einen hohen Turm, der keine Türen und Treppen hat. Sie soll für immer bei der Kräuter-Hexe bleiben.

Mit der Aufnahme von Ellie, einem weiteren Mädchen in der Pflegefamilie, das – anders als Amelie – von seiner Mutter besucht wird, bekommt der Turm im Rapunzel-Märchen eine zusätzliche Bedeutung. Amelies Sehnsucht nach der eigenen, leiblichen Mutter bricht neu hervor, Amelie fühlt den Unterschied: Zu ihrer Mutter gibt es keine Tür und keine Treppe, so als säße auch sie weggeschlossen in einem hohen Turm. Diese Sehnsucht kann die Pflegemutter nicht gut nachvollziehen. Dabei zeigt Amelie doch ihr »heulendes Elend«, als sie weinend in der Ecke des Flurs kauert und schluchzt: *Ich habe meine Mutter so lange nicht gesehen. Das letzte Mal bei meiner Geburt.*

Amelie setzt sich in dieser Zeit also weiter mit dem Verlust ihrer Mutter auseinander. Dabei wird ihr langsam klar, dass auch ich ihr nicht helfe, ihre Mutter wiederzusehen. In der Therapie gibt es den ersehnten Weg, die Tür und Treppe zurück zur Mutter nicht, bei mir gibt es nur die Trauer über das Verlorene und die Festigung der Beziehung zu ihrer Pflegemutter. Kein Wunder, dass sie über längere Zeit nicht mehr zur Therapie kommen möchte. Erst an ihrem achten Geburtstag gibt es die Wende, dass sie die Abgabe und Annahme eines Kindes auch als glücklichen Schritt denken kann.

Fünf Jahre später kommt es noch einmal zu einer verblüffenden Parallele mit dem Märchen von *Rapunzel*. So wie Rapunzels Gothel die erwachsen werdende Zwölfjährige, das Mädchen in der Pubertät, nicht freigeben wollte, so macht sich fünf Jahre später, als Amelie in die Pubertät kommt, ihre Pflegemutter erneut Sorgen: Amelie treibt sich mit Jungen herum und ihre Pflegemutter befürchtet, dass sie in »schlechte Gesellschaft« geraten könnte. Die Pflegemutter schickt Amelie noch einmal zu mir zurück.

Die dreizehnjährige Amelie trägt kein Augenpflaster mehr, ihre Brille ist modisch. Und sie lässt sich von mir nichts mehr sagen. Am liebsten würde sie gleich wieder gehen, allerdings merkt man ihr auch die Freude über unser Wiedersehen an.

Dann aber redet sie alsbald nicht mehr mit mir, legt ihr Handy nicht aus der Hand, steckt sich Stöpsel in die Ohren, damit sie nicht hören muss, was ich sage. Ich finde das unverschämt und bin verärgert. Wenn überhaupt, kriege ich nur Brocken und Andeutungen hingeworfen, die ich nicht verstehe, bis sie dann schließlich auf den Maltisch kritzelt: *Ich will nicht kommen.*

Ich bin zu der Hexe aus dem Rapunzel-Märchen geworden, die ihr Pflegekind einsperrt, damit es nicht fortlaufen kann. Bereits mit acht Jahren hatte Amelie mir anvertraut, sie lasse sich die Haare wachsen, weil sie »ins Freie« wolle, und später werde sie sich an ihrem Haar heimlich aus dem Fenster abseilen. Nur gab es damals noch keinen Prinzen.

Die Therapie wird zu einem einzigen Kampf, in dem sie ihr Recht auf Freiheit, ihren Wunsch nach Selbstbestimmung verteidigt. Sie will nicht zu den Stunden kommen, und wenn sie zu Ende sind, will sie nicht gehen. Bei so viel Ärger und aufgestauter Wut retten wir uns über einige Stunden mit *Mensch-ärgere-dich-nicht*. Ein ideales Spiel: Auch da geht es ums Rausfliegen, was sie gut aushalten kann. Sie kann gewinnen, aber sie kann auch verlieren.

Die Pflegemutter ist beunruhigt, dass Amelie sich vielleicht zu früh auf sexuelle Beziehungen einlässt. Außerdem hat ihr Amelie Geld aus dem Portemonnaie genommen und anderen Mädchen in der Schule Süßigkeiten spendiert. »Sie gibt zu viel ab, widerspricht nicht, sie macht, was die anderen wollen, lügt mich an und rennt vor mir weg.«

So widersprüchlich, wie sich Jugendliche verhalten, benimmt sich auch Amelie. Sie ist anhänglich und innig mit der Mutter, und im nächsten Moment lügt sie die Mutter an, rennt weg, will selbst entscheiden und macht, was sie will. Die größte Sorge der Mutter ist, dass sie unter schlechten Einfluss gerät, von anderen als Handlanger missbraucht wird.

Ich versuche, Amelies Feindseligkeit und ihre Minderwertigkeitsgefühle auf mich zu ziehen, das ist nicht schwer, wenn wir *Mensch*-ärgere-*dich-nicht* spielen. Rache ist süß. Sie teilt aus, und wie! Kein Verstummen und Versteinern wie damals, als sie klein war.

Irgendwann berichtet sie doch von einem Problem aus der Schule: Sie wisse oft nicht, zu wem sie gehen soll, wenn die Mädchen in der Schule darüber streiten, wer mit wem befreundet sein darf. Ich denke natürlich an ihren Wunsch, *wenn ich groß bin, dann suche ich meine Mutter*.

»Wenn du sagst, du weißt nicht, zu wem du gehen sollst, dann fände ich es doch eine gute Idee, hierherzukommen, um solche Fragen zu klären.«

Sie setzt sich die Kopfhörer auf – gegen meinen Protest. Wenige Stunden später bricht sie die Therapie ab. Diesmal bin ich es, die verstoßen wird. Ist aus dem passiven Erleiden ein aktiver Impuls geworden? Kann man das als Therapieerfolg werten?

Mit Abstand habe ich eine andere Interpretation: Amelies Verweigerung, mit dreizehn Jahren noch einmal zu mir in Therapie zu kommen, hätte klarer in der Übertragung gedeutet werden müssen. In jeder engen therapeutischen Beziehung besteht die Gefahr, dass man selbst zur festhaltenden Mutter wird. Hier sehe ich im Rückblick, dass Deutungen gefehlt haben, die an dem Rapunzel-Märchen hätten anknüpfen können.

Warum habe ich sie nicht unterstützt in ihrem Vorhaben, *wenn ich groß bin, suche ich meine Mutter*? Dieser völlig berechtigte Anspruch, ihr Wunsch, ihre eigene Geschichte zu verstehen, rückt mit ihrem Erwachsenwerden in greifbare Nähe. Sie musste denken, dass wir, die besorgte Pflegemutter und ich als Therapeutin, sie von dieser notwendigen und sinnvollen Suche nach den eigenen Eltern abhalten wollten.

Und auch das zweite Thema des Märchens, der Prinz, kam zu kurz: Die Sorge der Mutter, dass ihre Pflegetochter zu früh sexuelle Beziehungen eingehen könnte, war nicht unberechtigt. So früh verlassene Kinder werden immer begierig nach der Bestätigung suchen, dass sie überhaupt liebenswert sind.

Christian Thienel
(München)

Reflexe der frühkindlichen Störung in der Adoleszenz und einige behandlungstechnische Implikationen[1]

Prolog

Wenn Sie durch die litauische Hauptstadt Vilnius fahren, können Sie zwischendurch, meist auf Hausdächern, einen Engel sitzen sehen. Ein litauischer Kollege hat mir auf einer Autofahrt durch die Stadt erklärt, was es mit diesen Engeln auf sich hat: »Es gab vor ein paar Jahren immer mehr Vandalismus durch Jugendliche in der Stadt«, sagte er. »Da entschied der Stadtrat, überall in der Stadt diese Engel aufzustellen, und es wurde wieder besser.« Man ließ die Engel stehen bzw. versetzt sie immer wieder. Dadurch erscheinen sie fast lebendig und man darf gespannt sein, wo morgen einer sitzt. So kann es passieren, dass man einen Engel auf dem Dach eines Supermarktes entdeckt, wo gestern noch keiner war.[2]

I. »Würden Sie meinen Sportlehrer für mich anrufen?«

1. »Wäre es für Sie vielleicht ok, wenn wir draußen vor dem Haus weitersprechen und ich dabei eine rauche?«, fragte mich ein 18-jähriger Patient unvermittelt in der Therapiestunde.

---

1 Überarbeitete Version eines auf dem Symposium »Strukturelle Störungen in der (frühen) Kindheit« der Ärztlichen Akademie für Psychotherapie von Kindern und Jugendlichen am 2. März 2025 in Benediktbeuern gehaltenen Vortrags.

2 Anna Alvarez (2001) zitiert im Kapitel »Der notwendige Engel« ihres Buches *Zum Leben wiederfinden* den amerikanischen Lyriker Wallace Stevens (1879–1955) mit den Worten: »Ich bin der notwendige Engel der Erde, da ihr in meinen Augen wiederum die Erde seht« (ebd., 162).

2. Ich frage einen 16-jährigen Patienten: »Was würde dir helfen, dass du dieses eine Mal in der Woche zur Schule gehen kannst?« Gegenfrage: »Würden Sie mich vielleicht fahren?«
3. »Ich habe solchen Hunger! Könnten wir vielleicht zusammen etwas zu essen kaufen gehen?«, fragt mich ein stark übergewichtiger 12-jähriger Patient.
4. Ein 20-jähriger Patient fordert: »Sie sollen nichts sagen, was mich in Spannung versetzt. Sie sollen mich immer beruhigen.«
5. Ein 12-jähriger Patient fragt mich: »Würden Sie meinen Sportlehrer anrufen, damit ich doch an dem Fußballturnier in unserer Schule teilnehmen kann?«

Patientinnen und Patienten, nicht nur adoleszente und nicht nur solche mit einer frühkindlichen Störung, können uns in den Therapiestunden mit ihren Fragen oder Bitten vor interessante Entscheidungen stellen. In jedem Fall können wir nicht *nicht* auf sie reagieren, fragen uns vor dem Hintergrund der Bedeutung des Rahmens in unserer psychoanalytisch begründeten Arbeitsweise jedoch unmittelbar, ob dies oder jenes denn dann noch »analytisch« sei. Auch als Ausbilder begegnet mir diese Frage immer wieder. Unsere Sensibilisierung in Bezug auf Fragen des äußeren, haltenden, schützenden Rahmens ist eine der Grundbedingungen unserer Arbeit. Gleichzeitig besteht dabei aber manchmal auch eine fast selbstbezügliche Definition, in der der übliche Rahmen, im Namen des Patienten, erhalten bleibt, der Patient oder wichtige Impulse des Patienten aber verlorengehen bzw. gedeutet oder umgedeutet werden. Diese Thematik scheint mir bei adoleszenten Patienten mit einer frühkindlichen Störung und den damit einhergehenden strukturellen Beschädigungen in besonderer Weise relevant zu sein. Einerseits bedürfen gerade diese Patientinnen und Patienten eines besonders haltenden, beschützenden Rahmens, den sie in ihrer frühen Lebenszeit und oft lange darüber hinaus nie hatten. Andererseits entstehen, so scheint mir, gerade bei ihnen ungewöhnliche Situationen, wie die oben genannten. Alle oben genannten adoleszenten Patienten sowie zwei weitere, auf die ich später noch eingehen werde, sind Jugendliche mit einer in verschiedener Weise äußerst belasteten, im Sinne ihrer frühen Umwelt- und Beziehungserfahrungen traumatisierenden Kindheit. Was machen wir mit Fragen wie diesen? Wir wollen die Patienten ja nicht nur halten, sondern ihnen auch helfen, ihre aktuellen Schwierigkeiten und die Schatten ihrer frühen Kindheit zu transformieren. Oder anders gesagt: *Gerade* in einem Gefühl des Gehalten-Seins können solche Fragen und Wünsche wie die oben genannten auftauchen. Im Sinne einer psychoanalytischen Haltung geht es vor allem um eine inhaltliche Reflektion und Auseinandersetzung mit diesen Fragen. Dies bedeutet, dass wir diesen Fragen offen und ohne eine Festlegung a priori begegnen, auch und gerade bezüglich des konkreten Wunsches. Dadurch entsteht unabhängig davon, wie wir letztlich mit diesen Anliegen individuell umgehen, für unsere Patientinnen und Patienten etwas spezifisches Drittes, dessen sie gerade in Bezug auf eine Transformation ihrer frühen pathogenen Lebenserfahrungen bedürfen. Zu einer solchen inneren Auseinandersetzung des Therapeuten bzw. der Therapeutin versuche ich mit den folgenden Ausführungen beizutragen.

Neben einigen theoretischen Überlegungen werde ich mich dem beschriebenen Thema in Form einer Allegorie nähern, in sinnbildlicher Form also. Ich möchte Sie als Leser und Leserin dadurch in die fluktuierende assoziative Welt der hier behandelten Patientengruppe versetzen. »Das Innere bildet ein Organisationssystem, welches durch Internalisierung erlebter Erfahrung [...] und unbewusste Phantasiebildungen zustande gekommen ist. Die Repräsentanzen dieser Innenwelt sind nicht unmittelbar erlebbar, sondern können nur szenisch aktualisiert werden […].« (Bürgin 2022, S. 210) Dies gilt umso mehr für seelisch besonders früh verletzte Patientinnen und Patienten, deren frühe Entbehrungen, immensen Ängste, Verunsicherungen und bedrohlich intensiven, überflutenden, unverständlichen Affekte Teil ihres phantasmatischen Erlebens und ihrer Reaktionsbildungen werden. Sie sind direkt nicht zugänglich, sondern tauchen in verschiedenartiger symbolischer, dinglicher, medialer, atmosphärischer, verkörperter, szenischer oder handlungsgeleiteter Form auf.

Um meine Überlegungen in allegorischer Form zu veranschaulichen, werde ich auf verschiedene Lebens- und Fachbereiche zurückgreifen: auf die Literatur, die Physik, die Theologie, die mediale Welt und die Verhaltensbiologie. All diese Sinnbilder sind inspiriert von Momenten aus den Therapien mit den genannten Jugendlichen. Als ich über diese Darstellungsform nachdachte, fiel mir ein berühmtes Spiel ein und ich nahm es als Ermutigung:

> Der Geist formt sich der Notwendigkeit der Verknüpfung, um so alles in Hinsicht auf seine Eigentümlichkeit zu messen. […] Ferner mißt aber der Geist

> auch symbolisch, durch Vergleich, wie wenn er sich der Zahl und der geometrischen Figuren bedient und sich auf sie als Gleichnisse bezieht. Übrigens scheint nicht nur dieser eine Gedanke des Cusanus beinahe schon auf unser Glasperlenspiel hinzuweisen […]. (Hesse 1943, S. 15)

II. Die Unmöglichkeit der Rekonstruktion

Die Begegnung mit der frühen Lebenszeit unserer Patientinnen und Patienten, umso mehr in ihren beschädigten Arealen, konfrontiert uns als Therapeutinnen und Therapeuten in besonderer Weise mit der Phänomenologie des Nicht-Wissens, mit einer prinzipiellen epistemischen Unerreichbarkeit der frühen traumatisierenden Störung. Diese ist letztlich nicht *rekonstruierbar*, auch nicht in Übertragung und Gegenübertragung, und auch nicht – oder: gerade nicht – in der Adoleszenz, höchstens in Fragmenten. Die Frage, ob, wie und in welcher Form, sich seelisches Leiden mitteilt oder eben nicht oder anders mitteilt, hat sich der Psychoanalyse von Anfang an gestellt. Sigmund Freud behandelt diese Frage unter dem Begriff der *Entstellung*, hier erläutert in den Worten des in Berlin lebenden französischen Analytikers Joseph Ludin:

> Im Verhältnis zur Konstruktion der Geschichte liegt das Eigentümliche der Psychoanalyse darin, daß jene nach Freud zwangsläufig entstellt ist, und dies nicht, weil uns die Daten fehlten, die notwendig sind, um sie objektiv zu konstruieren – was sicher auch stimmt –, sondern weil in uns ein mehr oder minder unbewußtes Bedürfnis besteht, sie zu entstellen; unser Verlangen, die Geschichte zu konstruieren, verläuft immer über Entstellung; diese Bewegung ist kaum vermeidbar (Ludin, zit. nach Green 2017, S. 56).[3]

Vergegenwärtigen wir uns einige Phänomene des Erlebens in den ersten drei Lebensjahren: sensomotorisches Erleben, vollständige Abhängigkeit, Vorsprachlichkeit, symbiotisches Erleben, dyadisches Erleben, autistisch-berührendes Erleben (Th. Ogden), paranoid-schizoides Erleben (M. Klein).

---

3 Zit. aus: Ludin, Joseph. [2009]. La déformation [Die Entstellung]. Es soll an dieser Stelle auch auf J. Ludins Buch *Das Ringen um eine Technik in der Psychoanalyse. Theorien und Kontroversen* (Frankfurt a. M. 2023: Brandes & Apsel) hingewiesen werden.

Mit der »frühen Zeit« meinen wir zudem eine Lebenszeit, an die wir uns größtenteils bewusst nicht erinnern können. Gerade in Hinblick auf die Besonderheiten dieser Lebensphase scheint mir eine Äußerung Wolfgang Lochs (1976) zutreffend zu sein:

> Phantasien und Erinnerungen stellen keine entdeckte Wahrheit von historischem Charakter dar, sondern sind vielmehr Versuche, einen Sinn zu schaffen, um weiterleben zu können (zit. nach Hinz 2022, S. 503).

Die Adoleszenz wird als eine Zeit betrachtet, in der frühkindliche Störungen, Ängste, Traumata und ihre Folgen für die strukturelle Entwicklung aufgrund der psychischen und körperlichen Neuorganisation und der damit verbundenen Fragilisierung des Ichs und seiner Abwehr erneut virulent werden, in die innere Welt des Jugendlichen hineindiffundieren, sich reaktualisieren und reinszenieren. Gleichzeitig, das wird weniger häufig erwähnt, weil wir als Analytiker/innen doch mehr von der Vergangenheit als von der Zukunft aus denken, beginnt in der Adoleszenz etwas ganz Neues, das zutiefst auf die Zukunft ausgerichtet ist. Die »zweite Chance« (Blos 1973; Bründl 2012), als die die Adoleszenz zu recht bezeichnet wird, beschreibt keinen bloßen Reparaturmechanismus der Vergangenheit, sondern eine zutiefst antagonistische Zeitstruktur zwischen Vergangenheit und Zukunft. Von beiden Seiten her findet die Einflussnahme der Entwicklung statt, eben das ist die »zweite Chance« im Guten, aber auch das Einfallstor für Krisen, Störungsanfälligkeit, Verzerrungen in der adoleszenten Gegenwart, in der Symptombildung bis hinein in Depression, Angst, Selbstverletzung, Suizidalität, Ess-Störungen, Drogenmissbrauch, Delinquenz, ja bis hinein in psychotische Phänomene. Gerade durch das unbewusste bzw. nicht-gewusste und nicht-verstehbare Ausgeliefertsein an Vergangenheit und Zukunft formt sich die adoleszente Gegenwart zu einer genuin eigenen Struktur. Zu ihr gehört ein Beharren auf die eigene Subjektivität ebenso wie mögliche tiefe psychische oder interpersonelle Krisen, aber auch all das Neue, letztlich Schöpferische, ohne welches die menschliche Evolution nicht erfolgreich gewesen wäre.

Thomas Ogden hat sich in seinem Buch *Frühe Formen des Erlebens* (1995) eingehend damit beschäftigt, was die Unzugänglichkeit der frühkindlichen Zeit für solcherart seelisch verletzte Menschen in späteren Lebensphasen bedeutet. Er versteht psychische Schwierigkeiten in diesem

Kontext als Ausdruck einer »unbewußte[n] Furcht vor dem Nicht-Wissen« (ebd., S. 199). Es entsteht durch eine Verkennung und Verzerrung dessen, was geschehen ist, dessen, was davon fühlbar bzw. nicht fühlbar ist und dessen, was stattdessen gefühlt wird.

Durch die antagonistischen Strebungen in der Adoleszenz, die Neuorganisation der psychischen Struktur, das nicht-lineare, amorphe Wiederauftauchen früher Traumatisierungen, die Virulenz entstandener struktureller Störungen bei fragilerer Abwehr entsteht, für Patienten wie für Therapeuten und Therapeutinnen, eine Kluft des Erkennens und Verstehens. Die Rekonstruierbarkeit des frühen Erlebens in Übertragung und Gegenübertragung ist oft eine nur scheinbare. Die Dekonstruktion und Verzerrung der ursprünglichen Erfahrung verunmöglicht Rekonstruktion und erschwert Repräsentation und Mentalisierung. Des Weiteren weist Ogden auf eine spezifische Form der Verzerrung und Selbstverkennung hin:

> Gerade frühkindlich gestörte Patienten haben oft eine geschädigte Fähigkeit als Individuum »zu wissen, was es empfindet, und deshalb weiß es auch nicht, wer es ist (falls es überhaupt jemand ist). Der Patient schafft für sich selbst (und in zweiter Linie für andere) regelmäßig die Illusion, daß es ihm möglich sei, Gedanken und Gefühle, Wünsche und Ängste zu produzieren, die sich anfühlen, als seien sie seine eigenen. Obwohl diese Illusion eine wirksame Abwehr gegen die schreckliche Angst des Nicht-Wissens, was man fühlt und wer man ist, darstellt, verstärkt sie die Selbstentfremdung des Individuums. Die Illusion zu wissen wird durch die Schaffung einer großen Bandbreite von Ersatzbildungen ermöglicht (Ogden 1995, S. 200).

Die Verkennung des eigenen inneren Zustands geschieht nach Ogden durch verschiedene psychische Faktoren:

- durch die psychischen Abwehrmechanismen als Organisation systematischer Verkennung (Freud);
- durch »süchtig machende Aktivitäten wie Drogenmissbrauch, zwanghafte Sexualität, Bulimie, unbeabsichtigte Verletzungen und interpersonelle Krisen. Sie stellen jedoch nicht die eigentlichen Affekte dar, über die die Patienten sich in keiner Weise bewusst sind. Sie dienen stattdessen als ‹zwanghafte Möglichkeiten, sich gegen Ängste auf psychotischer Ebene zu verteidigen›« (McDougall, zit. n. Ogden 1995, S. 202);

- durch die Angst eines Patienten, eine Katastrophe, die bereits stattgefunden hat, zum ersten Mal zu erleben (Winnicott): »Das ganz frühe aus der Umwelt kommende Versagen, das die Katastrophe ausmachte, konnte zu dem damaligen Zeitpunkt nicht erlebt werden, denn es existierte noch kein Selbst, was dazu in der Lage gewesen wäre – d. h., das dazu fähig gewesen wäre, das Ereignis psychisch zu binden und zu integrieren, was jetzt dazu führt, dass der Patient für immer voll Angst seinen eigenen psychischen Zusammenbruch erwartet« (ebd., S. 204);
- durch omnipotente Ersatzbildungen.

Es geht um »Entfremdung und Zerstörung von Erfahrung in der frühen Zeit« (Ogden 1995, S. 207f.). Aus den zahlreichen Beispielen, die Ogden anführt, zitiere ich das folgende:

> Das innere Objekt Mutter mag sich gegen das Gefühl des Nicht-Wissens mit zwanghaften Abwehrmechanismen absichern, indem sie sich auf zeitlich streng geregelte Fütterung des inneren Objekt Kindes verläßt. Auf diese Weise beruft sich die Mutter auf einen unpersönlichen äußeren Befehl, um Hunger falsch benennen zu können. Auf das Kind reagiert sie, als ob es zwischen »fahrplanmäßigen« festgelegten Fütterungen nicht hungrig wäre. Ein solch falsches Benennen erzeugt im Kind Verwirrung wie auch ein Gefühl, daß Hunger ein Geschehen ist, das von außen erzeugt wird (ebd., S. 207/208).

III. Zeitreisen durchs eigene Leben

Insbesondere für frühkindlich gestörte Jugendliche entstehen in der Adoleszenz aufgrund der lebensgeschichtlich vorgebahnten und durch die psychische Destabilisierung der Adoleszenz verstärkten Verzerrung und Verkennung dessen, was sie eigentlich fühlen, eine Vielzahl psychischer Konfusionen. Aber die Natur hat dieser inneren Situation auch Auswege und Möglichkeiten der Repräsentation des Traumas und seiner Transformation eingeschrieben. Auch tiefgreifende psychische Wunden erfahren in der Adoleszenz eine zweite Chance. Sie evozieren Bilder, Wünsche, Impulse einer ebenso spezifischen wie schwer fassbaren Charakteristik. Sie können, oft mit einer seltsamen Plötzlichkeit, aus der Übertragungsbeziehung heraus entstehen, wenn sie als primärprozesshaft angestoßene kreative Ereignisse und nicht als Äußerungen der Abwehr verstanden werden. »Ich werde zu zeigen versuchen«, so Alvarez (2001, S. 162), »daß das erste Auftauchen idealer Objekte in den Phantasien chronisch depressiver Kinder nicht unbedingt eine widerstrebende oder vermeidende Abwehr der Depression anzeigen muß, sondern eine bedeutsame Entwicklungsleistung sein kann.« Es ist Aufgabe der gemeinsamen Arbeit des analytischen Paares, diese im Dienst der Transformation und Entwicklung stehenden Impulse und Wünsche ernsthaft zu bedenken und verstehen zu lernen. Sie bilden in ihrer Struktur komplementäre Gegenstücke zur »Fehlleistung«. Wir könnten sie nach Balint als »Neuschöpfung« oder vielleicht auch als »kohäsive Reflexe« zwischen Vergangenheit und Zukunft bezeichnen.

Ein 16-jähriger Patient klagt: »Die Musik-Ex lief schlecht. Noten konnte ich das letzte Mal als Viertklässler, als ich im Chor sang. Ich müsste jetzt 6 Lichtjahre von der Erde entfernt sein, um mich als Viertklässler zu sehen. Wenn ein Astronaut in 3 Jahren 3 Lichtjahre entfernt wäre, würde er mich sehen, wie ich jetzt bin.« Daraufhin fertigt er in der Stunde spontan eine Zeichnung dieser Raum-Zeit-Relation an.

Der vollständige Zusammenhang war folgender: M. kam nach einer sehr komplizierten, viel zu frühen Geburt als 14-Jähriger zur Therapie. Er hatte starkes ADHS und eine schwere LRS. Er fühle sich depressiv, frage sich, was das alles für einen Sinn habe. »Von acht Dingen gelingen mir sieben nicht. In der 3. Klasse habe ich das erste Mal darüber nachgedacht, wieviel mir misslingt.« Er wirkte äußerlich auf mich wie ein 16-Jähriger. Ein Jahr später, er ist 15 Jahre, berichtet er: Er habe gerade eine große Pechsträhne. Nichts gelinge. »Letztes Wochenende war es besonders schlimm. Ich habe mich die ganze Zeit mit der Zeit vertan, kam immer zu spät, musste rennen, habe dabei meinen Geldbeutel verloren.« Er fertigte dann die erwähnte Zeichnung an und führte den oben zitierten Kommentar noch weiter aus:

Es gibt sogar Fotos vom Urknall! Wir schauen ins Weltall und sehen den Urknall. Deshalb wissen wir, dass das Universum sich ausdehnt. Das Universum wird schneller. Irgendwann wird es so sein, dass das Licht anderer Galaxien uns nicht mehr erreicht, wegen der Ausdehnung. Dann wird es um uns herum dunkel sein, dann werden wir allein sein.

Danach versuchte er, mir seine Zeichnung auch optisch zu illustrieren, und baute Folgendes auf:

Auf diese Weise wollte er mir den Weg des Lichts und die verschiedenen Entfernungen, die es von Gegenständen oder Ereignissen zu meinem Auge zurücklegt, veranschaulichen. Ganz unwillkürlich wählte er das Tipp-Ex-Band an der dritten Stelle, ein unbewusstes Dingsymbol, so scheint mir, für all die Fehler, die er macht, vielleicht für seine eigene empfundene Fehlerhaftigkeit. Beim späteren Anschauen des Fotos kam es mir vor, als wenn ich beim Betrachten der Straßenlichter aus meinem Fenster auf ferne Sterne ins Universum schauen würde. M. fuhr in seinen Erklärungen fort:

»Das Universum ist wie ein Ballon, um den herum du eine Linie zeichnen willst. Aber du schaffst es nicht, weil du ihn gleichzeitig aufbläst und er sich schneller vergrößert, als du zeichnen kannst. Wir haben heute Interessantes besprochen.« Th.: »Und ich habe die ganze Zeit das Gefühl, das, was wir besprochen haben, hat auch irgendwie mit deiner Pechsträhne zu tun. Du bist die ganze Zeit der Zeit hinterhergerannt. Vielleicht machst du gerade einen Entwicklungssprung, als wenn das Universum sich ausdehnt und kriegst die Linie auf dem Ballon nicht fertig gezeichnet.« M.: »Sie meinen, dass ich abgehängt werde von mir selber?«

Man könnte sagen, dass M. die Idee, einen Blick in seine eigene Vergangenheit zu werfen, indem er sich in eine 6 Lichtjahre entfernte Position versetzt, durchaus realisiert hat, wenngleich symbolisch: durch die Idee selbst, durch ihre Imagination, ihre Zeichnung und durch die Gestaltung der kleinen Installation. Ich denke, dass man diese Gruppe

{Idee + Imagination + Zeichnung + Gestaltung + Vermittlung an mich}

als ein Übergangsobjekt zwischen den Lebenszeiten bezeichnen kann. Übergangsobjekte haben einen repräsentierenden, vermittelnden und integrierenden Charakter. Ich meine, es lohnt sich, sich ihre Genese, darunter ein Aspekt, der vor allem in der Adoleszenz Bedeutung gewinnt, noch einmal vor Augen zu führen (s. u.). Man könnte M.s Gestaltung der Verhältnisse im Makrokosmos auch als komplementäres und externalisiertes Abbild dessen verstehen, was Bürgin unter Bezug auf Moser (2012) als innere *Mikrowelt* beschreibt:

> Nachdem sich ein eigentliches Raumerleben entwickelt hat, wird eine *Externalisierung einer inneren Mikrowelt* in die Außenwelt wie auch das Umgekehrte möglich. Eine Grundannahme besteht darin, dass externalisierte Mikrowelten der Patienten mit konflikthaften oder traumatisierenden Erfahrungen verknüpft sind, für die keine geeigneten Veränderungsstrategien gefunden werden konnten […]. (Bürgin 2022, S. 207)

IV. Die Autonomieentwicklung des Übergangsobjekts

Am Anfang der Entwicklung steht eine primäre intersubjektive Einstimmung durch die Rêverie der Mutter bzw. der Eltern. Daraus entwickeln sich das »Auftauchende Selbst« (Daniel Stern), ca. ab dem 3. Monat das Empfinden eines »Kernselbst« (Gefühl von Kontinuität und Kohärenz des Erlebens), und das Wahrnehmen Anderer als getrennte Wesen (soziales Lächeln). In der sekundären intersubjektiven Einstimmung geschieht ab ca. dem 6. Lebensmonat eine geteilte Aufmerksamkeit in Bezug auf etwas Drittes durch das Zeigen. Diese Interaktionen bilden den Ausgangspunkt für die Schaffung eines *Übergangsobjektes*. Es repräsentiert gleichzeitig die gemeinsamen Beziehungserfahrungen und die Person, mit der sie erlebt wurden (vgl. Staats 2021, S. 75).

Das Übergangsobjekt erwächst aus dem intermediären Raum zwischen Mutter und Kind und repräsentiert diesen. Der intermediäre Raum gehört weder dem Selbst des Kindes noch dem Anderen ganz an, sondern nimmt einen Zwischenbereich ein. Es ist gleichzeitig ein inneres wie ein äußeres Objekt und stellt eine Verbindung zwischen innerer und äußerer Welt dar. Übergangsobjekte tragen dazu bei, innere Repräsentanzen (vorübergehend) auch in Trennungssituationen zu erhalten. In Trennungssituationen greift der Säugling so auf den virtuellen Anderen zurück. Oft sind es materielle Objekte. Aber auch die durch das Kind erzeugten Geräusche und Klänge.

> Der potentielle Raum ist der Ort, an dem das Objekt gleichzeitig geschaffen und entdeckt wird. Es handelt sich nicht um eine Entwicklungsphase, sondern um einen psychischen Raum zwischen Realität und Phantasie, der das ganze Leben hindurch erhalten bleibt. Es ist der Raum, in dem Spielen möglich ist; es ist der Raum, in dem wir uns als lebend erfahren und als die Urheber unserer körperlichen Empfindungen, Gedanken, Gefühle und Wahrnehmungen. (Ogden 1995, S. 20)

Das Übergangsobjekt ist der Ausgangspunkt für das Spielen und späteres kreatives und schöpferisches Handeln. Das *geschaffene kreative Objekt* ist dabei weit mehr als eine Art reiferes Übergangsobjekt. Das dem kreativen Akt eingeschriebene Dritte bzw. kulturelle Vierte kommt als autonomer Prozess hinzu. Das kreative Objekt ist ein Akt der Symbolisierung und gleichzeitig mehr als das. Überpersönliche kommunikative Funktionen kommen als vierte Strukturebene hinzu: unbewusste kollektive und kulturelle Muster werden aktiviert.

V. Die Pagonischen Götter

Ich schlage den Bogen zurück zum Beginn meines Beitrags. Ein ungewöhnliches Beispiel für die zuletzt genannte vierte Funktion des kreativen Aktes, die Anknüpfung an kollektive und kulturelle Muster, stellt die geschilderte Maßnahme zur (erfolgreichen) Eindämmung des jugendlichen

Vandalismus in der Stadt Vilnius dar. Man könnte nun denken, dass die Engel und ihre erstaunliche Wirkung auf einen starken christlichen Glauben der Bevölkerung, auch der Jugendlichen, hinweisen. Den gibt es zwar, der eigentliche Hintergrund und die besondere Art der »Heilung« ist aber ein anderer: Erst 1387 nahm der erste litauische Großfürst das Christentum an. Das bedeutet: In der Breite der ländlichen Bevölkerung wurde Litauen erst im 18. Jahrhundert christianisiert. Ich habe mich während der drei Jahre, die ich in Litauen lebte, mit dieser noch immer starken vorchristlichen Tradition und ihren Heilungsvorstellungen beschäftigt und habe u. a. folgende Äußerungen junger Menschen dazu gehört:

- »Naturheilung und Beschwörung (»Besprechung«) sind sehr miteinander verbunden, denn die Götter sind dem Menschen ganz nah, nicht so weit weg, im Himmel und so.«
- »Das Magische, Formeln und Beschwörung, hat wirklich Kraft. Diese Formel hat wirklich Kraft, wenn diese Person sie spricht.«
- »Bei uns gibt es einen bewussten Bezug auf's Christliche, aber das ist nur eine dünne Oberfläche. Es gibt einen starken unbewussten Bezug zur Pagonybë.«[4]
- »Der Tod ist wichtig und der Kultus des Todes. Das Jahr als Rad in der Volkskultur. Der Jahreslauf als Bild des Lebens.«
- »Das spezielle Kreuz auf unseren Kirchen bildet einen ›Weltenbaum‹ nach: Die Wurzeln sind die Vergangenheit, die Krone die Zukunft.«
- Zum Teufel (lit. *Velnias*): *»Er ist anders, nicht so im biblischen Sinn: Er ist menschlicher, mit bösen Eigenschaften, klug, aber oft ist der Mensch klüger, und dem Teufel passieren Missgeschicke. Er kennt sich auch mit Heilkräutern aus und mit Geld.«*
- *»Die litauischen Feen (Laumës) sind weder gut noch böse, sie repräsentieren das Chaos.«*

Als wichtigste der über hundert litauischen Götter gelten: Dievas (der oberste Himmelsgott, Schöpfergott), Perkūnas (der Donnergott, eine mächtige und furchterregende Gottheit, die auch für Gerechtigkeit und Fruchtbarkeit steht); Žemyna (die Erdgöttin, die Fruchtbarkeit und das Wachstum von Pflanzen und Tieren repräsentiert); Saulė (die Sonnengöttin, eine lebens-

4 Litauisch: *Pagonybė*, Bezeichnung für die Gesamtheit der vorchristlichen baltischen Mythologie und ihrer Gottheiten.

spendende und warme Gottheit); Medeinė (die Waldgöttin, die mit Jagd und Schutz des Waldes verbunden ist); Laima (die Schicksalsgöttin, die das Glück und den Lebensweg der Menschen bestimmt); Velnias (ein komplexer Gott, der sowohl als Trickster als auch als Herr der Unterwelt gilt). Sie können diesen und vielen anderen Göttern in Litauen in Form von Holzfiguren häufig begegnen, vor allem auf dem Land, und jedes Mal in anderer Physiognomie. Diese Götter sind eng mit der Natur und mit dem Schicksal des Menschen verbunden. Nach meiner Erfahrung begegnen Sie diesen Göttern in Litauen auch dann, wenn Sie sie nicht sehen.

Ich möchte auf meinen Patienten M. zurückkommen und von der Stunde berichten, die der oben geschilderten vorausging. Diese vorausgehende Stunde hatte nach meinem Eindruck in ihrer Archaik eine wichtige Funktion dafür, dass das hoch strukturierte symbolische Material der oben geschilderten Stunde sich bilden konnte. In der Stunde vorher erzählte er mir, dass er ein neues Computerspiel entdeckt habe, das er mir zeigen wolle. Wir haben die ganze Stunde ausschließlich über dieses Spiel gesprochen. Ich habe versucht es zu verstehen, er hat versucht, es mir zu erklären und wollte es mir mithilfe des Handys unbedingt auch zeigen. Das Spiel *Radiance – the forgotten god of light* stellt den Kampf einer sehr kleinen, rührenden, fast kümmerlich wirkenden Figur mit einer mächtigen, sehr unheimlich anmutenden weißen Gottheit dar, dem »vergessenen Gott des Lichts« mit dem Namen »das Strahlen«, der mit seinen kalten Strahlen das kleine Wesen wie mit Speerspitzen tödlich zu treffen versucht. Ich bin beim Zuschauen selbst schnell in den Bann dieses unheimlichen und ungleichen Kampfes geraten, der einen fast halluzinatorischen Sog ausübt. Bürgin weist auf Winnicotts Ansicht hin, »dass – zumindest am Beginn des Lebens – *Wahrnehmung und Halluzination zusammen existieren* können. Der Säugling weiß aber noch nicht, ob Halluzinationen von Innen oder von Außen kommen, wodurch *eine Konfusion zwischen Wahrnehmung und Halluzination* entstehen kann« (Bürgin 2022, S. 207/208). Die Sogkraft der virtuellen Welt, hier einer fremd und mythisch anmutenden Szenerie, scheint an diese gemischten Realitätsebenen zu gemahnen. Nachdem das kleine Wesen den gefährlichen Gott überwunden hat, wird kurz ein Text eingeblendet. Mich hat im Nachklang der Stunde dieser Text interessiert, der an den Spieler adressiert und, um den archaischen Charakter zu unterstreichen, in einer Art Alt-Englisch verfasst ist. Man kann die Zeilen auf Deutsch ungefähr so wiedergeben:

> Weh! Du Fleck! Den Sieg erringen zu wollen, und sei es auch nur gegen die bloße Prägung dieser brillantesten Gottheit. Deine Schlachten beweisen zwar Stärke genug, um zu beeindrucken. Aber könntest du jemals hoffen, diesen mächtigen Gott zu besiegen, der im Innersten von Traum und Gedanken wohnt, wenn du ihm in vollkommenem Zustand, an der Spitze aller anderen, begegnet bist? Wir denken: Nein![5]

Nach Einblenden dieses Textes fällt das kleine Wesen durch einen Schacht in eine düstere Unterwelt, in der es hektisch herumirrt. Ich denke an Alvarez' Beschreibung des Wertes idealisierender Erfahrungen für die Entwicklung des Kindes: »Winzige Zunahmen der Idealisierung bei Patienten, deren Fähigkeit zu strahlender Hoffnung gravierend unterentwickelt ist, sollten nicht fortwährend mit der Erinnerung an eben die Verzweiflung und Angst konfrontiert werden, die sie am Ende nicht abwehren, sondern überwinden werden.« (2001, S. 166)

Man könnte viel zu diesen Bildern, diesen Kampf und seine Atmosphäre in Hinblick auf die Gegenwart, Vergangenheit und Zukunft des Patienten deuten. Alvarez betont, »daß es eine Integration der strahlenden und der dunklen Seite der eigenen Natur und des eigenen Objekts nur geben kann, wenn eine adäquate Entwicklung sowohl des idealisierenden wie des verfolgenden Anteils stattgefunden hat« (2001, S. 166). Dem Patienten gegenüber habe ich keinen Deutungsversuch geäußert. Es ging vor allem darum, dass dieses Bild, dieser aggressive Gott der Strahlen und die kleine Figur, die gegen ihn kämpft und ihn letztlich überwindet, im Hier und Jetzt der Stunde entstehen konnten. Gerade eine so frühe, nicht-rekonstruierbare Realität, muss, »um integriert zu werden, aber auch *erschaffen* werden« (Bürgin 2022, S. 206). Um es in der vorchristlichen Heilungsvorstellung auszudrücken, in der Wunden unter Verwendung symbolischer Materialien von heilkundigen Personen (die oft auch die Imker des Dorfes waren) einer »Besprechung« (litauisch: *Upkalbėjimas*) unterzogen werden: Wir haben die Welt dieses PC-Spiels erschaffen, indem wir es »besprochen« (diese Formulierung wählte interessanterweise auch der Patient) und nicht gedeutet haben, und es wirkte auf uns fast wie eine Beschwörung zurück. Ich denke, der Patient hat in den beiden Stunden, über die archaische Kampfszene

5 »Woe! Thou Speck! To achieve victory, even if only against mere imprint of that most brilliant deity. Thine battles proves strength enough to impress. But couldst thou ever hope to overcome that mighty God tunes at the core of dream and mind, when met in perfect state, at peak of all others? We think not!«

auf Leben und Tod zwischen dem kleinen Wesen und dem unheimlichen Gott und der folgenden Übertragung in eine mentale und materielle Installation, einen symbolischen und dadurch geistig-affektiven Zugang zum Trauma seiner Frühgeburt erschaffen und diese Erfahrungen ein Stück weit psychisch repräsentieren und transformieren können.

Um uns von der Adoleszenz aus den Frühstörungen unserer Patientinnen und Patienten zu nähern und ihre Folgen für das gegenwärtige Selbstempfinden der Jugendlichen besser zu verstehen, ist es, so meine ich, hilfreich, wenn wir uns im übertragenen Sinne von archaischen Heilungsvorstellungen der vorchristlichen Zeit inspirieren lassen. Dazu braucht es ein vorübergehendes Zurücktreten des, sozusagen, monotheistischen psychoanalytischen Denkens. Es geht gerade in der Reaktualisierung, Reinszenierung und Repräsentation von Geburt, autistisch-berührender und paranoid-schizoider Phase um ein Eingehen auf Konkretes, Materielles, um das Entstehen-Lassen und die »Besprechung« des sich jeweils inkarnierenden frühkindlichen »Gottes«. So bezeichnet Van der Kolk Erinnerung im Kontext von Trauma als »Reinkarnation« (2021, S. 222).

Wie können wir es therapeutisch begünstigen, dass solcherart psychische Reinkarnation geschieht? Ich denke, Ogden hat auch hierfür treffende Worte gefunden. Ich habe im folgenden Zitat allerdings eine Veränderung vorgenommen: Ich habe immer dort, wo bei Ogden das Wort »Mutter« steht, das Wort *Therapeut* (natürlich ist die *Therapeutin* ebenso gemeint) eingesetzt. Dies macht in der Analogie vielleicht noch fassbarer, welche behandlungstechnischen Anforderungen an unsere psychoanalytische Identität mit der Behandlung der Frühstörung (nicht nur) in der Adoleszenz einhergehen:

> In der frühesten *Therapeut*-Kind-Beziehung muss der *Therapeut* in der Lage sein, sich selbst in die sensorische Welt des Kindes zu versenken, während er sich gestattet, in relative Formlosigkeit zu »deintegrieren«. Dies stellt die sensorische Ebene primitiver Empathie dar. Der *Therapeut* lässt zu, dass seine Identität als Person und *Therapeut* »sich verflüssigt« (Seale, 1987) und zwar auf eine Weise, die mit dem inneren Zustand des Kleinkinds parallel läuft. Diese »De-Integration« (Fordham, 1977) wird von dem *Therapeuten* nicht als Desintegration erfahren, wenn er in der Lage ist, für sich selbst eine generative dialektische Spannung zwischen dem Formlosen und dem Geformten, dem Primitiven und dem Reifen, dem Geheimnisvollen und dem Vertrauten, dem Geschehnis, zum ersten Mal *Therapeut* zu werden, und der Erfahrung, »bereits vorher dagewesen zu sein«, zu schaffen. (Ogden 1995, S. 206)

V. Der Rahmen als Übergangsraum

Ich möchte auf die eingangs erwähnten Fragen meiner Patienten zurückkommen. Die in den vorausgehenden Abschnitten entwickelte Bezugnahme auf Gottheiten der vorchristlichen Zeit steht, sinnbildlich wie auch sehr praktisch, für die im therapeutischen Prozess entstehenden Möglichkeiten einer Repräsentation von Anteilen und Folgen des frühen Traumas. Die Erinnerung geschieht, so van der Kolk, als *Re*-Inkarnation. Die Gottheiten einer nachträglichen Repräsentation des Traumas binden in sich jedoch gleichzeitig *traumatische Vergangenheit, adoleszente Gegenwart und spätere Zukunft*. Sie ereignen sich als Neuschöpfung, als *In*karnation. Sie bilden eine erste Voraussetzung dafür, dass das Trauma in bildlicher, klanglicher, phantasmatischer, körpernaher, atmosphärischer, sensorischer Form in die Lebensgeschichte des Patienten reintegriert werden kann. Eine Aufgabe der Therapie und des Behandlers/der Behandlerin besteht darin, offen zu sein für solche spezifischen Möglichkeiten der Repräsentation. Die Jugendlichen geben uns unbewusst vielfältige Anregungen, wie die Repräsentation ihrer frühkindlichen Traumatisierung und deren Behandlung therapeutisch geschehen könnte. Die Frage ist, ob wir bereit sind, ihren Anregungen zu folgen, auch wenn wir uns zu Modifikationen des Rahmens entschließen müssten. Die Erfahrung einer traumatisierenden *Umgebung* und *Atmosphäre* nimmt in der Phänomenologie der frühkindlichen Störung eine zentrale Rolle ein. Es ist nicht zu verwundern, sondern psychologisch folgerichtig, dass in den unbewussten Versuchen der Repräsentation dieser Traumatisierungen es mitunter einer anderen Umgebung als der des Therapieraums bedarf, um diesen Erinnerungsspuren zu folgen. In diesen besonderen, singulären Situationen wird es für unsere Patientinnen und Patienten offenbar möglich, ganz sensorisch eine Verknüpfung zur Ursprungsszene des Traumas sowie deren Transformation durch ein Gegenbild zu erfahren. Fasst man diese Bewegungen als externalisierte Mikrowelten auf (s. o.), so kann ich aufgrund meiner Erfahrungen deren Charakterisierung durch Bürgin nur bestätigen: »Mikrowelten verfügen über ein implizites Beziehungswissen sowie über bestimmte affektive Gestimmtheit (Zustandsaffekte). Stets enthalten sie Wünsche« (ebd., S. 210). Er fährt fort:

> Jede Externalisierung zeigt – nach einem ersten Schritt der einer inneren, nicht zugänglichen Umformung entspricht – in einem zweiten bereits eine transformatorische Umwandlung. Dabei handelt es sich um eine kommunikative Intention, nämlich die Absicht, dem Anderen etwas über seine Innenwelt zu vermitteln. Es wird ein Etwas (ein Was-System) in die Außenwelt verlagert (in ein Wo-System). [...] Es handelt sich somit um einen räumlich-lokalisatorischen Prozess, bei welchem eine äußerliche Weiterentwicklung möglich werden könnte, da der entsprechende Inhalt einer gemeinsamen Regulierung, Abstimmung und Verknüpfung unterliegt. [...] Wird das Externalisierte *wieder von außen nach innen zurückgeführt*, so hat eine zweite Umwandlungsoperation stattgefunden, an der eine implizite Reflexivität beteiligt war, da eine (zumeist emotionale) Zusatzinformation von außen in die innere Welt zurückgetragen wurde (ebd., S. 212).

Ich berichte im Folgenden in kleinen Skizzen vom Fortgang und Hintergrund der fünf behandlungstechnischen Wünsche, die die zu Beginn erwähnten Patienten an mich richteten:

1. In der Therapiestunde berichtet mir der Jugendliche zunächst Folgendes: »Etwas hat mich in den Ferien schockiert: Ich habe mir Fotos angeschaut, auf denen ich als ganz kleines Kind zu sehen war. Dieses Kind hat so etwas Leichtes gehabt, etwas Freies. Ich habe mich gefragt, was mein früheres Ich von meinem heutigen denken würde, wenn es wüsste, was ich als Jugendlicher alles Schlechtes gemacht habe. Dieser Gedanke hat mich richtig angegriffen.« Plötzlich fragt er mich unvermittelt, ob es ok wäre, wenn wir draußen weitersprechen und er eine raucht. Ich folge diesem Wunsch. Draußen, in der Dunkelheit und Kälte vor der Tür, fragt er mich: Ob ich seinen Stress bemerkt hätte, eben, als er erzählte? Das würde ihm manchmal so gehen, wenn er etwas Unangenehmes erzählen möchte. Plötzlich beugt er sich etwas näher zu mir, flüstert: »Ich glaube, es war nicht gut, dass mir meine Mutter so viel davon erzählt hat, wie sie sexuell missbraucht wurde.« Um das zu erzählen, habe er eine Zigarette zur Beruhigung gebraucht.

2. »Was würde dir helfen, dass du dieses eine Mal in der Woche zur Schule gehen kannst?« – »Würden Sie mich vielleicht fahren?« Über die Bitte meines Patienten habe ich lange nachgedacht. Ich habe ihn dann mehrmals zur Schule gefahren, in dem Wissen, dass er von seiner Mutter als kleines Kind ungewöhnlich lange getragen wurde. Ich denke, das hat ihm gehol-

fen, nach einer völlig fragmentierten Schul- und Lebensgeschichte doch noch einen ersten und später sogar noch einen weiteren Schulabschluss zu machen. Die Autofahrt fungierte hier als Transformation des Wiederholungszwangs und als strukturelle Unterstützung. Und auch er hat mir auf der Autofahrt Einblicke in Gedanken gegeben, von denen er im Therapiezimmer noch nie erzählt hatte.

3. »Ich habe solchen Hunger! Könnten wir vielleicht zusammen etwas zu essen kaufen gehen?« Ich muss unmittelbar an James Herzogs Beschreibung des »Vaterhungers« (1988) denken. S. ist ein stark übergewichtiger 12-jähriger Junge. Aber sein Hunger kann allein durch Essen nicht gestillt werden: Noch als Baby wurde er von Vater und Mutter weggenommen, die beide noch fast Teenager waren und ihn nicht versorgen konnten. Auch nach 12 Jahren führen sie ihr Leben ohne ihn, haben getrennt neue Familien gegründet, haben Kinder, mit denen sie leben. Trotz oder gerade wegen dieses Hintergrundes folge ich meinem Gefühl, dass es vielleicht eine Konkretisierung seines unklaren Hungers braucht. Wir gehen in den nahegelegenen Supermarkt. Dort sucht S. dann gezielt nach dem Getränk, das sein arabischer Vater gerne trinkt. Als er es zurück im Therapiezimmer selbst trinkt, kann er mithilfe dieser Inkorporation das erste Mal aussprechen, wie gerne er bei seinem Vater leben würde.

4. Mit dem 20-jährigen Patienten, der sich wünscht, dass ich ihn immer beruhige und nichts sage, was ihn in Spannung versetzt, kann ich im vertrauten Rahmen im Therapiezimmer besprechen, wie sein Aufwachsen mit einer psychisch schwerkranken Mutter sich in diesem Wunsch spiegelt. Der Wunsch des Patienten hat mir geholfen, eine passendere Sprache zwischen uns und zwischen den Polen des Beruhigens vs. des Begrenzens und zwischen seiner Vergangenheit und Gegenwart zu finden.

5. »Würden Sie meinen Sportlehrer anrufen, damit ich doch an dem Fußballturnier in unserer Schule teilnehmen kann?« Die Bitte kam, ein Jahr später, von dem gleichen Jungen, der mit mir Essen einkaufen wollte. Den Sportlehrer habe ich angerufen. Er durfte beim Fußballturnier noch mitspielen und kam freudig zur nächsten Stunde: Sie hätten das Turnier gewonnen! Er zeigt mir ein Foto, wie sie zusammen den Pokal hochhalten. Und: Er habe »das schönste Tor des Turniers gemacht«. Er habe eine Extra-

Urkunde dafür bekommen. Er habe sich gefühlt wie Ronaldo und führt mir dann vor, wie er gejubelt hat.

Von einer letzten Fall-Vignette möchte ich Ihnen berichten:

D. kommt eilig die Treppe hoch. Im Vorbeigehen sagt er zu mir: »Wie geht es Ihnen?« Th.: »Ganz gut.« Th., im Zimmer: »Wie geht es dir? Wie geht es deiner Mutter?« (Die so schwer krank war.) D.: »Ganz gut.« Er holt das Kartenspiel. Mitten im Spiel: »Was ist das größte Gegenteil eines Psychopathen?« Th.: »Hm, ein gesunder, integrer Mensch?« D.: »Ich meine: ein Soziopath.«

D. ist ein junger Erwachsener, der fast nie über sich selbst spricht, nur über sachliche Themen, die ich dann (v. a. für mich) sozusagen subjektstufig zu übersetzen versuche. Ich habe erst im letzten Elterngespräch von der Mutter selbst erfahren, wie lebensgefährlich krank sie war. D. hat eine sehr enge Bindung an sie. Er wuchs ohne Vater mit ihr auf, während sie tiefes seelisches Leid trug war. Jetzt ist die Mutter gerade weit entfernt in der Reha.

Plötzlich fragt mich D. unvermittelt: »Kennen Sie den Affen Koko?« Ich verneine. D.: »Eine Pflegerin hatte ihm Zeichensprache beigebracht. Ein Affe und ein Mensch konnten sich mit miteinander unterhalten![6] Es gibt auch ein Video, in dem er über den Tod seiner Mutter spricht. Warten Sie, ich zeige Ihnen aber ein anderes…« Daraufhin zeigt mir D. ein sehr berührendes Video des Gorilla-Weibchens Koko, in dem diese sich äußerst liebevoll mit kleinen Katzen beschäftigt, die ihrerseits keinerlei Angst vor ihr zeigen.

Auch hier scheint sich ein Teil der jetzigen und früheren inneren Welt des Patienten in Form des berührenden Umgangs des Gorillas mit den kleinen Katzen abzubilden, in der einzigen Sprache, die er dafür hatte: anhand dieser Videosequenz. Die ausgestandene Angst um die Mutter erholt und beruhigt sich in der Verknüpfung mit Urbildern mütterlicher Liebe und Zuwendung. Wir schauten das Video gemeinsam fast wie in einem Zustand

---

6 Ich empfehle, sich mit der faszinierenden Geschichte des Gorilla-Weibchens Koko bekannt zu machen, die ich durch meinen Patienten kennenlernte. Koko wurde, nachdem sie mit sechs Monaten schwer erkrankte, von Menschen betreut, insbesondere von der Psychologin Francine Patterson. Diese brachte ihr eine abgewandelte Form der amerikanischen Gebärdensprache bei, wodurch es möglich wurde, dass Mensch und Tier miteinander kommunizierten und sich über tiefsinnige Themen, u.a. über die Natur, den Tod der Gorilla-Mutter und das Leben nach dem Tod austauschten.

der Rêverie, als geschehe hier ein Vorgang, in dem »durch eine Art ständiges Träumen intrapsychisch anhaltend Sequenzen von Situationen und Episoden erzeugt werden, welche die Befindlichkeit regulieren« (Bürgin 2022, S. 201).

Epilog

Selma Fraiberg beschrieb mit folgenden Worten die »Gespenster im Kinderzimmer«: In jedem Kinderzimmer gibt es Gespenster. Sie sind die Besucher der unerinnerten Vergangenheit der Eltern, die ungeladenen Gäste bei der Taufe[7] (Fraiberg 1975, S. 387).

Der Dichter Novalis hat sich über die Gespenster so geäußert:

> Wo keine Götter sind, walten Gespenster …[8]

Interessant ist die Fortführung des Gedankens von Novalis: *»... und die eigentliche Entstehungszeit der europäischen Gespenster, die auch ihre Gestalt ziemlich vollständig erklärt, ist die Periode des Übergangs der griechischen Götterlehre in das Christentum.«* Novalis stellt hier eine Überlegung vor, die letztlich in die Überlegungen von Fraiberg mündet. In diesem Sinne möchte ich die Äußerungen von Fraiberg und Novalis miteinander verbinden: Es lohnt sich, gerade in der Arbeit mit frühkindlich verletzten Adoleszenten, Ausschau zu halten nach kohäsiven lebensgeschichtlichen Reflexen, anders gesagt: nach transformierenden Inkarnationen des Traumas. Nennen wir diese Inkarnationen die *vorchristlichen Götter im Therapiezimmer,* die uns manchmal auch aus diesem herausführen. Um eine heilsame Berührung zur verletzten, fragmentierten, sprachlosen frühen Lebenszeit im Kontext der Therapie zu ermöglichen, bedarf es eines erweiterten Verständnisses des Rahmens als eines Übergangsraumes zwischen der lebensgeschichtlichen Vergangenheit, Gegenwart und einer hoffentlich offeneren Zukunft unserer Patientinnen und Patienten. Anders

7 »n every nursery there are ghosts. They are the visitors from the unremembered past of the parents, the uninvited guests at the christening.«

8 Novalis (1799): *Die Christenheit oder Europa. Ein Fragment.*

gesagt, es bedürfte neben einer monotheistischen auch einer polytheistischen psychoanalytischen Behandlungstechnik. Sinnbildlich gesprochen. Aber wer weiß.

Literatur

Alvarez, A. (2001): *Zum Leben wiederfinden*. Frankfurt a. M. (Brandes & Apsel).

Bürgin, D. (2022): *Die Vitalität der präverbalen Psyche*. Frankfurt a. M.: (Brandes & Apsel).

Fraiberg, S..; Adelson, E.; Shapiro, V. (1975): Ghosts in the Nursery: A Psychoanalytic Approach to the Problems of Impaired Infant-Mother Relationships. *Journal of American Academy of Child Psychiatry*, 14(3), S. 387–421.

Green, A. (2017). *Illusionen und Desillusionen in der Psychoanalyse*. (Frankfurt a. M.) Brandes & Apsel.

Herzog, J. M. (1988): On father hunger: The father's role in the modulation of aggressive drive and fantasy. In: Cath, S.H., Gurwitt, A.R., Ross, J. M. (Hrsg.). *Father and child: Developmental and clinical perspectives*. Oxford (Basil Blackwell), S. 163–174.

Hesse, H. (1996 [1943]): *Das Glasperlenspiel*. Berlin (Suhrkamp).

Hinz, H. (2022): Konstruktion – Rekonstruktion. In: Mertens, Wolfgang. *Handbuch psychoanalytischer Grundbegriffe*. Stuttgart: Kohlhammer; S. 500–505.

Kolk van der, B.(2021): *Verkörperter Schrecken. Traumaspuren in Gehirn, Geist und Körper und wie man sie heilen kann*. Lichtenau (G. P. Probst).

Novalis (1799): Die Christenheit oder Europa. Ein Fragment. In: Kamnitzer, Ernst (Hrsg.) (1929): *Fragmente. Erste, vollständig geordnete Ausgabe*. Dresden 1929.

Ogden, T. (1995): *Frühe Formen des Erlebens*. Gießen (Psychosozial).

Staats, H. (2021): *Entwicklungspsychologische Grundlagen der Psychoanalyse. Bd. 1: Schwangerschaft, Geburt, Kindheit*. Stuttgart (Kohlhammer).

Kathrin Hörter & Sebastian Kudritzki
(München)

Mit vier Pfoten im Behandlungszimmer

Psychoanalyse mit Hund

Ein Hund hat die Seele eines Philosophen.
Platon

Beim Tier, da müssen wir uns entscheiden, entweder es ist so etwas wie wir, oder es ist ein Kieselstein.
Sartre

Gib dem Menschen einen Hund und seine Seele wird gesund.
Hildegard von Bingen

Einleitung

Die artenübergreifende Beziehung zwischen Mensch und Hund ist eine ebenso alte, wie faszinierende und findet ihren entsprechenden Widerhall in der Weltliteratur (u. a. Goethe, 2017; Maeterlinck, 2020; Mann, 1978; Tucholsky, 2013). Ein Hund im psychoanalytischen Setting war durch Sigmund Freud (Molnar, 1994; Green, 2002; Tögel & Kogel, 2025) eigentlich von Anfang an »legitimiert«, entsprechende Literatur und Forschung ist aber noch überschaubar (u. a. Bolognini, 2011; Ganser, 2020; Milch & Hartmann, 2024; Sobottka, 2023; Zinnecker-Mallmann, 2018). Bei uns (K. H. & S. K.) ist jeweils privat, in unsere Herzen und damit auch in die Praxen eine Hündin eingezogen. Das verändert das therapeutische Setting natürlich ungemein, positiv wie wir finden. Die Gespräche und Reflexionen über die Arbeit gemeinsam mit unseren Hunden haben zur Idee geführt, diesen Artikel zu schreiben und auf diese Weise unsere Erfahrungen und Gedanken zu teilen. Da auch Hunde individuell sind, wollen wir unsere tierischen Begleiterinnen erst einmal vorstellen – Emma und Yuki:

EMMA

Emma ist eine Labradoodle-Hündin (geb. 12/2021). Ich (S.K.) erlebe sie als sensibel und zart. Sie hat eine leicht ängstliche Seite. Wenn sie verunsichert ist, kann sie nach vorne gehen und wirkt dann etwas forsch. Emma liebt Kinder, ich bin immer wieder berührt davon. Bei größeren Menschen kann sie zunächst etwas unsicher sein, hier braucht sie noch meine Führung, die ihr dann Sicherheit gibt. Wenn sie jemanden kennt, ist sie sehr zutraulich, spielfreudig und neugierig. Sie ist gerne in Gesellschaft, im Behandlungszimmer kann sie sich aber auch gut zurückziehen. Emma hat einen großen Charme und manchmal kann ich mich nicht des Eindrucks erwehren, dass sie diesen auch »bewusst« einsetzt… Sie bereichert mein Leben in und außerhalb der Praxis ganz ungemein und ich bin sehr dankbar, dass es sie gibt.

Sie freut sich immer sehr, wenn sie ihre Freundin Yuki trifft und mit ihr toben kann…

YUKI

Yuki ist eine schwarze Labradorhündin die bei mir (K.H.) lebt, seit sie 8 Wochen alt ist. Seit dem Alter von 12 Wochen, begleitet sie mich in die Praxis und ist ganz selbstverständlich Teil meines Lebens und Arbeitens geworden. Yuki ist sehr menschenbezogen, sie liebt besonders Kinder und kuschelt und spielt gerne mit ihnen. Die größte Herausforderung ist für sie sicherlich, im Therapieraum ihre überschäumende Freude über die großen und kleinen Patient*innen so weit zu kontrollieren, dass sie sich ruhig genug annähert. Wenn ich mit Kinder-Patient*innen auf dem Boden spiele, legt sie sich oft dazu und schaut, was wir tun. Immer wieder bin ich beeindruckt davon, wie fein sie den emotionalen Zustand der Patient*innen wahrnimmt. Manchmal scheint sie in den Stunden tief zu schlafen, wenn der Patient oder die Patientin jedoch weint, wacht sie auf und legt sich zu deren Füßen. Zur Freude der Kinder beherrscht sie einige Tricks, die sie gerne im Tausch gegen Hundekekse vorführt. Wenn ihr ein Praxistag zu lang wird, klettert sie zu fortgeschrittener Stunde auf meinen Schoß und rollt sich dort ein. Sie hat ihren eigenen Humor und als waschechter Labrador ist sie außerdem ein Schwimm- und Food-Lover.

Doch nun nochmal zurück zum Ursprung, zurück zu dem Begründer der Psychoanalyse Sigmund Freud und seinem Verhältnis zu den Hunden.

Die Freuds und ihre Hunde oder: Wie der Hund zur Couch kam

»… es wundert uns gar nicht, daß ein Hund uns einen Vers hersagt…«, so Sigmund Freud (2001, S. 59) in der *Traumdeutung* von 1900. Und in diesem Sinne schrieb er schon 1873, identifiziert in der Rolle des spanischen Hundes *Cipion*, an seinen Jugendfreud Eduard Silberstein: »Ohne Hände kann man nichts ergreifen und ohne Brust nicht umarmen und ohne Augen nichts erblicken und nicht lieben ohne Wahrheit!« (Freud, 1989, S. 51f.) 10 Jahre bevor der erste Hund in die Berggasse einzog, schrieb Freud an Lou Andreas-Salomé: »Auch habe ich mir weder Hund noch Katze beigelegt, ich habe noch genug Weiblichkeit im Hause, Mädchen werden zum Glück nicht zu Kriegsdiensten einberufen« (vgl. Molnar, 1994, S. 81). Hier wird zu ersten Mal deutlich, dass für Freud das Tier bzw. der Hund als Ersatz für abwesende (weibliche) Menschen diente. Die zwanzigjährige Anna war zu dieser Zeit die einzige Tochter, die noch Zuhause wohnte, ihre Schwestern Mathilde und Sophie waren längst verheiratet und entsprechend ausgezogen. Freuds Hunde waren interessanterweise alle weiblich… Anna war nicht nur das Nesthäkchen, sondern mit ihrer Essstörung auch das Sorgenkind der Familie Freud, am 7.1.1912 schrieb sie: »Ich möchte so gerne vernünftig sein, so wie Mathilde, und ich weiß nicht, warum bei mir alles so lange dauert« (vgl. Molnar, 1994, S. 82). Als sie im Alter von 18 Jahren 1914 alleine nach England reiste, fürchtete der eifersüchtige Vater Freud, dass der damals 35-jährige Ernest Jones seine Tochter Anna verführen könnte und teilte ihr in einem Brief vom 16.7.1914 mit, dass Jones zu alt für sie sei und zudem nicht zu ihr passe: »… ich denke nicht daran Dir die Freiheit zu rauben, welche Deine beiden älteren Schwestern genossen haben. Aber es hat sich so gefügt, daß Du noch intimer mit uns gelebt hast als sie, und ich wiege mich in der Hoffnung, daß es Dir schwerer werden wird als ihnen, die Entscheidung über Dein Leben zu treffen, ohne unserer (in diesem Falle: meiner) Zustimmung vorher sicher zu sein« (vgl. Molnar, 1994, S. 82).

Wolf

Über 70 Jahre lang gab es im Hause Freud keinen realen Hund, bis 1925 der deutsche Schäferhund *Wolf*[1] einzog, der Anna Freud auf ihren Spazier-

1 Der Wolf als der Vorfahre des Hundes wurde durch seine Teilnahme an menschlichen Tätigkeiten zum Begleiter, blieb aber (im Gegensatz zum Hund) der Außenstehende.

gängen beschützen sollte. Anna Freuds ödipale Verstrickung mit ihrem Vater zeigte sich nicht nur durch ihre Analyse bei ihrem Vater. Vieles in ihrer Beziehung blieb unausgesprochen, fand aber durch die Hundestimme in ihren Hundegedichten (wie schon damals Sigmund Freud in seiner Identifikation als Hund *Cipion*) ihren Ausdruck. So schrieb sie ihrem Vater zum 70. Geburtstag am 6.5.1926 aus der Sicht ihres Hundes *Wolf*[2] folgendes Gedicht:

> »Ein wegen der Ankunft vieler anderer Verwandter
> vom Hause Verbannter
> macht, entgegen seiner sonst lauteren Artung
> Heut stumm seine Aufwartung.
> Seine Liebe für alles, was freundlich und freßbar
> ist auch mit verschlucktem Thermometer nicht meßbar;
> drum bewahr ihm von allem, was nahrhaft am Feste,
> einen Anteil der Reste.
> Er empfiehlt sich, trotz allen guten Bissen Verträglichkeit, in hündisch
> unwandelbarer Anhänglichkeit.«[3]

Sie spricht hier mit der Stimme des Hundes über die Sehnsucht nach lebensbejahenden Trieben (Fressen und Freundschaft). Im zweiten Geburtstagsgedicht aus Sicht des Hundes am 6.5.1927 schrieb Anna Freud, wohl im Bewusstsein des nahenden Todes aufgrund der fortschreitenden Krebserkrankung ihres Vaters:

> »Bei den Wölfen und Hunden
> sind die Tage und Stunden

2 Wolf verstarb im Herbst 1936.
3 Vgl. Molnar, 1994, S. 82f.

gleich gut oder schlecht.
Zum Jagen und Raufen
ist jede Zeit recht.
Doch wer inmitten
menschlicher Unsitten
zu lange gelebt,
das Gratulieren
zu imitieren
voll Ehrgeiz strebt.
Drum Erscheint als Bekränzter
Heut vor dir ein Geschwänzter.«[4]
(Anna und Sigmund Freud mit Wolf um 1930)

Die Vater-Tochter-Beziehung verband Essprobleme, so schrieb Anna Freud zur Zeit ihrer Essstörung als 15-jähriges Mädchen besorgt an ihren Vater: »Und wirst du Dir im Haag nicht wieder den Magen verderben?« (vgl. Molnar, 1994, S. 84). Und in ihrem letzten Hundegedicht im Jahr 1950:

»Die Liebe geht durch den Magen
ohne den beiden kann man das Leben schwer ertragen.«[5]

Dass der Hund auch ein Ersatzobjekt für Kinder sein kann, wird in dem Brief von Sigmund Freud an Jeanne Lampl-de Groot vom 22. 02. 1927 deutlich, wenn er schreibt: »Woher es kommt, daß diese kleinen Wesen (gemeint sind die Kinder; S.K.) so reizend sind? Wir haben doch allerlei von ihnen zu erfahren, was nicht zu unseren Idealen stimmt und müssen sie als kleine Tiere (Hervorhebung, S.K.) ansehen, aber freilich erscheinen uns auch die Tiere reizend und weit anziehender, als die komplizierten, mehrstockigen erwachsenen Menschen. Ich erlebe das jetzt an unserem Wolf, der mir fast das verlorene Heinele[6] ersetzt« (vgl. Molnar, 1994, S. 85).

4 Vgl. Molnar, 1994, S. 84.

5 Vgl. Molnar, 1994, S. 84.

6 Heinz Rudolph Freud, genannt Heinele, war Freuds Lieblingsenkel und jüngster Sohn von Sophie Freud, er verstarb am 19. 06. 1923, drei Jahre nach seiner Mutter, die am 25. 1.1920 an der Spanischen Grippe verstarb. Am 15.10.1926 schreibt Sigmund Freud an Ludwig Binswanger (vgl. ebd., 1992): »Dieses Kind hat für mich den Platz aller meiner Kinder und Enkelkinder eingenommen, und seitdem, seit Heineles Tod, kümmere ich mich nicht mehr um meine anderen Enkelkinder und empfinde auch keine Lust mehr am

Mit dem Hund Wolf erfuhr/agierte Freud, wie man unerlaubte und in der Folge verdrängte (ödipale) Gefühle maskiert zum Ausdruck bringen konnte. Als Ernest Jones bei Freud zu Besuch war (und wir erinnern uns an Freuds Sorge, Jones könne seine Tochter Anna verführen) und dieser von Wolf gebissen wurde, schrieb Freud an seinen Freund Max Eitingon: »Ich mußte ihn dafür bestrafen, aber ich tat es wirklich ungern, denn er - Jones – verdiente es« (vgl. Molnar, 1994, S. 85). Das ödipale Karussell dreht sich weiter und Freuds Begeisterung für Wolf machte Anna eifersüchtig, was in ihren folgenden Worten von 1925 deutlich wird: »Ich habe Papa zu seinem Geburtstag kein Geschenk gemacht, weil es kein passendes Geschenk gibt. Ich habe nur ein Bild von Wolf mitgebracht, das ich als Scherz gemacht habe, weil ich immer behaupte, dass er sein ganzes Interesse an mir auf Wolf überträgt. Er war sehr erfreut darüber« (vgl. Green, 2002. Übersetzung, S. K.). Wolf starb im Herbst 1936.

Wir können davon ausgehen, dass Freud sich über die Wahl der Rassen Gedanken gemacht hat. Wählte er für Anna den Schäferhund Wolf, einen unerschrockenen Beschützer, galt seine Liebe den Chow-Chows. Eine alte chinesische Hunderasse, die sehr auf ihren Besitzer fixiert sind und als unbestechlich, treu, dickköpfig, ernsthaft und eigenständig gelten.[7] Die Idee, einen Chow-Chow zu haben, wurde wohl von Freuds enger Freundin Prinzessin Marie Bonaparte inspiriert. Nach einer Kiefer-Operation im Jahr 1923 wurde Freud in seiner Genesung von Bonapartes Chow-Chow Hündin Topsy getröstet. In einer seltsamen Schicksalsgemeinschaft litten beide unter einem ähnlichen Zustand (Topsy hatte einen Tumor an der Lefze). Vermutlich symbolisierte Topsy für die Familie Freud die Hoffnung für seine (Sigmunds) Genesung, über die Bonaparte (1994) später in ihrem Buch schrieb.

Leben. Das ist auch das Geheimnis meiner Gleichgültigkeit/Indifferenz – was man Mut genannt hat – in Anbetracht der Bedrohung auf das eigene Leben.«

7 Vgl. *Charakter und Wesen – Was macht den Chow-Chow aus?* www.chowchow.de

Lün-Yu

Im Juni 1928 bekam Sigmund Freud dann seinen ersten eigenen Hund, die Chow-Chow[8] Hündin Lün-Yu von Dorothy Burlingham geschenkt, der Lebensgefährtin von Anna Freud[9], Lün-Yu kam mit einem Brief an, welcher an Wolf gerichtet war.[10] Die Hündin (im Namen von Freuds ödipaler Rivalin Burlingham) präsentierte sich als seine neue Gefährtin, die von seiner Einsamkeit gehört hätte. Die Hündin diente wohl als Kinder-Surrogat im doppelten Sinne (für den verstorbenen Enkel Heinele und für die erwachsen gewordene Tochter Anna). Es kam zur Tragödie im Sommerurlaub in Berchtesgaden: Annas Freundin Eva Rosenfeld wurde von Freud (in Anwesenheit Lüns) aufgrund von Depressionen therapiert. Rosenfeld war eifersüchtig auf Annas neue Freundin Dorothy Burlingham und reiste überstürzt nach Wien ab und nimmt aus ungeklärten Gründen Lün mit sich. Auf dem Zwischenstopp in Salzburg reißt sich Lün angeblich los und wird Tage später auf den Bahngleisen zerschmettert gefunden (Etzold, 2006, S. 3). Anna machte Eva keine Vorwürfe, auch wenn Eva Weissweiler

8 Der Chow-Chow ist ein »entspannter und ruhiger Zeitgenosse, der sich schwer in Aufregung versetzen lässt. Gemeinhin gilt die Rasse als eigensinnig und die Hunde haben ihren eigenen Dickschädel. Der Hund fixiert sich in der Regel auf eine Bezugsperson in der Familie und ist ein absoluter Einmannhund. Dementsprechend ist er nicht als Familienhund geeignet« (https://www.mein-haustier.de/hunderassen/chow-chow/)

9 Vgl. Young-Bruehl (1995). Beide Frauen lebten über 50 Jahre in einer Lebensgemeinschaft, eine lesbische Liebe wurde beiderseits aber stets dementiert (Vgl. Prauß, A., 2020: Unerwiderte Liebe. In: Jüdische Allgemeine vom 3.12.2020). Ein neuerer und spannender Aufsatz zu diesem Thema ist von Mossop (2024) verfasst worden.

10 Im Original auch in Blockschrift: »LÜN-YU HAT VON DER GRÖSSE DES WOLFES GEHÖRT. SIE HAT VON SEINEM UNBEZWINGBAREN MUT UND SEINER FURCHTLOSIGKEIT GEHÖRT, MIT DER ER SICH UNZÄHLIGEN FEINDEN STELLT, SEIEN SIE GROSS ODER KLEIN. SIE HAT VON SEINEN EINSAMEN UND GEFÄHRTENLOSEN TAGEN GEHÖRT UND WEINT UM IHN. SIE HAT SO VIEL MITGEFÜHL FÜR IHN EMPFUNDEN, DASS SIE DEN GANZEN WEG AUS DEM FERNEN CHINA GEKOMMEN IST, UNEINGELADEN UND OHNE EIN GARANTIERTES WILLKOMMEN, UM DEM GROSSEN UND EDLEN WOLF IHRE BEGLEITUNG ANZUBIETEN. SIE HAT GEHÖRT, WIE OFT DU IHM ZU HILFE GEKOMMEN BIST, UND DA SIE IHRE WERTSCHÄTZUNG FÜR DEN GROSSEN WOLF ZU SCHÄTZEN WEISS, WIRFT SIE SICH ZU DEINEN ZU FÜSSEN UND BITTET DICH UM HILFE UND SCHUTZ AUF IHREM ABENTEUER. FÜR DEINE MÜHEN IN IHRER NOT VERSPRICHT SIE, DIR TREU ZU DIENEN, ALLE TAGE IHRES LEBENS. SIE WIRD DIR NIEMALS IM WEG STEHEN, WENN DU REISEN WILLST, SONDERN WIRD FÜR SICH SELBST SORGEN, SO GUT SIE KANN« (Molnar, 1994, S. 93, Übersetzung, S.K.).

(2006) vermutet, die gedemütigte Eva habe sich des Hundes in einem »Akt der Rache« entledigt.

Lün-Yu lebte nur 15 Monate und Freud trauerte intensiv, als wäre sie ein Mensch gewesen (Green, 2002). Zeitgleich waren viele alte Freunde und Kollegen Freuds entweder verstorben, im Ausland oder im Streit von ihm getrennt.

Jofie

Nach sieben Monaten war er Anfang 1930 bereit, Lün-Yus Schwester Jofie aufzunehmen. An dieser Stelle ist es vielleicht erwähnenswert, dass Freuds Frau Martha Hunde nicht mochte (Green, 2002), schon nach wenigen gemeinsamen Wochen mit dem Hund verglich Freud Jofie mit einer anderen unzertrennlichen Gefährtin: »Ich vermisse sie jetzt fast so sehr wie meine Zigarre. Sie ist ein bezauberndes Geschöpf, so interessant auch in ihren weiblichen Eigenschaften, wild, impulsiv, intelligent und doch nicht so unselbständig, wie es Hunde oft sind« (ebd., Übersetzung, S. K.). Freud fuhr nach Berlin, um sich dort behandeln zu lassen, Jofie wurde in Kagran untergebracht, da Martha ja keine Hunde mochte. Zu seinem 74. Geburtstag erreichte ihn ein Gedicht:

»Jo Fie, die Hüpfende,
durch Tore entschlüpfende,
die der Leine Entgleitende,
mit Feinden sich streitende,
schickt anbei
zum 6. Mai
ein Symbol,
das anzeigen soll,
wie sie will sich verwandeln
und bedächtiger handeln:
will bei offenen Türen
nur wenig sich rühren
will nicht bellen, nicht raufen,
will kaum fressen und saufen.
So spricht Jo Fie, die Trauernde,
die Trennung Bedauernde.«[11]

11 Vgl. Molnar, 1994, S. 88.

Wir hören hier in einer Sprachverwirrung zwei Stimmen: die der Hündin Jofie, die ihr Herrchen vermisst, und die der schuldbewussten Tochter Anna, die um die Liebe ihres Vaters buhlt. Es war ein Hund, der Sigmund und Anna Freud zu ihrer einzig gemeinsamen Publikation zusammenbrachte. Beide übersetzten, auf ihre Auswanderungsdokumente wartend, das Buch von Marie Bonaparte (1994) über ihren Hund Topsy.

Freud schrieb traurig an seine Frau: »Besucht jemand Jofie? Ich vermisse sie sehr« (Green, 2002, Übersetzung, S. K.). Nach der Wiedervereinigung schien Jofie immer dabei zu sein und wurde von Freud recht verwöhnt, so fütterte er Jofie von seinem Teller, da er selbst aufgrund seiner Schmerzen z. T. nur wenig aß, was zweifellos zu Jofies pummeliger Figur beitrug (Green, 2002). Seine große Liebe wird deutlich, wenn Freud an Lou Andreas-Salomé, ebenfalls eine große Hundefreundin, schreibt: »Sie (Jofie) ist ein entzückendes Geschöpf, so interessant, auch als Frauenzimmer, wild triebhaft, zärtlich, intelligent und doch nicht so abhängig, wie andere Hunde sein können. Man wird den Respekt vor solchen Tierseelen nicht los« (Etzold, 2006, S. 2).

Im Gegensatz zu Wolf, der Patienten gerne auch mal anknurrte oder ansprang (Etzold, 2006), zeigte Jofie gute co-therapeutische Qualitäten, die Freud auch bewusst einsetzte, was in seinem Ausspruch: »Wen die Jofie nicht mag, bei dem stimmt was nicht« (Sobottka, 2023), deutlich wird. Jofie war auch die Hüterin des Rahmens, wenn sie das Ende einer Therapiestunde mit ausgiebigem Gähnen und Dehnen ankündigte (Freud, M., 1973; Green, 2002). 1936 schreibt Freud an Marie Bonaparte, auch eine Chow-Besitzerin, über seine Hundeliebe: »Es sind wirklich die Gründe, weshalb man ein Tier wie Topsy (oder Jofi) mit so merkwürdiger Tiefe lieben kann, die Zuneigung ohne Ambivalenz, die Vereinfachung des Lebens von dem Konflikt mit der Kultur befreit, die Schönheit einer in sich vollendeten Existenz. Und bei aller Fremdheit der organischen Entwicklung doch das Gefühl einer innigen Verwandtschaft, einer unbestrittenen Zusammengehörigkeit. Oft, wenn ich Jofi gestreichelt, habe ich mich dabei ertappt, eine Melodie zu summen, die ich ganz unmusikalischer Mensch als die Arie aus dem Don Juan erkennen mußte: »Ein Band der Freundschaft bindet uns beide…«« (Freud, 1989, S. 271).

Jofie starb am 11.1.1937, die tiefe Trauer von Freud wird in einem Brief an Arnold Zweig deutlich, wenn er schreibt: »Abgesehen von jeglicher Trauer ist sie sehr unwirklich und man fragt sich, wann man sich daran gewöhnen wird. Aber über sieben Jahre Intimität kommt man natürlich nicht so leicht hinweg« (Green, 2002, Übersetzung, S. K.).

Lün Yu oder Lün Nummer zwei

Kurz nach Jofies Tod bekam Freud einen neuen Chow geschenkt Lün Nummer zwei. Als »zeitweiligen« Ersatz für *Lün*, die, um nach England zu kommen, 6 Monate in Quarantäne musste, wurde Freud in England der Pekinese *Jumbo* gekauft (vgl. Molnar, 1984, S. 90), die beiden wurden aber nie richtig warm miteinander (Etzold, 2006, S. 3) und Jumbo hält sich lieber an die Haushälterin Paula Fichtl. Freud ist in London erst wieder glücklich, als Lün aus der Quarantäne entlassen wird, die Entlassung aus dem »Gefängniszwinger« am 2.12.1938 war u. a. der *Daily Mail* unter der Überschrift »Freud´s Pet Dog is Released from Prison«[12] eine Geschichte mit Foto (von Anna Freud und Prinzessin Marie Bonaparte, als sie Lün begrüßen) wert. Lün hatte die Trennung gut verkraftet (Freud hatte sie gelegentlich besucht) und nimmt Haus und Garten im Stadtteil Hampstead in Besitz. Paula Fichtl erinnert sich, dass das Schlimmste für Freud, schon schwer von seiner Krankheit gezeichnet, gewesen sei, »dass der Chow nicht mehr hat zu ihm wollen« (Berthelsen, 1987), Lün erträgt den Krankheits- und Todesgeruch nicht… Sigmund Freud stirbt am 23.9.1939 durch begleitete Sterbehilfe seines Arztes Max Schur.[13]

Zwei Jahre vor ihrem Tod schrieb Anna Freud zur Beziehung ihres Vaters zu seinen Hunden: »Was Freud an seinen Hunden schätzte, war ihre Anmut, Ergebenheit und Treue; was er oft lobend hervorhob – als ausgesprochenen Vorzug im Vergleich zu den Menschen –, war die Abwesenheit jeglicher Ambivalenz. ›Hunde‹, wie er zu sagen pflegte, ›lieben ihre Freunde und beißen ihre Feinde, ganz anders als die Menschen, die reiner Liebe unfähig sind und jederzeit Liebe und Haß in ihren Objektbeziehungen mischen müssen‹« (vgl. Molnar, 1994, S. 81f.).

»›Da ist ein Land der Lebenden und ein Land der Toten, und die Brücke zwischen ihnen ist die Liebe – das einzig Bleibende, der einzige Sinn.‹ So lautet der letzte Satz in einem von Freuds Lieblingsbücher: ›Die Brücke von San Luis Rey‹ von Thornton Wilder. Diese Liebe ist die ursprüngliche

12 Vgl. Freud Museum London Archive [PC/12/010].
13 Vgl. Schur, M. (1973): *Sigmund Freud. Leben und Sterben.* Frankfurt a. M.: Suhrkamp.

Verbindung zwischen verschiedenen Welten, umso mehr, wenn sie zwischen Mensch und Hund zusammenkommt. Hunde leben jenseits unserer Sprache und unseres Verstandes« (Molnar, 1994, S. 91).

Beziehung, Bindung und Empathie – vom besonderen Verhältnis zwischen Hunden und Menschen

Durch die lange Co-Evolution bzw. Domestikation und Zuchtauswahl haben sich Hunde stark an das Zusammenleben mit dem Menschen angepasst und können deshalb im Alltag häufig hervorragend mit uns »mitlaufen«. Sie beobachten Interaktionen zwischen Individuen sehr genau und können anhand dessen auch die Beziehung und das hierarchische Verhältnis zwischen zwei oder mehreren Menschen gut beurteilen. Eine Hundetrainerin sagte einmal salopp zu mir (K. H.): »Wenn ich in Familien zum Training bin, zeigt mir der Hund ganz klar, wer hier das Sagen hat.«

Hunde führen »eine Doppelexistenz. Sie müssen (…) eine ›Doppelsprachigkeit‹ erwerben« (Gansloßer & Kitchenham, 2019, S. 45). So müssen sie lernen, sich sowohl in der Hundewelt als auch in der Menschenwelt sozial zurechtzufinden und die jeweiligen, teilweise sehr unterschiedlichen Regeln und Verhaltensweisen zu verstehen und passend auf sie zu reagieren. All dies schaffen Hunde ziemlich gut, sofern wir ihnen die Möglichkeit geben, in Ruhe und mit unserer Hilfe in verschiedenen Situationen zu lernen, da sie, ebenso wie wir Menschen, hochgradig sozial ausgerichtete Lebewesen sind. Sie sind dazu in der Lage, die Körpersprache von anderen Hunden wie auch von uns Menschen hervorragend zu lesen und bemerken auch kleine Veränderungen, die wir teilweise selbst gerne verbergen möchten.

Hunde bilden auch eine spezifische Bindung bzw. einen spezifischen Bindungstyp in Bezug auf ihren Halter / ihre Halterin aus, wie Versuchsanordnungen zeigen, die vom »Fremde-Situations-Test« (Ainsworth & Bowlby) für Hunde-Halter*in-Paare adaptiert wurden. Sie erleben ihre Bezugsperson in diesem Sinne jeweils mehr oder auch weniger als »sicheren Hafen« zur Unterstützung in stressreichen Situationen, wenn sich auch die spezifischen Verhaltensmerkmale, an denen der Bindungstyp äußerlich erkennbar wird, teilweise vom Menschen unterscheiden.

Bereits für das Alter von acht Wochen lässt sich für Welpen in spezifischen Experimenten das »social referencing« belegen. In verunsichernden Konstellationen wenden sie den Blick zurück an ihre Mutter oder aber auch an Menschen. Bei intensiv-innigen Interaktionen zwischen Menschen und ihren Hunden werden auf beiden Seiten vermehrt Oxytocin sowie Dopamin und Endorphine ausgeschüttet. Die Herzschlagrate sinkt, es stellt sich Wohlbefinden ein (vgl. Gansloßer & Kitchenham, 2019).

Während lange Zeit Tieren generell abgesprochen wurde, Gefühle empfinden zu können, legt die moderne Hundeforschung sehr nahe, dass auch Hunde Emotionen wie Freude, Trauer oder Wut empfinden (jede*r Hundehalter*in würde das aus dem eigenen Erleben heraus sofort unterschreiben). Durch die Neurowissenschaften und MRT-Studien wissen wir heute nicht nur, dass sie Gefühle haben, sondern auch wie sich diese Gefühle neuronal abbilden (Berns, 2017). Hunde haben die gleichen Hirnareale wie Menschen mit denselben Botenstoffen. Es ist daher davon auszugehen, dass Hunde ganz ähnlich fühlen wie wir und auch komplexe Gefühle wahrnehmen und auswerten können (Grote, 2022, S. 6). So, wie es aussieht und worauf die Forschungsergebnisse klar hinweisen, sind wir nicht die einzigen, die so etwas wie Eifersucht oder Ungerechtigkeit empfinden können oder die Fähigkeit zum Humor bei unserem Gegenüber schätzen. Unsere felligen Begleiter*innen sind wohl auch in spezifischen Aspekten in der Lage, unsere Perspektive zu übernehmen, so könne sie z. B. wohl gut einschätzen, was wir von unserer Position im Raum aus sehen können und was nicht (vgl. Gansloßer & Kitchenham, 2019).

Unsere Gefühlszustände werden rasch von unseren Hunden aufgenommen und gespiegelt, sie sind affektiv sehr leicht ansteckbar. Dies geschieht zum einen durch unser Ausdrucksverhalten wie Stimmlage, Körperhaltung, Mimik etc., die wir im sozialen Alltag auch immer wieder versuchen so weit zu kontrollieren, dass für andere von außen nicht so leicht erkennbar wird, was in uns vor sich geht. Sie reagieren mit einer Veränderung des Blicks und der Herzfrequenz auf sechs verschiedene menschliche Gesichtsausdrücke: Wut, Angst, Freude, Traurigkeit, Überraschung und Ekel (Siniscalchi et al., 2018). Hunde sind aber nicht nur ungleich besser in der Wahrnehmung des körperlichen Ausdrucks als wir oder lassen sich vielleicht auch nicht so leicht durch Gesagtes ablenken. Aufgrund ihrer gigantisch großen Menge an Riechzellen und ihres entsprechend großen Hirnareals für Gerüche können sie nicht nur unterscheiden, von wo her wann ein Reh den Weg gekreuzt hat und wo es hingegangen ist, sie können auch unseren emotionalen Zustand riechen und reagieren beispielsweise auf den Geruch von Angst mit Stress (vgl. Colino, 2021). Liegt hingegen ein Geruch von Freude in der Luft, sind sie entspannter und zeigen größeres Interesse an fremden Menschen (D`Aniello et al., 2018). Hunde weisen bei Menschen, mit denen sie sich verbunden fühlen, eine affektive Empathie auf, d. h. sie besitzen die Fähigkeit, die Gefühle dieser Person instinktiv zu verstehen. So schenken sie Personen, die weinen beispielsweise, besonders viel Aufmerksamkeit (entweder durch intensiveren Blickkontakt oder durch körperliche Nähe) und zeigen einen erhöhten Stresshormonspiegel (Meyers-Manor & Botten, 2020). Viele Hunde spüren, wenn andere Wesen »angeschlagen« oder angespannt sind, und reagieren dann mit beruhigendem, tröstendem Verhalten wie Kopf auf den Schoß legen, Hände ablecken, sich zu den Füßen legen oder auch mit Rückzug, wenn es ihnen zu viel ist (vgl. Gansloßer & Kitchenham, 2019).

Interessant zu beobachten ist es, dass schlechte Beziehungserfahrungen, die von Menschen mit anderen Menschen gemacht wurden, häufig nicht auf Tiere übertragen werden. Oft wird es als unglaublich entlastend erlebt, dass Tiere uns einfach so nehmen, wie wir gerade sind (sofern wir sie gut behandeln), sie beurteilen weder unseren sozialen Status noch unser Aussehen. Vielleicht werden die Tiere insofern als »vertrauenswürdiger« erlebt, als dass sie sich nicht verstellen, sondern, wenn wir ihre Signale lesen können, uns immer eine unmaskierte Rückmeldung über ihre Befindlichkeiten geben. Sie machen uns sozusagen »nichts vor«. Umgekehrt können positive Erfahrungen mit Tieren oft auch auf Menschen übertragen werden (vgl. Wohlfahrt & Mutschler, 2020). Tiere können uns ganz sinnliche Erfahrungen ermöglichen, indem wir sie streicheln oder mit ihnen kuscheln. Gerade letzterer Aspekt ist eine Besonderheit im psychodynamisch-psychotherapeutischen Setting, da der Körperkontakt mit dem/der Therapeut*in sehr reduziert bis nicht vorhanden ist, gleichzeitig Berührungen existenziell wichtig sind (u.a. Anzieu, 1996; Küchenhoff, 2012). Bei manchen meiner erwachsenen Patient*innen (K. H.), die alleine und recht isoliert leben, ist Yuki über längere Phasen hinweg oft das einzige Lebewesen, mit dem sie Körperkontakt haben.

All die genannten Eigenschaften und Fähigkeiten machen unsere tierischen Gefährtinnen Emma und Yuki zu kompetenten Co-Therapeutinnen. Durch ihre unmittelbaren, direkten Reaktionen auf eine bestimmte Atmosphäre oder ein jeweiliges Verhalten wird es manchmal deutlich leichter, etwas zur Sprache zu bringen und zu reflektieren. Sie stellen gemeinsam mit uns und unseren Patient*innen ein ganz spezifisches therapeutisches »Milieu« her, das, im Vergleich zum herkömmlichen Setting, aus Dreien statt Zweien besteht. Der Hund erweitert dabei durch seine Fähigkeiten zum einen unsere Wahrnehmung wie ein Seismograph, zum anderen ist er aber nicht nur ein »Instrument«, sondern ein weiteres »Subjekt« mit Persönlichkeit und Eigenleben, das den Therapieprozess direkt oder indirekt beeinflusst.

Zum Feld Therapeut*in – Patient*in – Hund: Triangulierung und Objektverwendung

Das therapeutische Arbeiten in der Einzeltherapie ist in der Regel darauf ausgelegt, erst einmal (real) in einer Dyade stattzufinden. Diese Dyade ist geprägt von exklusiver Zuwendung des / der Therapeut*in zum Gegenüber, ungeteilter Aufmerksamkeit und einer Beziehung, in der der / die Dritte nur indirekt, im Gespräch, im Spiel, der Szene oder der (unbewussten) Phantasie vorkommt. Sicherlich finden in der Kinder- und Jugendlichen-Psychotherapie auch Gespräche mit den Eltern oder anderen Bezugspersonen, also den realen Objekten statt, manchmal sind auch Geschwisterkinder im Wartebereich mit dabei oder möchten einen Blick ins Behandlungszimmer erhaschen. Dennoch ist klar, dass die therapeutische Zweier-Beziehung zwischen Kind oder Jugendlichem und Therapeut*in vor dem Eindringen der realen Objekte geschützt wird und so eine hohe Intimität entsteht, die das therapeutische Arbeiten an sich und die damit verbundenen Prozesse erst möglich macht. Dies hat verschiedene Auswirkungen. Patient*innen können in der Dyade Vertrauen fassen, Schutz finden, intensive Übertragungen ausbilden, regredieren, Emotionen erleben, teilweise emotional »auftanken«, altersgemäß (gemeinsam) reflektieren und Entwicklung aufnehmen. Das Arbeiten an der Triangulierungsfähigkeit von Patient*innen findet so in der Regel trotz »Zweier-Situation« im Therapieraum, quasi auf indirekte Weise statt (vgl. Grieser, 2021). Innerlich halten wir eine Beziehung z. B. zum mütterlichen Objekt und deren Perspektive und auch zu unserem Gegenüber, ohne dass wir in unserem inneren Erleben in rein dyadische Beziehungen trennen bzw. spalten müssen. Diese Fähigkeit versuchen wir auch bei unseren Patient*innen zu fördern.

Durch den Hund im Therapieraum kommt auf ganz realer Ebene ein relevantes Objekt hinzu. Schon allein dadurch, dass wir als Therapeut*innen eine Beziehung zu unseren Hunden haben, ihnen sichtlich zugewandt sind, liebevolle Gefühle ihnen gegenüber haben, uns gelegentlich auch einmal über sie ärgern, sie versorgen, erziehen und im Blick haben, werden sie für unsere Patient*innen mehr oder weniger von Bedeutung. Wir werden beobachtet, ob wir denn mit unserem Hund nicht »zu streng« oder »zu lax« umgehen. Vor kleineren oder größeren Übergriffen durch unsere Patient*innen (grobes Streicheln, Festhalten, Herumkommandieren etc.) müssen wir unsere Hunde auch schützen, was einiges an Fingerspitzengefühl und Affektkontrolle unsererseits erfordert. Es ist unser Hund, der am Ende des Tages mit uns nach Hause geht und mit dem wir auch unsere Freizeit verbringen. Entgegen der Tatsache, dass die Patient*innen in der Regel nur sehr wenig über uns wissen und auch unsere Familienangehörigen, Partner*innen, Freunde etc. nicht kennen, erleben sie uns mit unseren Hunden, wie wir uns ihnen gegenüber verhalten und wie wichtig sie für uns sind. Die Anwesenheit dieses besonderen Dritten im Therapieraum und im therapeutischen Beziehungsgefüge kann Verschiedenes in den Patient*innen auslösen und bewirken, je nach biographischer Vorerfahrung in Bezug auf dyadische Beziehungen und trianguläre Situationen.

Manche Patient*innen erleben den Hund eher als eine Art Entlastung für die »Enge« der Zweiersituation. Sie beziehen sich während der Stunde dann auf ihn, wenn es droht, zwischen Therapeut*in und ihnen selbst »zu nah« zu werden, und verwenden ihn somit als eine Art Regulativ. Wenn sie befürchten, in der Dyade »verschluckt« werden zu können, ist der Bezug auf die fellige Co-Therapeutin eine Erleichterung. Man könnte also sagen, Emma oder Yuki werden dann in einer triangulierenden Funktion verwendet, indem »die Beziehung zwischen zwei Polen durch einen dritten ermöglicht und reguliert wird, wobei die Triangulierung Öffnung und Entwicklung bedeutet, zugleich aber auch Stabilisierung und Sicherheit« (Grieser, 2021, S. 10). Ebenso sind die Lebendigkeit und das Eigenleben des Hundes für Menschen, die sich selbst eher als leer, unvital oder gehemmt empfinden, eine Erleichterung und manchmal auch ein Vorbild. Für wiederum andere ist der Hund (zunächst) eine empfundene Zumutung, wie das Fallbeispiel, indem es sowohl um (mangelnde) Triangulierungsfähigkeiten in einer Familie als auch um Geschwisterrivalität geht, erläutern wird.

Fünf kleine Fallvignetten

»Yukiiiii… du störst!«

Helena war sieben Jahre alt, als ihre Eltern einen Therapieplatz für sie suchten. Der Anlass war, dass das Mädchen immer wieder zuhause »ausraste«. Dabei gehe sie ihre knapp drei Jahre jüngere Schwester körperlich an, schreie, weine und fühle sich, wenn die Eltern schimpften, sehr ungerecht behandelt. Dieses Verhalten machte den Eltern Angst. In der Schule habe sie sich »ganz gut im Griff«, allerdings falle es ihr schwer, Freundschaften zu schließen. Immer wieder mache sie die Erfahrung, ausgeschlossen zu werden und aus Gruppen herauszufallen. Die jüngere Schwester sei »viel unkomplizierter« als Helena. Es wirkte auf mich (K. H.), als ob Helenas Platz in der Familie nicht sicher sei, als lauere eine stete Bedrohung im Hintergrund, als Störenfried ausgeschlossen zu werden. Die Familie schien immer wieder in Dyaden zu zerfallen – die Mutter und der Vater / der Vater und die kleine Schwester / die Mutter und Helena.

Als ich Helena kennenlerne, erlebe ich ein empfindsames, verletztes, eher zartes Mädchen, das versucht, mich mit seinen Fähigkeiten und mit seinem Wissen zu beeindrucken und zu gewinnen. Ihre deutlich zu spürende Traurigkeit überspielt sie durch Clownerie. Was sie selbst empfindet und erlebt, ist lange Zeit nicht besprechbar. Gefühle wie Neid, Eifersucht, Trauer gibt sie an, nicht zu haben, wenn ich versuche, das Thema vorsichtig ins Spiel zu bringen, da sei sie schließlich »vernünftig«. In einer Stunde spielt sich folgende Szene ab: Helena und ich sitzen auf dem Teppich und spielen ein Brettspiel. Yuki steht von ihrem Platz auf, auf dem sie mit Abstand zu uns gelegen war und legt sich direkt neben mich, den Kopf auf meinen Beinen und schaut zu, während wir spielen. Bis dahin war Helenas Umgang mit Yuki vordergründig freundlich, eher »neutral« und kontrolliert. Sie erzählte mir, was sie über Hunde wisse, und streichelte den Hund zur Begrüßung eher mechanisch, sozusagen »pro forma«. Als Yuki sich in dieser Szene ganz eng zu mir legt, verändert sich die Atmosphäre sehr deutlich. Helena unterbricht das Spiel, wendet sich Yuki zu und streichelt sie etwas zu fest. Yuki reagiert, steht auf und läuft zu ihrem Platz, dabei so eng am Spielbrett vorbei, dass sie die Spielfiguren umwirft. Helena ruft empört: »Yukiiii… du störst – totaaaal!« Einen solch emotionalen Ausbruch hatte ich bis dahin bei dem Mädchen noch nie erlebt. Mittels der konkreten Inszenierung kommen die ansonsten möglichst unterdrückten, »unvernünftigen« Gefühle der jungen Patientin direkt an die Oberfläche. Durch das gemeinsame Erfahren, wie störend und destruktiv sie die Dritte empfindet, können wir schließlich ins Gespräch darüber kommen, was sie fühlt. Yuki »zerstörte« für Helena offensichtlich die wohlige, ausschließliche Nähe mit mir, in der ich mich nur um sie kümmerte. Sie habe das Gefühl gehabt, ich wolle gar nichts mehr mit ihr zu tun haben, wo doch jetzt Yuki bei mir liege, die ja so »kuschelig weich« sei. Als ich eine Weile später anmerke, dass sie ja vielleicht auch zuhause etwas Ähnliches erlebe, seufzt sie: »Jaaa… und immer soll ich vernünftig sein, weil ich ja die Größere bin.« Es kann im Erleben von Helena keine »wohlige Nähe« zu dritt geben, es sind immer nur zwei, der/die Dritte fällt heraus und bleibt verlassen und traurig zurück.

Was in der Fallvignette neben dem Triangulierungsaspekt an sich ebenso deutlich wird, ist, dass Yuki hier Objekt der Übertragung von Helena wird. Sie erlebt sie wie die jüngere Schwester, die für die Eltern viel »einfacher« zu sein scheint, während Helena selbst von ihnen als »aggressiv« abgelehnt wird. Sie erklärt sich die Liebe von Vater und Mutter zu ihrer Schwester damit, dass diese so angenehm »warm und weich« sei, während sie selbst destruktiv-grenzüberschreitend zu sein scheint. Diese Bewertung ihrer selbst externalisiert sie auch auf den Hund, der unser gemeinsames Spiel »zerstört«, indem er die Spielfiguren umwirft. Yuki wird also auf vielfältige Weise als Objekt im therapeutischen Raum verwendet.

Generell lässt sich mit Anne Hurry (2005) die psychodynamische Therapie als eine Entwicklungstherapie beschreiben. Als Basis hierfür sieht sie ein lebenslanges Bedürfnis, sich mit Hilfe eines adäquaten Objektes entwickeln zu wollen, wobei der/die Analytiker*in sich sowohl als verstehendes / deutendes wie auch als (nicht deutendes) Entwicklungsobjekt zur Verfügung stellen muss. Der/die Analytiker*in fungiert somit »als eine Art Sprungbrett auf dem Weg zu einer angemessenen Unabhängigkeit von den primären Entwicklungsobjekten« (ebd., S. 26) und ermöglicht somit eine Förderung der gehemmten psychischen Entwicklung.

Tähkä (1996, S. 218ff.) arbeitet heraus, dass der/die Analytiker*in für den/die Patient*in ein Objekt auf verschiedenen Ebenen (»mulitlevel object«) darstellt und er unterscheidet hierfür zwischen realem bzw. aktuellem (»contemporary«), früherem (»past«) bzw. Übertragungsobjekt und neuem (»new«) Objekt. Als neues Objekt ermöglicht es der/die Analytiker*in dem/der Patient*in, Erfahrungen außerhalb des Wiederholungszwangs zu machen und somit unterbrochene Entwicklungsprozesse wieder aufzunehmen. Alle relevanten strukturellen Veränderungen in der Persönlichkeit des/der Patient*in, so Tähkä, können nur mittels der Erfahrung des/der Analytiker*in als neuem Entwicklungsobjekt stattfinden. Das bedeutet jedoch natürlich nicht, dass die Bearbeitung der Übertragungsbeziehung durch Deutung irrelevant ist, vielmehr hat der/die Therapeut*in eine Art Doppelfunktion, worauf bereits Anna Freud im Rahmen von Kindertherapien 1945 hingewiesen hatte (vgl. Novick, 1990).

Da unsere Hunde uns in den Therapien begleiten, stellt sich nun die Frage, ob und auf welche Weise sie nun als relevante Objekte verwendet werden. Schon bei Helena ist zu sehen, dass sie in der Spielszene eine eigene (negative) Übertragung auf Yuki ausbildet (vielleicht auch, um mich vor diesen Anteilen ihrer Übertragung zunächst zu schonen), sie also als Übertragungsobjekt verwendet.

Ist Yuki traurig, wenn ich gehe?

Wie wichtig die objekthafte Verwendung des Hundes für die Entwicklung mancher Patient*innen werden kann, zeigt das Beispiel von Niklas. Er war acht Jahre, als er die Therapie bei mir (K.H.) begann. Niklas wurde von seinen Eltern als sehr unruhig, sprunghaft und impulsiv beschrieben. Es falle ihm schwer, sich zuhause an Regeln und Einschränkungen zu halten, er sei schlicht »tyrannisch«. Nachts habe er jedoch Angst und Alpträume. Aufgrund der familiären Bedingungen (Postpartum-Depression der Mutter und phasenweise Abwesenheit des Vaters) konnte Niklas nur bedingt stabile, innere Objekte aufbauen und war auf emotionaler Ebene den psychischen Belastungen seiner Eltern ausgesetzt. Niklas' Therapie begann vor der Zeit, als ich Yuki hatte. In den Stunden erlebte ich den Jungen als extrem unruhig und zappelig, zum Spiel im eigentlichen Sinne, das mehr als reine motorische Abfuhr darstellte, kaum in der Lage. Ich startete immer wieder etwas hilflose Versuche, Worte dafür zu finden, was wohl in ihm los sein oder auch, wie die Situation mit mir für ihn vielleicht sein könnte. Dabei fühlte ich mich in der Regel von ihm völlig entkoppelt, entfremdet, isoliert, beklommen. Ich wurde wohl zur depressiven, psychisch abwesenden Mutter, von der für Niklas eine große Bedrohung ausging (verlassen zu werden, wenn man sich auf sie einlässt), die nur äußerlich Mutter / Therapeutin »spielt«. Diese Phase der Therapie ging ca. neun Monate lang so, bis mich Yuki als Welpe mit in die Praxis begleitete. Natürlich hatte ich Niklas und auch seine Eltern auf diese Veränderung im Setting vorbereitet. Niklas war voller Vorfreude – er liebte Tiere. Mit dem Welpen im Therapiezimmer veränderte sich die Szene schlagartig. Niklas war ganz entzückt von Yuki. All seine Sehnsucht und Liebe bahnten sich ihren Weg – »Wie süß sie ist!«, rief er immer wieder. Zugleich musste ich mein Verhalten ihm gegenüber verändern, denn ein enthusiastischer Welpe und ein sehr unruhiger, teilweise fast manisch aufgekratzter Junge sind eine Kombination mit Eskalationspotenzial. Ich musste beide gleichermaßen konkret strukturieren, Regeln aufstellen, was geht und was nicht geht (z. B. ständig wildes Herumrennen im Zimmer, damit der Welpe hinterherläuft, geht nicht) und auch regulieren, z. B. Ruhepausen einbauen. Man könnte also auch sagen, etwas stärker »Väterliches« hat Einzug in die Stunden gehalten. Yuki wurde von Niklas als weniger bedrohliches Objekt (im Vergleich zu mir) erlebt, so dass er liebevolle Gefühle, Nähe und Wechselseitigkeit zulassen konnte. Hier wurde der Hund wohl zum einen Übertragungsobjekt für die guten, mütterlichen Erfahrungen, die es wohl auch gegeben haben musste. Zum andern wurde der Hund für den jungen Patienten auch ganz konkret lebendig und sinnlich erlebbar, vielleicht ähnlich einer frühen Mutter, an die man sich schmiegen kann und die einen wärmt. Die intensive Freude, die Yuki schwanzwedelnd zeigte, wenn Niklas zu Stundenbeginn in den Raum kam, ließ ihn förmlich erstrahlen, und er fragte oft, fast ungläubig: »Freut sie sich, wenn ich komme?« Es wirkte auf mich so, als würde es ihm Yuki als ein Entwicklungs- und Übertragungsobjekt ermöglichen, den *Glanz im Auge der Mutter* (Kohut, 1971) nachträglich zu erleben. Da ich im Kopf hatte, dass Niklas mehrfach seine Eltern innerlich durch reale oder psychische Abwesenheit »verloren« hatte, bereitete ich die Trennungen von Stunde zu Stunde und auch vor den Ferien immer wieder gut vor. Allerdings gab sich der Junge mir gegenüber immer betont gleichgültig, er verleugnete seine Trauer und die Angst in Bezug darauf. Erst durch die Beziehung zum Hund konnten die mit den Trennungstraumatisierungen verbunden Gefühle, Phantasien und Ängste nach und nach zur Sprache kommen. Viele Stunden beschäftigte ihn die Fragen: »Ist Yuki traurig, wenn ich gehe? Vermisst sie mich, wenn ich nicht da bin?« Ich habe es für mich innerlich übersetzt mit: »Ist meine Mutter (oder mein Vater) traurig, wenn wir getrennt sind, so wie ich unendlich traurig bin, wenn sie weg ist? Vergisst sich mich, wenn wir nicht konkret zusammen sind oder sie psychisch mit etwas anderem beschäftigt ist, oder bleibe ich in ihr existent, denkt sie an mich und vermisst mich?« Niklas kam im Laufe des therapeutischen Prozesses zu dem Schluss, dass Yuki ihn sehr wohl vermisse, wenn er und sie sich nicht sähen.

Was ist, wenn Emma aus dem Fenster springt?

Die 6-jährige Lisa ist schon etwas länger aufgrund einer Autismus-Spektrum-Störung bei mir (S.K.) in Behandlung, als Emma (mit entsprechend langer Vorankündigung und einer Therapieunterbrechung zur Eingewöhnung in der Welpenzeit) im Therapiezimmer »einzieht«. Lisa hatte sich im Vorfeld, anders als andere Patient*innen, nicht groß für die anstehende Veränderung des Settings mit Hund interessiert, sie fragte mich zumindest nicht danach. In einer Stunde fragte mich Lisa, scheinbar unvermittelt und zuvor ganz in ihr Spiel vertieft: »Herr Kudritzki – was würde passieren, wenn Emma aus dem Fenster springt?« Die mit der Frage verbundene Aggression traf mich direkt und unvorbereitet und ich antwortete ohne nachzudenken: »Ich glaube, dann wäre sie tot.« Lisa schaute mich nun direkt an. Ich überlegte kurz, ob ich die unmittelbaren Emotionen (Wut und Trauer), die durch den Raum schwebten, ansprechen sollte, war selber noch innerlich damit beschäftigt, diese zu regulieren, und sagte dann: »Es war schon schön für Dich, als Emma noch nicht da war und Du mich ganz alleine hattest in der Stunde…« Lisa schaute mich zufrieden an und sagte einfach nur »Ja«.

Was hat sie denn?

In einem Elterngespräch wurde Emma ganz unruhig, begann zu fiepsen und setzte sich vor die Tür, es war eindeutig, dass sie sich unwohl fühlte und das Zimmer verlassen wollte. Ich öffnete die Tür, damit Emma in die Küche gehen konnte. Die Mutter fragte: »Was hat sie denn, muss sie Pipi machen?« Die wenig feinfühligen und leistungsorientierten Eltern hatten große Beziehungsprobleme, entwerteten sich und die jeweilige elterliche Position subtil gegenseitig. Ich hatte schon öfter versucht, diese angespannte häusliche Situation mit der depressiven Symptomatik (welche hyperkinetisch abgewehrt wurde) ihres Sohnes in der Latenz in Verbindung zu bringen, konnte die Eltern damit aber nicht emotional erreichen. Ich musste Emma im Therapiezimmer auch erst einmal kennenlernen und verstand mit der Zeit, dass sie auf Spannungen (welche sie manchmal schneller erfasst als ich) mit Unruhe reagiert. Auf diesem Hintergrund sagte ich zu den Eltern: »Ich glaube, sie hat die Spannungen zwischen ihnen gespürt, die gerade im Raum sind. Was meinen Sie, wie es ihrem Sohn erst damit geht…?« Beide Eltern waren sichtlich berührt und nachdenklich.

Ach Emma…

Ich war der dritte Therapeut der 18-jährigen Patientin, die schon diverse Klinikaufenthalte hinter sich hatte, immer wieder ernsthaft suizidal war, sich massiv selbstverletzte (schneiden, Alkoholmissbrauch und Essschwierigkeiten). Alles deutete auf ein Trauma hin, bisher gab es keine entsprechende Diagnose. Es war auf einem Spaziergang mit Emma (wir gingen ungestört über eine Wiese im Park), als ich meine Patientin vorsichtig fragte, ob es in ihrem Leben Übergriffe gegeben hätte. In der Folge kam ein intensiver therapeutischer Prozess zu Stande und es wurde klar, dass die Patientin mehrfach und schon früh vom Vater sexuell missbraucht worden war. Als männlicher Therapeut war es mir immer angenehm und hilfreich, Emma als konkret Dritte im Raum zu haben. Meine Patientin liebte Emma sehr und sagte häufig: »Ach Emma…« Sie spürte, dass ich ein guter und fürsorglicher Hundevater war, was sie wehmütig machte und ganz allmählich die zuvor so heftig abgewehrte Trauer ermöglichte. Neid und Ärger konnten gefühlt werden, wenn die Stunden zu Ende waren, die

Patientin gehen musste und wieder alleine war, während Emma bei mir blieb. Schuldgefühle und der Selbsthass auf den eigenen Körper konnten erlebt werden, Emma mied meine Patientin in solchen Situationen, was für meine Patientin schwierig war. Wenn sie hingegen traurig sein konnte, legte sich Emma tröstend vor ihre Füße.

Die Haltung, das Wollen und das szenische Verstehen

Unsere Haltung ist eine klare: Wir bieten keine hundegestützte Psychotherapie an, sondern Psychoanalysen oder psychodynamische Psychotherapien für Kinder, Jugendliche und Erwachsene *mit* Hund. Dabei ist der Hund im Therapiezimmer kein Arbeitsinstrument, wird nicht funktionalisiert und muss in diesem Sinne nichts vorher Geplantes oder Gewünschtes leisten. Wir wollen in diesem Sinne nichts von ihm, sind offen für die sich zeigende Szene, was der psychoanalytischen Haltung Bions (2009) sehr nah kommt. Ulrich Streeck (2000, S. 13) schreibt: »Das Verhältnis des Patienten zu seiner inneren und seiner mitmenschlichen Welt gibt sich (…) nicht im ›Austausch von Worten‹ zu erkennen, sondern in szenischen Darstellungen (…). Es sind Werkzeuge der Kommunikation. An solchen Darstellungen sind Patient und Psychotherapeut meist gemeinsam beteiligt.« Durch die konkrete Anwesenheit des Hundes einer Therapeut*in wird das bipersonale Feld (Ferro, 2003) der analytischen Situation nun zu einem tripersonalen Feld, im Sinne einer direkten triangulären Situation (Abelin, 1986). Dieses andere Setting hat Auswirkungen auf die Übertragungs- und Gegenübertragungsphänomene sowie auf das szenische Verstehen (Argelander, 1970; Lorenzer, 1983; Laimböck, 2015) und muss entsprechend erweitert gedacht und (deutend) interpretiert werden. Das therapeutische Feld mit Hund wirkt auf vielen Ebenen erweitert: auf der Ebene der Einfühlung und der Intuition (Sobottka, 2023) sowie auf der Ebene der impliziten Kommunikation mit ihren visuellen, motorischen, taktilen oder olfaktorischen Botschaften (Doering, 2022). Allerdings sind in diesem Setting zwei Menschen und ein Hund (keine dritte Person!) involviert, wenn natürlich auch, wie zuvor erläutert, auf einen Hund projiziert und frühere menschliche Objekterfahrungen übertragen werden können. Uns ist wichtig, unsere

Hündinnen artgerecht in den Praxisalltag einzubinden, sie entsprechend nicht zu vermenschlichen,[14] aber auch keine Verabsolutierung der Differenzen zwischen Mensch und Hund zu betreiben, sondern unsere Verbindung und unser Zugetan-Sein zu ihnen und die Beziehung, die sie zu unseren Patient*innen aufbauen, im Sinne der *signifikanten Andersartigkeit* (Haraway, 2016) zu sehen, zu fühlen und zu denken. Im Verhältnis Mensch und Hund begegnen sich zwei Arten, uns ist die Ethik der Hund-Mensch-Beziehung sehr wichtig (die Anerkennung des Hündischen), um der epistemischen Gewalt, welche die Existenz von Hunden auf fremdbestimmte Herrschaftspraktiken reduziert (ebd., S. 123) vorzubeugen. Auch Yuki und Emma haben einmal schlechte Tage oder wollen etwas anderes als wir oder unsere Patient*innen. Dies zu verstehen und anzuerkennen, ist oft eine »gute Übung« im Sinne der Mentalisierungsfähigkeit[15] und somit, wenn es entsprechend reflektiert werden kann, therapeutisch fruchtbar.

Etwas provokativ könnte man anschließend fragen: Ist psychoanalytisches Arbeiten ohne Hund überhaupt noch denkbar oder gar sinnvoll…? In diesem Sinne: Danke Yuki und Emma (und allen Hünd*innen in therapeutischen Praxen), dass ihr uns begleitet und unser psychoanalytisches Tun bereichert!

14 Die Zuschreibung menschlicher Eigenschaften auf Tiere etc. wird als Anthropomorphismus bezeichnet und bis zu einem gewissen Grad als normal empfunden. Diese Angleichung scheint die Mensch-Hund-Beziehung auch zu vereinfachen. Ein Mitfühlen über die Arten hinaus. Serpell (2008) vermutet, dass auch die Hunde uns Menschen als Hunde konzeptualisieren, damit wäre die artübergreifende Angleichung kein alleiniges Privileg des Menschen mehr.

15 Das Thema der Mentalisierung mit Hund haben wir aus Platzgründen hier nicht vertiefen können. Einen wunderbaren Einblick gibt das 12. Kapitel Mentalisieren in der hundegestützten Psychotherapie. In: Ganser, G. (2020): Hundegestützte Psychotherapie. Einbindung eines Hundes in die psychotherapeutische Praxis. Stuttgart: Schattauer. S. 141–166.

Literatur

Abelin, E. L. (1986): Die Theorie der frühkindlichen Triangulation. Von der Psychologie zur Psychoanalyse. In: Stork J. (Hrsg.): *Das Vaterbild in Kontinuität und Wandlung. Zur Rolle und Bedeutung des Vaters aus psychopathologischer Betrachtung und in psychoanalytischer Reflexion.* Stuttgart (fromann-holzboog). 45–72

Anzieu, D. (1996): *Das Haut-Ich.* Frankfurt a.M. (Suhrkamp).

Argelander, H. (1970): Die szenische Funktion des Ichs und ihr Anteil an der Symptom- und Charakterbildung. *Psyche – Z Psychoanal* 1979: 24. 325–345

Berns, G. (2017): *What It's Like to Be a Dog. And Other Adventures in Animal Neuroscience.* New York (Basic Books).

Berthelsen, D. (1987): *Alltag bei Familie Freud. Die Erinnerungen der Paula Fichtl.* Hamburg: (Hoffmann und Campe).

Bolognini, S. (2011): Mein Hund kennt Descartes nicht. Nüchterne Analyse des »Interpsychischen« zwischen Mensch und Hund. In: Bolognini S. (2011): *Verborgene Wege. Die Beziehung zwischen Analytiker und Patient.* Gießen (Psychosozial).

Bonaparte, M. (1994): *Topsy: The Story of a Golden-haired Chow.* London (Routledge).

Brockmann, R. (2002): Anthropomorphisierung und Du-Evidenz in der Mensch-Tier-Begegnung. In: Hanneder, S. (Hg.): *Mensch und Pferd – Neue Aspekte einer alten Beziehung.* Berlin (Förderverein Mensch und Tier e.V.), 129–146.

Colino, S. (2021): *Ansteckende Emotionen: Hunde und ihre Besitzer fühlen gleich.* https://www.nationalgeographic.de/tiere/2021/10/ansteckende-emotionen-hunde-und-ihre-besitzer-fühlen-gleich

D`Aniello, B., Semin, G. R., Alterisio, A., Aria, M, Scandurra, A. (2018): Interspecies transmission of emotional onformation via chemosignals: from humans to dogs (Canis lupus familiaris). In: *Anim Cogn* 21 (2018), 67–78.

Doering, S. (2022): *Resonanz – Begegnung – Verstehen. Implizite Kommunikation in der therapeutischen Beziehung* Stuttgart (Klett-Cotta).

Etzold, S. (2006): Der Hund heilt mit. Als alter Mann entdeckt Sigmund Freud seine Liebe zum Chow-Chow. In: *DIE ZEIT*, 23.02.20006, Nr. 9

Ferro, A. (2003): *Das Bipersonale Feld. Konstruktivismus und Feldtheorie in der Kinderanalyse.* Gießen (Psychosozial).

Freud, E., Freud, L., Grubrich-Simitis, I. (1989 [1976]): *Sigmund Freud: sein Leben in Bildern und Texten.* Frankfurt a.M. (Insel).

Freud, M. (1973): Freud: My Father. In: Ruitenbeck, H. M. (1973): *Freud as We Knew Him.* Detroit (Wayne State University Press).

Freud, S. (1989): *Jugendbriefe an Eduard Silberstein 1871–1881.* Hg. Walter Boehlich. Frankfurt a. M. (Fischer).

Freud, S. & Binswanger, L. (1992): *Briefwechsel. 1908–1938.* Hg. Gerhard Fichtner. Frankfurt a. M. (Fischer).

Freud, S. (2001 [1900]): Die Traumdeutung. *GW II/III.* Frankfurt a.M. (Fischer).

Ganser, G. (2020): *Hundegestützte Psychotherapie. Einbindung eines Hundes in die psychotherapeutische Praxis.* Stuttgart (Schattauer).

Gansloßer, U. & Kitchenham, K. (2019): *Hundeforschung aktuell. Anatomie, Ökologie, Verhalten.* Stuttgart (Franckh-Kosmos).

Goethe, J. W. (2017 [1808]): *Faust. Die Tragödie Erster Teil.* Stuttgart (Reclam).

Green, S. (2002): Freud´s dream companions. In: *The Guardian*, 23.03.2002

Grote, M. (2022): *Hunde lesen lernen: Hundeverhalten - praxisnah erklärt. Verhalten verstehen und richtig steuern.* Stuttgart (Kosmos).

Haraway, D. (2016): *Das Manifest für Gefährten.* Berlin (Merve).

Hartmann, M. (2008): Hunde stabilisieren das Selbst- Fragen nach der psychischen Funktion eines Haustiers. https://docplayer.org/17199468-Hunde-stabilisieren-das-selbst-fragen-nach-der-psychischen-funktion-eines-haustiers.html

Hurry, Anne (2005): Die Analytikerin als Entwicklungsobjekt. In: *Analytische Kinder- und Jugendlichen-Psychotherapie* 125. 1/2005. S. 21–47. Frankfurt a. M.: Brandes & Apsel.

Julius, H. et al. (2014): *Bindung zu Tieren. Psychologische und neurobiologische Grundlagen tiergestützter Interventionen.* Göttingen (Hogrefe).

Kohut, H.: *Narzißmus – Eine Theorie der Behandlung narzißtischer Persönlichkeitsstörungen.* Frankfurt a. M. (Suhrkamp) 1971.

Küchenhoff, J. (2012): *Körper und Sprache. Theoretische und klinische Beiträge zu einem intersubjektiven Verständnis des Körpererlebens.* Gießen (Psychosozial).

Laimböck, A. (2015): *Die Szene verstehen. Die psychoanalytische Methode in verschiedenen Settings.* Frankfurt a. M. (Brandes & Apsel).

Lorenzer, A. (1983): Sprache, Lebenspraxis und szenisches Verstehen in der psychoanalytischen Therapie. *Psyche – Z Psychoanal* 1983: 37. 97–115.

Maeterlinck, M: (2020): *Mein Hund.* Berlin (Insel).

Mann, T. (1978 [1919]): *Herr und Hund. Ein Idyll.* Frankfurt a. M. (Fischer).

Meyers-Manor, J. & Botten, M. L. (2020): A shoulder to cry on: Heart rate variability and empathic behavioral responses to crying and laughing in dogs. In: *Can, J. Exp Psychol.* 2020 Sep;74(3), 235–243.

Mensch-Tier-Beziehungen: Freunde fürs Leben. *Jahrbuch Selbstpsychologie, Band 5.* Frankfurt a. M.: (Brandes & Apsel).

Molnar, M. (1994): In hündisch unwandelbarer Abhängigkeit. In: Werkblatt – Zeitschrift für Psychoanalyse und Gesellschaftskritik, Nr. 33, 2/1994

Mossop, H. (2024): Was Anna Freud a »friend of Dorothy«? A queer phenomenological historiography and Anna Freud and Dorothey Burlingham´s personal and professional relationship. In: *British Journal of Psychotherapy* / Volume 41, Issue 1

Novick, Jack (1990): Comments on Termination in Child, Adolescent and Adult Analysis. In: *The Psychoanalytic Study of the Child*, Vol. 45. S. 419–436.

Pfeiffer, E. (Hg.) (1966): *Sigmund Freud / Lou Andreas-Salomé: Briefwechsel.* Frankfurt a. M.: (Fischer).

Serpell, J. (2008): in the Company of Animals. A Study of Human-Animal Relationships. Cambridge: University Press

Siniscalchi, M., d´Ingeo, S., Quaranta, A. (2018): Orienting asymmetries and physiological reactivity in dogs´ response to human emotional faces. In: *Learning & Behavior*, 46, 2018, 574–585.

Sobottka, A. (2023): »Wen die Jofie nicht mag, bei dem stimmt auch was nicht« – Die Beziehung zwischen Mensch und Hund: Über Einfühlung, Intuition und das gemeinsame Seelische. In: *Jahrbuch der Psychoanalyse.* Band 87, Intuition. Gießen (Psychosozial).

Streeck, U. (2000): Szenische Darstellungen, nichtsprachliche Interaktion und Enactments im therapeutischen Prozess. In: Streeck U. (Hrsg.): *Erinnern, Agieren und Inszenieren. Enactments und szenische Darstellungen im therapeutischen Prozess.* Göttingen (Vandenhoeck & Ruprecht), 13–55.

Wohlfahrt, R. & Mutschler, B. (2020): *Die Heilkraft der Tiere. Wie der Kontakt mit Tieren uns gesund macht.* München (Random House).

Tähkä, Veikko (1993): *Mind and its Treatment. A Psychoanalytic Approach.* Madison & Connecticut (IUP).

Tögel, C., Kogel, J. D. (2025): *Sigmund Freud in den Augen anderer. Biografische Vignetten mit etwas Tratsch.* Gießen (Psychosozial).

Tucholsky, K. (2013 [1927]): *Der Hund als Untergebener. Bissiges über Hunde und ihre Halter.* Großhansdorf (Officina Ludi).

Weissweiler, E. (2006): *Die Freuds: Biographie einer Familie.* Köln (Kiepenheuer & Witsch).

Young-Bruehl, E. (1995): *Anna Freud, Tl., Die Londoner Jahre.* Wien (Milena).

Zinnecker-Mallmann, K. (2018): *»Zuneigung ohne Ambivalenz«. Zur Bedeutung des Hundes in der psychoanalytischen Therapie und andere Fallgeschichten.* Frankfurt a. M. (Brandes & Apsel).

Bildnachweis

Emma – Privat S. K.
Yuki – Privat K. H.
S. Freud : https://www.freud.org.uk/2020/04/15/freud-at-home-with-his-dogs/
A. Freud & S. Freud: https://www.yourdog.co.uk/the-your-dog-blog/sigmund-freud-the-uncomplicated-company-of-dogs/

Ana Belchior Melicias
(Lissabon)

Into the Wild: Das Labyrinth der Adoleszenz[1]

»Dämonisch leben wir unsere Unschuld.«
Herberto Hèlder, Servidoes (2013)

Als ich über innere Landschaften in der Adoleszenz nachdachte, kamen mir zwei Worte in den Sinn: Flugbahn und Adoleszenz. Sie führten mich unmittelbar zu dem Film *Into the Wild,* den ich vor einigen Jahren gesehen hatte. Er schien mir für die Adoleszenz paradigmatisch. Ich erzähle den Film so, als wäre er ein Traum von mir. Ich werde Ariadnes Faden entwirren, der auch im adoleszenten Labyrinth aufgewickelt ist.

Der Film gestaltet die zweijährige Reise eines Spätadoleszenten.

Im Wörterbuch wird der Begriff »Trajectus« als die Strecke (Raum) definiert, die man zurücklegen muss, um an einen anderen Ort zu gelangen. Synonyme dafür sind: Fortschritt, Marsch, Zirkulation, Route, Weg, Richtung. Sie implizieren die Beziehung zwischen Raum und Zeit, die grundlegenden Achsen des Denkens und der psychischen Struktur. Etymologisch bedeutet »trajectus« Durchgang, Transport, der Ort, an dem es einen Übergang gibt, zur Überquerung des Meeres oder eines Flusses, aber auch der Weg, sogar die Sache, die es zu tragen gilt und über die hinweggegangen wird. Die Adoleszenz hat die Form einer Brücke, einer Verbindung, eines Übergangs von einem Ort zum anderen, vom Ort der Kindheit zum Ort der Erwachsenheit.

Im Sinne der klassischen Physik (Newtons Konzepte des absoluten Zeit und des absoluten Raums) könnte die Flugbahn durch eine gerade oder eine gekrümmte Linie definiert werden, die kreisförmig, elliptisch oder

1 Melicias, A. B. (2015). Into the Wild: o labirinto adolescencia. *Revista Portoguese de Psicoanalise* 2025, 35:60–67./Revista de Psicoanalise de Sociedade de Potzo Akegre (SPPA). Mit freundlicher Genehmigung.

parabolisch ist. In der Einstein'schen Relativitätstheorie existiert diese Flugbahn nicht unabhängig, sondern ist stets relativ zu einem bestimmten Bezugssystem. Die Quantentheorie (Heisenberg-Unschärferelation) hat mit den Konzept der Zufälligkeit tiefgreifend die Begriffe Raum, Zeit, Messung, Kausalität und Gleichzeitigkeit Flugbahn und Lokalität verändert. Sie fordert von der modernen Physik das, was die Physiker inzwischen »verschränkte kohärente Zustände« (Moebiusband) nennen.

Könnte man »poetisch-wissenschaftlich« aus der Physik die Definition des Begriffs »trajectus« übernehmen und die Adoleszenz als einen »verschränkten kohärenten Zustand« beschreiben? Welche Strecke gälte es zurückzulegen, um von der Kindheit in die Erwachsenheit zu gelangen? Wie lang würde das dauern? Mit welchem Bezugssystem würde dies korrelieren? Wie sähe die Route aus?

Bei einem instabilen Gleichgewicht: mit einem Fuß in den wieder aufgefrischten kindlichen Bedeutungen und mit dem anderen in den unumkehrbaren Entscheidungen des Erwachsenen, befinden wir uns in einem relativtriebhaften, traumhaft-mythischen Feld. Der Weg des Heranwachsenden wird immer paradox, ungewiss und unbestimmt sein. Was wäre dann die Kohärenz dieses verwickelten Zustands? Kafkas *Aphorismus* (2008): »Es gibt ein Ziel, aber es gibt keinen Weg: was wir Weg nennen, ist nichts als Zögern«, scheint diesen paradoxen Aspekt der Adoleszenten mit ihrem Zögern, ihrem Experimentieren und ihren Übergängen exakt zu bezeichnen.

Diese Phase ist für viele Autoren die schwierigste im menschlichen Leben (Aberastury, 1980), eine echte biopsychosoziale Revolution (Levisky, 2013). Andere verstehen die Adoleszenz als Identitätskrise und psychosoziales Moratorium (Erikson, 1976), als Bruch in der Entwicklung (Laufer, 1989) oder als vorübergehende Psychose, die mit dem Problem der Schizophrenie in Verbindung gebracht wird, die am Ende der Adoleszenz ausbrechen kann. Andere wiederum, wie Winnicott, verstehen sie nur als eine »Zeit von abwechselnder rebellischen Unabhängigkeit und regressiver Abhängigkeit, die nur durch die Zeit selber geheilt werden kann«.

Die vorherrschenden affektiven Zustände sind Trauer und Leidenschaft (Blos, 1998). Die Trauer bezieht sich auf die Erfahrung von innerer Leere, von Leiden und Verzicht, die Leidenschaft auf das Gefühl der Vollkommenheit. Die damit verbundenen Herausforderungen sind in Reihenfolge und an Komplexität einer zweiten Geburt vergleichbar: Verzicht auf den kindlichen Körper, Aufhebung der narzisstischen Position und Konflikte um die Zweigeschlechtlichkeit, Trauer um die primären Liebesobjekte, Integration des reaktivierten ödipalen Komplexes sowie die Neuordnung der Identifikationsprozesse durch die Konstruktion der Identität in Folge der Begegnungen mit dem neuen Liebesobjekt und der Berufswahl.

Am Beispiel des Films will ich versuchen, sowohl die mythische als auch die phantasmatische Dimension der Adoleszenz zu veranschaulichen: als Übergangsraum zwischen Kindheit und Erwachsenheit. Metaphorisch erinnert dies an den Mythos von Theseus und dem Minotaurus (Bayard, 2003), den ich als Durchschreiten des Labyrinths charakterisiert habe, aber auch an die phantasmatische Dimension der Adoleszenz, die Mannoni (1999) als »Ausbruch des Es« definiert hat: die Integration der triebhaften Sexualität in einer zweiten Phase, in der der Adoleszente für seine inzestuösen und vatermörderischen Fantasien nun die vollen Kräfte zur Verwirklichung besitzt, all dies verlangt von der jugendlichen Person in Nachträglichkeit eine turbulente Neuausrichtung seiner narzisstischen und ödipalen Strebungen, die sich in der Adoleszenz wieder reaktivieren.

Vergleichbar Theseus begibt sich die jugendliche Person in das emotionale Labyrinth von Trauer und Leidenschaft, »eine Zuflucht in seiner inneren Welt, um sich wieder mit der Vergangenheit zu verbinden, um sich der Zukunft zu stellen« (Aberastury, 1980). Sie stellt sich dem triebhaften Minotaurus, indem sie Regression und Progression gleichermaßen akzeptiert und sie psychisch integriert, im Sinne von Winnicott (1993): »[…] ihre neue Macht zu zerstören, sogar zu töten, eine Mächtigkeit, die bislang nicht existierte und die Hassgefühle in der Kindheit nicht belastete.«

Wie kommt die heranwachsende Person in ihrem Kampf um Vollendung und Inzest, in diesem »verstrickten, kohärenten Zustand« wieder aus ihrem Labyrinth heraus? Verfügt sie inmitten der Komplexität von möglichen Wegen über hinreichende Ressourcen, um das triebhafte »Monster« zu integrieren? Werden sie den Ausweg finden?

Im Mythos erhält er durch Ariadne das zweischneidige Schwert als väterliches Symbol und als mütterliches Symbol den Strick, dessen Faden ihm den Weg aus dem dunklen unterirdischen Labyrinth zurück ins Licht ermöglicht.

Die Adoleszenz als Labyrinth, als Übergangsritus oder Initiationsprüfung ermöglicht der Psyche die Realitätsprüfung (Freud, 1911) zwischen dem Lustprinzip und dem Realitätsprinzip. Nach Aberastury (1980): »Sich lösen aus dem ›als ob Spiel‹ und das Lernen beenden, um sich unumkehrbar dem ›wenn‹ und ›nein‹ der tatsächlichen Realität zu stellen, die sie begreifen.« Welche Faktoren entwirren die labyrinthischen Windungen, ohne die die heranwachsende Person den Ausgang nicht finden, d. h. sein eigenes Identitätsprojekt nicht gestalten kann. Wie im Mythos ist der Leitfaden, um aus dem Labyrinth zur Realität zu finden, die Liebesbeziehung. Die Verschmelzung der Triebe mit dem Sieg des Eros über Thanatos, die Reorganisation der inneren Objekte zu synthetischen, nicht entfremdeten Identifikationen, zur Autonomie bei relativer Unabhängigkeit, zur Ausarbeitung der Zweigeschlechtlichkeit, des Weiblichen und des Männlichen.

Der Film zeigt uns den labyrinthischen Weg durch die Adoleszenz auf. Der Titel des Films verdichtet merklich einerseits die einer Flugbahn analogen gerichteten Bewegung des Eintauchens, das in dem Wort »in« sich ausdrückt und andererseits fasst das Wort »wild« gleichzeitig die unberührte Natur (ungezähmt, unbewohnt, unkultivierte oder kultivierte natürliche Umgebung), aber auch die unkontrollierbare Triebwelt (wild, unbezähmbar) zusammen.

Der Film aus dem Jahr 2007 wurde von Sean Penn als Drehbuchautor und Regisseur gedreht. Das Drehbuch ist eine Adaption des Romans *Into the Wild* von Jon Krakauer (1986), das auf einer wahren Geschichte in Christopher McCandless Reisetagebuch durch Nordamerika basiert, bis dieser schließlich Anfang der 1990er-Jahre in Alaska ankam.

Die Geschichte ist biographisch und zugleich hypothetisch. Das Drehbuch zum Film rekonstruiert die vermeintliche Geschichte auf der Grundlage eines Romans, der wiederum auf ein Tagebuch zurückgeht, Wie die Realität tatsächlich gelebt wurde, ist unbekannt. Traumhaft suchen wir Bedeutungen auf, wenn wir uns das Unbewusste wie in der Analyse vorstellen. Die Erzählung rekonstruiert Geschichte und Geschichten, die in der analytischen Dyade im Feld von Übertragung und Gegenübertragung entstehen. Oft entstehen dabei strukturelle Lücken, die es dem Analysanden verunmöglichen, seine Reise fortzusetzen. Wir sind fiktionale und nicht realistische Wesen. Wir bewegen uns im Übergangsraum zwischen dem Ich und dem Anderen, dem Innen und Außen, zwischen dem, was gelebt, und dem, was erzählt wird, zwischen Gefühltem und Gedachtem.

Wie in Träumen gibt es auch im Film keine lineare Zeitlichkeit. In ständigen Rückblenden treten progressive und regressive Bewegungen des adoleszenten Lebenswegs in Erscheinung. Meisterlich zeigt uns Sean Penn die verstrickten Ängste und Emotionen sowohl des Jugendlichen als auch die seiner Familie in seiner Gegenübertragung. Die erzählte zweijährige Reise nach Alaska erscheint mir als durchquere der Heranwachsende sein Labyrinth. Wir erfahren, wie seine Eltern sein wirkliches Verschwinden erleben. Ich verstehe das als das Kind, das aus seiner Kindheit verschwindet, um notwendig die Eltern in sich neu zu organisieren als Ehepaar und als Elternpaar. Die entscheidenden Schlüsselepisoden seiner Vergangenheit werden aus dem Off von Chris Schwester erzählt, sozusagen als die weibliche Seite der Bisexualität, eher depressiv, ständig oszillierend zwischen paranoid-schizoider und depressiver Position, Die Dichte des Films, vergleichbar der in Träumen oder einer analytischen Sitzung, lässt mich zur Ordnung des Chaos als Fakten drei Schlüsselelemente auswählen (Bion, 1999) als emotionale Achse und als Ausgang.

Der Filmanfang kündigt wie der griechische Theaterchor den Verlauf an, so als präsentierte sich der Traum zu seiner Entfaltung. Chris wird damit vertraut, was er auf der Suche nach seiner wahren Identität an entfremdete Identifikationen aufgeben muss.

Mit seinem frischen Universitätsabschluss träumt der 22-jährige Chris während der universitären Abschlussfeier. Er stellt sich vor, wie seine Eltern die Universität abgeschlossen hatten und heirateten. Er wagt es, sich die Wahrheit seiner Herkunft einzugestehen, nach der auch jede Analyse forscht. »Ich will zu ihnen gehen und ihnen sagen: Tut es nicht. Sie ist die falsche Frau. Er ist der falsche Mann. Sie werden unvorstellbare Dinge tun, sie werden ihre Kinder schlimm behandeln. Sie werden in einer für sie unvorstellbaren Weise leiden. Sie werden sich den Tod wünschen… Ich möchte an diesem späten Mai-Nachmittag zu ihnen gehen und es ihnen sagen. Aber ich mache es nicht. Ich will leben. Für mich sind sie zwei Papierfiguren, eine männliche und eine weibliche, ich schlage sie gegeneinander wie Feuersteine, damit sie Funken schlagen. Ich werde zu ihnen sagen: Tut, was ihr wollt. Ja, das werde ich ihnen sagen.«

Chris begibt sich ins Labyrinth der Umdeutungen mit diesem traumartigen, phantasmatischen Dialog und versucht durch ästhetische Konflikte (Meltzer, 1994) das rätselhafte Innere seiner Objekte zu begreifen, welches Liebesband sie vereinte, aus dem er hervorging. Dies verweist auf die Verbindung zum Ursprung und auf dessen strukturierender Kraft mit dem gleichzeitigen Bedürfnis des Heranwachsenden, sich gegenüber seinen primären Objekten abzugrenzen, seine eigene Geschichte als getrenntes Subjekt neu zu schreiben.

Dabei begegnet er seiner Sphinx – auf eine sadistische, instinktiv-narzisstische Urszene zwischen einem »Männchen« und einem »Weibchen« – und glaubt, das sei gewichtiger, als aus einer genitalen Liebesbeziehung zwischen einem erwachsenen Mann und einer erwachsener Frau geboren worden zu sein.

Er erinnert Thoreau: »Mehr als Liebe, mehr als Geld, mehr als Glaube, mehr als Ruhm, mehr als Gerechtigkeit, gib mir Wahrheit.« Er verweist damit auf Bions Theorie von der Suche nach Wahrheit im Geiste Keats – »Schönheit ist Wahrheit, Wahrheit Schönheit«. Chris betritt das Labyrinth, geht in die Wildnis wie ein wandernder Ödipus auf der Suche nach seiner Herkunft. Er gibt sich einen neuen Namen: Alexander Supertramp. Dadurch unterstreicht er seine Suche nach eigener Identität und nach dem bedeutsamen Trennungseinschnitt gegenüber der kindlichen Welt. Der Nachname bezeichnet die Herkunft, Christopher McCandless nennt sich um in Supertramp. »Super« als Reminiszenz an kindliche allmächtige Idealisierungen, die zu betrauern für den Adoleszenten so schmerzhaft ist. Und der »Tramp«, der alle Spuren der Zivilisation und der Realitätsanforderungen von sich abstreift auf der Suche nach sich selbst. So bezeichnet er sich als »Extremist, ästhetisch Reisender, dessen Heimat die Straße ist«.

Im Labyrinth

Chris schließt das College ab als letzten Tribut an sein »falsches oder funktionales Selbst«, erzählt seine Schwester: »Nachdem er in allen Fächern eine Eins bekommen hatte, verbrachte er Jahre in der Erfüllung seiner absurden und langweiligen Pflicht, seinen Abschluss zu machen. Endlich befreite er sich von der Welt der Abstraktionen, der falschen Sicherheiten, von seinen Eltern und vom materiellen Überfluss, die ihn von seiner wahrhaftigen Existenz getrennt gehalten hatten.«

In seinem »Ringen, sich selbst ganz wirklich zu fühlen, im Ringen um seine persönliche Identität, im Ringen das zu leben, was gelebt werden muss, ohne eine vorgegebene Rolle übernehmen zu müssen« (Winnicott, 1993), lässt er kurz nach seinem Schulabschluss, ohne seine Eltern zu warnen, ohne irgend eine Spur, ohne einen Hinweis zu hinterlassen, lässt er alles stehen und liegen, macht sich auf die Suche nach seinem wahren Selbst, mit dem er fern der Menschen und der Gemeinschaft in der wilden und reinen Natur sein kann,

Lord Byrons »Ich liebe weniger die Menschen, sondern mehr die Natur« ist das Motto des Films. Ziellos durchquert er weite Teile Amerikas, durchquert Mexiko, trampt, fährt Kajak oder schwarz mit dem Zug. Wenn ihm sein Geld ausgeht, jobt er als Aushilfe. An einem Ort bleibt er nicht lange. Gegenüber Menschen, denen er begegnet, verhält er sich in einem spielerischen »als ob« (Deutsch, 1983, 9) und sieht in ihnen eher Repräsentationen denn als Menschen. Auf der Suche nach neuen Modellen zur Identifikation liest er intensiv Pasternak *(Doktor Schiwago),* Tolstoi *(Krieg und Frieden),* Jack London *(Der Ruf der Wildnis)* und Thoreau: Wie Thoreaus *Walden* oder *Das Leben im Wald* zum bewussten Leben in den Wald gehen und nur den wesentlichen Tatsachen des Lebens ins Auge zu schauen, um das Erfahrbare zu durchleben und nicht etwa sterben zu müssen, ohne wirklich gelebt zu haben.

Endziel der Reise wird schließlich Alaska. In diesem Es-Ausbruch mit seinem triebhaften Verlauf verdichten sich viele adoleszente Themen, deren vielschichtige und reiche Bedeutungen nur kurz erwähnt werden müssen, weil es unmöglich ist, sie umfassend zu beschreiben. Stets scheinen jedoch die Wege erinnerbar, die im Labyrinth zurückzulegen, voller Abzweigungen, unvorhersehbaren Neuanfängen, deren wichtiger Faden sich durch die im Film vorgeschlagenen Kapitelleinteilungen zieht.: Die eigene Geburt, das Jugendalter, die Erwachsenheit, die Familie und das Erlangen von Weisheit.

Meine eigene Geburt

Er fantasiert sich den Dialog mit einem Apfel als Hinweis auf die Vertreibung aus dem Paradies der Kindheit und auf den ästhetischen Konflikt, wenn wir der Schönheit der Natur begegnen. Dem folgt die Zeit sich verfestigender Männlichkeit. Von Männern lernt er arbeiten, jagen, die erjagte Nahrung aufzubewahren. Aber er lernt auch durch sie aus der Ferne beobachtend, welche Fragen sich mit der Sexualität verbinden. Er fordert die Autorität heraus, erlebt die risikoreiche Rebellion und den adoleszenzüblichen Leichtsinn. Das Spiel von Berührung und Flucht, Annäherung und Entfernung. Er setzt sich mit der Sexualität eines ihm begegnenden fremden Paares auseinander, als sei die Erfahrung seiner eigenen erwachsenen Sexualität für ihn noch immer beunruhigend und fremd. Er lebt in einer Höhle, kehrt in die Stadt zurück, erlebt entwürdigende Obdachlosigkeit, die ihm innerlich zeigt, dass er für seine Identität keinen richtigen Ort findet. Er durchlebt verwirrende Entpersönlichung als Veranschaulichung von Fragmentierung und projektiver Identifikation.

Erwachsenheit

Bedrängt vom Gesetz wird er brutal bestraft (Kastrationsphantasie), weil er dagegen verstoßen hatte und beim Schwarzfahren erwischt wurde. Er arbeitet und spart Geld.

Familie

Er akzeptiert die Liebe eines Teenagers nicht, er baut eine Beziehung zärtlicher Liebe auf, der erwachsene gegengeschlechtliche Entscheidungen vorausgehen, sodass beide Strömungen zusammenfließen. Mit ihr besucht er den »Berg der Erlösung«, eine Hymne auf die ideale Liebe zugleich der Wunsch, Harmonie im Chaos zu finden. Er erlebt am Hippie-Paar, das er zu Beginn seiner Reise kennengelernt hatte und bei einem Musikfestival wieder trifft, den Schmerz seiner Eltern darüber, dass er mit ihnen gebrochen hatte. In der Stimme der Schwester kommt szenisch der dramatisch aufgeladenen Trennungsschmerz seiner Eltern und deren Trauer um den verlorenen Sohn zum Ausdruck. »Die Verzweiflung und die Schuldgefühle meiner Eltern verwandelten sich in ihren Schmerz, der sie einander näher brachte. Sogar ihre Gesichter haben sich verändert. Mutter ist überzeugt, dass es Chris, ihr Sohn, sein muss, wenn sie ein Jungen herumstromern sieht. Ich habe Angst um meine Mutter und ihre Mütterlichkeit... Ich bezweifle, ob sie verstehen kann, was Chris ihr mitteilen will. Ich reiße mich mit dem Gedanken zusammen, dass dies nicht die Eltern sind, bei denen er aufgewachsen ist, sondern dass sie Menschen sind, die weicher geworden sind, weil sie gezwungen wurden, voller Schmerzen nachzudenken.«

Erlangen von Weisheit

Chris trifft einen älteren Witwer, der vor Jahren seine Frau und seinen Sohn verloren hatte. Dieser fragt ihn: »Wo ist Deine Familie?« Worauf Chris antwortet: »Ich habe keine mehr.« Der Mann bringt ihm bei zu fischen. Beim Abschied schenkt er ihm Fischereigeräte und erinnert ihn an das berühmte Sprichwort aus dem Osten: »Gib einem Mann einen Fisch und Du nährst ihn für einen Tag. Wenn Du ihm beibringst zu fischen, ernährst Du ihn lebenslänglich.« Er macht ihm mit seinem eigenen Handwerk, Leder zu gravieren, vertraut. Vielleicht in Anspielung auf die unauslöschlichen Spuren, die Geschichte und Geschichten hinterlassen. Der Witwer spricht mit ihm über Vergebung und weist auf Wiedergutmachung des ganzen Objekts im Sinne der depressiven Position hin. Vor einem Straßenschild trennen sich ihre Wege, Darauf steht: »Betreten verboten.« Dort sagt der Mann zu Chris: »Meine Eltern waren Einzelkinder, ich selbst bin ein Einzelkind. Wenn ich sterbe, endet diese Linie der Familie. Was hältst Du davon, wenn ich Dich adoptieren könnte? Ich könnte ja Dein Großvater sein.« Dies symbolisiert in ergreifender Weise, wie bedeutsam affektiv sich die Beziehungen in den Abstammungslinien emotional gestalten, anfangs die mütterliche Linie, die sich in der Adoleszenz allmählich auf die gesellschaftliche und später auf die berufliche Familie ausweitet. Und die familiäre Abstammungslinie setzt sich organisierend in der erwachsenen Elternschaft fort.

Der Kampf mit dem Minotaurus – Alaska

Nach zweijähriger Wanderschaft kommt es zum letzten und größten Abenteuer. Im letzten Kampf soll das falsche Selbst vernichtet werden. Schließlich kommt Chris in Alaska an, der reinen Natur. Dort entdeckt er das Geheimnis der Wüste wieder, die Jorge Luis Borges erstmals ein Labyrinth nannte. Er sucht das rätselhafte Innere seines Gegenstands, dessen Kälte ganz im Gegensatz zur Verzauberung durch die äußere Schönheit steht. Er findet einen verlassenen Bus, der im Winter von Elchjägern als Zufluchtsort benutzt wird. Wie der idealisierte »edle Wilde« lebt er isoliert vierzehn Wochen in diesem »magischen Bus«, weit weg von Zivilisation und den Menschen, er jagt, fischt, pflückt wilde Beeren, um sich zu ernähren. Um den Fluss zu überqueren, baut er eine Brücke. Und innerlich baut er sich eine Brücke in Form beständiger Lektüre, die ihn lebenslänglich in seiner tiefen Einsamkeit und Traurigkeit getröstet hatte. Dafür schreibt er auch sein Tagebuch, typisch adoleszent als »Übergangsobjekt zwischen Tagträumen und der Welt der Objekte« (Blos, 1998). Und er bedient sich der phasenspezifischen Abwehrmechanismen (A. Freud, 1982) wie etwa der narzisstischen Isolation, obwohl nach Winnicott (1993) »der Heranwachsende wesentlich isoliert ist«; asketisch hemmt er seine Impulse und verstärkt seinen tendenziellen Masochismus durch Anstrengung, Schmerz und Erschöpfung. Mittels Intellektualisierung gelingt es ihm, bedrängende Impulse auf gedankliche Inhalte zu verschieben. Chris sucht nach Antworten und kann dabei seine Kindheit wiederentdecken, im Sinne von Pasternaks *Doktor Schiwago*: »Für einen Moment wiederentdeckte sie ihren Lebenssinn. Sie war hier auf der Erde, um den Sinn des wilden Zaubers zu begreifen und jedes Ding bei seinem richtigen Namen zu nennen oder, sofern sie dies nicht in ihrer Macht hatte, aus Liebe zum Leben Nachfolger zu gebären, die es an ihrer statt tun würden.«

»… jedes Ding bei seinem richtigen Namen zu nennen« oder – im Sinne von Mannoni (1982) – erlaubt »das schöne Wort« – das generationsübergreifend Ungesagte zu benennen.

Chris führt seinen »unbewussten Mord« (Levisky, 2013) aus; er bricht radikal mit der Familie, in der er inmitten von Lügen, Verschwiegenem und Verleugnetem aufgewaschen ist, mit deren traumatischen desorganisierenden Auswirkungen, die die Transgenerationalität mit sich bringt. Beiläufig hatten ihm Freunde seiner Eltern mit 18 eine wahre Geschichte enthüllt, sodass er Zugang zu einer Herkunft, zum Geheimnis von Gewalt und von der stets gewalttätigen familiären Beziehungen fand, wie es von seiner Schwester aus dem Off schön erzählt wird: »Er entdeckte die kalkulierte lügenhafte Geschichte, wie seine Eltern sich kennengelernt, verliebt und verheiratet hätten. Dahinter verbarg sich eine hässliche Wahrheit… Als sie sich kennenlernten, war Vater noch verheiratet. Selbst nach der Geburt von Chris bekam Vater von seiner ersten, mit ihm noch rechtlich verheirateten Frau ein weiteres Kind. Dadurch wurden plötzlich ich und Chris Bastarde. Mein arroganter Vater vergaß bequemerweise den Schmerz, den er verursacht hatte. Und unsere Mutter, die sich schämte, die junge Geliebte zu sein, machte sich zur Komplizin seiner Lüge. Der Ehebruch und die Verleugnung des anderen Kindes durch meinen Vater waren für Chris tatsächlicher Mord an der Wahrheit. Er spürte, wie sich sein ganzes Leben veränderte, wie ein Fluss, der plötzlich seine Richtung ändert und Strom aufwärts fließt.« Diese Enthüllungen rührten an den Kern seines Identitätsgefühls. Seine gesamte Kindheit erschien ihm nun als Fiktion. Und es ist diese traumatische Verschwörung des Schweigens, die er neu aufdecken musste, um seine Identität, sein authentisches Selbst zu finden.

Ich stimme Kancyper (2007) zu, der meint: »Was in der Kindheit zum Schweigen gebracht wird, schreit in der Adoleszenz heraus.« Ähnlich Jeammet (2007): »Die Adoleszenz ist ein Indikator dafür, welche Qualitäten in der frühen Kindheit angeeignet wurden.« Wie die Schwester erzählt, erlebt Chris seine Kindheit voller »täglicher Wutanfälle zu Hause. Gewalt, die wir mit ansehen mussten. Das war sehr real. Gleichzeitig wirkt es theatralisch. Sie erwählten uns sowohl zu Richtern als auch zu Angeklagten.«

Der Ausstieg aus dem Labyrinth

Wie wird Chris seinen Weg aus dem Labyrinth finden? Wie wird er seinen pubertären Weg, seinen »Zustand der verstrickten Verwirrung« verlassen? Wie wird er das Unausgesprochene, das Verborgene dann neu reflektieren?

Wie eine Epiphanie erscheint ihm der Text in Tolstois *Familienglück und andere Geschichten*, in der er erlebt, wie sich seine Einsichten zusammenschließen: »Ich habe viel erlebt, und nun glaube ich, gefunden zu haben, was man zum Glücklichsein braucht. Ein ruhiges, abgeschiedenes Leben auf dem Lande mit der Möglichkeit, sich für die Menschen nützlich zu machen, denen es leicht fallt, anderen Gutes zu tun, aber es nicht gewohnt sind, dass man ihnen gut tut; schließlich eine Arbeit, die hoffentlich nützlich ist, dann Ruhe, Natur, Bücher, Musik, Nächstenliebe – das ist meine Vorstellung von Glück. Und dann noch Dich zur Partnerin und vielleicht Kinder – was kann sich das menschliche Herz mehr wünschen?« Übersetzt man – nach Freud – Liebe und Arbeit als die beiden Domänen der seelischen Gesundheit, dann schein Chris sich eine stabilere und harmonischere Identität anzueignen, Triebstrebungen und das Ich, Leben und Tod besser zu integrieren.

Gefestigter fühlt er sich fähig, das Labyrinth zu verlassen. Er packt seinen Rucksack. Als er jedoch am Fluss ankommt, haben unerwartete Regenfälle die Strömung anschwellen lassen, sodass er den Fluss nicht überqueren kann. Gezwungenermaßen muss er zurückkehren und schreibt in sein Tagebuch: »Katastrophe. Es ist unmöglich, den Fluss zu überqueren. Durch Regen abgeschnitten. Alleine. Voller Angst.« Erstmals kommt seine Verletzlichkeit zum Vorschein. Geschwächt und unterernährt notiert er: »Ich habe Hunger!« Er formuliert den Mangel und konfrontiert sich damit, wie abgängig er ist, trotz seiner von ihm herbeigeführten pseudo – ultra – unabhängigen Inszenierung. Die geglaubte Allmacht bricht zusammen und Chris fühlt sich ohnmächtig »in der Wildnis gefangen«, ohne zu wissen, ob er seinen Faden der Ariadne finden kann. Dieser Faden verdeutlicht nach Jammet (2007) wesentlich »das Vertrauen, das sie mit ihren Eltern verbindet«. Vertrauen stammt aus dem Lateinischen »confidentia, confidere« und bedeutet, voll zu glauben, fest zu glauben. Wie konnte das Vertrauen von Chris in seine Eltern entstehen? Wie konnte er das Vertrauen finden, seinen eigenen Weg in die Gesellschaft zu finden? Es scheint, dass vertrauenswürdige Eltern zu Garanten ihrer Kinder werden, weil die elterliche Reverie und ihr Halt deren Migrationsweg durch die Adoleszenz schützend begleiten.

Chris hat keinen Proviant und keine Kraft mehr, um dafür zu kämpfen. Als wäre es sein Testament, schreibt er: »Glück ist nur dann wirklich, wenn man es teilt«, und unterschreibt, refrainartig »jedwedes Ding bei seinem richtigen Namen nennen«, und wiederholt mit seinem richtigen Namen. Er unterschreibt mit seinem richtigen Vornamen und dem Nachnamen sowohl seiner Mutter wie dem seines Vaters. Ohne zu fürchten, seine Identität zu verlieren, kann er sich nun frei als Getrennter in die Matrix seiner Identifikationen einschreiben.

Zu Beginn des Films stellt sich Chris die Ehe seiner Eltern vor und betritt so das Labyrinth. Jetzt, nachdem er die Reise durchs Labyrinth hinter sich gebracht, mit dem triebtraumatischen Minotaurus gekämpft, das Abgespaltene, Verleugnete und Verborgene wieder verinnerlicht hatte, ist er bereit, das Labyrinth zu verlassen. Er hat im Sinne von Jammet (2007) einen Modus von erwachsen psychischen Funktionierens sich angeeignet, die Fähigkeit zur Autonomie und zur Reflexionsfähigkeit, d. h. er kann sich zweifach distanzieren: vom anderen und von sich selbst.

Als er aus dem Claustrum (Meltzer) und der Verlogenheit seiner Geschichte auftaucht, findet er denkend (Bion), was ihm auf seinem Trennungsweg zugewachsen ist, zu seinem wahren Selbst (Winnicott) zurück. Schließlich kann er in sich seine inneren Objekte wiederherstellen, indem er sich liebevoll nicht nur mit der Mann-Frau-Dyade, sondern auch mit dem Vater und der Mutter in der genitalen, integrierten Urszene verbindet.

Chris wird klar, dass er sterben muss. Mit einer spontanen Geste nimmt er den Leitfaden auf, der ihn zu seinen innerlich wiederhergestellten Eltern leitet. Er fühlt sich mit seinen transformierten inneren Objekten verbunden. Im kurzen Moment, der Leben und Tod voneinander trennt, schmiegt er sich imaginär in die Umarmung mit seinen wiedergefundenen Eltern. »Was wäre, wenn ich lächelnd in Deine Arme liefe? Würdest Du dann sehen, was ich sehe?«

In der unausweichlichen Komplementarität zwischen Innen- und Außenwelt, auf dem schmalen Grat zwischen Leben und Tod, ungesichert auf seinem jugendlichen Lebensweg, entgleitet Chris der Faden von Adriane, den er paradoxerweise emotional gefunden, transformiert und integriert hatte auf seinem ihn verändernden Weg der Trennung, von Separation und Wiedergutmachung.

Zusammenfassung

Paradigmatisch erläutert die Verfasserin am Beispiel des Films *Into the Wild* die Adoleszenz. Dabei werden die mythischen Dimensionen der Adoleszenz als Durchgang durch das Labyrinth mit den Metaphern des Mythos von Theseus und Minotaurus erläutert. Damit verwoben wird die phantasmatische Dimension der Adoleszenz, in der das Es durchbricht. In diesem Ausbruch findet die Integration der Sexualtriebe nun in Wiederauffrischung statt, wobei der Heranwachsende nun über eine körperliche Ausstattung verfügt, mit der er seine kindlichen Inzest- und Elternmordphantasien verwirklichen könnte. Dies führt ihn später zur nachträglichen neuen Bedeutung der reaktivierten narzisstischen und ödipalen Strebungen sowie der transgenerational vermittelten Traumata. Dem Verlauf des Films folgend zeigt dieser Beitrag an drei Schlüsselmomenten den Mythos und die Adoleszenz auf: der Eintritt in die Adoleszenz an der Neubestimmung der Herkunft, das Labyrinth und der Kampf mit dem Minotaurus-Trieb, und schließlich der Ausgang aus dem Labyrinth und aus der Adoleszenz mittels der emotionalen Integration des Fadens der Ariadne.

Übersetzung aus dem Englischen
von Peter Bründl, München

Literatur

Aberastury, A. et al. (1980): *The Adolescence.* Artes Medicas.

Bayard, J.-P. (2003): *Symbolism of the Labyrinth on the Theme of Wandering.* Huitème Jour.

Bion, W. R. (1991): *Elements of Psychoanalysis.* Imago.

Blos, P. (1998): Adolescence: a psychoanalytic interpretation. 2nd ed. Martins Fontes.

Deluz, A., Gibello, B., Hébrard, J., Mannoni, O. (1999): *The Crisis of Adolescence: Debats among Psychoanalysts and Anthropologists, Writers, Historians, Logcians, Psychiatrists, Educators.* Companhia Freud.

Deutsch, H. (1983): *Psychological Problems of Adolescence with special emphasis on group formation.* 3rd ed. Zahar.
Erikson, E. (1976): *Identity, Youth and Crisis.* 2nd ed. Zahar.
Erikson, E. (1976): *Childhood and Society.* 2nd ed. Zahar.
Freud, A. (1982): The Ego and the Mechanisms of Defense. 6th ed. Civilizacao Brasiliers.
Freud, S. (1911a): Formulations on the Two Principles of Mental Functioning. *Standard Brazilian Edition of the Complete Works of Sigmund Freud, Vol. XII.* Imago, 1969.
Jammet, P. (2007): *Responses to 100 Questions about Adolescence*. Vozes.
Kafka, F. (2008): *Aphorisms.* Assirio & Alvim.
Kancyper, J. (2007): *Adolescence, the end of innocence.* Lumen Editions.
Laufer, M. & Laufe, E. (1989): *Adolescence and Disruption of Development.* PUF.
Levisky, D. L. (2013): *Adolescence: psychoanalytic reflections.* 4th ed. Zagodoni.
Mannoni, M. (1982): *The First Interview in Psychoanalysis.* 2nd ed. Campus.
Meltzer, D. & Meg, H. W. (1994): *The Apprehension of Beauty: the role of aesthetic conflict in development, violence and art.* Imago
Winnicott, D. (1993): *Family and Individual Development.* 1st ed. Martins Fontes.

Angaben zum Film

Titel: *Into the Wild*
Regie: Sean Penn
Drehbuch: Sean Penn
Mit: Emile Hirsch, Hal Holbrook, Jena Malone, Kristen Stewart,
Marcia Gay Harden, Vince Vaughn, William Hurt
Dauer: 148 Minuten
United States 2007.

Barbara Saegesser
(Biel/Schweiz)

Wege zur inneren Landschaft des Babys, des Kindes und des angehenden Erwachsenen

Vignetten aus psychoanalytischen Erfahrungen in Ostafrika

Meine Arbeitsbedingungen in Ostafrika

Es ist heutzutage schwieriger – wohl bis zu einem gewissen Grad auch zu recht –, sich mit eigener Arbeit in fremden Ländern ohne wesentliche Einschränkungen entfalten zu können. Ich habe nicht dieselben Arbeitsbedingungen, die etwa Spitz bei seiner Arbeit in Waisenhäusern hatte, sondern kenne mindestens die Schwierigkeiten, welche universitäre Teams beschreiben, die vor vielen Jahren in Rumänien gearbeitet haben. In gewissen ostafrikanischen Institutionen können sich die Probleme der Zusammenarbeit verschärft zeigen, weil die frühere Anwesenheit der Weißen, der »Colons« (Kolonialmächte), die Beziehungen der Einheimischen zu »weißen« Mitmenschen sich immer noch sehr negativ auswirken kann. Als »weiße« Volontärin bin ich eine Frau ohne Begleitung eines Mannes: eine Frau ohne Ehe-Mann ist in Ostafrika nicht viel Wert, da »der Ehe-Mann« die Frau, in einem zweiten Schritt, zur Frau macht. Der erste Schritt wird durch die Genitalverstümmelung der Frau, im Alter von ca. 4 Jahren, repräsentiert. Glücklicherweise spielt mein akademischer Abschluss eine kleine positive Rolle als minimaler Schutzschild und infolgedessen ein kleiner Schutzraum für mich. Doch bin ich keineswegs wirklich willkommen, gerade wenn ich um ehrenamtliches Arbeiten nachfrage.

Ich arbeite allein, humanitär, bin an keine Organisation angeschlossen und finde meine jeweiligen Arbeitsorte durch Weiterempfehlung oder Zufall und durch viel Mich-Umhören.

Ehrenamtliche Arbeitende sind in Schwarzafrika nicht besonders gut angesehen. Sie werden mit einem kleinen heimlichen negativen Beigeschmack zur Kenntnis genommen, ähnlich wie in Europa.

Es verlangt viel Vertrauen von den Institutionen, vor allem in ihr eigenes Handeln, wenn sie jemanden aus Europa oder USA in ihre Arbeit hineinschauen lassen. Sie befürchten Besserwisserei und Kritik von anderen. Es herrscht große Skepsis (Schuldgefühle – etwa gegen den europäischen Einblick in die Heim- oder Spitalleitung, da ja nie alles klappen kann). Und in ostafrikanischen Ländern, auch angesichts der schrecklichen Armut der Menschen und der Institutionen, geht manches mitunter wenig verlässlich vor sich. Es wird anscheinend nicht ganz zuverlässig gearbeitet. Vieles ist flexibel strukturiert bzw. aufgebaut und je nach Region und ostafrikanischem Land ganz unterschiedlich.

Man sieht in der Regel gerade noch einige positive Aspekte in der Mitarbeit einer »weißen« Akademikerin, die sich nicht einfach ins bestehende Team einfügt. Immerhin erhält sie Zugang zum Heim. Zugleich bestehen andererseits gefährliche, idealisierende, in meine Arbeit projizierte Hoffnungen, die ich zwangsläufig enttäuschen muss. Ich beanspruche für mich spezielle Regeln: Ich übernehme nicht die tägliche, quasi mütterliche Pflege von Babys und Kranken unterschiedlichen Alters (nähren, waschen, Windeln wechseln, erziehen usw.). Ich reihe mich so gesehen nicht einfach ins bestehende Team ein und bin zugleich sehr auf das Wohlwollen der jeweiligen Leitung und der Teammitarbeiterinnen angewiesen. Ich kann nicht ganz so vorgehen, wie ich möchte und wohl auch könnte. Es bedarf viel an Diplomatie, Anpassungsvermögen und Feingefühl gegenüber der Heimleitung und dem Team. Ich stütze die Leitung und das Team – allerdings in Grenzen – etwa, wenn Kinder oder Patientinnen gequält werden, was durchaus vorkommt. In solchen Situationen greife ich verbal ein und verbiete solch Handeln. Insgesamt werde ich eher kritisch gesehen. D. h. ich mache schwierigste und sehr komplexe Arbeit rund um die sonstige Arbeit mit den Säuglingen, Kindern und vielfach jungen erwachsenen Patienten, ohne mich sehr willkommen zu fühlen oder gar einen gewissen Dank zu hören. Dank höre ich von Patientinnen und teils von den Kleinen oder deren Müttern, sofern ihre Kinder am Leben sind und bleiben.

Und je mehr ich mich im Heim umsehe und desto besseren Zugang ich zu den Kleinen habe, je größer deren Entwicklungsschritte und Entfaltungen sind, desto heikler kann es für mich werden. Neid auf die Kleinen taucht auf, da die Team-Mitarbeiterinnen meist ebenfalls Traumatisierte, nicht selten selbst elternlose Waisenkinder waren, mit psychischen Anteilen eines u. a. zu kurz gekommenen, zu wenig genährten Narzissmus.

Ich arbeite so gesehen »à part«, vertraue auf meinen psychoanalytischen inneren Rahmen und sehe zugleich deutlich die psychische Entfaltung der Kleinen, die auf meine eigentliche Arbeit zurückführen ist. Die Deprivation lockert sich meist schnell, auch gerade dank meiner Arbeit – innerhalb der Institution –, also im Beisein aller anderen Kleinen und der Mitarbeiterinnen. Es ist wie bei Verdurstenden; sobald ein wenig Wasser da ist und getrunken werden kann, stellen sich erneut Hoffnung, Energie und die Fähigkeit, sich zu entfalten, ein. Dies kann schneller gehen als in klassischen Einzeltherapien. Wieso? Ich denke, weil die kleinen Waisen an sehr viele wechselnde Kontakte gewöhnt sind; sie sind früh geübt, sogleich etwas wahrzunehmen, das ihnen Erleichterung bringen könnte – natürlich vor allem narzisstische Zufuhr –, außer denjenigen, die bereits in einer fast anaklitischen Depression leiden oder die heftig Agitierenden, die ja ebenfalls – wie die schwer Depressiven – kaum etwas wahrnehmen können. Und das gilt ebenfalls für die anderen, die bereits ein falsches Selbst entwickelt haben, das wie eine Art Schutzschild zur Abwehr dient.

Mich erinnern all diese sich entfaltenden Bewegungen an Spielzeug, das es früher zu kaufen gab, aus farbigem Seidenpapier fabrizierte, möglicherweise aus China stammende Ware: Ich bekam ein zusammengepresstes kleines Etwas aus farbigem Seidenpapier, mit einem Holzstängelchen darin. Das konnte ich in ein Wasserglas stellen und daraufhin entfaltete sich mit der Zeit eine kleine märchenhafte Herrlichkeit, z. B. ein Blümchen. So kommen mir die kleinen afrikanischen Waisen mitunter vor. Meine Arbeit ist mentale Zuwendung, ist Wasser für die zusammengepressten und (noch) nicht zu sehr verkümmerten psychischen Strukturen. Weil ich diese sich entfaltende Schönheit nicht vergesse, kann ich in der heiklen, schwierigen Situation etwas gelassener arbeiten.

Zudem schenken mir manchmal, nach zwei bis drei Tagen, einige Hilfskräfte etwas Vertrauen. Alles wird ein bisschen leichter, wenn ich sehe, dass gewisse Aspekte meines Vorgehens nachgeahmt werden: ruhig sprechen, sich rhythmisch bewegen, zuhören, loben – loben – loben, anschauen, nicht grob sein, aufs Kind eingehen usw.

Die Colons haben sehr viel an Beziehungsmöglichkeiten zwischen Einheimischen und von außen Kommenden, deren Hautfarbe nicht dunkel ist, zerstört, die noch nicht wieder geheilt werden konnten. Was Jean Ziegler beschreibt, den gewissen chronischen Hass auf die Weißen, ist tatsächlich und verständlicherweise bei vielen Einheimischen noch vorhanden.

So scheint es schon hinreichend Dank für meine Arbeit zu sein, dass ich überhaupt da und dort arbeiten darf. Dabei wird meine Arbeit durch Wegschauen und durch verniedlichende Kommentare verharmlost, typischerweise sagt man dieser Frau etwa: »Wenn Ihnen das in ihrem Herz guttut...« Beruflich erworbenes Wissen und Können von Frauen werden gerne verleugnet.

Je nachdem ist es auch so, dass Ausländer in den größeren, finanziell ausgesprochen armen Institutionen – sozialen und psychiatrischen –, dafür zahlen müssen, dass sie dort arbeiten dürfen. Das hat zum einen offensichtlich mit dem großen Geldmangel zu tun, der ja tatsächlich an sehr vielen Orten und in den meisten Institutionen besteht und der unbedingt vermindert werden sollte. Zugleich sehe ich darin auch eine leichte, vielleicht unbewusste Annäherung an das, was arbeitende Einheimische mit den Colons erlebten. Man sagte und bedeutete ihnen, es sei nur recht und billig, dass sie hart (oft hart bis zum Sterben) für die Colons arbeiten. Ein Dank war nicht nötig, denn die Colons besaßen offensichtlich das Recht, alles zu haben, alles zu fordern und zu erhalten, was sie nur wollen. Jetzt, wo ich das schreibe, denke oder fantasiere ich, was europäische Menschen oder Ausländer, deren Länder an Europa grenzen, darüber denken könnten. Entsprechend meiner Kenntnis nicht selten wohl: »Ach! Das ist doch alles übertrieben.« Nein, es ist nicht übertrieben, aber es verursacht möglicherweise, wenn ich an Menschen aus nicht-afrikanischen Ländern denke, deren Ablauf der Dinge ihres Lebens geregelt ist, die in vornehmlich geregelter, auch finanziell geregelter Umgebung leben und tatsächlich andere menschliche Bezüge und Situationen gar nicht kennen und sagen: »Das ist doch nicht möglich, das ist übertrieben, das stimmt nicht«, oder auch: »Davon will ich gar nichts hören und nichts wissen.« So wird der schwarze Kontinent immer wieder erneut beiseitegeschoben und teilweise auch die Menschen, die jetzt dort sozial arbeiten.

Albert Schweitzer, der Elsässer, der gern mit seiner Orgel in den Urwald hineinorgelte, wird bis heute geehrt, zugleich vielleicht auch ein wenig verharmlost.

Unterschiedliche Wege zur inneren Landschaft des Kindes

Üblicherweise ist der hauptsächliche Weg, europäisch und oberflächlich gesehen, der sprachliche. Wir bemühen uns, auch als nicht psychologisch Ausgebildete, primär und vorwiegend mit gesprochener Sprache um eine Annäherung an den Anderen. Wobei die Sprache natürlich verschiedene Farbnuancen beinhalten kann, wenn sie nicht einer KI Sprache entspricht bzw. ist.

Zur Sprache gehört, fürs psychotherapeutische und psychoanalytische Handeln im europäischen und wohl auch amerikanischen Feld, meist ein bestimmter Raum oder mehrere Räume, in die Kinder und Menschen kommen, wo sie wohl auch Vertrautes antreffen; ganz abgesehen von Spielsachen und interessanten Gegenständen, die Kinder (und teils auch die Erwachsenen) faszinieren oder zumindest ein ganz klein wenig interessieren können. Für diesen ein wenig vertrauten Raum gibt es in vielen außereuropäischen und vielleicht auch südamerikanischen Ländern keine Ersatzmöglichkeiten. Und dort, wo sich keine gemeinsame Sprache finden oder noch nicht finden lässt, geht es ebenfalls darum, Ersatzmöglichkeiten zu suchen. Für den »vertrauten Raum« lässt sich in vielen ärmeren Ländern, zum Beispiel in ostafrikanischen, nicht unbedingt Ersatz finden. Mangel an geschlossenen Räumen herrscht vielerorts, auch Mangel an einem bestimmten, erneut zu betretenden Raum. So wird je nach dem ein Kellerabteil, aber natürlich auch ein ruhiger und beruhigender Ort draußen, im Feld, in der Landschaft oder am Beginn der Wüste benutzt.

Anstelle der gesprochenen Sprache lassen sich viele andere Möglichkeiten zum Austausch finden. Die Handlungssprache, die gestische Sprache, die musikalische, die Musik. Musikstücke und/oder eigenes Singen als Sprache – mit einer sich an den Basso Continuo anlehnenden Inklusion: die Farben, das Malen und das Zeichnen als Sprache sowie Duften und Riechen. Und ebenso bedeutsam: Düfte, Handlungen, Einschlüsse–Ausschlüsse, Augensprache, Streicheln, Weisen, Hinweisen, Verweisen, Zudecken, Aufdecken, Ball- spielen, Spiele spielen, Rollen verteilen u. a. m. Bei allen diesen Austauschmöglichkeiten ist zentral wichtig, sich grundlegend auf einen (je nachdem für erwachsene Menschen beinahe unerkennbaren) Basso continuo in Singsang, Musikalität und Rhythmik der Sprache und des Tuns einzustellen. Der Basso continuo wird im musikalischen Feld prominent von J. S. Bach und in der Barockmusik als wichtiges leitendes, zugleich unterschwelliges, die Gestalt der jeweiligen Musik fast »heimlich« kontinuierlich mittragendes und stabilisierendes Moment eingesetzt. Er verbindet und hält oder unterstreicht diskret menschlichen Ausdruck, musikalischen und anderen, und ist zugleich Sinnbild für das Menschliche, sich oft im selben Rhythmus Vorwärtsbewegende, für Kontinuität und ebenso für verlässliche Einfalt der menschlichen Lebensabschnitte und -verläufe.

Dies ganz im Unterschied zur KI, die diesen gewachsenen Basso continuo und dessen ganz persönlichen Klang (alle ganz und gar subjektiven Ober- und Untertöne) nicht enthält und nicht enthalten kann. Stimmen lassen sich per KI keineswegs vollumfänglich klanglich, also vor allem im untergründig und »obergründig« klingenden, ganz subjektiven, zugleich vielen Menschen, wenn auch öfters auf unbekannte Art und Weise, heimischen Basso continuo in seiner ganz persönlichen Klangfarbe reproduzieren.

Es gibt verschiedenste Wege zur Innenwelt des Kindes. Bevor wir uns für einen Weg entscheiden können, braucht es wohl eine gewisse Zeit. Die erste Spur oder das erste Zeichen der Innenwelt, das wir antreffen können, lässt sich meiner Ansicht nach umschreiben als eine Fähigkeit, verbunden mit etwas »courage« und etwas Neugier, ein kleines bisschen in Austausch (mit uns) zu treten oder dies zu wünschen. Bevor wir innere Bilder aus dem Innern der Kleinen miterfahren, braucht unser Gegenüber den Mut, sich in seiner Verbindungsart uns aufmerksam zu machen, dank seinem winzigen Vertrauen in uns – in uns als einem hinreichend guten Behälter, um mit uns in einen leichten Austausch zu treten.

Es gibt auch die Möglichkeit, dass wir auf Anhieb keinen Weg finden und vom kindlichen Gemüt, seiner Psyche nicht akzeptiert werden, also weiterhin Zeit aufwenden sollten, um herauszufinden und zu spüren – hier geht es wirklich ums Herausspüren und ums »simple Spüren«, d. h. auch sich ganz aufs Gegenüber einzustellen und nicht zu projizieren –, welcher Weg dem Kind ein klein bisschen vertraut und vor allem angenehm sein könnte.

Es ist wohl so, dass dort und dann, wo und wann wir uns dem Innern des Kindes annähern möchten, sich auch Schmerzen angesiedelt haben. Wir rühren an Gefühle, etwa auch eine frühe Form von schützenden Scham-

und schlimmen Angstgefühlen, die dieses Kind für sich entfaltet hat und sich wohl in seiner ganz eigenen Art und Weise dagegen wehrt, etwas Neues zu erwecken. Dies wegen der unguten Ahnung, alle diese äußerst unangenehmen, schmerzenden, beschämenden Stimmungen und Gefühle könnten nicht mehr verschwinden.

Als PsychoanalytikerInnen wissen wir, dass der befürchtete Schmerz nicht unbedingt länger bleiben muss. Ohne gemeinsame Sprache lässt sich das jedoch nur begrenzet erklären. Im Übrigen, selbst wenn wir das erwachsenen Menschen in der ihnen und uns geläufigen Sprache erklären, heißt dies auch nicht, dass sie glauben, was wir sagen, sondern sie halten öfters fest an dem, was sie selbst seit langer Zeit gewohnt sind, zu erfahren und zu denken.

Was aktuell in Mitteleuropa, das analytische Handeln selbstverständlich prägt, gibt es in der analytischen Arbeit mit Kindern und Jugendlichen in vielen anderen Ländern nicht: So steht nicht ständig ein- und derselbe Raum für die Zusammenarbeit zur Verfügung, keine Couch und kein besonderer Stuhl für die Psychoanalytikerin und Patientin; es gibt nicht gleichbleibende Bilder an den Wänden, nicht dasselbe WC etc. Dieser Rahmen fehlt so oft. Umso wichtiger wird in dem Fall der innere Rahmen der Psychoanalytikerin, er wird von einem äußeren zu einem inneren Rahmen, genau gesagt: *zu einem ganz und gar inneren Prozess.*

Ich betone nochmals: In meiner Arbeit in Ostafrika fehlt meistens der äußere Rahmen, gleichermaßen der sprachliche als auch derjenige Rahmenteil, der spezifischen, auf Dauer zur Verfügung stehenden Räume/Zimmer sowie der Sessel der Psychoanalytikerin und der Patientinnen und ebenfalls – in der Arbeit mit Babys und Kindern – der »Teilrahmen« der Spielzeuge. Deshalb ist es *zentral wichtig,* den *inneren psychoanalytischen Rahmen* ganz zur Verfügung zu haben. Dieser innere psychoanalytische Rahmen, der uns Analytikerinnen ermöglicht, überall, wo wir hinkommen – mit welchen Mitteln auch immer: Flugzeug, Schiff, Auto, Füße, Fahrrad etc. – psychoanalytisch zu denken und zu handeln. Der *innere psychoanalytische Rahmen verlangt*, dass wir unseren PatientInnen im Zuhören und im Verstehen nahe sind, aber nie zu nahe. Es soll keine Verwechslung zwischen den Patientinnen und mir geben. Die Analytikerin übernimmt nicht das Sein des Patienten, auch nicht sein Dasein, nicht sein Denken und nicht sein Fühlen.

Die Psychoanalytikerin fühlt sich so lange ein, bis sie vorerst jeweils einen Eindruck hat von einem ungefähren lebendigen Modell, nach dem der Patient/die Patientin wohl denkt und spürt oder spürt und denkt. Und danach geht sie vorsichtig zum Analysieren über. Es entsteht also keine hundertprozentige Verschmelzung, auch wenn Null Raumaufteilung die Gegenseitigkeit wie automatisch teilt. Die Patientin kann, so gut es ihr möglich ist, einigermaßen zeigen, veranschaulichen, was sie bewegt, ohne den Analytiker dadurch ganz und gar zu fesseln, ohne sogar intentional wie die Psychoanalytikerin zu werden bzw. werden zu wollen. Die Psychoanalytikerin bleibt interessiert und nimmt sicher Teile des Gehörten und Gesehenen in sich auf, versucht diese mit anderen Teilen zu verbinden, zum Beispiel auch mit Teilen ihres eigenen Wissens oder eben Teilen, wie diese auch immer aussehen mögen, in Verbindung mit dem Leben der Patientinnen. Eines der wichtigsten »Grundgesetze« bleibt dabei, die Patientinnen – auch die ganz Kleinen – als freie Menschen zu sehen, nicht als Teil des eigenen Selbst der Psychoanalytikerin.

Vieles vom hier Gesagten klingt einfach und selbstverständlich, ist dies jedoch nicht, ganz besonders deshalb nicht, weil der äußere gesetzgebende, Schranken und Halt verleihende Raum-Rahmen fehlt. Dieser gibt vielen – etwa in Europa und USA psychoanalytisch Arbeitenden – Sicherheit und vermittelt scheinbar u. a. auch die nötige Zurückhaltung, die Freiheit, auch die kritische, die Freiheit im Denken und Handeln ermöglicht.

Psychoanalyse entsteht im *inneren psychoanalytischen Erkenntnisprozess*, und sie strebt primär keine Verhaltensänderung an. Der psychoanalytische Erkenntnisprozess entwickelt sich natürlich mehr oder weniger unabhängig von Zeit und Raum. Ich meine das nicht allein philosophisch, sondern auch ganz konkret. Ich öffne, psychoanalytisch arbeitend, jeweils alle meine Sinne, um zu hören, zu sehen, zu riechen, zu verstehen und auf eine Reise – im psychischen Feld – mit dem Kleinen oder Größeren zu gehen; zugleich wahre ich meine Distanz. So kann ich etwa ein Problem darstellen, ein Spiegel sein, kann viele Teile sehen und teils verstehen, die der Patient selbst kritisch sieht und teils versteht, teils nicht versteht. Ich bleibe bei all diesem prozesshaften Vorgehen ich selbst und halte innerlich genügend Distanz, die unabdingbar ist für meine psychoanalytische Arbeit und für die Freiheit der Patientin. Diese kann Schritte zu sich selbst machen, auch wenn sie dadurch gesellschaftlich in eine vielleicht heikle, periphere Situation geschoben wird. Bin ich nicht in der Lage, meine wichtige innere Distanz zu halten, verliere ich die Möglichkeit, die Zusammenarbeit fruchtbar werden zu lassen. Ich versuche, dem Patienten die Chance zu geben, letztlich selbst, dank seiner eigenen Fruchtbarkeit, Kreativität und seinem Interesse an überraschenden Konstellationen, seinen neuen Weg für sich selbst zu finden.

Ich versuche auch, den Kleinen jeweils ihren eigenen Raum zu geben, zu lassen, selbst oder gerade weil die Situation um sie herum traumatisch und traumatisierend ist. Der neue Weg für sich selbst ist ein abwägend in kritischer Erkenntnis gewählter, und er kann durchaus anderen Stimmen, die den Patienten bestimmen möchten, nicht gefallen.

Psychoanalytische Vignetten zu ostafrikanischen Innenwelten von Babys, Kleinkindern, Adoleszenten und ein bisschen älteren Menschen

A

Die primäre Verneinung einer inneren Welt bzw. die Verneinung deutet den Weg an

Ich berichte über meine psychoanalytische Arbeit mit einer knapp 14-jährigen Jugendlichen, die sehr jung zwangsverheiratet wurde und nachts barfüßig in einer Psychiatrie-ähnlichen Abteilung eines vom Ort weit abgelegenen Spitals auftauchte. Sie kannte das Spital bereits von einem früheren Aufenthalt. Sie wird als psychotisch diagnostiziert, während ich davon ausgehe, sie sei eine mehrfach traumatisierte, trotzdem angemessen realistisch handelnde junge Frau. Man bittet mich mit ihr zu arbeiten.

Die junge Frau verwendet die Sprache oder das Stück Sprache, das wir beide sprechen und verstehen können, sozusagen paradox. Damit meine ich folgendes: Sie spricht die gemeinsame Sprache, versteht also, was ich sage, wörtlich, sagt selbst jedoch die ersten Male nur ein Wort, nämlich »nichts«. Also, wenn ich sie frage, was ist geschehen, dass sie spät nachts hierherkomme, antwortet sie: »Nichts.« Sie verwendet ihre Sprache so, als ob sie diese nicht wirklich sprechen würde oder diese keinen Sinn ergeben würde. Sie nimmt die Sprache nicht als Vehikel für eine Information oder

Aufklärung für – ihrem eigenen Empfinden nach – sogenannt dunkle innere Sachverhalte, sondern spricht und lässt gleichzeitig aus, was sie selbst persönlich betrifft. Natürlich respektiere ich das. Warum das so ist, dafür scheint es mir vordergründig zwei Möglichkeiten zu geben: Sie braucht Selbstschutz, sie kennt mich zu wenig, kann nicht vertrauen, auch nicht in die Organisation, die sie als Fluchtort gewählt hat. Sie bedeutet mir – meine ich –, mich kann man nicht verstehen und dann nützt alle Sprache nichts. Vielleicht bedeutet sie mir auch: Ich will nicht; oder auch: Ich kann nicht, es gibt keinen Weg zu meiner inneren Welt, niemand ist genügend interessiert und genügend wohlwollend.

Jedenfalls setzt sie ihre Sprache nicht zum Klären ein, sondern wie ein Rätsel oder eben so, wie Freud es in seinem Text »Die Verneinung« schildert. Freud schreibt, gerade die explizite Verneinung lasse ahnen oder sei ein geheimer Verweis auf einen wesentlichen Inhalt. Da wo dezidiert Verneinung auftaucht, können wir davon ausgehen, dass etwas Wichtiges, respektive sehr wichtige innere Räume und Welten zu finden sind. Er bringt dabei das Beispiel eines Patienten oder einer Patientin, die zu ihm sagt: »Nein, es war nicht die Mutter.« Und Freud meint: Es war genau die Mutter. Wenn die Patientin sagt, nichts ist, könnte ich das umdrehen und denken: Viel ist.

In der Arbeit mit der Patientin war ich von dem, was ich jetzt interpretierend hinschreibe, gar nicht so überzeugt, weil dieses gesprochene Nichts der Patientin für mich, obwohl hingehaucht, wie ein Zauber erschien und zugleich gesetzt wie in ein Denkmal, aber eben, ein Denkmal verweist ja auf anderes.

Jedenfalls war es für mich, nach mehrfachen »Nichts« keineswegs einfach weiterzuarbeiten, und die junge Geflüchtete am nächsten oder übernächsten Tag wieder zu einem Gespräch einzuladen. Denn in diesem nächsten Mal geschah das Gleiche: Sie antwortete stets mit »Nichts«.

Islamische Vorschriften bestimmen, eine Frau solle sich nicht über ihren Ehemann beklagen und zugleich kaum über eigene schmerzvolle Erlebnisse und Gedanken sprechen. Ich bleibe bei meinem Interesse an ihr und dem, was in ihr geschehen ist, und lasse mich durch das »Nichts« nicht abschrecken. Weiterhin gilt meine narzisstische Besetzung – hören, sehen, riechen, phantasieren, Reverie – der jungen Patientin. Ohne sie zu bedrängen, spreche ich hie und da ruhig, also nicht nachfragend, zu ihr. So versuche ich ihr auch zu vermitteln, dass sie einen Freiheitsspielraum hat und nicht mein Selbstobjekt sei. Und ich hoffe, dies werde für sie selbst spürbar und erfahrbar. Ich bleibe weiterhin interessiert – in meiner Gegenübertragung fühle ich mich zunehmend ohnmächtig – und frage sachte dies und jenes und erkläre ihr, ich sei der Meinung, dass das, was uns niederschlägt, verzweifelt, hilflos und traurig mache, Wurzeln in unserem eigenen Leben habe. So beschreibe ich ein kleines Stück psychoanalytischer Perspektive, die wohl das islamische Gesetz: alles kommt und geht dank und von Allah, infrage stellen könnte. Denn es kommt mir mitunter so vor, als ob gläubige Menschen hier Selbstobjekte ihres Gottes wären.

Mit einem Mal nuschelt sie ganz, ganz leise und so, als ob es nicht sie selbst betreffen würde: »Ich habe vor 6 Wochen ein totes Baby geboren.« »Das ist schlimm und sehr, sehr traurig«, sage ich. »Nein«, sagt sie, sie habe das vergessen, es sei überhaupt nicht schlimm. Sie wisse nichts mehr davon. Ich: Wie Sie denn darüber nichts mehr wissen könne? »Ich weiß nicht.«

Ich berichte hier nicht weiter aus der direkten Begegnung im Einzelgespräch, sondern fasse zusammen.

Ein letztes Mal begegne ich der Patientin in der Gruppe fürs Zeichnen und da verhält sie sich, ohne irgendeine Ermutigung von meiner Seite, sehr aktiv. Sie sagt Mitpatientinnen, was zu tun ist, wo das Papier und die Zeichenstifte liegen usw. Sie geht vor, ohne dass wir zusammen etwas abgesprochen hätten, so als wäre sie meine Assistentin; sie unterstützt mich und zugleich zeigt sie ihre eigene Aktivität und Freude an dem, was gemacht wird. Danach höre oder sehe ich die Patientin nicht mehr.

Das nächste Mal, wie ich in dieses ostafrikanische Land zurückkomme, sagt man mir, die Patientin habe sich von ihrem Mann getrennt. Aha, meine ich, jetzt geht es ihr wohl besser. Ja, sie sei von diesem Ort hier, an einen anderen umgezogen. Als ich sage, es gehe ihr jetzt wohl besser, erschrickt derjenige, der mir dies berichtet und sagt: Trotz Scheidung gehe es ihr besser. Und ich meine laut: Dank Scheidung gehe es ihr besser.

Meine Bemerkung widerspricht koranischen Normen, die besagen, Frauen lassen sich nicht scheiden, außer sie wären sehr, sehr reich. (Möglicherweise besteht eine Chance, die »Normengeber« mit Geld zu beschwichtigen, sodass im Rahmen der Scheidung, bei der der Frau viel Geld zur Verfügung steht, kein großer Aufruhr entsteht.)

Der Weg, der zum Inneren dieser extrem Jungverheirateten führte, lässt sich schwer in komplexer Art und Weise beschreiben, weil vieles im *Ver-*

borgenen bleibt. Jedenfalls kann ich sagen, dass ein Stück gewonnenes Vertrauen gerade dadurch, dass ich das mehrmalige »Nichts« nicht angestoßen habe, sondern stehen ließ und keineswegs so, wie dies im Alltag oft der Fall ist, nicht versucht habe, zu »bohren«. Ich habe das sprachlich Übermittelte einerseits akzeptiert, zugleich auch nicht akzeptiert, weil ich ja trotz der »scheinbaren Nutzlosigkeit« an der Entstehung eines Dialogs interessiert blieb.

B

Die scheinbar stumme Frau, für die ich eine Sprache finde, die sie in ihrem Innern erreicht und die sie versteht.

Die psychiatrische Institution wollte diese Patientin weghaben. Nach der späteren, weitgreifenden Epidemie (Cholera) wurde sie »sowieso« für tot erklärt.

Ich spreche hier über den Zugang zum Inneren einer Patientin, deren Alter unbekannt ist und der enorm viele Fähigkeiten abgesprochen wurden, da niemand etwas Genaueres über sie wusste. Sie litt unter schwerer Vernachlässigung, Verkennung ihrer Begabungen und manchen regressiven psychischen und physischen Bewegungen. Man sagte mir: »Schauen Sie sie sich an, sie kann nicht sprechen.«

Was ich neben allem Nicht-Wissen (keine Krankengeschichte oder dergleichen) von ihr kannte, war ihr Vorname.

Man führte mich in die Nähe ihres Bettes, in dem sie scheinbar lag. Ich sah nichts von ihr, sie war ganz vergraben unter Tüchern, aber man konnte riechen, dass da ein Mensch liegt. Ich stellte mich darauf ein, die Patientin könne nicht sprechen, und überlege, wie ich sie innerlich berühren könne. Im Prinzip ging ich nun von einer ähnlichen Einstellung aus wie gegenüber einem Baby: Ich lasse mir ihren Namen nochmals sagen und sage oder singe immer wieder aufs Neue ihren Namen mit bedeckter und zugleich genügend offener, eher weicher, melodiöser Stimme, dies sicher 10–15 Minuten lang. Wichtig bei diesem Singen sind das rhythmische und – im Sinne des »Basso continuo« – das sich verlässlich wiederholende Basso-Moment in diesem Gesang, das das Lebendige und zudem eine Lebensbasis repräsentiert, auf die Verlass ist. Nach längerer Zeit taucht ihr Kopf neben dem Kissen auf, sie schaut mich aus sehr großen, sehr traurigen, suchenden und saugenden Augen an. Ich sage leise »Hallo«, spreche sehr langsam und frage sie, welche Sprache sie spreche. Sie ist nicht mehr gewohnt zu sprechen, ist aber sprachfähig, und zwar am ehesten in Englisch. Sie erwähnt undeutlich eine Schule, mit verwischt ausgesprochenem englischem Namen, in der sie vielleicht unterrichtet wurde, und kann nicht sagen, wo sie aufgewachsen ist; sie bedeutet, sie habe keine Familie. Ich bitte eine Pflegerin mit ihr zur Dusche zu gehen, ihr beim Duschen zu helfen und neue Tücher ins Bett zu legen. Die Patientin bewegt sich enorm langsam, und wie sie aus dem Bett steigt und ihre Füße sachte auf dem Boden ankommen, sehe ich, dass sie gar nicht gut gehen kann, sondern ein wohl zuerst gebrochenes, ärztlich dann nicht oder falsch behandeltes und daraufhin verkrüppeltes Bein bekommen hat. Sie geht schlecht und nur sehr langsam.

Ich vermag für diese komplexe, kompakte, stark mit dem Physischen verwobene Zusammenarbeit – natürlich ohne dass ich sie körperlich behandelt habe – keine komplexe Beschreibung der psychoanalytischen Zusammenarbeit wiederzugeben – hingegen Entwicklungen, psychische Entwicklungen, die die Patientin selbst initiierte, teilweise in meiner Abwesenheit und trotz einer ihr gegenüber sehr zurückhaltenden Umgebung. Da sie länger nicht gesprochen hatte und zudem einer Sprache wohl seit Längerem nicht voll und ganz mächtig war, und die zudem die meisten um sie herum nicht verstehen konnten/wollten, wurde sie teils, wenn ein paar Patientinnen zusammen saßen, beiseitegelassen, übersehen oder mitunter ein wenig psychisch malträtiert, runtergemacht. Sie entwickelte eine Beziehung zu mir, wartete auf mich, bis und dass ich wiederkomme und zu ihr sage: »Kommen Sie, wir setzen uns nach draußen, ins Helle, in die Natur.«

Und schließlich, nach meinem dritten Europaaufenthalt, kam ich zurück und habe sie in ihrem Gebäudeteil nicht gefunden. Ich frage andere Patientinnen und auch eine Pflegerin, wo sie denn sei, und beschreibe die Patientin. Alle sagen, eine solche sei nie dagewesen. Ich entgegne: »Doch, ich habe sie gekannt, ich habe ein bisschen mit ihr gesprochen, ich habe auch gesehen, wie sie je nachdem zusammen mit andern Patientinnen Gemüse putzte.« Sie konnte kaum ruhig gehen, sondern musste halbwegs hüpfen, und ich imitiere, um die Patientin für die Anderen noch genauer zu charakterisieren, ihr Gehen, ihre Behinderung beim Gehen. Da höre ich: »Ach, die, ja die war da. Die ist gestorben, als wir eine Epidemie (Cholera) hatten… Wir nahmen an, sie liege tot im Bett wegen der Cholera.«

Ich beschreibe diesen, in mancher Hinsicht unerfreulich-traurigen Prozess und meine Versuche, ans Innere der Patientin, die ja u. a. auch an zu wenig Austausch litt und sehr stark regrediert war, zu kommen. Und dieser Ausschnitt aus ihrem Leben zeigt, wie begrenzt und kümmerlich wenig man sich dort der PatientInnen annehmen kann, ohne dass die verantwortliche Umgebung sich hierfür »irgendwie ungut« fühlen müsste. Es tauchen diesbezüglich offenbar keine Scham- oder Schuldgefühle auf.

In der Arbeit – Zusammenarbeit – mit Menschen, ist es enorm wichtig, die richtige Sprache zu finden. Damit meine ich nicht, die Duden-gemäße Sprache, sondern einen individuellen sprachlichen und passenden sonoren oder vielleicht auch im weitesten Sinn einen pantomimischen oder noch anders gelagerten Zugang. Bei der eben geschilderten, sehr retardierten Patientin wurde ein seelischer Zugang möglich, weil ich sehr, sehr oft langsam und rhythmisch und nicht in Stakkato, sondern melodiös, zuversichtlich – liebevoll, im Innern mit Basso continuo, ihren Namen singend intonierte, um so vielleicht überhaupt ein wenig im Positiven wahrgenommen oder gehört zu werden. Auf diese klangliche Zugangsweise konnte ich wohl auch angenehmere selbstliebende Gefühle, also ein Stück positiven Narzissmus in ihr wecken sowie eine leichte Neugier auf mehr »von dem«. Und einer der nächsten Schritte war, sie sorgfältiger anzuschauen und dabei ihr Gebrechen tatsächlich wahrzunehmen.

So fand ich langsam Zugang zu ihr, auch sprachlichen. Sie selbst hat mir Zugang gegeben, indem sie eine Beziehung zu mir aufbaute, die sie wohl in ihrem Inneren genügend erfreulich empfand. Sie ließ sich sozusagen aus dem Bett/dem Pfuhl, der sie ja auch schützte und die nicht freundlich Gesinnten auf Distanz hielt, holen. Ich habe ihr Inneres berührt und sie hat aus dieser inneren Berührung viel entstehen lassen können.

Wenn ich denke, mit welcher Beschreibung ich zur Patientin geschickt wurde: Sie kann nicht sprechen, so ist dies skandalös. Man möchte sich nicht mit ihr befassen, weil der Zugang scheinbar zu schwierig, zu aufwändig wäre. Im Prinzip wollte man sie weghaben und suchte während vieler Monate – bevor ich hinzukam – vergeblich nach allfälliger Verwandtschaft.

Hier zeigt sich auch, wie sehr wir Psychoanalytikerinnen vorsichtig sein sollten, wenn jemand uns so etwas sagt wie: Sie kann nicht sprechen. Hier ist es fast umgekehrt, als beim ersten Fall, den ich eben beschrieben habe, der »Nichts«-Patientin: Diese nun neue Patientin spricht nicht, weil das entsprechende Ohr und ein Minimum an Mitmenschlichkeit fehlen. Mitmenschlichkeit allein hätte vielleicht nicht geholfen, sondern allein dann, wenn angemessenes psychoanalytisches Wissen hineingewoben ist, und wenn angemessenes Mitgefühl und psychoanalytisches Wissen eine Form finden, eine passende Form, die beiden Menschen das Zusammenspiel, die Zusammenarbeit ermöglicht, gefunden wird. Etwa das Ansprechende auf eine Art und Weise, auch auf die sonore, die zusagend sein kann und auch, was sehr wichtig ist, die Zeit oder die Zeitlosigkeit: dabei bleiben (Basso continuo), aber keinesfalls drängend oder bedrängend werden, und ja nicht schnell aufgeben. Denn letzteres kennen Menschen in solch miserablen menschlichen Beziehungssituationen nur zu gut: Man will sie, so ihre ureigensten Gefühle, weghaben. In ihrem Inneren heißt es häufig: Andere will man, mich jedoch sowieso nicht. Es kann nicht mir gelten, wenn jemand meinen Namen singend oder liebevoll ausspricht.

C

Der Kleine, etwas scheue und ein wenig verschmitzte Einzelgänger, im schrägen Pyjama

Diesmal spreche ich von einem sehr jungen, kleinen Patienten, der bereits gehen kann und der mit anderen Waisenkindern in einer Institution zusammenlebt.

(Anamnesen liegen nicht vor.)

Ich versuche mit den Kindern, 10–15 sind es, ganz einfache Spiele anzugehen, Körperspiele, und es geht vorerst darum, stehend einen Kreis zu bilden. Es dauert natürlich eine Weile, bis alle ihren Platz gefunden haben. Einer läuft weg. Er schaut etwas besonders aus, weil sein Pyjama schräg an ihm hängt und er wohl gleichzeitig ein bisschen den Clown macht. Er ist mir aufgefallen, er unterscheidet sich von den anderen Kindern, wirkt freier in seinem Tun, auch kreativer, vielleicht versteckter Weise auch scheuer. Ich frage ihn, ob er auch in den Kreis kommen möchte. Er schüttelt den Kopf. Mir wird deutlich, dass zwischen ihm und mir bereits eine Art von Beziehung entstanden ist, anders als mit den vielen Anderen, die sich in den Kreis einreihen. Er wählt seinen Standpunkt abseits, von dem aus er beobachten kann, was gemacht wird, was mit der Gruppe geht.

So fahre ich weiter mit der Gruppe, versuche zeigend zu sagen, dass wir uns jetzt Schrittchen für Schrittchen ein wenig drehen. Selbst mache ich mit und halte meine Hände auf meinem Rücken. Alles geht ganz langsam vor sich und plötzlich denke ich: Was ist denn los? Ich spüre zart, sich etwas an meinen Händen bewegen und ich drehe mich langsam um. Der kleine verschmitzte und wohl ein wenig scheue Außenseiter, der nicht mitmachen wollte, steht hinter mir und berührt meine Finger mit seinen Fingerchen. Ich bin innerlich stark berührt. Daraufhin spielt er mit den Anderen mit.

Er hat kämpferisch-passiv mit seiner lustigen verschmitzten Eleganz eines zerzausten, sehr kleinen Clowns, der sich vielleicht schämt und darunter leidet, als kleiner Mensch so klein und allein in dieser Welt zu stehen, hat den Weg zu mir gefunden. Und er hat seinen Weg zu mir gewählt, ohne viel Worte und ohne sich reibungslos in die Reihe der Anderen einzureihen.

Ich habe den Weg zu seinem Inneren gefunden. Wie? Er hat seinen Weg zu mir gefunden, indem er sich mir sympathisch »machte«, mich besonders interessierte, da er nicht »einfach« mitmachte. Und wohl aus dem Grund fand ich auch den Weg zu ihm, in sein Inneres. Und bei all dem fand er einen eigenen Weg, um am allgemeinen Spiel quasi als Einzelner mitzumachen. Er zeigt mir, er sei nicht wie alle Anderen, trotzdem wolle er in meine Nähe kommen.

Da steht auch ein sogenanntes »Nichts«, wie in vorherigen Vignetten, mittendrin. Er handelt zuerst wie ein »Ich will nicht«, zur Diskussion zwischen ihm und mir und wohl der Gruppe – die ihn vielleicht gar nicht zur Kenntnis nimmt? Will er in der Gruppe sein oder mit in der Gruppe teilnehmen und / oder nicht? Ich reagiere nicht speziell darauf, sondern lasse die Unklarheiten geschehen und bestehen, das öffnet wohl für den kleinen Außenseiter den Weg, in meine Nähe und zwar sehr nah zu mir zu kommen.

Er findet einen speziellen Weg. Er sieht, dank seiner Beobachtungsgabe, dass ich meine Hände hinten halte, an meinem Rücken, und sucht dort und findet sie und hält sie halbwegs. Aus dem zuerst gezeigten »Nein« schält sich der innere Wunsch: Ich möchte mehr Nähe, vielleicht auch: Ich möchte mich von Deinen Händen gehalten fühlen.

D

Die Street Boys

Ich komme zu einer Gruppe junger Männer, die allein, also ohne Erziehungsberechtigte an ihrer Seite, auf der Straße bzw. in einem offenen sehr großen Markt lebten. Man hat sie in einer Organisation aufgefangen oder aufgehoben, in die sie ohne komplizierte Aufnahmebedingungen eintreten, wohnen und lernen können. Es handelt sich um ein sogenanntes Drop-In.

Diese, ebenfalls humanitäre Arbeit hatte ich noch in meiner Heimat vereinbart, als ich angefragt wurde, ob ich in einem bestimmten ostafrikanischen Land mit einer Gruppe Straßen Boys arbeiten würde. Viel mehr wusste ich nicht über meine künftige Arbeit und flog hin. Ich begann gleich am Tag darauf die Jungs zu kontaktieren. Ich wollte einen ersten Austausch mit ihnen eingehen, um sie auch ein bisschen einschätzen zu können, vor allem, um zu sehen, ob sie überhaupt genügend Vertrauen zu mir fassen würden.

Ich kannte ihr Land nicht, ihre Stadt nicht, ihre Kultur nicht. Und was sich auch als recht großes Problem herausstellte, war das der Sprache, da es sich ja um eine ganze Gruppe von Menschen handelte. Als einzige, in sehr knappen Teilen gemeinsame Sprache tauchte das Englische auf. Es ist die Sprache der hauptsächlich ehemaligen Colons. Und mit diesen wenigen Informationen und zudem knappen vorhandenen Sprachkenntnissen überlegte ich, wie ich am besten vorgehen könnte. Dabei entschloss ich mich, die Knaben zeichnen zu lassen, und zwar nicht irgendetwas sondern Papa und Mama und allenfalls, wenn sie möchten und haben, zusätzlich die Geschwister. Ich habe mich lange gefragt, was denn alle diese jungen Menschen, deren Hintergründe ich ja nicht kannte, eindeutig gemeinsam haben könnten. Die Antwort war simpel: Sie sind alle geboren worden, und dies gilt für alle, ob ihre Eltern noch auf der Welt sind oder nicht, ob diese noch zusammenleben oder auch nicht und ob die Eltern noch in diesem Land leben oder weit weg von da.

Das Wetter ist angenehm und ich suche vor dem Haus einen von der Gruppe etwas entfernten Platz zum Sitzen, mit einem kleinen Tischchen zum Zeichnen für die Jungs. Wie ich beginnen will, meldet sich vorerst niemand und die eine Leiterin der Gruppe meint daraufhin, auf einen Jungen hinzeigend: »Der dort könnte sich melden, der spricht recht gut Englisch.« Der Junge kommt, ist zuerst sehr scheu und ein bisschen verlegen, versteht, was ich von ihm wünsche: nämlich Vater und Mutter und je nachdem noch Geschwister zu zeichnen. Er konzentriert sich, zeichnet und ist zeichnend konzentriert und wie mir scheint, weitgehend zufrieden. Ich bitte ihn danach, den Anderen zu sagen, was er am Tischchen machte, also worum es geht. Er tut dies und daraufhin ist es gar nicht mehr schwierig. Alle wollen sie unbedingt zu mir kommen und zeichnen. Ich habe offenbar einen genügend angenehmen Eindruck auf diese Jungs gemacht, einerseits, andererseits spielt wahrscheinlich auch eine Hoffnung mit, ich würde ihr Leben verändern können als eine weiße Frau, die mit dem Flugzeug extra zu ihnen kommt. Was sicher ebenfalls Vertrauen zu mir erweckt, ist, dass ich nichts auf strenge Art von ihnen fordere.

Das Leitungspersonal hält sie streng, sie müssen viele Regeln beachten und sie sollen – die meisten sind ja im islamischen Glauben aufgewachsen – den christlichen Glauben annehmen. Sie sollen, in der Meinung der Führung, quasi ganz andere Menschen werden. Wie ich das erfahre, habe ich meinen Aufenthalt verkürzt. Denn wenn ich mit den Jungs weiterarbeiten wollte, musste ich mehr oder weniger auf die Leitenden und deren Ideen achten, und das wurde mir in diesem missbräuchlichen Fall zu schwierig.

(Jahre später wurde der »Stifter« dieses und anderer ähnlicher Heime in diesem Land, in einem nördlichen europäischen Land, für schwere Verbrechen gegen die Menschlichkeit vor Gericht gestellt.)

Nun, kann ich denn etwas Wichtiges von all diesen Buben oder jungen Männern erfahren und wird das Material sinnvoll und fruchtbar, um mit ihnen, etwa psychotherapeutisch, zu arbeiten? Ja durchaus.

Die Zeichnungen geben interessante Auskünfte über die fantasierte Beziehung der Knaben über ihre Eltern. Es sind Knaben aus ärmsten Verhältnissen, oft Waisenkinder, und deutlich wird in allen Zeichnungen die enorme Idealisierung der Verlassenen oder der Eltern, die sie, ihre Jungs, im Stich gelassen haben. Die Eltern werden von vielen als eine Art Cowboy oder Übermenschen oder weibliche Stars gezeichnet: Väter mit Stiefeln, mit einem Messer am Gürtel, mit einem großen Hut. Die Mütter als Schönheiten mit vollem Busen und großem Dekolleté und hochhackigen Schuhen und hie und da auch mit Schmuck.

Es wird deutlich, wie stark sie die Existenz ihrer Eltern als viel besser sehen, denn ihre eigene. Sie zeichnen die eigenen Eltern als Held und Heldin. Und sicher strahlt dieses Bild, dieses illusionäre, träumerische Bild der Eltern etwas aus, was die Knaben in kurzen Momenten stärken mag, was allerdings wohl auch Sehnsucht weckt und à la longue innere Mängel, Leerstellen wieder aufscheinen lässt.

Das Vorgehen beim Zeichnen ist bei allen Jungs auffallend ähnlich: Sie zeichnen zuerst alles mit außergewöhnlich zartem Strich, was dann später mit dem Bleistift teils äußerst stark überstrichen wird und so doppelt intensiv und heftig dasteht, verglichen mit dem primär Zarten, das sich zu Beginn entfaltete.

Da ließe sich natürlich vieles fragen, besser verstehen und interpretieren. Es ist beides im Bild: die Realität der Eltern, nämlich das Zarte als das Irdische, etwa auch, wenn diese verstorben sind, und dann noch der Wunsch, die gewünschten Eltern, die stark und schön und besser als alle anderen sein sollen. Und diese Eltern haben vor allem ein wesentlich besseres Leben als ihre sie zeichnenden Söhne.

Es entstehen aus dem Inneren dieser Jungs viele visionäre Bilder, viel Hoffnung für den Moment sowie scheinbar selbstheilende Illusion. Und zudem zeigt sich das Überspielen, das Verkleiden und Camouflieren im Innern der Knaben. Sie versuchen, mit ihren inneren, für sie fast untragbaren Situationen, in ihrem früheren und gegenwärtigen Leben einigermaßen klarzukommen.

Der Weg zum Innern dieser Jugendlichen ist das Zeichnen in einer freundlichen und ihnen wohlgesinnten Umgebung, das Zeichnen ihrer phantasmatischen »ursprünglichen« Lebenssituation mit ihren Eltern. Und vielleicht auch eine leichte Neugier, eine stumme Frage (wie meistens anfänglich an Psychoanalytikerinnen stumm gerichtet): ob die »weiße« Frau möglicherweise Linderung bringen kann und etwas Glücklichsein.

E

In dieser sehr kurzen Vignette eines »Weges zur Innenwelt des Kindes« ist das Kind eine sehr sehr junge, schwangere, mit HIV infizierte, kurz vor der Geburt ihrer Zwillinge im Krankenhausbett liegende Frau. Und der entscheidende Austausch, der natürlich eine Art von »Vorlauf« hatte, passierte in animalischem Ausdruck.

Die junge verwirrte Patientin, zu welcher man mich geholt hatte, wurde aus einem allgemeinen Zimmer, wo sie mit anderen Patientinnen und ihren Familien einen Raum teilte und oftmals das dortige Klima zu stören schien, gilt als sehr durcheinander und konfus. Sie ist eine Schönheit, wirkt ganz ausgemergelt und aufgerieben, kriegt Medikamente und man sagt mir, dass niemand ihr nahekommen darf, weil sie Anderen zu aggressiv begegne. Mit jedem Liter an zusätzlicher Flüssigkeit, die man ihr gibt (per Infusion), scheint es ihr besser zu gehen. Ich versuche, sie psychisch zu erreichen, und gehe langsam um ihr Bettgestell herum und sage singend ihren Namen in langen ausgewogenen Intervallen. Und nach einer geraumen Zeit halte ich ihre ziemlich harten Füße in meinen Händen und gebe diesen gleichsam sachte ein Stück Boden. Die Patientin wird klarer, schaut um sich und blickt in meine Augen. Ich bücke mich, damit ich auf gleicher Höhe bin wie ihre Augen und nicht von oben herab handle. Nun macht sie kleinste Zeichen, entweder mit einem Auge oder einem Finger. Offenbar hat meine Art, sie zu rufen, singend zu rufen, sie innerlich erreicht. Nun ist ein kleiner Weg für das interessierte Wünschen gefunden, sie möchte offenbar mit mir etwas austauschen.

Jetzt dringen unerwartet Frauen in den Raum, die die Bettwäsche wechseln wollen. Ich rufe weiterhin leise und kontinuierlich, im Basso continuo-Tempo den Namen der Patientin, halte sanft ihre Arme und sogar ihren Kopf, keinesfalls bedrängend, aber mit einer gewissen Klarheit. Plötzlich beginnt sie aufzubegehren, weil die Situation des Bettwäschewechsels und der beiden Helferinnen sie physisch bedrängt und ihr auch Schmerzen bereitet. Und sie knurrt leise und ich denke: Nach dem Knurren kommt das Beißen – sie ist HIV-Patientin. Ich bleibe bei ihr und als sie stark knurrt, bin ich Echo für sie und knurre ebenfalls. Ich begleite ihr Knurren wie ein Doppel, sie wird ruhiger, ist nicht mehr trotzig und sagt ein Wort zu den Frauen, die die Tücher wechseln, ein Wort, das ich nicht verstehe. Ich frage, was die Patientin sagte. Sie wiederholen »doucement«, also (bitte) vorsichtig sein.

Noch an diesem Abend gebiert die Patientin auf natürliche Art und Weise ihre Zwillinge, ganz anders als vom Spital geplant. Man wollte sie am nächsten Tag mit Kaiserschnitt entbinden und vorher noch ein wenig

»hochpäppeln«. Sie verlässt das Spital, so wie sie dies selbst wünschte und wollte, am nächsten Tag frühmorgens mit ihren Zwillingen.

Meine Art, an ihr Inneres heranzukommen bis und mit dem Knurren, wo ich zum Doppel werde, hat ihr wohl geholfen, sich genügend bei sich selbst und ihren eigenen Wünschen zu fühlen: möglichst schnell dem Spital zu entkommen, aber vorher noch ihre Zwillinge zu gebären, und zwar auf natürlichem Weg, war wohl schon von Anbeginn an ihr dringlicher und klarer Wunsch. Wahrscheinlich hat sie das im Spital auch mitgeteilt, wurde allerdings nicht gehört, nicht ernst genommen.

Der Weg zu ihrem Inneren und zum kleinen Wunsch dieser Patientin, in Kontakt zu treten, führte über meinen beruhigenden, langsamen, sonoren, nicht nachlassenden Singsang, im Rahmen des Basso continuo ihres Namens, und mit ganz sanften, von ihr geduldeten Berührungen und schließlich mit meinem ausdrücklichen Einstieg in den Austausch und ins Mitgehen als knurrendes Doppel. Obwohl wir nicht die gleiche Sprache kennen, hat mein Singsang die Patientin angesprochen und beruhigt.

Ein Enkelkind des Dichters Thomas Mann, nämlich Frido Mann, selbst nun Dichter und Psychologe, erzählt in einem Film, dass der Großvater früher den kleinen Enkeln vorgelesen habe. Er selbst, Frido, *habe vom Inhalt nichts verstanden, aber die Musikalität der Sprache seines Großvaters habe ihn fasziniert* und ihm gefallen.

Das Spiegeln des sogenannt Negativen, eigentlich des gesellschaftlich als negativ Angesehenen – »Frau knurrt nicht« –, kann Patientinnen enorm helfen. Es wirkt befreiend, weil ich sie als Psychoanalytikerin nicht anklage, ihr nichts verbiete – was sie wohl von vorher gewohnt ist –. sondern ohne viel Aufhebens zu machen, knurrend mit ihr gehe. Sie wird nicht beschimpft, sondern kann sich begleitet, gesehen, gehört und verstanden fühlen. Und das ist, was Menschen in zugespitzt-kritischen psychischen Situationen benötigen.

F

Mit einem ca. sechsjährigen Patienten, der unter anderem wegen schwerster Hungerödeme, chronischer Schmerzen, einer Unfähigkeit, auf den eigenen Beinen zu stehen, mit seiner Mutter lebend und an der Mutter hängend wie ein schwerer Stein, arbeite ich in einem Zelt von MSF, umgeben von vielen Zuschauern, die alle ebenfalls auf Hilfe warten.

Dies ist, gerade auch wegen des öffentlichen Raumes, für mich unangenehm und zusätzlich schwierig. Niemand kam bis anhin mit dem Jungen zurecht, der sich vorwiegend, natürlich unbewusst, aber sehr sichtbar und hörbar, weigerte, erwachsener und gesünder zu werden.

Er jammert tatsächlich pausenlos sehr laut und klagt sehr laut. Die Ärzte von MSF haben auf verschiedenste Art und Weise versucht, an ihn heranzukommen und ihn sozusagen aufzubauen. Doch er bleibt, über Monate hinweg, stets derselbe Klagende, Jammernde und Weinerliche und so seine Umgebung Aufzehrende.

Ich beginne, mit ihm einen Austausch zu suchen, ihn neugierig zu machen, aber er ist überhaupt nicht interessiert an einem auch nur sehr kleinen Austausch.

Schließlich ändere ich mein Vorgehen und beginne ihn zu spiegeln. Ich tue dies durchwegs und ganz und gar und bin das Echo seiner laut, ständig und non-stop weinerlichen, weinenden, jammernden und klagenden Art. Das fällt mir keineswegs leicht und ist gar nicht einfach zum Durchführen und Durchhalten. Im Prinzip sind wir Psychoanalytikerinnen wohl vermehrt an einigermaßen positive Inhalte fürs Spiegeln gewohnt. Ich spiegelte ihn in seiner verlorenen, jämmerlichen Nicht-Haltung lange Zeit, vielleicht ca. 10–15 Minuten, stets gleichmäßig mich wiederholend – so wie er das tut – und auch im Sinne des Basso continuo. *Ich bin sozusagen eine Verlässliche im Negativen.* Wie ich merke, dass ich nicht mehr authentisch wiedergebe und handle, beende ich die Sitzung und verabschiede mich.

Am nächsten Tag gehe ich wieder ins Zelt. Der leitende Arzt kommt mir entgegen und sagt voller Freude: »X steht heute auf den eigenen Beinen, und er hat mich begrüßt und mir dazu die Hand gegeben. Das habe ich von ihm noch nie erlebt.«

Er dankt mir für meine Arbeit mit dem Jungen. Dessen besserer Zustand bedeutet eine große, vor allem auditive und psychische Entlastung für alle, die im großen Zelt leben und warten, und zudem und vor allem einen psychischen Entwicklungsschritt für den Patienten selbst.

Diese Behandlung – im sehr geräumigen Zelt von MSF – mit dem wiederholenden Spiegeln des gesellschaftlich sogenannt Negativen, und zwar über eine lange Zeitspanne hinweg (bis ich mich selbst nicht mehr authentisch empfinde), erweist sich in meiner ostafrikanischen Arbeit öfters als ausgesprochen sinnvoll und hilfreich für die Patienten. So erhalte ich, wie im Fall der schwangeren HIV-Patientin, einen kleinen, letztlich aber gar nicht so kleinen, die Patienten innerlich beruhigenden Zugang, dank des Spiegelns des mir gebotenen scheinbar Negativen. Dies vor allem dann, wenn ich mich beim Spiegeln authentisch ins Negative (gesellschaftlich Verworfenen) des Patienten hineinbegebe, und dies gesellschaftlich meist negativ Angesehene dem Patienten gegenüber authentisch mitmache, ohne selbst wirklich aus mir heraus negativ zu reagieren. *Ich nehme das sogenannt Negative ernst, bin selbst hingegen dem Patienten gegenüber nicht negativ gestimmt.* Und ich handle nicht gegen ihn, sondern mit ihm.

Das Spiegeln des sogenannt Negativen, kann Patienti/nnen enorm helfen und wirkt befreiend, weil ich als Psychoanalytikerin nicht anklage, ihnen nichts verbiete – was sie wohl sonst gewohnt sind –, sondern ohne viel Aufhebens zu machen, mitmache, also mitgehe. Sie hören sich selbst, im Echo, besser und können eigenständig realisieren, was sie in die Welt setzen, was von ihnen ausgeht. Ich versuche auf dem Weg, die Erkenntnis der Patientinnen zu erweitern als psychoanalytischer Schritt zur Selbsterkenntnis, und mache keine verhaltenstherapeutischen Interventionen. D. h. ich verbiete nichts, sondern mache mit, ich versuche nicht, auf dem Verbotsweg das Verhalten der Patientinnen zu verändern. So können sich Patientinnen eben nicht angeklagt, sondern begleitet, gesehen, gehört und verstanden fühlen und sich selbst allenfalls weiterentwickeln. Und dies ist, was Menschen in für sie sehr kritischen Situationen benötigen (vgl. dazu auch meine Erläuterungen in den letzten Abschnitten der Vignette E).

G

Hier noch ein Weg zur inneren Landschaft des Kindes oder zu seiner kleinen Neugier an einem Austausch.

Man bittet mich, in einem größeren Heim für Waisenkinder mit einem kleinen Mädchen zu arbeiten. Es lebte mit seinen Eltern, die am Sterben waren und schließlich auch gestorben sind, in einem einzigen, sehr kleinen Raum zusammen. Auffallend am Mädchen scheint auch zu sein, dass sie die Sprache, die in der Gegend ihres früheren Zuhause gesprochen wird und aus einem südlicheren Teil des Landes stammt, spricht. Mir war gut verständlich, weshalb sie an ihrer Muttersprache hängen bleibt, eben gerade weil die Mutter ja verstorben ist. Und ihr bleibt als Band zur Verstorbenen wenigstens noch die Sprache, die Muttersprache. In einer solchen Konstellation wird die Muttersprache sehr wichtig. Die Leitung des Heimes kann das nicht verstehen und sagt: Sie ist doch sehr intelligent und könnte ohne weiteres unsere Sprache lernen und sprechen. Sie verweigert das. Ich solle mit dem Mädchen arbeiten.

Ich meinte, das Mädchen möchte vielleicht zeichnen, und lege ihm einen Block und einen Bleistift hin. Beides interessiert die ungefähr Vierjährige gar nicht. Sie schaut im Raum herum, schaut mich an, schaut vor allem durch mich hindurch, ignoriert mich und fühlt sich wahrscheinlich nicht wohl. So geht es mir auch. Ich überlege, was ich an der Situation ändern könnte. Mir kommt das Buch von Paulina Kernberg zur Arbeit von Kindern mit dem Spiegel in den Sinn.

Ich suche in meinem Handgepäck nach meinem sehr kleinen Spiegelchen und gebe es dem Mädchen.

Jetzt verändert sich die Situation völlig: Die Kleine öffnet sofort den Spiegel so groß wie möglich: Und dann beginnt sie ihr Gesicht von oben, von unten, von rechts, von links und dann wiederum von links nach rechts und ganz genau, und noch und noch anzuschauen, jeden Winkel, jedes Auge, jede Wange und so weiter. Ihre Körperhaltung ändert sich, sie richtet sich auf und zum Schluss gibt sie mir das Spiegelchen, über den Tisch hinweg, zusammengeklappt zurück und schaut mir in die Augen.

Jetzt ist ein bisschen Neugier in ihr geweckt auf eine Zusammenarbeit mit mir. Dies dank dem sie wohl in ihrem Gesicht auch das Gesicht ihrer verstorbenen Mutter gefunden hat. Psychisch wichtig wird bei diesem längeren Weg des Schauens und Suchens, dass ich dabeisitze, dabeibleibe und nichts sage. (Diesen so wichtigen Hinweis gab mir mündlich Peter Bründl, München.)

Von nun an konnte ich ein bisschen mit ihr arbeiten, da sie in meiner Nähe wahrscheinlich auch die Nähe ihrer Mutter ein ganz klein wenig phantasieren und spüren konnte.

H

Ich komme erneut auf den Weg oder das Gewicht des Prinzips des inneren Rahmens zu sprechen. Es geht um den Zugang zu einem siebenwöchigen Jungen, der keine Reflexe mehr zeigt, keinen Tonus mehr hat, an nichts mehr interessiert erscheint.

Der leitende Arzt des äußerst einfach, mit dem allernötigsten eingerichteten Raumes der Neonatologie hält mir das Baby hin und sagt: »Versuch, ob du etwas erreichen kannst, sonst muss ich ihn nachhause geben und dann wird er sterben.«

Ich beginne, den scheinbar Leblosen, sehr Kleinen anzuschauen, und arbeite innerlich mit ihm, wobei ich natürlich nicht und nie weiß, wohin das führen kann. Jedenfalls versuche ich, seinen Narzissmus rundherum zu nähren, mit meinen Augen und mit meinen anderen Sinnen, aber ohne ihn speziell zu berühren, wobei ich ihn dauernd auf meinem Arm trage. Wenn ich so arbeite, wird mein innerer psychoanalytischer Rahmen zentral wichtig, und d. h.: nicht intrusiv sein, sehen, hören, riechen, warten, beruhigen, um den Säugling wieder zu stärken. Zugleich suche ich, leise summend, in einer kontinuierlichen Art (Basso continuo), ob ich vielleicht Wünsche in ihm wecken könne, die sich nunmehr langsam entfalten. Ich konzentriere mich ganz und gar auf ihn, der ja scheinbar keine Wünsche mehr hat und versuche, mich von der Außenwelt abzuschirmen. Es steht nämlich eine Gruppe von Menschen um mich herum, weil ich mit dem Oberarzt zusammen in einem Außenhof stehe. Sobald ich ein bisschen ein Bild des Jungen habe, berühre ich seine Füßchen federleicht oder wie ein Atemhauch. Ich schaue, ob etwas geschieht, gleite mit meiner Hand etwas höher bis oberhalb der Ferse, tue all dies ganz, ganz leicht, wie eine Feder, und schaue, was geschieht. Und schließlich forme ich auch eine Art von leichtem Boden für seine Füßchen; ich spreche sehr langsam mit ihm in meiner Muttersprache, sage seinen Namen und meinen, frage ihn in meiner Muttersprache nach seinem Leben, ich erkläre ihm seine Situation, ich mache all das mit einer beruhigenden leisen Stimme, nicht eindringend, ich dränge gar nicht, ich wiederhole mich rhythmisch, ich arbeite so, als ob die Zeit sich nicht bewegen würde oder nicht ändern könnte und auch, als ob ich keinen Begriff von Zeit hätte. So bin ich meinem Unbewussten nahe.

Ich begebe mich psychisch nahe zum scheinbar unlebendigen Baby und gleichzeitig biete ich mich als psychischen Behälter an, in welchem sich vielleicht etwas beleben kann. Ich bin in der paradoxen inneren Situation des Nicht-Tuns und zugleich vollständig in einem inneren Prozess stehend. Nun gleite ich ins Singen und singe ihm meine, teils traurigen, Heimatlieder vor, extrem leise – lebendig und langsam und kontinuierlich. (Es ist äußerst schwierig und teils unangemessen und verzerrend, solche Prozesse überhaupt in Worte zu beschreiben.)

Schließlich öffnet der Kleine ein bisschen seinen ganz kleinen Mund. Er versucht zu lächeln und verzerrt dabei seine Lippen und sein kleiner Mund wird zugleich ein wenig schräg. Nicht alles kann gelingen. Er hebt eines seiner Füßchen ein bisschen, zeigt andere Reflexe, wird zunehmend stärker, öffnet seine Augen und schaut mich an. Jetzt ist er in meiner Präsenz präsent in seinem Leben.

Er scheint interessiert an dem, was um ihn herum ist, wird lebendiger. Ich konzentriere mich weiterhin auf ihn, spreche mit ihm, gebe ihm Antworten und dies in einem ruhigen und beruhigenden Austausch. Als Basis stütze ich mich auf den Basso continuo, d. h. da sein und dabei ausgewogen bleiben, Kontinuität repräsentieren.

Der ärztliche Leiter will das Baby sofort an Mutters Brust geben und ich sage: »Nein, jetzt noch nicht. Später.« Er hört nicht und bringt den kleinen eine Stunde später *zurecht* zurück, da der Kleine sicherlich noch nicht versteht, was geschieht und nicht an Mutters Brust trinken kann.

Ich wende mich der Mutter zu, die den kleinen Sohn nicht besonders liebt, da er ihr so viel Zeit wegnimmt. Sie hat bereits viele Kinder. Er jedoch trinkt nicht, was für diese Mutter eine sehr schwere narzisstische Kränkung bedeutet. Ähnlich wie viele schlecht ernährte, psychosomatisch angegriffene und genital zerstörte ostafrikanische Frauen lebt auch sie in einem ziemlich disparaten Zustand. Sie braucht unbedingt psychonarzisstische Nahrung. Ich beginne also, der Mutter des Kleinen den Rücken zu streicheln, immer wieder, immer wieder und spreche ruhig mit ihr, obschon wir nicht die gleiche Sprache haben. Ich spreche mit ihr liebevoll und ruhig in meinem Dialekt, so als ob sie das Baby wäre. Abgesehen von den vielen Traumata und dem großen generellen Mangel, den sie erlebt hat, gibt es natürlich auch den Neid auf den Kleinen, der eben scheinbar himmlisch viel Aufmerksamkeit von mir erhalten hat. All dies spielt ebenfalls eine negative Rolle in der Psyche der Mutter.

Jedenfalls kann sie ihn schließlich auf den Arm nehmen, und zwar auf viel weichere Art denn zuvor. Sie schaut ihn an und plötzlich saugt er, schaut dabei seine Mutter an, seine Mutter schaut mich an, nun wird sie ihn wahrscheinlich genügend akzeptieren und lieben und beide können zuhause überleben.

Ohne das länger interpretieren zu wollen, vielleicht auch nicht zu können, zitiere ich Houzel: »Das Neugeborene ist im Besitz gewisser psychischer Teile, die schon geboren wurden, und anderer Teile, die noch nicht geboren sind. Die ungeborenen Teile des Neugeborenen sind psychisch wahrscheinlich die, die noch nicht genügend in einem psychischen Behälter aufgenommen werden konnten, die noch keinen genügend guten Container gefunden haben. Meist geschieht dies in den Gedanken der Mutter, während die geborenen Teile des Psychischen bereits einen Platz in den Gedanken Anderer fanden.« (Pestalozzi et al.)

Literatur

Von Braun, C., Held, T. (2026): *Kampf ums Unbewusste. Eine Gesellschaft auf der Couch.* Berlin (Aufbau).

Ergin, J. (2025): *Thomas und Frido Mann: Thomas Mann forever.* Arte-Film.

Freud, S.: *Die Verneinung. Werke aus den Jahren 1925–1931. Band 14.* Frankfurt a. M. (S. Fischer Verlag).

Kernberg, P. F. (2008): *Spiegelbilder. Der Einsatz des Spiegels in der klinischen Arbeit mit Kindern und Jugendlichen.* Stuttgart (Klett-Cotta).

Pestalozzi, J., Frisch, S., Hinshelwood, R. D., Houzel, D. (Eds.) (1988). *Psychoanalytic Psychotherapy in Institutional Settings.* London (Routledge).

Saegesser, B. (2025/26): *Psychoanalytic work in East Africa.* London/New York (Routledge).

Ziegler, J. (2005): *Das Imperium der Schande. Der Kampf gegen Armut und Unterdrückung.* Gütersloh (C. Bertelsmann).

Herausgeberinnen und Herausgeber

Peter Bründl, Dr. phil., Psychoanalytiker für Kinder, Jugendliche und Erwachsene (ACP, DGPT, MAP, VAKJP). Lehranalytiker, Supervisor und Dozent der Münchner Arbeitsgemeinschaft für Psychoanalyse e. V. (MAP). Mitherausgeber dieser Jahrbuchreihe. Zahlreiche Veröffentlichungen, u. a. zur Adoleszenz, zur Migration, zur Auswirkung des NS-Terrors auf nachfolgende Generationen, zur männlichen Entwicklung, zur Baby-Beobachtung und zur Kleinkind-Eltern-Therapie.

Sebastian Kudritzki, Psychoanalytiker für Kinder, Jugendliche und junge Erwachsene, Gruppenanalytiker. Supervisor und Dozent der Münchner Arbeitsgemeinschaft für Psychoanalyse (MAP). Mitherausgeber des *Jahrbuch* für klinische und interdisziplinäre Psychoanalyse. Herausgeber mit Catharina Salamander: *Psychodynamische Behandlungstechnik bei Kindern und Jugendlichen* (2019) und *Psychoneurosen des Kindesalters: Symptom – Beziehung – Entwicklung* (2024).

Catharina Salamander, Analytische Kinder- und Jugendlichen-Psychotherapeutin und SKEPT-Therapeutin, niedergelassen in München. Supervisorin und Dozentin für KJ und SKEPT an der MAP München und am PSI Innsbruck. Herausgeberin mit Sebastian Kudritzki: *Psychodynamische Behandlungstechnik bei Kindern und Jugendlichen* (2019) und *Psychoneurosen des Kindesalters: Symptom – Beziehung – Entwicklung* (2023), beides bei Brandes & Apsel.

Karin Trübel, Dr. med., Psychoanalytikerin für Kinder, Jugendliche und Erwachsene, Lehranalytikerin und Supervisorin (MAP, DGPT), Fachärztin für Psychosomatische Medizin und Psychotherapie, Fachärztin für Kinder- und Jugendpsychiatrie und -psychotherapie. In eigener Praxis in Bern/ Schweiz tätig, Dozentin an verschiedenen psychoanalytischen Instituten. Schwerpunkte: frühe Entwicklung und ihre Störungen, Eltern-Säuglings-Kleinkind-Psychotherapie, Spiel und Spielen in der Psychoanalyse, Psychosomatik.

Autorinnen und Autoren

Sydney F. Anderson, Dr., ist als Psychoanalytikerin (APA) für Kinder, Jugendliche und Erwachsene in Bloomington, Indiana/USA niedergelassen. Sie ist Lehranalytikerin und Supervisorin am *Cincinnati Psychoanalytic Institute.* Bis 2024 Redaktionsmitglied von *The Psychoanalytic Quarterly*, seit 2024 ist sie die Präsidentin der *Association for Child Psychoanalysis* (ACP). Zahlreiche Veröffentlichungen.

Peter Bründl, Dr. phil., Psychoanalytiker für Kinder, Jugendliche und Erwachsene (ACP, DGPT, VAKJP). Lehranalytiker, Supervisor und Dozent der Münchner Arbeitsgemeinschaft für Psychoanalyse e. V. (MAP). Zahlreiche Veröffentlichungen.

Yecheskiel Cohen, Dr. phil. (1932–2019), ehemals Psychoanalytiker frü Kinder, Jugendliche und Erwachsene, Dozent, Lehranalytiker, Supervisor und Past President der Israelischen Psychoanalytischen Gesellschaft. Zahlreiche Veröffentlichungen.

Katrin Hörter, Dr. phil., Studium der Psychologie, Philosophie und Kunstpädagogik in München. Psychoanalytikerin für Kinder, Jugendliche und Erwachsene (DGPT, MAP, ACP), niedergelassen in eigener Praxis in München. Dozentin und Vorstandsmitglied der Münchner Arbeitsgemeinschaft für Psychoanalyse (MAP). Zahlreiche Veröffentlichungen.

Joshua Durban, Psychoanalytiker für Kinder, Jugendliche und Erwachsene, Lehr- und Kontrollanalytiker der Israelischen Psychoanalytischen Gesellschaft in Jerusalem und Tel Aviv (IPA) sowie Forschungsanalytiker am PCC in Los Angeles, wo er auch unterrichtet. Gründer und klinischer Direktor des VAC, des Vista Del Mar Autism Center in Los Angeles, das psychoanalytische Behandlungen für Säuglinge, Kleinkinder, Jugendliche und junge Erwachsene mit Autismus-Spektrum-Störungen und deren Familien anbietet. Er ist Mitglied der Medizinischen Fakultät der Universität Tel Aviv, des Psychotherapieprogramms, des Postgraduiertenstudiengangs Kleinian Studies und des Studiengangs Early Mental States. Er ist (zusammen mit Dr. Merav Roth) Herausgeber der hebräischen Ausgabe der gesammelten Werke von Melanie Klein. Er ist Mitglied des internationalen Redaktionsbeirats der IJPA und des IPA-Interkomitees zur Prävention von Kindesmissbrauch. Er hat eine Privatpraxis in Tel Aviv und Los Angeles und ist auf die Psychoanalyse von Kindern, Jugendlichen und Erwachsenen mit ASD und Psychosen spezialisiert. Derzeit lehrt und betreut er auch in Großbritannien, Deutschland, Australien und den USA. Seine Arbeiten zu Autismus, Trauma und früher Entwicklung wurden international veröffentlicht und übersetzt.

Sebastian Kudritzki, Studium der Sozialpädagogik und der Psychologie, Psychoanalytiker für Kinder, Jugendliche und junge Erwachsene, Gruppenanalytiker (D3G). Supervisor und Dozent der Münchner Arbeitsgemeinschaft für Psychoanalyse (MAP). Zahlreiche Veröffentlichungen.

Ellen Lang-Langer, Dr. phil., Analytische Kinder- und Jugendlichen-Psychotherapeutin, niedergelassen in Frankfurt am Main. Supervisorin, Dozentin und über 10 Jahre Ausbildungsleiterin am Frankfurter Anna-Freud-Institut. Sachverständige für Familienrecht. Zahlreiche Veröffentlichungen. Bei Brandes & Apsel: *Trennung und Verlust. Fallstudien zur Depression in Kindheit und Jugend* (2009) und *Autismus und Trauma. Genese und psychodynamische Behandlung bei Kindern und Jugendlichen* (2024).

Doris Mauthe-Schonig, Analytische Kinder- und Jugendlichen-Psychotherapeutin, von 1979 bis 2009 in eigener Praxis in Berlin niedergelassen. Gründung und langjährige Leitung der Arbeitsgruppe »Psychoanalyse und Pädagogik« am Edith-Jacobson-Institut in Berlin. Bis heute Vorträge, Supervision und Balint-Gruppen in der Aus- und Weiterbildung von Lehrkräften und PsychoanalytikerInnen. Bei Brandes & Apsel: *Die Behandlungspraxis in der Kinder- und Jugendlichen-Psychoanalyse. Sieben Fallgeschichten* (2024).

Ana Melchior Melicias, Psychoanalytikerin der Portugiesischen Psychoanalytischen Gesellschaft (SPP) und der Internationalen Psychoanalytischen Vereinigung (IPA). Kinder- und Jugendpsychoanalytikerin (COCAP-IPA). Sie ist ehemalige Vizepräsidentin des SPP-Vorstands und Präsidentin der APOBB (Portugiesische Vereinigung für Säuglingsbeobachtung). Niedergelassen in Lissabon/Portugal. Zahlreiche Veröffentlichungen.

Graham Music, Ph. D., ist Psychotherapeut, Ausbilder, Autor und Supervisor. Er ist beratender Kinder- und Jugendlichen-Psychotherapeut am Tavistock Centre, wo er fast 30 Jahre lang tätig war, und seit etwa 35 Jahren Psychotherapeut für Erwachsene. Als ehemaliger stellvertretender klinischer Direktor der Abteilung für Kinder und Familien der Tavistock-Klinik hat er viele innovative Programme entwickelt, darunter die Einrichtung von Diensten in über 40 Schulen und einer Reihe von Diensten, die sich mit den Folgen von Kindesmisshandlung und Vernachlässigung befassen. Sein klinisches Spezialgebiet ist seit Jahrzehnten das Verständnis von und die Arbeit mit Traumata. Er ist als Supervisor und Dozent auf nationaler und internationaler Ebene tätig und hat ein besonderes Interesse an der Verknüpfung neuester entwicklungspsychologischer Erkenntnisse mit der therapeutischen Praxis. Zu seinen Veröffentlichungen gehören *Nurturing Natures* (2023, 2016, 2010), *Respark: Igniting Hope and foyafier Trauma and Depression*, (2022), *Affect and Emotion* (2022, 2001), *Nurturing Children: From Trauma to Hope* (2019), *The Good Life* (2014), sowie als Mitherausgeber von *From Trauma to Harming Other*s.

Sabine Prentl, Analytische Kinder- und Jugendlichen-Psychotherapeutin, Paar- und Familientherapeutin, Supervisorin, Selbsterfahrungstherapeutin und Dozentin. Niedergelassen in eigener Praxis in Rosenheim.

Merav Roth, Prof. PhD., Klinische Psychologin und Psychoanalytikerin, Ausbildungsanalytikerin bei der Israelischen Psychoanalytischen Gesellschaft. Kulturwissenschaftlerin und außerordentliche Professorin am Institut für Therapie, Beratung und Humanentwicklung der Universität Haifa. Sie ist Trägerin des renommierten Sigourney International Award (2024) für bahnbrechende psychoanalytische Innovationen in den Bereichen Literatur und Trauma. Roths psychoanalytische Arbeit mit Traumata wurde nach den Ereignissen vom 7. Oktober 2023 in Israel eingesetzt, um Beratung und weitreichende Hilfe anzubieten. Roth ist Mitbegründerin und Vorsitzende von FLM (First Line Med), einer zivilen therapeutischen Organisation, die Überlebenden des 7. Oktober 2023 und ihren Familienangehörigen kostenlose Therapie anbietet und dafür von der IPA ausgezeichnet wurde. Zahlreiche Veröffentlichungen, z. B. bei Routledge *Reading the reader – A Psychoanalytic Perspective on Reading Literature* (2020).

Barbara Saegesser, Dr. phil., Studium der Philosophie, Psychologie, Germanistik und Soziologie in Basel/Schweiz. Ausbildungsanalytikerin der Schweizerischen Gesellschaft für Psychoanalyse (SGPsa/IPA), Psychotherapeutin, Supervisorin (SPV/ASP/VPB). Dozentin an verschiedenen psychoanalytischen Instituten. Niedergelassen in eigener Praxis in Basel/Schweiz. Seit vierzehn Jahren arbeitet sie individuell, humanitär und ethnopsychoanalytisch in ostafrikanischen städtischen Gebieten. Zahlreiche Veröffentlichungen, z. B. bei Routledge *Psychoanalytic Work in East Africa* (2024).

Christian Thienel, Psychoanalytiker für Kinder, Jugendliche und junge Erwachsene (MAP, VAKJP) in eigener Praxis in München. Dozent der Münchner Arbeitsgemeinschaft für Psychoanalyse und der Ärztlichen Akademie für Kinder und Jugendliche sowie an der Universität in Vilnius/Litauen. Supervisor am »Zentrum zur Unterstützung von Kindern« (Paramos Vaikams Centras) in Vilnius. Niedergelassen in eigener Praxis in München. Zahlreiche Veröffentlichungen.

Alfred Walter, Dr. phil., Psychoanalytiker für Kinder, Jugendliche und Erwachsene (DPV/IPA, DGPT, VAKJP), Paar- und Familientherapeut, Gruppenanalytiker und Gruppenlehranalytiker (D3G). In Augsburg in eigener Praxis niedergelassen. Dozent und Supervisor der Münchner Arbeitsgemeinschaft für Psychoanalyse und an verschiedenen anderen Ausbildungsinstituten im In- und Ausland. Zahlreiche Veröffentlichungen in Fachzeitschriften und Buchpublikationen zur psychoanalytischen Behandlungstechnik bei Kindern und Jugendlichen, zu Trauma, Migration, Transsexualität, Literatur und Psychoanalyse.

Carla Maria Weber, Psychoanalytikerin für Kinder, Jugendliche und junge Erwachsene (VAKJP), Gruppenanalytikerin (D3G), niedergelassen in eigener Praxis in München. Dozentin der Münchner Arbeitsgemeinschaft für Psychoanalyse (MAP). Zahlreiche Veröffentlichungen.